趙軼峰 著

U0061522

在亞洲思考歷史學

中華書局

目　錄

緒　言

　　我在上世紀 80 年代中期開始關注史學理論，因為原以明清史為本業，史學理論的鑽研時斷時續，但研究和思考從來沒有停止過，90 年代在加拿大研讀期間，也把許多精力放在史學理論方面。2013 年，陳啟能先生邀請我在他所主持的史學理論重大課題中承擔關於當代亞洲史學的子課題，為此開始把亞洲作為一個史學理論的地域性單元來思考。但是在陳先生龐大的計劃中，中國史學作為重要部分單列，而我負責的亞洲史學因分工方式而不包含中國，覺得所有的分析都少了一個參照和言說的基本對象。這在陳先生的總課題中並不是問題，因為他會在統合的層面，對所有子課題的研究加以綜合；對我自己說來，卻成了一個「有上稍來沒下稍」的事情，於是就形成了目前這個把中國與韓國、日本、印度史學理論納入同一個考察框架中的課題。前一課題在 2017 年基本完成，交付陳啟能先生審查。該課題主要是分國別梳理了韓國、日本、印度現代歷史編纂學的核心資料和各自的推演過程，盡量辨識了三國歷史編纂學的觀念和話語線索。納入中國並進行更深入的整合分析，則恰好是這一課題的任務。這樣，這一課題的基本目標，是把亞洲現代歷史學作為一個相互關聯的對象加以考察，同時由於前一課題偏重於對韓、日、印三國歷史編纂學推演歷程的梳理和分析，而關於同一時代中國歷史編纂學演變的一般情況，相關研究已經較多，此課題的重點，就着落在綜合、比較和透視的層面。中國史學界對本課題研究時間範圍的日本、韓國、印度史學面貌皆有所考察，但不充分。關於日本史學的研究略多而系統化不足，對於韓國和印度史學的研究局限於個別問題，對於中國史學在此時期的研究則汗牛充棟，缺少的主要是與他者的比較分析，理論剖析也存在很多再深入的空間。在此情況下，本課題作為一個

項目工作所受時限，以及研究者語言能力的一些欠缺，也使之難以全面覆蓋相關的各種學術資訊，與其勉力爭取全面周到而最後又不能真正達成，不如提出若干重要話題做相對深入的討論。因而，本書採取問題結構，以問題探討與敍述結合的方式，梳理並分析當代亞洲歷史編纂學之理論觀念的由來、現狀和特質。這樣做，無疑是把一個可以主要通過梳理來完成的工作，變成了必須通過深入分析才能獲得明確結果的工作，研究的難度大大增加。這是對自己的挑戰。研究的進展也比預計的遲緩得多。

　　本書的標題是在結項之後改擬的。原項目題為《史學與社會 ── 當代亞洲四國史學演變比較研究》，實際界定了這本書的基本特點。「歷史與社會」作為研究的基本視角，意味着從社會狀況，包括特定時代社會演變的歷史主題，來理解歷史家理解、看待和敍述歷史的方式。這當然並不是什麼新穎的方法，但迄今為止，並沒有看到運用這種方式統合地思考亞洲歷史編纂學演變的著作。而且，「社會」宏遠複雜，觀察者所擬定的研究方案，千差萬別，落實下來，也就不同。這本書，根本說來，是關於史學理論的。從理論層面來看社會，必須深入，卻不可能具體。又因為覆蓋地域宏大，時段較長，所以「社會」是就長時段演變而言，並非限於與「國家」對應的民眾或民間，是對於亞洲四個組成為國家的社會共同體的概括性稱謂。選擇中、日、印、韓／朝諸國為研究對象，並不意味着認為亞洲其他國家現代史學乏善可陳，而是因為個人研究能力所限，終究無法將各國史學逐一考察。我恐非僅現在，未來若干年內，亦無力再加擴展。這種遺憾只好由它，期待將來其他學者做更周全的工作。「比較研究」最初是因為受陳啟能先生之命而做其子項目而起，研究過程中也的確盡量去將各國的歷史學比照、關聯地思考，但是因為分別的研究畢竟都不够深入，所以所謂比較，主要是呈現出亞洲各國現代歷史學之背景、觀念、心理方面的牽連及其異同。亞洲現代歷史編纂學的形成，與亞洲各國的現代化社會轉變是同步的，因而各國現代社會轉變的歷程和方式肯定地構成理解其歷史編纂學面貌和特質的基礎。亞

洲各國現代社會轉變的方式、經驗、迄於今日的狀況則既有共性，也有巨大差異，辨識共性，分析差異的歷史編纂學印記，同時考察歷史編纂學如何作用於亞洲各國社會演變的實踐歷程，是本書思考的基本路徑。

現代亞洲歷史編纂學雖然一直被高高地安放在學術的殿堂中，卻也一直是現實的工具。這並不僅僅表現在極權狀況下的權力控馭學術，更普遍的情況是各時代的「主流」歷史家們以各種方式把歷史學作為自己參與現實的手段。這類情況並不能否決歷史學作為學術的資格 —— 很可能古今中外皆是如此 —— 但再次提醒我們對於歷史學的性質再加思索。歷史學是社會生態系統中的林木，在社會流行的價值觀、文化傾向、個人與群體利益、科學尺度匯融的環境中生長，那麼學理的、利益的、文化的因素在現代亞洲歷史學的推演中究竟如何相互糾結、作用？這種糾結、作用在純學術意義上又意味什麼？

奇妙的是，作為學術的現代歷史學無論如何被具體的社會現實影響甚至塑造，受到文化差異性的作用，卻常常是高舉着普遍性的旗幟的 —— 所有公開主張的歷史學見解，都自詡具有某種真理性，即使明顯帶有相對主義色彩的後現代主義歷史學也是如此，否則它就無需花費巨大的氣力去解構據稱佔據了主流地位的「現代歷史學」。於是，歷史學的普遍性與現實性訴求是如何耦合在一起的，也成了無法迴避的問題。現代歷史學藉助普遍性共識而形成，然而在多國比較的視野下看，亞洲歷史解釋差異之大，超過世界其他地區。這種差異的根源肯定既存在於社會現實和價值立場方面，也存在於歷史學的理論層面，然而迄今的相關討論，依然支離或者模糊。亞洲歷史觀和歷史敍述、歷史解釋的衝突，如果僅僅被歸結為現實立場的不同，史學理論就是蒼白的。沿着時間的順序梳理，亞洲現代歷史學從追求普遍性開始，但走到晚近時期，卻發現自己處在對普遍性空前遲疑的氛圍中。歷史學家們對歷史學本質的共識沒有明顯增強，而是不斷削弱。這就把對於一些重大歷史經驗的闡釋方式差異凸顯出來 —— 世界上任何其他地區都沒有像今日亞洲這樣，圍繞晚近歷史呈現如此尖銳的分歧。這究竟是表明亞洲歷史的特殊

複雜性，還是表明亞洲史學理論的貧乏？在亞洲現代歷史學發展中無所不在的西方史學理論扮演了怎樣的角色，仍在尋求普遍性的歷史學家與已經不再尋求普遍性的歷史學家之間，究竟有怎樣的差異？這些也是在考察中不時觸及的問題。

區域或國別視野下的歷史學不能沒有文化的關照，文化性的緣由都是由來已久的，所以相關的考察必須在較長時段範圍的梳理中展開。因而，雖然本課題以晚近亞洲歷史學的分析為目標，其思考的起點卻必須回溯到現代歷史學的開端。這一思路帶來了多少有些意外的結果。研究發現，亞洲現代歷史學在一個多世紀的發展過程中連續性相當清晰，而斷裂性或者說變異比一般預想的模糊得多。當下亞洲歷史家的思維方式，雖受晚近各種新思潮的調劑、中和、影響，但與現代史學的百年新傳統之關聯依然深切。這就更凸顯出長時段透視的意義來。要了解晚近的史學思潮，畢竟還要有整個現代歷史學演變的景深。

「亞洲」成為研究的地域單元和任何其他小於「世界」的地域成為研究的單元一樣具有合理性。但是這種範圍界定在史學理論的語境中展開時，是否能夠達到足夠有效，取決於研究者如何把握亞洲歷史編纂學的地域共性、關聯以及內部差異導致的張力。否則，亞洲就成了一個裝載互不相干事物的籃子。「歷史與社會」作為一個觀察的視角就是為了把握了解共性的範圍 —— 如果歷史學與社會演變的確存在一種共振的關係，那麼，亞洲各國歷史演變的共性也就承載着歷史學的共性。

亞洲各國的現代歷史學都是與其現代化社會形態一起展開的。雖然各國歷史學家中都有人努力論證本國早已有之的現代性，並都提出了一些證據，但是在 19 世紀後期以前，那些本土現代性的因素、萌芽都還沒有帶來持續快速的現代社會轉變。19 世紀中葉前後發生在亞洲的中西方文明衝突，這場衝突帶來的危機、知識、技術則促使亞洲各國以各自不同的方式進入了社會基本形態的急速轉變過程，其中包括歷史學的現代化轉變。而亞洲「後發現代性」轉變所不可避免的對西方事物的借鑒，也投射在以近乎「革命」方式崛起的亞洲現代歷史學中。於是，我們看

到亞洲各國現代歷史學的興起幾乎是同步的，並且，都把當時歐洲歷史學的觀念、方法、理論、話語作為重構本土歷史學的主要資源，同時對先前的本土歷史學做了批判、反思和揚棄。當時湧進亞洲的西方歷史學是一系列社會觀念的組合。其中，進化論、國族國家觀念、科學主義、實證主義是大量直接進入歷史學話語的思想傾向，而其背後，又有不同方式的理性主義、西方中心主義，這帶來了亞洲歷史學的一種新的共同話語和世界性，向某種「現代」社會轉變的社會推演旋律也一直伴隨着後來亞洲史學的發展。

然而亞洲各國原本國情不同，其現代化發展的道路不同，各自要解決的基本問題以及選擇不同，先前的歷史學傳統也有差異，因而各國因應自己的文化傳統和現實需求，對西方歷史觀做了選擇性的重述，這種重述又以各自不同的方式影響了其後來的歷史發展。於是，從差異的角度去觀察各國歷史編纂學的推演，可以看到不同的特色。

中國歷史學傳統悠遠深厚，而且在 18 世紀曾有本土經學與史學研究中的考證學發展，形成與歐洲實證主義史學對接的較為便捷的條件。在這種意義上說，中國現代歷史學很大程度上是中國傳統學術與歐洲實證主義史學融合的結果。但是這種對接雖然涉及學術觀念的轉變，畢竟還是技術層面的。中國歷史學家那樣積極地擁抱西方的實證主義歷史學與其說是由於對西方的實證主義史學一見鍾情，不如說是因為西方事物整體地顯示出一種進化競爭的強勢。歷史學家們不過是用自己專業的方式去擁抱了當時影響亞洲的西方社會思想、哲學和學術理念。比如梁啟超倡導的「新史學」和史學革命，運用的思想工具主要是進化論和包含民權思想的國族國家理論。稍後，馬克思主義成為中國社會變革的一大思想動力，歷史學也隨着社會變革而形成馬克思主義高度主導而以中國自身命運的歷史闡釋為核心的局面。日本史學傳統遠不及中國深遠，又在現代化轉變中選擇脫亞入歐，對西方史學的追隨更為果決，一度成為中、朝史學界矚目之所乃至了解西方史學的中介。但日本社會在快速發展中走向對亞洲鄰國的侵略擴張，歷史學成為論證日本國策的學術淵

藪，便形成技術上崇尚實證主義，社會關注和論證指向服務於日本擴張的更為外向的東洋學。又因為其侵略擴張失敗，遂有二戰結束之際的一段特殊史學歷程——在走向多元化的廣義戰後歷史學中長期保留着一個反省戰前歷史學的話題。韓國在歷史上長期處於強大鄰國勢力之間，藉助國族國家意識在現代化過程中重新敍述乃至建構國族自我的歷史背景是其突出的主題。這種探索因日本吞併朝鮮而一度夭折，半個世紀的殖民地經歷之後再度建國，使得國族主義在多種社會思潮中持續凸顯。但是，國族主義史學強調本土歷史傳統與現代社會的契合，而殖民地經歷則提示現代社會由他者塑造的記憶和被統治的屈辱，以這種糾結為基礎，當後現代、後殖民主義批判思潮湧現的時候，「殖民現代性」就成為韓國歷史編纂學中一個特別突出的話題。印度曾經徹底落入殖民地境地，至今外來英語為其官方語言，故西方文化、制度，包括歷史學話語、理論對印度的影響強於亞洲其他國家，印度現代歷史學的起點不是國族主義史學，而是殖民地史學——這使印度現代史學與中國、日本形成強烈反差，與韓國也有不同，西方史學則與印度現代史學在這樣的歷程中更深度地融合。這種融合並不能消解獨立後的印度歷史敍述中的內在張力。印度在 20 世紀中葉實現民族獨立以後，本土傾向強勁襲來，因而，印度現代歷史學帶有高度西化和不斷探索印度國族文化自我的雙重特色，其獨特性更多體現在問題指向的社會深度方面，其中，底層研究影響最為突出，而後殖民主義史學則是理解印度現代史學的核心。

本書分為七章，為便於比較和綜合分析，各章皆以一個帶有共性的史學現象為中心。

第一章「亞洲現代歷史學的國族主義底色」考察現代國族國家觀念在亞洲各國現代史學演變中的投影。如前所說，國族國家的興起是亞洲現代歷史的帶有突出共性的重大主題，國族國家意識又是該時代西方歷史學的基調，這就為現代亞洲歷史學塗上了一層濃重的共同底色，從中可以看出亞洲各國歷史學的共鳴。但是國族主義有普遍性和特殊性兩面性——在推崇國族和國族國家基本價值層面，這是一種普遍的即世界性

的思想意識，而在具體認同對象層面卻以特殊主義（particularism）的方式表現出來，把思考者自己認同的國族國家利益作為第一位的。這樣，國族主義觀念的共同底色就絲毫不妨礙亞洲國家內部發生嚴重的歷史觀衝突。其實相反，亞洲歷史觀的衝突有國族主義作用於其中，這裏包含比較複雜的具體問題，要在該章展開討論。同時，國族主義底色在各國不同的歷史經驗中與其他因素交融，呈現出各自不同的局面。韓國官方曾經公開提倡以國族主義思想書寫歷史，歷史學家的國族歷史敍述頗具悲情色彩。日本的國族主義常在亞洲主義話語背後，帶有外向擴張性，歷史研究的問題指向也是外向的。中國國族主義以國族整合為基調，長期聚焦於對族群關係與一體性的探索。印度社會在殖民地經歷中已發生比亞洲其他國家更深的改變，國族主義史學在其現代歷史學中只是一條伴隨線索。國族建構的現實必然伴隨一定程度的國族自我意識和相應的社會主張，但強烈的國族主義會導致歷史敍述中主觀性、價值介入的強化。如何看待亞洲歷史編纂學中浸透的國族主義，國族主義在當代亞洲歷史思維中如何發生作用，是此章要考察的中心問題。

第二章「馬克思主義與亞洲歷史編纂學」考察馬克思主義在亞洲各國歷史編纂學中展開的樣態。馬克思主義是原出歐洲而產生世界性迴響的學說，對於亞洲各國社會演變發生的影響十分顯著，各國歷史編纂學的相關表現則有諸多差異。中國歷史編纂學的相關表現最為持久，形成馬克思主義史學主導的局面。但中國馬克思主義史學早期主要從蘇聯學術界轉介而來，已經帶有濃重蘇式詮釋成分，20 世紀 80 年代形成反思。日本學界接觸馬克思主義更早，但未成主流，除了戰後前十年影響力較高之外，主要表現在社會經濟史領域，是多樣歷史學潮流中的一條支脈。韓朝歷史編纂學中的馬克思主義最初在殖民地時期由日本馬克思主義史學傳來，在韓國的民族主義史學興盛而注重反撥殖民地史學的潮流中沒有成為主流，在朝鮮則因「主體思想」作用而發生特殊變異。印度的馬克思主義史學在 20 世紀中後期有活躍表現，但從來沒有意識形態化，一直是多種史學思潮中值得注意的一脈。

第三章「亞洲歷史意識中的現代化、現代性與殖民現代性」，以現代化社會變革這一亞洲歷史的另一主題作為透視歷史學演變的軸心。亞洲各國的現代化轉變，都是在歐洲率先進入現代化演變歷程並在亞洲展開一場世界性衝突的情況下發生的。這種後發現代性與歐洲的原發現代性的一個重要區別，是後發現代性的展開都具有危機應對的性質，另一個重要區別是社會發展的基本方向與傳統慣性構成嚴重、內在衝突。具體在亞洲，後發現代性還與殖民主義相關聯，造成一種殖民現代性現象。殖民現代性是殖民統治與現代化社會轉變相伴隨的歷史現象，出現在殖民地和半殖民地，是後發現代性的一種很普遍的實踐樣貌。亞洲，印度殖民地化歷時最久，殖民地時期發生了諸多與世界範圍的現代化方向一致的社會變動，但主權在人不在己，國族國家形成大幅度滯後，國族他者的歷史敘述與印度國族本位的歷史敘述無法徹底切割，又有深刻矛盾，複雜糾結，在理論上與後殖民主義思潮最為契合。朝鮮半島曾淪為殖民地半個世紀，其間發生一些與現代化方向一致的社會變動，但主權喪失，且日本殖民地的高壓性超過英國在印度的程度，這為韓朝歷史學建構國族歷史的訴求增加了複雜性。中國現代歷史學也是在社會快速轉型中形成的，且有約一個世紀的「半殖民地」經歷。但與印度、朝鮮半島相比，中國的「半殖民地」從主權喪失程度角度看比較模糊，從被殖民化區域範圍看也遠未覆蓋中國之「半」，持續時間亦短，故中國的現代化歷程中取決於中國自身選擇的成分更大一些。日本也是後發現代化國家，但先是迅速成為殖民者，後又在被佔領國狀態下走向高度西化，現代化、殖民帝國、被佔領國歷程相互糾纏，形成更為複雜的歷史景觀。後發現代性和殖民現代性構成晚近亞洲現代歷史學深切的經驗關照，也是諸多歷史紛爭的癥結所在。通過對後發現代性的分析深化對現代化歷史觀理論內涵的認識，把殖民現代性問題置於亞洲的框架內重加審視，是本章的主要課題。

　　第四章「歐洲中心主義 —— 亞洲歷史的西方意象與反撥」，討論始終籠罩於亞洲現代歷史編纂學之上的西方對於亞洲歷史的敘述在亞洲

歷史學界造成的影響。亞洲各國現代歷史學既然是後發現代性的表現之一，且皆藉助歐洲歷史學而興起，學習和借鑒西方就是一種基本姿態。然而，西方的亞洲歷史敍述既含諸多合理、可取的觀念、方法，但也含有大量偏見，且在不斷推演變化。如果把西方學者的亞洲歷史敍述連貫成為一個大致的譜系，就可以看到，東方主義和歐洲中心論是由濃轉淡但迄今沒有從理論上徹底論證清楚的一種色調。這種色調的基礎，一是早期歐洲人亞洲知識的局限，二是歐洲理性主義思潮興起以後的真理自信和東西方兩元思維。也是在這種意義上，東方主義與歐洲中心主義在很大程度上是重合的。東方主義描繪了一個專制、停滯、缺乏理性和自由的亞洲；歐洲中心主義以普遍歷史規律的名義把歐洲歷史作為衡量他者歷史的尺度。這些原出於西方學者的言說，在亞洲現代化歷程中深度滲透到諸多亞洲歷史學家的歷史敍述中，而反思日益增多，卻從來沒有徹底。難點，其實在於現代性這種普遍認同的價值與西方歷史經驗的一致性超過其與亞洲歷史經驗的一致性，以至於，反撥歐洲中心主義的論說或是表現為別設中心的反向論說，或者受到現代性價值認同及普遍歷史規律論的牽絆。況且，現代亞洲歷史學在理論層面一直矚目於西方歷史學，西方歷史學卻並不曾真正關注亞洲歷史學的經驗，這種局面至今沒有改變。東方主義與歐洲中心論在亞洲歷史編纂學中的表現，要在本章加以梳理和分析。

第五章「亞洲歷史學的科學化訴求」討論在亞洲歷史學演變歷程中始終佔據突出地位的關照科學思考歷史學基本屬性的實踐和理論問題。世界範圍內的「現代歷史學」一直伴隨着與科學的糾結。藉助於向科學靠近，歷史學躋身現代知識體系。20世紀大舉進入亞洲的西方客觀主義或實證主義歷史學，很大程度上是因為籠罩着科學主義的光環，才在亞洲歷史學傳統面前展現出「先進」性。為此吸引，中國傳統考據、文獻學迅速找到了通過實證和客觀性獲得科學性徵從而變身為現代歷史學合法組成部分的通路；經世學術與社會變革的需要也通過科學化的歷史學看到了通過普遍性法則來解答亞洲社會現實問題的途徑。科學化成為20

世紀前期、中期亞洲歷史學的突出訴求。基於這樣的新傳統，亞洲歷史學與社會科學的結合從來沒有遭遇重大阻礙，並且能够伴隨社會科學的新潮流不斷調適，與時俱進。然而，到了20世紀後期，已經與科學，最少是社會科學結成不解之緣的亞洲歷史學追隨着西方歷史學的推演遭遇了對歷史學科學性的強力質疑。在80年代以後的開放、求新浪潮中，將歷史學徑直視為科學的觀念蛻變為只有少數人堅持的細流。即便如此，理析亞洲現代歷史學的演變歷程，仍然可以看到科學性訴求所產生的巨大作用。如何在對於歷史學屬性的認識調整中把握科學性的分寸，成為關涉亞洲乃至全球歷史學未來的重要問題。

　　第六章「後現代批評思潮的亞洲迴響」考察20世紀後期以來亞洲歷史編纂學的新動態。亞洲現代歷史學所受西方歷史學的影響，最根本上說是在於歷史哲學的影響。亞洲各國皆無發達的歷史哲學傳統，在現代歷史學興起時代皆大規模取用了源自歐美的各種歷史哲學乃至方法理論，久之幾乎成為在理論層面凝視西方，在西方不斷產生的各種社會歷史思潮中選取適用學說的思維定勢。即使亞洲史學家對於東方主義、歐洲中心主義所做的批評，也多要借諸來自西方的話語和思想。西方在20世紀後期興起多種批判性社會思潮，包括後現代主義史學、歷史人類學，亞洲史學界皆結合「全球化」話語的流行而一一回應，形成歷史學多樣化的格局。這種多樣化極大地拓展了歷史研究的視野，增加了歷史研究的手段，也銷蝕了歷史學中一些長期難以克服的機械論和教條。與此同時，卻也引發了歷史相對主義傾向的流行，歷史學的根本性質遭受拷問。亞洲歷史學界，由於其始終沒有根本擺脫的哲學貧乏，在此浪潮中基本上是隨波逐流，獨到的理論創見始終不如人意。

　　第七章「在亞洲思考歷史學」在前述各章基礎上進行綜合性討論，要點是在國際歷史學演變的視野下重新思考亞洲歷史學未來的可能性。如前所述，亞洲現代歷史學已經走過的歷程是一個伴隨西方歷史學旋律起舞的過程，正如這個時代亞洲社會的變遷伴隨着西方的旋律一樣——即使是與西方衝突的舉措背後也有西方的理念作用。這背後的原因和原

理複雜，難以在這裏全面討論，但僅就歷史學而言，卻應該也可以去做些批判性的思考。西方歷史學的成就怎樣評價也不過分，亞洲歷史學受惠於西方歷史學者，遠大於西方歷史學所受惠於亞洲歷史學者。但是，西方歷史學晚近時期似乎進入了一種迴環往復的境地，就如年鑒學派的從閣樓到底層，又從底層到閣樓，從宏大敍事到微觀，又從微觀找尋宏大，從敍述事實到尋求闡釋，又從闡釋回歸敍述。又如後現代主義歷史學，從具有巨大啟發性的對現代歷史學的批評開始，往而不復，走到了解構歷史學本身的地步。每一步變化，又都有鏗鏘的理由，即使在很大程度上是回歸，也一定要解釋出種種昇華來。此章建議亞洲歷史學家不再亦步亦趨，做一種新的綜合，看看能不能對歷史學從根本層面提出一些新的建議來。我在此章概要性地表述了近年提出的「新實證主義歷史學」之大意，權做引玉之磚，期待有更多的嘗試提出。此外，本章也對「亞洲歷史學」這樣的概念做一點節制性的說明。分區域、國家研究歷史編纂學有其合理性，這主要在於過去一個多世紀是一個國族國家興起、強化的時代，也是東方與西方歷史社會處境顯著差別的時代。在這樣的時代，歷史學的演變，各有國族、地域、文化系統單元的語境。從另一個角度看，則歷史學又是人類共同的學術，有超越國族、地域、文化系統的共同語境，是人類知識和心智進步事業之一部分。因而亞洲史學的研究，不應指向任何一種新的亞洲主義，而應是推動全人類歷史學融合與共同發展的一種努力。

這樣的理解和選擇，確定本書採用了帶有一定批評性的行文方式。這種方式可能會因對同仁的成就褒揚不足或吹毛求疵而帶來一些違和感和疏漏，我將努力找尋另外的機緣彌補這種缺陷。因為面對一個充滿分歧的話題，如果在一本書中追求無懈可擊的圓融，就難以表達任何清晰的見解。至少，我還沒有掌握那樣的技巧。

亞洲現代歷史學的
國族主義底色

對於亞洲各國的社會變遷及其相互關係曾經產生巨大影響的現代國族國家觀念在現代亞洲歷史學中的印記是深刻的。學術界已經有許多與此相關的研究支持這樣的基本判斷。然而，如果我們想要進一步追問下去，就會發現還有許多問題尚無足够明確的回答。例如，國族主義對現代歷史學的興起產生重大作用是否為亞洲的一種時代共性現象？如果是，其程度如何，各國之間差異如何，為什麼？國族主義究竟如何影響亞洲現代歷史學？國族主義的主觀性與作為現代歷史學突出特徵的客觀主義歷史學或實證主義歷史學呈現怎樣的關聯？國族主義對歷史學的影響在亞洲、歐洲、美洲是同質的嗎？等等。如果要回答這些問題，不可迴避地會遇到什麼是國族主義，以及國族主義與民族主義、啟蒙主義、後現代主義批判思潮之間是怎樣的關係等等問題。「亞洲」本身就是一個西來的地域概念，[1] 覆蓋多種文化、學術傳統，所以要統攝地觀察亞洲的歷史學，困難重重。即使如此，亞洲既為一個現代歷史單元，還是有其共性，皆在「西學東漸」的過程中改造了社會也改造了歷史學。所以，對亞洲現代歷史學的共性和差異做一些觀察，還是可能的。國族主義，就是觀察這種共性和差異的一個突出的線索。

一、在亞洲語境中定義民族、民族主義、國族主義

理析國族重構的歷程會大量涉及「民族」和「國族」兩個核心概念的關聯與區分問題，尤其是「國族」概念使用不多，內涵需要說明，故先從兩個基本概念的辨析入手加以討論。

民族在何時形成以及民族的內涵如何？學界至今意見分歧。人類歷

---

❶ 參看趙軼峰：《清前期中朝關係與「東亞」秩序格局》，《古代文明》，2019 年第 1 期。

史上很早就形成了基於血緣、地緣、部族的紐帶關係，在共同生活中發展成為具有共同語言、習俗和文化心理的社會共同體。現代華語學術界有時會迴避將此類古代的社會共同體徑直稱為民族，而用單一「族」字，或「古族」、「部族」、「某某人」等等指稱。其原因主要在於，現代漢語中的「民族」在大多數語境中被作為一個具有「現代」特定意味的概念使用，與英語中的 nation，即組成國家的民族接近對應。「民族國家」，被用來對應英文中的 nation state，也被視為現代歷史所特有的唯一主權單元。英語中另有 ethnic group，用來指稱並非一定與國家整合到一起的「族」，在民國時代就已被中國學術界了解，但沒有廣泛行用。這個詞本來可以與現代漢語中的「民族」對應使用，但現代漢語中的「民族」既與 nation 關聯，ethnic group 就不便譯為「民族」，大多譯為「族群」了。這裏的問題是，「民族」既被賦予「現代」含義，在被用來談論前現代的現象時，就成了一種借用語，使得前現代的「民族」怎麼說都是模糊的。[1] 解決之法：應將「民族」界定為自然形成的具有共同語言、習俗和文化心理的社會共同體，對應於 ethnic group；與國家整合到一起的民族則應用「國族」表示，也即英文中的 nation。用這樣的定義重新來看，亞洲前現代的民族，即具有共同語言、習俗、文化和長期共同生活歷史並形成社會認同的人群，很早就已經形成，其起源與「現代」與否無關，但伸展到了現在這個時代，與國族並存而並不由國族所限定。與此相關，中國學術界乃至亞洲學術界多數情況下所說的民族主義，內涵是「國族主義」，英語中的 nationalism 其實應該被翻譯成「國族主義」，而不是「民族主義」。這與 international 被翻譯為「國際」而不是「民族際」同理。進而，通譯「民族國家」（nation state）語境中的「民族」其實是「國族」，「民族國家」應稱為「國族國家」。國族作為與國家組織整合的人群，具有比民族更濃重的國民共同體含義，其中可能包含多

---

❶ 後文包含這種情況的例證。

4　在亞洲思考歷史學

個民族，因而可能包含多種語言、習俗、信仰，它們在國家共同體層面形成認同和體制化組織形態而無需放棄自己的語言、習俗、信仰。「民族主義」應該被用來指以 ethnic group 為認同中心的觀念或意識形態，這種觀念與國家認同可能重合，也可能不重合，既存在於現代，也存在於現代之前。兩者區分之後，許多問題就便於討論了。美國學者杜贊奇（Prasenjit Duara）著作《從民族國家拯救歷史》（*Rescuing History from the Nation: Questioning Narratives of Modern China*）中文名中的「民族」也是 nation，即這裏所說的「國族」，當理解為「從國族國家拯救歷史」。在國族概念中，「國」是根本，而不是「族」為根本。國族在歷史上越來越普遍地包容多種民族，而單一民族構成的國家已經基本絕跡。

國族的清晰界定並成為國際關係的基本單元，在歐洲歷史上是在 17世紀伴隨國際競爭完成的。在中國，由於中華文明長期延續性歷程作用和國家組織持續強勢發展，國族意識在前現代歷史時期略有形跡，但籠罩在君主—臣民關係結構中，從未形成清晰的理論。日本的情況略與中國相似，朝鮮半島因其與中國的長期封貢關係，國族意識更弱一些，印度則因文化多樣性和政治權力的孱弱，國族意識很淡漠。這種差別還需要以更具體的方式來討論，這裏的要點是，國族並不是突兀地由西方帶到亞洲的，但西方勢力東來迫使亞洲各國快速地明晰和重構了自己的國族理念，甚至國族結構。

前現代亞洲有國家，有民族，但是缺乏清晰的國族意識和理論，國族界定模糊，這成為亞洲各國在西方勢力東來以後的國際衝突中處於被動局面的背景之一。西方勢力東來，主要是 19 世紀以後的直接衝突性接觸，迫使亞洲各國快速地明晰和重構了自己的國族理念，甚至國族結構。從而，自 19 世紀以降，整合並強化國族，成為亞洲各國現代化轉變過程所不能迴避的事情。國族建構過程把一個國家內所有成員的認同向國家歸屬層面整合，在社會內部極大地強化了國家的神聖性和政府的權威性，國家在國際關係中又被公認為是唯一主權實體，因而現代化過程在很大程度上也是國家強化的過程。國族主義的興起 —— 在一些語境中

可能被表述成「現代民族意識的覺醒」——成為現代化的內在組成部分。亞洲各國的現代興起,都伴隨重塑國家制度和重塑國族認同的過程。同時,國族整合的過程,必須明確區分我—他,既在文化層面,也在政治歸屬層面,形成某種認同專屬的特殊主義(particularism),從而增強了排斥性。於是,國族整合與國族主義的興起,就強化了國家為單元的國際衝突。

所有的國族認同都需要文化、歷史的鋪墊,因而所有國族認同都要通過關於文化和歷史傳統特殊性的共同知識來獲得強化,所以,國族認同一定伴隨着把原本模糊的文化、歷史邊界清晰化的過程,甚至是創造專屬文化傳統的過程。梳理現代亞洲各國歷史學的演變,可以清晰地看到,各國歷史學都有將本國社會中的現代性因素儘量前溯,在本土固有歷史推演歷程中找尋現代性「萌芽」的傾向。這是亞洲各國歷史學對歐洲中心主義的一種順應與反撥兼有的回應。同時,無論各國是否在更早時段就出現了現代性的「萌芽」,亞洲各國的「現代」歷史無例外是在西方勢力東來的浪潮衝擊下明確展開的。這種尋找前現代歷史中現代性「萌芽」的傾向,表面看是對抗西方中心主義,從思想方式角度看則是順應西方中心主義。由於各國歷史學都經歷了這種追索,理解亞洲各國現代歷史學發生的同時代性及其各自的特點,就必須關照西方社會思潮的影響。

在藉助國族主義整合國家,藉助國家整合來培育國民的國族主義意識的變革中,歷史學發揮了巨大作用,同時在此過程中實現了自身的現代化改造。亞洲各國的文化歷史原本深度交融,其國族建構必然要伴隨一場文化和歷史傳統的重新切割。這種切割必須要由歷史學來操刀,其中包括把以往的共同經驗分剖為單一國族的專屬經驗。從而,國族主義與歷史學結合的時候,既推動了各國人民對於自身歷史文化傳統特色的體認,也把更強的特殊價值立場和主觀性帶入歷史學。歷史學由是而成為現代亞洲各國學術中的顯學。現代亞洲歷史學在興起的時代就帶着一層濃重的國族主義底色。

關於國族主義的研究已然非常豐富，但從哲學、社會理論、社會思潮角度討論問題的遠多於深入探析國族主義與歷史研究之關聯的研究，直接討論國族主義與亞洲歷史學關係的著述就更少一些。在這裏應該提到，杜贊奇那本近年名聲鵲起的《從民族國家拯救歷史》不僅是一部富有啟發性的著作，而且又是較多關照亞洲經驗來討論國族主義的著作。杜贊奇認為，現代民族意識頗受黑格爾主義尤其是線性歷史觀的影響，僅僅承認已經在歷史中意識到自我並成為民族的人民擁有權利，認為「民族國家有權摧毀非民族國家，並為她們送來啟蒙之光」。[1] 黑格爾主義是 19 世紀佔統治地位的進化論話語的精密表述，在西方勢力衝擊非西方世界時，社會達爾文主義代表着啟蒙理性的黑暗一面，西方強權者在啟蒙文明的名義下，把人類劃分為「先進」和「落後」的種族，並藉助國族國家而推行「名正言順」的掠奪。[2] 在這種意識支配下，英國女王成為印度的女皇，並試圖使印度作為殖民地永遠保持「非民族」的地位。[3] 近百年來，遍佈全球的國族國家構成世界體系，「這一體系將民族國家視為主權的唯一合法的表達形式。民族國家是一種有着明確疆界的政治體制，其中『代表』民族——人民（the nation-people）的主權國家不斷擴展自己的角色和權力。」[4]

　　杜贊奇對於國族意識之起源及其性質的認識是富有啟發性的。同時我們需要注意，杜贊奇在認定民族國家（本文所說的國族國家）對現代歷史意識構成強力支配的同時，強調民族（國族）的暫時性和觀念性。這種看法雖然同樣具有啟發意義，但也需要仔細斟酌。杜贊奇主張：「民族本身卻是頗有爭議的現象。一個民族內的政權、政治家以及普通百姓並不總是能對本民族應該做什麼或意味着什麼達成共識。」學者們在「民

---

❶ 杜贊奇著，王憲明譯：《從民族國家拯救歷史》，北京：社會科學文獻出版社，2011 年，第 6 頁。本書在引用該書中譯本中文文字時，不做改動，請讀者注意「民族」與「國族」的差別。

❷ 杜贊奇著，王憲明譯：《從民族國家拯救歷史》，第 6-7 頁。

❸ 杜贊奇著，王憲明譯：《從民族國家拯救歷史》，第 9 頁。

❹ 杜贊奇著，王憲明譯：《從民族國家拯救歷史》，導論，第 6-7 頁。

族」、「民族國家」、「民族主義」的界定中遭遇的困難就是其表現。[1]他還認為,「本是有爭議的、偶然的」民族被民族歷史說成是同一的、在時間中不斷演化的主體,「這種物化的歷史是從線性的、目的論式的啟蒙歷史的模式中派生出來的。」這就使民族遮掩了歷史上那些僅僅代表自己的王朝、貴族專制以及神權與世俗的統治力量而成為歷史的主體。[2]他認為,「現代民族身份認同的形式與內容是世代相傳的有關群體的歷史敍述結構與現代民族國家體系的制度性話語之間妥協的產物。」[3]「民族」是被有意建構的並將被解構:「此種分析模式向那種認為群體是穩定的、像物種進化一樣逐漸形成一種民族自覺的觀念(啟蒙歷史)提出挑戰。它強調為了實現特定的認同目標而在文化表述的網絡之中的有意識的動員運作。」因而,他的這一著作的核心,就是要「考察不同群體的知識分子或政治家是如何發明或利用現有的敍述結構來重新劃定具有多種認同的集體邊界的」。而且,「不論這個結繫是多麼牢固,它最終都將被解開,受人重視的、用來組織此種認同的實踐亦會隨之改變。」[4]現代國族意識的具體內涵的確包含杜贊奇所說的種種發明和建構,或者被那些發明和建構所影響,所以,國族國家意識是一種現代意識形態,是和進化論信念的傳播一起展開的。進化論是國族競爭意識的基礎。而且,在國族主義語境中,屬於某一國族意味着對最終立場的認定,帶來巨大的責任,違背這種立場,構成一種「原罪」。歷史學家要警惕這種意識形態對歷史事實敍述的滲透及其可能造成的選擇指向。但是,杜贊奇所說的「民族」和「民族國家」這兩個作為「現代」話語被界定的概念,卻也指涉

---

❶ 杜贊奇著,王憲明譯:《從民族國家拯救歷史》,導論,第 1 頁。
❷ 杜贊奇著,王憲明譯:《從民族國家拯救歷史》,導論,第 2 頁。
❸ 杜贊奇著,王憲明譯:《從民族國家拯救歷史》,第 60 頁。
❹ 杜贊奇著,王憲明譯:《從民族國家拯救歷史》,第 56 頁。此類看法經安德森、杜贊奇等人論説之後,晚近中國學者頗多將之視為當然者。説如「現代歷史學、人類學和社會學已經揭示,『民族』是一個建構與再建構 (construction and re-construction) 的過程,它並非如民族主義者宣稱的那樣自古而然,而是一個相當晚近的製造物。在民族製造的過程中,歷史論述起到至關重要的作用。」林磊:《「民族主義」與近代中國新史學的命運 —— 以抗戰時期的傅斯年為中心》,《中國文化研究》,2016 年冬之卷。

更早時代就已經存在的相對穩定、具有內在認同特徵的社會共同體，即本文所說的「民族」和民族共同體，並且還把國族徹底歸為「現代」的而且是西方傳播到亞洲的事物。但是，民族是人類文明演變歷程中自然而然地發生的情況，民族不是虛幻的，也不是現代才被構造出來的。我們將在後面通過一些具體的依據來討論這一看法。即使有前面所說的分歧，國族意識的興起過程的確如杜贊奇所指出的那樣，伴隨着把民族歷史的連貫性加以深描，並將之作為現代利益競爭工具的巨大努力。

參照當時列強的國家形態改造自我從而自立於其間是亞洲各國皆有的需求。與此同時，各國的國族建構都並非一場單純的思想運動，都要在社會結構急劇改造中把握社會變遷與傳統之間適度的平衡，各國所要解決的具體問題、所建構起來的國族意識和國族形態面貌，以及這一場重構所能留下的遺產與問題，也不盡相同。

二、國族重構與中國現代歷史學

中國晚清以降現代化轉變的一項重要內容是國族國家的重構。這既以先前長久歷史的演變為基礎，也因「現代」強化的國際競爭環境和生存需求而刻不容緩。來自西方的國族國家思想作為「現代」精神為這場轉變提供思想資源，歷史學也因在此過程中發生重要作用而成為顯學。梳理這一過程，可以看到，這場觸及中國社會、國家、思想、學術的深刻轉變，產生了整體意義上重新定向的歷史作用，同時也留下一些話語歧義和思想分歧，也可以看到中國現代歷史學本身的一些重要的歷史與時代特徵。

歐洲勢力在 16 世紀已經全面觸及亞洲各國，但亞洲各國的國族建構是在 19 世紀中葉以後成為這一區域社會歷史運動的重要主題之一的，這無疑與當時歐洲勢力在亞洲推進的升級有關。西班牙人在明朝中葉就吞併了菲律賓，葡萄牙、荷蘭、英國在 16 世紀就在印度一些地方建立殖民地。但是東亞和南亞不同，這裏有亞洲各國中最具有整體組織性的

社會體系，所以歐洲人的推進於 17 世紀中葉停止在東亞各國的邊緣，據南亞以視東亞，到 19 世紀中葉才開始將推進的鋒芒直指東亞的中國和日本。中國在 1840 年鴉片戰爭前後切實感受到歐洲殖民勢力東來的真正威脅，雖然並沒有立即興起後來所說的「民族主義」的思想運動，但影響深遠的「自強」、「洋務」運動，對西學的興趣和海外留學潮流、太平天國運動，都具有深刻改造既有社會體系和自我與他者關係的含義，已經構成稍後逐漸明確起來的國族重建運動的序曲。當時，中外政府在相互關係中已經開始處理中國人的國籍問題。[1] 所以，雖然當時國族尚未成為「主義」，國族意識和與國族分野相關的社會實踐卻已經展開。

前述變化並未扭轉當時中國的整體生存危機，中法戰爭、第二次鴉片戰爭皆標誌着這一時期中國作為一個國家體系所面臨危機的繼續深化。1894 年甲午戰爭中國敗於日本，次年簽訂《馬關條約》，台灣被割讓給日本，經歷半個世紀曲折社會改造的中國社會各界終於看清了先前各種嘗試的局限，並深為日本的迅速崛起所觸動。重構國族，包括改造國家政治體制和相應的國族意識作為一種普遍的社會訴求凸顯出來。嘗試建立君主立憲體制的戊戌變法和直接推翻帝制、走向共和的辛亥革命接踵而至。中國學術界一般把這個時期視為中國現代「民族主義」興起的開端時期。其間，義和團運動和隨後的八國聯軍劫掠北京、庚子賠款，把中國民眾與清朝統治集團、與列強的矛盾都進一步凸顯起來，促使社會變革以更為激進的方式展開。辛亥革命變帝制為共和，構成中國國家體制和國族建構的最突出歷史節點。同時，也把參照共和體制原則和歷史現實對「何為中國」，「誰是中國人」重新定義的問題凸顯出來。當時中國國族建構的思想資源，一是在先前半個多世紀以來逐漸引入的西方國族國家思想及相關的社會思潮，二是中國思想文化傳統中固有的國家、族屬、文化觀念。

---

❶ 參看繆昌武、陸勇：《〈大清國籍條例〉與近代「中國」觀念的重塑》，《南京社會科學》，2012年第 4 期。

（一）中華國族建構中的思想者與歷史家言說

歷史學作為關於群體往事記憶和反思的學問，與社會認同關係至深，因而在國族建構的時代，就會成為顯學。所以，伴隨中國國族重構而興起的中國現代歷史學，在中國史學史的長卷中是一個極其特殊的顯赫片段，而國族觀念構成這個片段史學思想的濃重底色。

中國歷史上很早就形成了民族，漢族為其中之一，相對於漢族還有許多其他民族。漢語歷史文獻中諸如「非我族類，其心必異」中的族，就是民族。這種民族不僅存在於古代，也存在於現代。無論在古代還是現代，民族可能組成國家，可能不組成國家，可能分佈在多個國家中，一個民族可能組成多個國家，多個民族可能組成族群國家。歷史上自然形成的國家在國際競爭高度強化的現代，被從組織方式到意識形態都高度強化了國家權威性和具有認同絕對性的國族反襯為相對鬆散而缺乏競爭力的共同體，因而現代化必定伴隨從民族或者多民族共同體到國族的轉變。國族國家意識比舊王朝或「天下」意識更強調國家之間的界限、人民歸屬的界定、國際關係中的主權、疆域的神聖性，強調國民共同構成國家權力的本源，也賦予國民對於國家共同體的認同以崇高的意蘊，並強調這種認同建立在國民基於自由意志的文化與制度認同、權利平等基礎上。

17 世紀中葉開始的清代中國，是一個包容多民族的國家。這種國家形態在列強衝擊下顯得鬆散老舊，缺乏整體行為效能，陷入深重危機。美國學者列文森（Joseph R. Levenson）認為，傳統中國士大夫的家國意識很大程度上是以文化為核心的，相當於對一種被認為具有普遍意義的文化價值的認同；19 世紀後期，中國精英從文化主義的認同轉向「民族主義」的認同，開始把「民族國家」視為群體最終目標。[1] 19 世紀末，

---

❶ 參看杜贊奇著，王憲明譯：《從民族國家拯救歷史》，第 44-45 頁。按引文中「民族主義」意指本文所說的「國族主義」；「民族國家」意指本文所說的「國族國家」。

中國在列強壓力下解除了帝制時代形成的藩屬國家對中國的依附性關係，從而更加感受到重新整合國家體系的迫切性。《中國同盟會革命方略》即提出「驅除韃虜」、「恢復中華」、「建立民國」、「平均地權」為四項綱領，並稱：「我漢人為亡國之民者二百六十年於斯。滿政府窮兇極惡，今已貫盈。義師所指，覆彼政府，還我主權。」[1] 這是一種以傳統意義上的「族」為主體建立國家的主張，並沒有體現出對現代國族理念的深刻認識，實踐上則會導致邊疆民族區域的分離。其後，革命黨做出調整，提出「五族共和」的國族建設理念。1919 年，孫中山說道：「夫漢族光復，滿清傾覆，不過只達到民族主義之一消極目的而已，從此當努力猛進，以達民族主義之積極目的也。積極目的為何？即漢族當犧牲其血統、歷史與夫自尊自大之名稱，而與滿、蒙、回、藏之人民相見於誠，合為一爐而冶之，以成一中華民族之新主義，如美利堅之合黑白數十種之人民，而冶成一世界之冠之美利堅民族主義，斯為之積極之目的也。五族云乎哉。夫以世界最古、最大、最富於同化力之民族，加以世界之新主義，而為積極之行動，以發揚光大中華民族，吾絕不久必能駕美迭歐而為世界之冠，此固理有當然，勢所必至也。」[2] 這就從漢族中心的民族主義轉變為「五族」象徵的多民族組成的「中華民族」為主體的民族主義，即國族主義。[3] 這種主張，除了基於中國社會歷史的傳統和現

---

❶ 中山大學歷史系孫中山研究室、廣東省社會科學院歷史研究所、中國社會科學院近代史研究所中華民國史研究室合編：《孫中山全集》第一卷，《中國同盟會革命方略》，北京：中華書局，1981 年，第 296-297 頁。

❷ 中山大學歷史系孫中山研究室、廣東省社會科學院歷史研究所、中國社會科學院近代史研究所中華民國史研究室合編：《孫中山全集》第五卷，《三民主義》，北京：中華書局，1985 年，第 187-188 頁。

❸ 1924 年 1 月 23 日通過的《中國國民黨第一次全國代表大會宣言》對這一轉變做了說明。《宣言》講到：「國民黨之民族主義，有兩方面之意義：一則中國民族自求解放；二則中國境內各民族一律平等」；「辛亥革命以前，滿洲以一民族宰制於上⋯⋯辛亥革命以後，滿洲宰制政策既已摧毀無餘，則國內諸民族宜可得平等之結合⋯⋯國民黨敢鄭重宣言，承認中國以內各民族之自決權，於反對帝國主義及軍閥之革命勝利以後，當組織自由統一的（各民族自由聯合的）中華民國。」見中山大學歷史系孫中山研究室、廣東省社會科學院歷史研究所、中國社會科學院近代史研究所中華民國史研究室合編：《孫中山全集》第九卷，第 118、119 頁。

實，也明顯參照了美國的經驗，是一種在新國家共同體中融合各族為現代國族的理念，從而可能化解稍早時期國族建構中的單一民族意識造成的緊張。不過，孫中山在由排滿的漢民族主義轉化為中華大民族主義之後的一段時間，依然保持了國族之內的漢民族主導觀念。陳建樾就曾注意到，孫中山在 1921 年曾有兩次講演表達漢族中心的中華大民族主義。甚至「對『五族共和』不屑一顧……」[1] 孫中山的確在這一年 3 月說過，「自光復之後，就有世襲底官僚，頑固底舊黨，復辟底宗社黨，湊合一起，叫做五族共和。豈知根本錯誤就在這個地方。講到五族底人數，藏人不過四五百萬，蒙古人不到百萬，滿人只數百萬，回教雖衆，大都漢人……漢族號稱四萬萬，或尚不止此數，而不能真正獨立組一完全漢族底國家，實是我們漢族莫大底羞恥，這就是本黨底民族主義沒有成功。」[2]「今日我們講民族主義，不能籠統講五族，應該講漢族底民族主義。或有人說五族共和揭櫫已久，此時單講漢族，不慮滿、蒙、回、藏不願意嗎？此層兄弟以為可以不慮。彼滿洲之附日，蒙古之附俄，西藏之附英，即無自衛能力底表徵。然提撕振拔他們，仍賴我們漢族。兄弟現在想得一個調和的方法，即拿漢族來做個中心，使之同化於我，並且為其他民族加入我們組織建國底機會。仿美利堅民族底規模，將漢族改為中華民族，組成一個完全底民族國家，與美國同為東西半球二大民族主義的國家。」[3] 同年 12 月，他在桂林對軍界的演說中再次表達了類似主張。[4] 這表明，孫中山在 1919 年前後講「五族共和」，帶有與他人主張相妥協的含義，他自己還是傾向於以漢族中心而同化其他各族的。所以如此，既因其早年比較狹隘的「排滿」觀念淵源，也與他對美國國族狀態的觀察有關。而且，清末民初時代，西方國族觀念介紹到中國未久，許

---

❶ 陳建樾：《單一民族國家還是多民族國家：近代中國構建現代國家的解決方案之爭》，《清華大學學報》，2018 年第 5 期。
❷ 孫中山：《在中國國民黨本部特設駐粵辦事處的演說》，《孫中山全集》第五卷，第 473 頁。
❸ 孫中山：《在中國國民黨本部特設駐粵辦事處的演說》，《孫中山全集》第五卷，第 474 頁。
❹ 參看孫中山：《在桂林對滇贛粵軍的演說》，《孫中山全集》第六卷，第 24-25 頁。

多人把現代國家理解為由單一民族構成的。[1] 這也會影響到孫中山的國族建構思路。到 1924 年編定《三民主義》，孫中山再次表達的，基本上是漢民族為中心而融合各族建構國族的思路，是大漢族主體國家思想與各族同為中華國族成員思想的融合。他說：「我可以用一句簡單話說，民族主義就是國族主義。中國人最崇拜的是家族主義和宗族主義，所以中國只有家族主義和宗族主義，沒有國族主義。外國旁觀的人說中國人是一片散沙。這個原因是在什麼地方呢？就是因為一般人民只有家族主義和宗族主義，沒有國族主義……我說民族主義就是國族主義，在中國是適當的，在外國便不適當。外國人說民族和國家便有分別。英文中民族的名詞哪遜。哪遜這一個字有兩種解釋。一是民族，一是國家。這一個字雖然有兩個意思，但是他的解釋非常清楚，不容混亂……由於王道自然力結合而成的，是民族；由於霸道人為力結合而成的，是國家。這便是國家和民族的分別……就中國的民族說，總數是四萬萬人。當中摻雜的不過是幾百萬蒙古人，百多萬滿洲人，幾百萬西藏人，百幾十萬回教之突厥人。外來的總數不過一千萬人。所以就大多數說，四萬萬中國人，可以說完全是漢人。同一血統，同一言語文字，同一宗教，同一習慣，完全是一個民族。」[2]

立憲派雖然在國家體制方面與革命黨主張不同，但也主張以多民族共同體為基礎改造國家體制，且在融合各族而為中華的方面，比革命黨更為暢達。康有為在推動晚清立憲時提出：「考之古經之大義，質之萬國之通譯，定國名曰中華，莫不協允。伏乞下廷議，刪除滿、漢名字

---

[1] 如陳獨秀在 1904 年講到國家的含義時就提出：「……一國的人民，一定要是同種類，同歷史，同風俗，同言語的民族，斷斷沒有好幾種民族，夾七夾八的住在一國，可以相安的道理。所以現在西洋各國，都是一種人，建立一個獨立的國家，不受他種人的轄治，這就叫做『民族國家主義』。若單講國家主義，不講民族國家主義，這國家到是誰的國家呢？原來因為民族不同，才分建國家。」見陳獨秀：《說國家》，載林茂生等編：《陳獨秀文章選編》（上），北京：生活·讀書·新知三聯書店，1984 年，第 40 頁。並請參看陳建樾：《單一民族國家還是多民族國家：近代中國構建現代國家的解決方案之爭》，《清華大學學報》，2018 年第 5 期。
[2] 孫中山：《三民主義》，上海：北新書局，民國十六年四月初版，第 1-7 頁。按引文中的「哪遜」，當為 nation 的音譯。

籍貫,而正定國名,即永名曰中華國。上自國書官書,莫不從同。自滿、漢及蒙、回、藏既同隸一國,並當同為中華國人,不得殊異。其滿人並賜漢姓,俾合同而化,永泯猜嫌。則團合大群,以強中國,莫善於此。」[1] 先曾推動晚清預備立憲,後又支持袁世凱復辟帝制的楊度其實是晚清民國間就中國的國族建構思考很深的人,他堅決反對排滿的漢族立國論,也反對滿漢聯合建國論,因為這些主張都會導致中國的分裂。他在 1907 年就提出:「主張五族分立論或漢國獨立論者,實俄、法之所樂聞,而思利用之,以為先驅者也。故中國之在近日世界,漢、滿、蒙、回、藏之土地,不可失其一部,漢、滿、蒙、回、藏之人民,不可失其一種,必使土地如故,人民如故,統治權如故。三者之中,不可使其一焉有過變動,一有變動,則國亡矣⋯⋯ 人民既不可變,則國民之漢、滿、蒙、回、藏五族,但可合五為一,而不可分一為五。」[2]

馬克思主義者在這一時期提出的意涵最為深邃的思想是「新中華民族主義」。1917 年 2 月,李大釗撰文提出,中華民族由亞洲諸多民族融合而成,今日既然已經文化趨於一致且隸屬於同一個共和國中,當不再對歷史上的民族加以區分而同歸一體:「吾國歷史相沿最久,積亞洲由來之數多民族冶融而成此中華民族,畛域不分、血統全泯也久矣,此實吾民族高遠博大之精神有以鑄成之也。今猶有所遺憾者,共和建立之初,尚有五族之稱耳。以余觀之,五族之文化已漸趨於一致,而又隸於一自由平等共和國體之下,則前之滿云、漢云、蒙云、回云、藏云,乃至苗云、瑤云,舉為歷史上殘留之名辭,今已早無是界,凡籍隸於中華民國之人,皆為新中華民族矣。然則今後民國之政教典刑,當悉本此旨以建

---

❶ 康有為:《康有為全集》第八集,《海外亞美歐非澳五洲二百埠中華憲政會僑民公上請願書》,北京:中國人民大學出版社,2007 年,第 413 頁。

❷ 楊度:《金鐵主義說》,載《楊度集》,長沙:湖南人民出版社,1986 年,第 304 頁。按楊度民族、國家思想頗為複雜,且比同時期其他人的相關思想更具有理論化、系統化色彩,對於民族也自有定義,頗值得細緻分析,然需另外討論。

立民族之精神，統一民族之思想。此之主義，即新中華民族主義也。」**1**
這一種國族興而民族消失的主張，帶有一定理想主義色彩，意為現代國族建構可以把歷史上的民族差異全部融化，凝聚一體。

這些主張，都體現清末民初思想界探索國族建構理念的軌跡，而探索的基本方向還是指向了多民族共同構成國族的主張。在一定意義上說，國族主義是中國現代新史學最重要的催生力和標誌。在這些思想者中，對於當時歷史學界影響最大的，還是梁啟超的論說。

梁啟超認為，「民族主義」是清末民初時代重構國家必須採用的思想路線：「在民族主義立國之今日，民弱者國弱，民強者國強，殆如影之隨形，響之應聲，有絲毫不容假借者。」**2**「民族主義者，世界最光明正大公平之主義也。不使他族侵我之自由，我亦毋侵他族之自由。其在於本國也，人之獨立，其在於世界也，國之獨立，使能率由此主義，各明其界限以及於未來永劫，豈非天地間一大快事？」**3**「凡國而未經過民族主義之階級者，不得謂之為國。譬諸人然，民族主義者，自胚胎以至成童所必不可缺之材料也。由民族主義而變為民族帝國主義，則成人以後謀生建業所當有事也。」**4**「自中古以前（羅馬解紐以前）歐洲之政治家，常視其國為天下，所謂世界的國家（world state）是也。以誤用此理想故，故愛國心不盛，而真正強固之國家不能立焉（按吾中國人愛國心之弱，其病源大半坐是，而歐人前此亦所不能免也）。近四百年來，民族主義日漸發生，日漸發達，遂至磅礴鬱積，為近世史之中心點。順茲者興，

---

❶ 李大釗：《新中華民族主義》，中國李大釗研究會編注：《李大釗全集》（修訂本）第 1 卷，北京：人民出版社，2013 年，第 478-479 頁。按李大釗在此文首段中說到：「蓋今日世界之問題，非只國家之問題，乃民族之問題也。而今日民族之問題，尤非苟活殘存之問題，乃更生再造之問題也。余於是揭新中華民族主義之赤幟，大聲疾呼以號召於吾新中華民族少年之前。」此語顯示「國族重構」為當時有識之明確見識。參同上書第 477 頁。
❷ 梁啟超：《新民說》，載《飲冰室合集·專集之四》，北京：中華書局，1988 年據 1936 年中華書局版重印本，第 7 頁。
❸ 梁啟超：《國家思想變遷異同論》，載《飲冰室合集·文集之六》，北京：中華書局，1988 年據1936 年中華書局版重印本，第 20 頁。
❹ 梁啟超：《國家思想變遷異同論》，載《飲冰室合集·文集之六》，第 22 頁。

逆茲者亡。」[1]「故今日欲救中國，無他術焉，亦先建設一民族主義之國家而已。以地球上最大之民族，而能建設視域天演之國家，則天下第一帝國之徽號，誰能篡之？」[2]

梁啟超最初所說的「民族主義國家」，是單一民族的國家：「民族主義者何？各地同種族同言語同宗教同習俗之人，相視如同胞，務獨立自治，組織完備之政府，以謀公益而禦他族是也。」[1] 按照這種理解，民族主義國家就當是單一民族組成的，但這種單一國族國家論並不適合晚清中國的國情，梁啟超本人後來也繼續探索。1903 年，他發表《政治學大家伯倫知理之學說》，藉助於對伯倫知理（Bluntchli Johann Caspar）政治學的梳理，明確區分了民族和國家，並主張停止排滿革命，整合「大民族主義」以一致對外：「由此言之，則吾中國言民族者，當於小民族主義之外，更提倡大民族主義。小民族主義者何？漢族對於國內他族是也。大民族主義者何？合國內本部屬部之諸族以對於國外之族是也……自今以往，中國而亡則已，中國而不亡，則此後所以對於世界者，勢不得不取帝國政略。合漢合滿合蒙合回合苗合藏，組成一大民族。提全球三分有一之人類，以高掌遠跖於五大陸之上。此有志之士所同心醉也。」[2] 梁啟超的這種大民族思想，與康有為的大民族主張方向一致，與楊度的民族觀念相通，與孫中山在辛亥革命以後闡述的五族共和思想也能聯通，成為民初中國政治、思想、學術界逐步達成的主流看法。

梁啟超既是當時中國的主要政治參與者、政論家，又是現代史學的主要開創者。他幾乎同時將前述民族觀滲透於對中國歷史的敘述。在《中國史敘論》中，他專設一節討論中國歷史上的「人種」，「今考中國史範圍中之各人種，不下數十，而最著明有關係者，蓋六種焉……其一苗種……其二漢種……其三圖伯特種……其四蒙古種……其五匈奴

---

❶ 梁啟超：《論民族競爭之大勢》，載《飲冰室合集・文集之十》，第 10 頁。
❷ 梁啟超：《論民族競爭之大勢》，載《飲冰室合集・文集之十》，第 35 頁。
❶ 梁啟超：《新民說》，載《飲冰室合集・專集之四》，第 4 頁。
❷ 梁啟超：《政治學大家伯倫知理之學說》，載《飲冰室合集・文集之十三》，第 75-76 頁。

種……其六通古斯族……」[1] 這為 20 世紀中國歷史學界討論國族構成提供了一個基點。[2] 梁啟超開一代學術風氣的《新史學》中最重要的主張，也正是以國族為本位書寫歷史，以求培育國民的國族意識。他指出，傳入中國之西學諸學科中，惟史學為中國所固有，而史學是「國民之明鏡也，愛國心之源泉也」，西方各國所以發達，「史學之功居其半焉」；然而中國史學發達二千餘年於茲，卻不能有同樣之功德普及於國民。其因在於傳統史學，「知有朝廷而不知有國家……知有個人而不知有群體……知有陳迹而不知有今務……知有事實而不知有理想」。[3] 此四項病源之中，以朝廷為國家即缺乏正當的國家意識。為此，要建立新國家，必須將舊史學改造為新史學。「今日欲提倡民族主義，使我四萬萬同胞強立於此優勝劣敗之世界乎？則本國史學一科，實為無老、無幼、無男、無女、無智、無愚、無賢、無不肖所皆當從事，視之如渴飲疾食，一刻不容緩者也。然遍覽乙庫中數十萬卷之著錄，其資格可以養吾所欲，給吾所求者，殆無一焉。嗚呼，史界革命不起，則吾國遂不可救。悠悠萬事，惟此為大。新史學之著，吾豈好異哉，吾不得已也。」[4] 在《少年中國說》中，梁啟超表達了同樣的重構國民之國家觀念的思想：「夫古昔之中國者，雖有國之名，而未成國之形也。或為家族之國，或為酋長之國，或為諸侯封建之國，或為一王專制之國……且我中國疇昔，豈嘗有國家哉，不過有朝廷耳。我黃帝子孫，聚族而居，立於此地球之上者既數千年，而問其國之為何名，則無有也。夫所謂唐虞夏商周秦漢魏晉宋齊梁陳隋唐宋元明清者，則皆朝名耳。朝也者，一家之私產也。國也者，人民之公產也。」[5] 中國的國名，固然早有使用，但也是在這時經梁啟超等

<hr />

❶ 梁啟超：《中國史敍論》，載《飲冰室合集·文集之六》，第 5-6 頁。
❷ 據黃興濤研究，「中華民族」一詞之使用也可能是從梁啟超開始的，初指漢族，後指漢族為主的中華多民族共同體。參看黃興濤：《「中華民族」觀念萌生與形成的歷史考察 —— 兼論辛亥革命與中華民族認同之關係》，《浙江社會科學》，2002 年第 1 期。
❸ 梁啟超：《新史學》，載《飲冰室合集·文集之九》，第 1-4 頁。
❹ 梁啟超：《新史學》，載《飲冰室合集·文集之九》，第 7 頁。
❺ 梁啟超：《少年中國說》，載《飲冰室合集·文集之五》，第 9-10 頁。

人討論而高度明確起來。「吾人所最慚愧者，莫如我國無國名之一事。尋常通稱，或曰諸夏，或曰漢人，或曰唐人，皆朝名也。外人所稱，或震旦，或支那，皆非我所自命之名也。以夏漢唐等名吾史，則戾尊重國民之宗旨，以震旦、支那等名吾史，則失名從主人之公理。曰中國，曰中華，又未免自尊自大，貽譏旁觀。雖然，以一姓之朝代而誣我國民，不可也，以外人之假定而誣我國民，猶之不可也。於三者俱失之中，萬無得已，仍用吾人口頭所習慣者，稱之曰中國史，雖稍驕泰，然民族之各自尊其國，今世界之通義耳。我同胞苟深察名實，亦未始非喚起精神之一法門也。」[1] 要以國族主義熏陶國民，需藉助於歷史學。「本國人於本國歷史，則所以養國民之精神，發揚其愛國心者，皆於是乎在。」[2] 故「新史學」與「新民」的主張一起提出。梁啟超的這些主張為中國現代歷史學塗上濃厚的國族主義底色。

在國族國家興起以前的世界歷史上，王朝或者政權名稱常被用作對外的自稱。這種前現代的政權並不以嚴格的個人對於單一國家的歸屬為特徵，也不造成個人對所在社會的專屬認同。習慣了這種心理，在國族劇烈競爭的時代，就難以實現統一的社會動員。而晚清民國時代中國的啟蒙思想家們，正是要用專屬認同來做全民的動員，這一目標又與國家體制的改造合併在一個過程中，於是就必須把以王朝為國家的意識轉變為國家與民族為一體的國族意識，使國家主義與民族主義在國族思想中高度融匯。在這方面，梁啟超認為，「歐洲自十四五世紀以來，國家主義萌苗發展，直至今次世界大戰前後，遂臻全盛。彼所謂國家主義者何物耶？歐洲國家以古代的市府及中世的堡聚為其雛形。一切政治論，皆孕育於此種市府式或堡聚式的組織之下。此種組織，以向內團結向外對抗為根本精神。其極也遂至於以仇嫉外人為獎勵愛國衝動之唯一手段。國家主義之苗，常利用人類交相妒惡之感情以灌溉之，而日趨蕃碩，故

---

❶ 梁啟超：《中國史敍論》，載《飲冰室合集‧文集之六》，第 3 頁。
❷ 梁啟超：《東籍月旦》，載《飲冰室合集‧文集之四》，第 99 頁。

愈發達而現代社會杌陧不安之象乃愈著。中國人則自有文化以來，始終未嘗認識國家為人類最高團體，其政治論常以人類為對象，故目的在平天下，而國家不過與家族同為組成『天下』之一階段……蓋吾人與世界全人類相接觸，不過在最近百數十年間，而此百數十年，乃正國家主義當陽稱尊之唯一時代。吾人逆潮以泳，幾滅頂焉。吾人當創巨痛深之餘，曷嘗不竊竊致怨於先民之詒我惑。」[1] 在他的思考中，國家主義與民族主義是內在交融的，而中國的天下主義雖然不失為一種理想精神，卻不是面對當下世界的基本思路。要應對中國面臨的存亡危機，不能僅有理想，還需面對現實：「有世界主義，有國家主義。無義戰非攻者，世界主義也；尚武敵愾者，國家主義也。世界主義屬於理想，國家主義屬於事實；世界主義屬於將來，國家主義屬於現在。今中國岌岌不可終日，非我輩談將來、道理想之時矣。故坐吾前此以清談誤國之罪，所不敢辭也……抑吾中國人之國家主義，則雖謂之世界主義可也。今日世界之事，無有大於中國之強弱興亡者。天下萬國大政治家所來往於胸中之第一大問題，即支那問題是也。故支那問題，即不啻世界問題；支那人言國家主義，即不啻言世界主義。」[2] 梁啟超顯然沒有陷入極端國族國家主義，他保持着以「天下主義」即「世界主義」制衡國族主義局限的意識。

與梁啟超前後大致同時活躍在中國思想、政治、學術舞台上的人，皆與國族主義思潮有各自的關聯。他們對於職業歷史家工作方式的影響方式和程度有所不同，但是共同營建了 20 世紀前期中國歷史學的歷史社會氛圍。

章太炎承浙東學派餘緒，貫通古今，推崇氣節，主張民族主義，且對世界歷史及近代社會思潮相當了解，對中國民族、國家問題的思考有獨到之處。他曾對嚴復所譯英國人愛德華‧甄克思（E. Jenks）的《社會通詮》以及嚴復對該書的推崇提出異議，認為甄克思援據歷史而解釋社會，但只關照了印第安人、黑人和歐美、亞洲西部社會的歷史，並未關

❶ 梁啟超：《先秦政治思想史‧序論》，載《飲冰室合集‧專集之五十》，第 3-4 頁。
❷ 梁啟超：《自由書‧答客難》，載《飲冰室合集‧專集之二》，第 39 頁。

照東亞一帶的歷史,「未盡經驗之能事者」且「卑無高論」。而嚴復依據甄克思之說,以圖騰社會、宗法社會、軍國社會作為人類社會三大形態對中國的分析,包括對當時中國民族主義及章太炎「排滿」說的批評,也不得要領。他主張:「今外有強敵以乘吾隙,思同德協力以格拒之,推其本源,則曰以四百兆人為一族,而無問其氏姓世系。為察其操術,則曰人人自競,盡爾股肱之力,以與同族相繫維。其支配者,其救援者,皆姬、漢舊邦之巨人,而不必以同廟之親,相呴相濟。其竭力致死、見危授命者,所以盡責於吾民族之國家,身體髮膚,受之父母,雖有毀傷而無所惜,曰務其大者遠者耳!民知國族,其亦夫有奮心,諦觀益習,以趨一致。如是,則向之隔閡者,為之瓦解,猶決涇流之細水,而放之天池也。」[1]章太炎的論說顯示出,他並非始終一味強調漢族的民族主義,而是在競爭的國際大勢中重構國家的基點上思考中國的民族問題,民族最終着落到「國族」自立的訴求上。

為啟迪民族和國族的意識,需要歷史知識。章太炎在《答鐵錚》中說:「故僕以為民族主義,如稼穡然,要以史籍所載人物制度、地理風俗之類,為之灌溉,則蔚然以興矣。不然,徒知主義之可貴,而不知民族之可愛,吾恐其漸就萎黃也。」[2]他曾擬寫《中國通史略例》,內有:「今修《中國通史》,約之百卷,熔冶哲理,以祛逐末之陋;鈎汲智沈,以振墨守之惑;庶幾異夫策鋒、計簿、相斫書之為者矣!」[3]百卷規模,宏志大願,可惜未能完成。1902 年,梁啟超、章太炎的摯友夏曾佑開始撰寫《最新中學中國歷史教科書》,簡稱《中國歷史教科書》,這是最早的

---

[1] 章太炎:《〈社會通詮〉商兌》,載《章太炎全集》(四),上海:上海人民出版社,1985 年,第 333-334 頁。按章太炎該文作於 1907 年,是筆者所見近代思想家較早自覺使用「國族」概念之例。夏引業有文稱:「從 1924 年孫中山首次提出『國族』概念到現在,近代意義的『國族』一詞已有近百年的歷史……」見夏引業:《「國族」概念辨析》,《中央民族大學學報》2018 年第 1 期。該說有待斟酌。又黃興濤將漢語「國族」詞源追溯到更早。參看黃興濤:《重塑中華:近代中國「中華民族」觀念研究》,北京:北京師範大學出版社,1917 年,第 83-89 頁。

[2] 章太炎:《答鐵錚》,載《章太炎全集》(四),第 371 頁。

[3] 章太炎:《中國通史略例》,載《章太炎全集》(三),第 329 頁。

以新章節體和進化論歷史觀主線寫作的中國古代史教科書。1933年，商務印書館以《中國古代史》為名出版該書，作為大學叢書之一。夏曾佑在該書中講：「讀我國六千年之國史，有令人悲喜無端，俯仰自失者。讀上古之史，則見至高深之理想，至完密之政治，至純粹之倫理，燦然大備，較之埃及、迦勒底、印度、希臘，無有愧色。讀中古之史，則見國力盛強，逐漸用兵，合閩、粵、滇、黔、越南諸地為一國，北絕大漠，西至帕米爾高原，哀然為亞洲之主腦，羅馬、匈奴之盛，殆可庶幾，此思之令人色喜自壯者也。洎乎讀近今之史，則五代之間，我之傭販、皂隸，與沙陀、契丹，狂噬交捽，衣冠塗炭，文物掃地，種之不滅者幾希……道光以後，與天下相見，數十年來，乃駸駸然有戰國之勢。於是識者知其運之將轉矣，又未始無無窮之望也。夫讀史之人，必悉其史中所陳，引歸身受，而後讀史乃有益，其大概如此。」**1** 他的著史，是要從歷史中探討國族的生命力與在「戰國」中生存的機緣，並以之引導讀者。

（二）抗日戰爭時期中國史家的國族觀討論

日本侵華戰爭爆發後，中國陷入存亡危機。當時史學界很多學者覺得亟需編寫一部中國通史，矚目於張蔭麟者為多。張蔭麟在盧溝橋事變前兩年曾著《中國史綱》，盧溝橋事變三年後得以出版。在這部為中學編寫的教材中，張蔭麟說：「我們正處於中國有史以來最大的轉變關頭，正處於朱子所謂『一齊打爛，重新造起』的局面；舊的一切瑕垢腐穢，正遭受徹底的滌蕩剡割，舊的一切光晶健實，正遭受天捶海淬的鍛煉，以臻於極度的精純；第一次全民族一心一體地在血泊和瓦礫場中奮扎以創造一個赫然在望的新時代。若把讀史比於登山，我們正達到分水嶺的頂峰，無論四顧與前瞻，都可以得到最廣闊的眼界。在這時候，把全部的民族史和它所指向道路，作一鳥瞰，最能給人以開拓心胸的歷史的壯

---

❶ 夏曾佑：《中國古代史》，石家莊：河北教育出版社，2000年，第12-13頁。

觀。」[1] 他深以撰寫中國通史為自豪：「在種種新史觀的提警之下，寫出一部新的中國通史，以供一個民族在空前大轉變時期的自知之助，豈不是史家應有之事嗎？」[2] 張蔭麟英年早逝，通史只編寫了第一冊，且是以中學教材形態編寫的，但揣摩其以通史激勵救國、救世意識的編纂意旨，可見三十年代中國主流史家的共同心境。

另一位重要歷史學家錢穆治史的要旨，也在於探求中國歷史演進中「內在的一番精神，一股力量。」他認為，「一個民族及其文化之有無前途，其前途何在，都可從此處即歷史往迹去看。這是研究歷史之大意義大價值所在。」[3] 他關於中國文化的研究，恒在揭示中國文化之傳統的生命力與中國歷史精神之獨特的價值。他主張，「要做一個真正的中國人，我想惟一的起碼條件，他應該誠心愛護中國。這不是空空洞洞的愛，他應該對中國國家民族傳統精神傳統文化有所認識了解。譬如兒子愛父母，必先對其父母認識了解。這便是史地教育最大的任務。」[4] 抗戰時期，錢穆作《國史大綱》，引言中寫道：「若一民族對其已往歷史無所了知，此必為無文化之民族。此民族中之分子，對其民族，必無甚深之愛，必不能為其民族真奮鬥而犧牲，此民族終將無爭存於並世之力量。今國人方蔑棄其本國已往之歷史，以為無足重視；既已對其民族已往文化，懵無所知，而猶空呼愛國。此其為愛，僅當於一種商業之愛，如農人之愛其牛……故欲其國民對國家有深厚之愛情，必先使其國民對國家已往歷史有深厚的認識。欲其國民對國家當前有真實之改進，必先使其國民對國家已往歷史有真實之了解。我人今日所需知歷史智識，其要在此。」[5]

---

❶ 張蔭麟：《中國史綱》自序，上海：上海古籍出版社，1999 年，第 1 頁。

❷ 張蔭麟：《中國史綱》自序，第 2 頁。

❸ 錢穆：《中國歷史研究法》，北京：生活·讀書·新知三聯書店，2001 年，第 7 頁。

❹ 錢穆：《中國歷史研究法》，第 161 頁。

❺ 錢穆：《國史大綱》引論，台北：聯經出版事業公司，1998 年，《錢賓四先生全集》第 27 冊，第 23 頁。

即使在現代史學史中常被歸為「史料學派」的傅斯年，也在抗戰時期積極參與以史經世的努力。他不贊成「國學」、「國故」、「國粹」之類說法，但主張「要科學的東方學之正統在中國」。歐陽哲生評論說：「當他否定了國學、國故、國粹這類名詞時，當他否定了借歷史研究表現倫理判斷和道德情感的傳統做法時，他卻張揚了另一種民族主義傾向，這就是以科學為本位的民族主義。從歷史的發展來看，它是一種更高層次的文化民族主義……這構成了傅斯年富有特色的學術思想。」[1] 九·一八事變之後，一向主張史料即史學，推崇純客觀主義歷史研究的傅斯年立意編寫東北史。當時一些日本學者如矢野仁一等人大講「中國非國論」，指稱中國邊疆界限不明，故不成為國家，西藏、滿洲、蒙古不是中國領土，中國如要建立現代國族國家，就應放棄對滿、蒙、藏地區的控制。[2] 依照彼種說法，滿洲國就有了合法性。1932 年 2 月 6 日，傅斯年與方壯猷、徐中舒、蕭一山、蔣廷黻合作，在很短時間內寫出《東北史綱》節本，稱《東北史略》，由李濟譯成英文（*Manchuria in History: A Summary*），送交李頓率領的國聯調查團。後來《國聯調查團報告書》發表時，肯定東北主權歸屬中國，與此書當有一定關聯。[3] 傅斯年的國族國

---

❶ 歐陽哲生主編：《傅斯年全集》第一冊，長沙：湖南教育出版社，2003 年，序言第 29 頁。

❷ 參看葛兆光：《宅茲中國：重建有關中國的歷史論述》，北京：中華書局，2011 年，第 291 頁。並請參看趙軼峰：《現代日本歷史編纂學的幾種伴生觀念》，《安徽史學》，2018 年第 2 期。

❸ 按傅斯年等不僅在此書中表達了強烈的民族情懷，而且表述了一種於今人研究依然具有參考意義的意見，即今日之領土爭執本不當由歷史歸屬論定說。說云：「日本人近以『滿蒙在歷史上非支那領土』一種妄說鼓吹當世。此等『指鹿為馬』之言，本不值一辨，然日人竟以此為其向東北侵略之一理由，則亦不得不辨。退一步言之，東三省是否中國，本不以歷史為其依據。所謂某地是否為某國者，原有兩種條件，其一、依國法及國際公法之意義所規定，或以承襲，或以割讓，通之於本國之法令，見之於國際之約章。依此意義，東北之為中國，在一切法律的意義及事實上，與河北或廣東之為中國領土無殊也。即日人與俄人訂其《樸次茅斯條約》，涉及中國者，亦須明定其所得中國許可然後有效也。其二、依民族自決之義，必其地之人民多數不與其所屬之國同族，然後始可成為抗爭之論。今吾國人在東北三省者三千萬，日本人不滿二十萬，其中大多數在租借地及南滿鐵道區，其在中國統治之若干萬方里中僅數千人！如許東北人民自決者，當直將作禍之日本人逐出境外而已。有此二事，東北之為中國，其意義正如日月經天者爾！」見《東北史綱》卷首·引語，載《傅斯年全集》（二），第 374-375 頁。今日學者在關涉疆域歸屬問題的討論中時常糾纏『自古以來』云云，時或難以描述圓滿，應該對傅斯年當年此論再加揣摩。

家觀念中的中華民族，接近孫中山的觀念，是以漢族為中心的一個整體。他在 1935 年撰文指出：「我們中華民族，說一種話，寫一種字，據同一的文化，行同一倫理，儼然是一個家族。也有憑附在這個民族上的少數民族，但我們中華民族自古有一種美德，便是無歧視小民族的偏見，而有四海一家之風度。」[1]傅斯年還曾撰文就歷史教科書之編寫提出主張，其中專設一節討論「民族主義與歷史教材」，內有：「本國史之教育的價值，本來一大部分在啟發民族意識上，即外國史也可用『借喻』的方法，啟發民族意識。歷史一科與民族主義之密切關係，本是不待討論的。當前的問題，只在用何方法使歷史教育有效的、有益的啟發民族思想。」他還特別指出，所有為啟發民族意識的教科書編寫方法，都不可說得過火，「好在中國歷史本有其大光榮，愛國者不必言過其實，只說實話，即足以達到它的目的，又何苦在那裏無中生有，說些不相干，培養國民的誇大狂呢？我們應該借歷史鍛煉國民的自重心（不是自大心），啟發強固的民族意識，以便準備為國家之獨立與自由而奮鬥。同時我們也應該借歷史陶冶文化大同思想，使中國人為世界文化之繼承者、促進者。如此乃是泱泱大國之風，不為島夷，不為索虜。」[2]

　　顧頡剛在這一時期也特別強調學術救國，且與傅斯年一樣，強調中華民族的整體性。1936 年，顧頡剛在《禹貢學會募集基金啟》中說到：「百年以來，東鄰西邦之研究吾史地與社會者踵相接，僕僕道途，皆搜覓其所欲得者以去，孳孳焉究而察之，若水銀瀉地，無孔不入；其謀國者遂得藉之以設施其政治計畫，而吾國為之大困。夫一國之學術界既皆

---

[1]　傅斯年：《中華民族是整個的》，原載《獨立評論》1935 年 12 月 15 日（第 181 號），見《傅斯年全集》第四冊，第 125 頁。

[2]　傅斯年：《閑談歷史教科書》，原載《教與學》1935 年 10 月 1 日號（第一卷第四期），見《傅斯年全集》第五冊，第 61 頁。陳建樾對傅斯年民族觀曾做梳理，他根據傅斯年 1938 年所著《中國民族革命史》中的文字認為，傅斯年的民族觀「是徹頭徹尾的漢人國家觀和漢化民族觀」。參看陳建樾：《傅斯年的民族觀及其在〈東北史綱〉中的運用（上）》（《滿族研究》，2012 年第 2 期）；《傅斯年的民族觀及其在〈東北史綱〉中的運用（下）》（《滿族研究》，2012 年第 3 期）。

夢夢若老嫗小兒，不識其稍遠之街巷，雖有賢者居位，欲大有所作為，而無從得學者之輔助，終惟諮謀於貪猾之吏，政與學相離絕，國土安得不拱手而讓人，此則於創深痛劇之時所當猛自省而嚴自尤者矣。今日國事之屯邅為有史以來所未覯，崩壓之懼，陸沉之危，僛然懍然，不可終日，吾人所負之責任遂極有史以來之艱巨。夫救國之道千端萬緒，而致力於地理，由認識國家民族之內涵，進而謀改造之方術，以求與他國方駕馳騁於世界，故為其最主要之一端也。」[1]可知中國現代歷史地理學的展開，一開始就有明確的服務於維護民族整體生存和國家疆域完整的現實意圖。

1939 年，顧頡剛發表《中華民族是一個》一文，引起中國史學界一番討論。該文是顧頡剛接到傅斯年講日本人分化中國為多民族以謀侵略的信件之後，「頓然起了極大的共鳴和同情」，扶病命筆的。開篇即言：「凡是中國人都是中華民族 —— 在中華民族之內我們絕不該再析出什麼民族 —— 在今以後大家應當留神使用這『民族』二字。」他指出：「『中國本部』這個名詞是敵人用來分化我們的。『五大民族』這個名詞卻非敵人所造，而是中國人自己作繭自縛。」中國人自古只有文化的觀念而沒有種族的觀念，「現有的漢人的文化是和非漢的人共同使用的，這不能稱為漢人的文化，而只能稱為『中華民族的文化』」。「我們決不該在中華民族之外再有別的稱謂」。「清季的革命起於漢人從滿人手中奪回政權，當時的志士鼓吹的是『種族革命』，信仰的是『民族主義』，無形之中就使得『種族』和『民族』兩個名詞相混而難別⋯⋯於是五大民族之說持之更堅。」「這惡果的第一聲爆裂，就是日本人假借『民族自決』的名義奪取了我們的東三省而硬造一個偽『滿洲國』。繼此以往，他們還想造出偽『大元國』和偽『回回國』，自九·一八以來，他們不曾放鬆過一步，甚至想用揮族作號召以搗亂我們的西南⋯⋯倘使我們自己再不覺

---

❶ 顧頡剛：《禹貢學會募集基金啟》，載《顧頡剛全集》卷五，北京：中華書局，2010 年，第 378-379 頁。

悟，還踏着民國初年人們的覆轍，中了帝國主義者的圈套，來談我們國內有什麼民族什麼民族，眼見中華民國真要崩潰了，自從戰國、秦、漢以來無形中造成的中華民族也就解體了。」「唉，民族，民族，世界上多少罪惡假汝之名以行！這是我們全國人民所萬不能容忍的。」[1] 該文發表之後，張維華、白壽彝致函顧頡剛，表示支持，費孝通則寫文商榷，顧頡剛再發表《續論「中華民族是一個」：答費孝通先生》做答。[2]

顧頡剛在九·一八以後以強烈的民族憂患意識提出的中華民族為一個的主張，如欲落實在歷史敍述中，可以沿着中國傳統史學的進路，從上古聖王行跡敍述下來。但是顧頡剛本是從科學實證的立場研究歷史的，早就提出了疑古為特徵的「古史辨」思想，將傳統上古史敍述根本動搖。如葛兆光曾指出的那樣，疑古的主張，「正像顧氏自己所說的，第一是『打破民族出於一元的觀念』，第二是『打破地域向來一統的觀念』，第三是『打破古史人化的觀念』，第四是『打破古代為黃金世界的觀念』。這種歷史觀念在學術上可能廓清了古史上籠罩的濃霧，但是，從另一角度看，它也可能瓦解近代中國重建民族國家時所需要的歷史認同資源，沒有了屬於自己民族的歷史時間和地域空間，沒有了對古代歷史和祖先的認同和敬仰，民族就失去了認同基礎……」[3] 當時批評者的討論，很多正是從這一角度着眼的。翦伯贊看到顧頡剛前述文章之後，撰文商榷。其看法大致為，「中華民族是一個」這個命題在提出時，就包含否定國內少數民族之存在的意思，而少數民族是客觀存在的。他引出顧頡剛的下面這樣一段話：「民族是由政治現象（國家的組織強鄰的壓迫）所造成的心理現象（團結的情緒），他和語言，文化及體質固然可以發生關係……但民族的基礎，決不建築在言語文化及體質上，因為這些東西都是順了自然演進的，而民族則是憑了人們的意識而造成的。」據此，翦伯贊認

---

❶ 顧頡剛：《中華民族是一個》，載馬戎主編：《「中華民族是一個」——圍繞 1939 年這一議題的大討論》，北京：社會科學文獻出版社，2016 年，第 37-39 頁。

❷ 各文皆可見於馬戎主編：《「中華民族是一個」——圍繞 1939 年這一議題的大討論》。

❸ 葛兆光：《〈新史學〉之後 —— 1929 年的中國歷史學界》，《歷史研究》，2003 年第 1 期。

為顧頡剛把民族與民族意識混同，把民族本身當作了「心理現象」，而民族卻是「活生生的行動的人類集團」，是有物質基礎和共同的經濟聯繫與共同利害關係的；而且，顧頡剛也把民族與國家混同起來，把國家組織作為造成民族的因素之一。翦伯贊引用斯大林著作中的主張，認為民族是資本主義發展時代的範疇。他指出，在資本主義侵入以前「中國沒有民族主義，而只有種族主義 —— 大漢族主義。任何其他的種族都被當作『夷狄』而排斥之。民族主義在中國之第一次提出是孫中山先生，實際上，中華民族在中山先生的歷史時代也才有形成的可能，至於顧頡剛先生認為在秦以前，中華民族就已形成，這是非常錯誤的。」[1]

參酌前文可知，翦伯贊所說的在資本主義侵入以後才出現的「中華民族」，其實是 nation 意義上的民族，即國族。顧頡剛所說的「中華民族」則與資本主義無關，也不是一個晚近歷史上才出現的新鮮事物，而是在悠久歷史中早已形成的。翦伯贊的批評顯露出顧頡剛民族概念過分強調意識、情緒的問題，也顯露出其故意強調古已有之的中華民族之整體性以號召抗戰的情結，但翦伯贊論說中的「民族」既被用來指早就「客觀存在」的「少數民族」，也被用來指資本主義侵入後才形成的「中華民族」。他們其實都沒有對作為 ethnic group 的民族與作為文化社會政治共同體的 nation 即國族之間的關係做透徹的論說。如果將二者明確區分就會看到，民族早已存在，既有物質和經濟生活的基礎，也有文化的紐帶；而國族則雖在資本主義侵入前已經略有形跡，但確是在遭受西方衝

---

[1] 翦伯贊：《論中華民族與民族主義 —— 讀顧頡剛〈續論中華民族是一個〉以後》，原載《中蘇文化》第 6 卷第 1 期（1940 年 4 月 5 日），見馬戎主編：《「中華民族是一個」—— 圍繞 1939 年這一議題的大討論》，第 139-149 頁。按斯大林曾在 1913 年講到：「民族是歷史上形成的一個有共同語言，有共同地域，有共同經濟生活以及有表現於共同文化上的共同心理狀態的穩定的人們共同體」；「必須着重指出，把上述種種特徵中任何一種特徵單獨拿來，都不能作出一個民族的定義。況且：只要這些特徵中缺少一種特徵，那民族就不成其為一個民族了。」「民族並不是個簡單的歷史範疇，而是在一定時代，即在資本主義興起時代形成的歷史範疇。封建制度消滅和資本主義發展的過程，同時也就是人們形成為民族的過程……西歐各個民族形成的過程，也就是它們變為獨立民族國家的過程。」參見斯大林：《馬克思主義與民族問題》，莫斯科：外國文書籍出版局，1950 年，第 11 頁、第 18 頁。

擊以後迅速整合的，與現代社會思想、制度在中國的發展密切關聯。翦伯贊是當時逐漸在史學界獲取主要話語權的馬克思主義史學家之一，他關於民族的論說，以及與他的主張基本一致的人類學家費孝通的相關論述，在後來成為中國史學界看待民族與國族問題的主流意見。[1]

（三）國族意識與當代中國歷史學

葛兆光曾指出，馬克思主義在中國史學界的立足和發展原本就與國族主義思潮有關：「20世紀的前20年，在中國深受西洋和東洋壓迫，既想融入現代世界，又被似乎代表了『現代』的『西方世界』所拒絕的時候，中國很快對於另一個『西方』迅速產生好感，在整個20年代，馬克思主義及其歷史學開始大踏步地進入中國，成為最有影響的歷史解釋理論之一。」[2] 馬克思主義史學的重要學者范文瀾在1945年編寫完成《中國近代史》，1947年在延安初版，1949年新華書店修訂再版。該書以「反帝反封建」為中國近代史的敘述線索，中國反抗帝國主義侵略的武裝鬥爭、革命、改革是全書的基本內容，近代歷史的其他諸多方面涉及不多。[3] 這樣，國族情懷自然延伸到20世紀後半期的歷史學發展中，但無論「國族主義」還是「民族主義」，在歷史學話語中，都不是被使用的主要詞語。替代其話語位置的是愛國主義（patriotism）。愛國主義與民族主義的核心內容都是特定人群對其所歸屬的社會共同體的強烈認同心理，偏重於以國家為原點的，稱為愛國主義；偏重於以民族為原點的，稱為民族主義。在國族的層面，民族主義與愛國主義所指對象其實是同一的。至於討論國內 ethnic group 關係時所說的民族主義，單指少數民族或漢

---

❶ 費孝通認為，謀政治上的統一，不一定要消除歷史上事實存在的「各種各族；建設現代民主國家，並不需要把文化、語言、體質混一；若能真正能做到組成國家的分子都能享受平等，這個國家就會受到各分子的愛護，不會受任何空洞名詞的分化。」參看費孝通：《關於民族問題的討論》，原載《益世報》，1939年5月1日，見馬戎主編：《「中華民族是一個」——圍繞1939年這一議題的大討論》，第62-68頁。

❷ 葛兆光《〈新史學〉之後——1929年的中國歷史學界》，《歷史研究》，2003年第1期。

❸ 參看范文瀾：《中國近代史》，新華書店，1949年版。

族本位的認同心理，與國族主義原非在一個層面，也容易區分。如前所述，在 20 世紀前半期，尤其是在抗日戰爭時期，「民族主義」在多數情況下是作為一個正面詞彙使用。但在 50 年代以後，「民族」概念在以往雖然被考慮但並未特別凸顯的另一重含義，即關涉國內民族的含義有所凸顯。這時，民族主義會提示國內各族人群之間的差異感並產生認同困惑。雖然這種心理通過國家認同得到包容化解，但在歷史敍述中，依然有時成為問題。如岳飛這樣抗擊「異族」者是否是「民族英雄」，就在史學界產生分歧。現代「愛國主義」內涵明確，但古代有沒有「愛國主義」？內涵如何？這也產生一些歧義。20 世紀中後期，「漢民族形成」曾經作為歷史學界的「五朵金花」之一，得到大量關注。其核心問題和努力的目標，主要在於在中國歷史的敍述體系中理順早已有之的「民族」與現代國族即「中華民族」之間的關係。

在抗戰時期的討論中曾發表重要見解的費孝通在 1988 年重新表述了他關於中國民族與國家的主張。他認為：「中華民族作為一個自覺的民族實體，是近百年來中國和西方列強對抗中出現的，但作為一個自在的民族實體則是幾千年的歷史過程所形成的。」[1] 他還在紀念顧頡剛誕辰 100 周年的時候撰文，回顧了 1939 年他看到顧頡剛關於「中華民族是一個」的文章時的不同看法。他「認為事實上中國境內不僅有五大民族，而且還有許多人數較少的民族。我在出國前調查過的廣西大瑤山，就有瑤族，而瑤族裏還分出各種瑤人。不稱他們為民族，稱他們什麼呢？」[2] 費孝通其實看到，從學術角度說，顧頡剛「既要保留西方『民族國家』的概念，一旦承認了中華民族就不能同時承認在中華民族之內還可以同時存在組成這共同體的許多部分，並且也稱之為民族了。」[3] 這個問題，其實就是本文開篇處所涉及的將「民族」與「國族」混淆使用的問題。

---

❶ 費孝通：《中華民族的多元一體格局》，《北京大學學報》，1989 年第 4 期。
❷ 費孝通：《顧頡剛先生百年祭》，《讀書》，1993 年第 11 期。
❸ 費孝通：《顧頡剛先生百年祭》，《讀書》，1993 年第 11 期。

費孝通先生看到這種概念使用帶來尷尬，但他主張的「中華民族既是一體，也是多元」主張，其實是在對「民族」做兩解的使用，提供了現實中較為得體的表述路徑，卻並沒有直接化解顧頡剛遇到的問題。這種情況，凸顯出從理論層面徹底闡釋國族與民族的區分與關聯的必要性。在這個問題上，曾為費孝通老師的人類學家吳文藻在 20 世紀 20 年代發表的意見其實更具有遠見：「民族與國家結合，曰民族國家。民族國家，有單民族國家與多民族國家之分。」[1]「一民族可以建一國家，卻非一民族必建一國家，誠以數個民族自由聯合而結成大一統之多民族國家，倘其文明生活之密度，合作精神之強度，並不減於單民族國家，較之或且有過無不及，則多民族國家內團體生活之豐富濃厚，勝於單民族國家內之團體生活多矣。近世所謂民族國家，自有此二者之別。自馬志尼、密勒提倡一民族一國家之主義以來，理論輒易掩飾事實，變態竟且視作常情，此乃思想界混淆之所由起。考此主義之由來，實係一種反抗運動。民族性被虐待，或國民性受壓迫後，驟然興起反抗，圖謀獨立，保全自由……故民族性之真正要求，非獨立也，乃自由也，自由其目的也，獨立其手段也，非為獨立而獨立也，乃為自由而獨立也。今之人捨本逐末，競言一民族一國家之主義，而不明其最後之用意所在，宜其思想之混亂也……吾且主張無數民族自由聯合而結成大一統之民族國家，以其可為實現國際主義最穩健之途徑。由個性而國性，由國性而人類性，實為修身齊家治國平天下之大道。」[2]他雖仍止採用「民族國家」概念，但其遠見在於能在國族競爭普遍的時代看到實際為國族的本質和歷史性。民族、國家、國族之建構所以有意義，在於其為人類社會和平合理的發展提供在區域的、較小規模人群組織為單位競爭發展階段的秩序架構，而其將來，則當逐漸進入「國際主義」的秩序狀態，而一民族一國家並

---

❶ 吳文藻：《民族與國家》，載吳文藻：《人類學社會學研究文集》，北京：民族出版社，1990 年，第 24 頁。按此文最初於 1926 年發表於《留美學生季刊》第 11 卷第 3 號。
❷ 吳文藻：《民族與國家》，載吳文藻：《人類學社會學研究文集》，第 35 頁。

非通例，也非通理，多民族若能組成文明、合作精神更高水平的統一國家，自是更值得追求的。

世紀之交，白壽彝總主編的《中國通史》12 卷 22 冊出版。這是現代史學興起以來最大規模的中國史。該書第一卷為導論的第一章題目即為「統一的多民族的歷史」，充分顯示出國內民族關係和國族統一性在世紀末歷史編纂學中的突出地位。該「導言」開篇就引述了斯大林對民族的四要素定義，並援引楊坤在 1953 年發表的文章主張說：「我們習慣上所說的民族，也是根據這四種要素來進行分析的，但是，泛稱民族共同體的各個發展，而不是專指近代民族。」[1] 這既顯示斯大林對民族的定義在中國史學界一直具有強大影響力，也凸顯出斯大林定義在運用到中國歷史敍述時帶來歧義，中國現代歷史學家一直在努力化解這類歧義。白壽彝在該「導言」中陳述了他對於中國歷史上民族、中華民族的基本看法，在敍述古代歷史時明確使用「民族」概念，把「民族史」書寫回溯到中國史學史的早期，批評大民族主義，強調從「統一的多民族的歷史」角度來書寫新的中國歷史。

進入 21 世紀之後，有學者直接強調「民族主義」的現代價值。如：「中國現當代民族主義既是召喚中國現代宏偉變革的一個決定性力量，也是為同一個時代保持傳統中國特性的一大載體。」[2]「冷戰結束後，全球化的浪潮席捲了世界每一個角落，東北亞地區也不例外。東北亞三國都面臨着社會轉型，而民族主義是各個國家社會轉型期爭取合法性的重要資源。同時，民族主義的歷史文化底蘊是民族認同感的基礎。提倡民族主義有助於恢復和鞏固民族文化認同和國族國家意識，有利於民族自保和發展。」[3]

由於國族主義是在被稱為「近現代」的歷史時期展開的，在該時期

---

❶ 白壽彝總主編：《中國通史》（修訂本），第一卷，導論，上海：人民出版社，2004 年，第 1 頁。
❷ 時殷弘：《中國歷史之中的連續和變革與中國現當代民族主義》，《外交評論》，2010 年第 1 期。
❸ 涂怡超：《後冷戰時期東北亞民族主義的興起與地區安全》，《蘭州學刊》，2007 年第 7 期。

歷史的敍述中反映得比較直接。這個時代，在中國歷史敍述中被稱為反帝反封建的時代。作為社會改造障礙和對象的帝國主義是這一時代歷史敍述中威脅、剝削、試圖肢解作為國族的中國的外部勢力，封建主義則是全部中國本土負面制度、傳統的代名詞。正如國族主義的興起有切實的社會歷史依據一樣，這種歷史敍述也能夠揭示該時代大量歷史現象和演進歷程的內容與本質。與此同時，當這種模式被作為一種統攝性的方法、視角時，大量歷史內容也就被忽視，成為不重要的東西，也有一些歷史內容在被納入這種敍述框架時被或多或少地歪曲。當反帝反封建為近代歷史敍述主題時，近代經濟史就不受重視。1981 年，劉大年在《光明日報》發表《中國近代史研究從何處突破》，講中國近代史領域「最薄弱、最繁難，而又最重要的內容」是經濟史研究。以後，經濟在近代史敍述中受到更多注重。另一個突出事例是關於義和團敍述的改變。在20 世紀 50 到 80 年代的大約 40 年間，義和團運動是被作為人民反抗帝國主義的革命性運動來敍述的。1980 年，《歷史研究》發表王致中的文章，題為《封建蒙昧主義與義和團運動》，[1] 此後的歷史敍述中，「義和團」就常與「蒙昧」、「排外」聯繫在一起。[2]

近年，美國「新清史」研究在中國學術界引起很大反響，該說在強調清王朝帝國性質的論說中把現代中國國族建構作為現代中國持續至今的一個問題凸顯出來。「新清史」主要持論者哈佛大學教授歐立德（Mark C. Elliott）在 2016 年參加在北京舉行的一次學術會議時講到：「方維規教授邀請我參加本屆高端論壇的邀請函中，有下面這樣一段話：『朝代邊界的變動與更替，秩序的破壞與重建，文明的交錯與容受，無不對原有意識結構形成衝擊。在此意義上，內 / 外，中心 / 周邊，文明 / 野蠻，普遍 / 特殊等二元對立的自我認識範疇，都須回置到特定歷史過程中重

---

❶ 參看王致中：《封建蒙昧主義與義和團運動》，《歷史研究》，1980 年第 1 期。
❷ 近代史研究中的話語、主題轉變被學術界視為「範式」轉變，參看徐秀麗主編：《過去的經驗與未來的可能走向 —— 中國近代史研究三十年（1979-2009）》，北京：中國社會科學文獻出版社，2010 年；左玉河：《中國近代史研究的範式之爭與超越之路》，《史學月刊》，2014 年第 6 期。

新考量。只有通過這種知識考古，才能回應現代中國認同焦慮的核心：什麼是中國？如何重做中國人？事實上，如此一脈相承的問題意識，已成為當代學術研究的核心議題之一。」這當然就對了。自梁啟超和章炳麟到顧頡剛和傅斯年、范文瀾和錢穆，或目前的汪輝、秦輝或許紀霖，都在尋找對這兩個最基本的、最關鍵的問題的解釋：在一種國族國家的跨國秩序裏，什麼是『中國』？『中國』是什麼？然後，在一種充滿變化，連語言和認同都不穩定的現代世界裏，如何做中國人？如何塑成或重建現代中國人的認同？我們研究中國近現代歷史的時候所思考的問題，恐怕莫過於這些。在美國學術界也是如此。無論是費正清還是列文森，何炳棣還是余英時、魏斐德，史景遷還是孔飛力，他們一直最關心的問題也是這些，就是要了解所謂『古代中國』（或者說『傳統中國』『歷史中國』）與『現代中國』的關係，試圖解釋這個演變過程的來龍去脈，以及這個過程和當代中國的關係及其影響。」[1] 從這段引文中可以看到，一些中國學者為現代中國認同感到焦慮，而這種心境在歐立德的觀察中，是從梁啟超以降數代中國學者，乃至美國學者皆在求解的「什麼是中國」以及「古代中國」與「現代中國」的關係問題。的確，歐立德在前述引文中提到的幾位中國前輩學者都作為思想者和現實變革的參與者涉及到這類問題，但是他們思考的基本方向，是實現中國的國族建構，而「新清史」回答這類問題的基本思路卻不盡然。[2] 無論如何，關於「新清史」的國際化的討論，再次把國族建構與中國現代歷史學特質的問題推到前沿。

（四）中華國族的歷史文明基礎

現代中國歷史學發展過程與中華國族建構的思想探索與社會實踐密

---

❶ 歐立德著，黃雨倫譯：《當我們談「帝國」時，我們談些什麼 —— 話語、方法與概念考古》，《探索與爭鳴》，2018 年第 6 期。

❷ 這裏不擬評論「新清史」的主張，筆者的相關看法，參看趙軼峰：《評史叢錄》，北京：科學出版社，2018 年，第 296-313 頁。

切關聯，而民族、國族理論方面一些長期糾結未清的問題迄今對中國歷史敍述形成牽絆，同時也構成當下中國社會思想界的一些「焦慮」。

自晚清、民國以來，中國學術界不甚區分「民族」與「國族」兩個概念，晚近數十年間，基本不用「國族」概念，而將民族與國族二義歸併用「民族」來表示，同時又略帶朦朧地保留了「民族國家」為現代事物的看法。這就帶來歷史學話語的一系列問題。其一，在關於古代歷史的敍述中，「民族」成為一個難以不用，而用了又有些尷尬的詞彙；其二，漢民族形成歷史這樣一個本來應該是實證性的問題變成了理論問題；其三，中華民族的統一性與多民族並存的歷史事實如何順暢講述和認識；其四，如何化解清末以來從未止息的拆解中華民族整體性的言說。所有這些問題，在如前文主張的那樣將「民族」、「國族」兩個概念明確區分，可以基本化解。「民族」指在歷史經歷中自然形成的具有獨自語言、文化習俗、社會認同的人群，對應於英語中的 ethnic group；「國族」指基於共同生活歷史經驗和逐漸增強的文化認同而組成為國民共同體國家的人群，對應於英語中的 nation。民族在人類歷史上很早就已經出現。其早期多有體質方面的基礎，故與種族（race）關聯密切，經長期社會發展和互動中的融合、消散，種族意味趨於減弱，語言和文化認同為最主要歸屬標誌。其具有一定規模且維繫長久者可能組成政權，其規模小者可能以群落狀態長期存在，一族而多國，多族而一國，在歷史上皆為常見現象。要之，民族作為自然的共同體，並不必然具有嚴整秩序，亦不必然具備國家功能，所有歷史悠久的國家，皆會包容多民族成分。現代社會興起時代，適者生存成為「主義」，而國家成為最具有生存、競爭功能的社會組織單元，於是國家全面覆蓋民族。國族是組成為國家的公民共同體，是基於前現代民族與國家演變的基礎在現代國家觀念強化時代重新整合而發生的歷史現象。此種整合通過國家神聖化而強化原有的民族認同，使國家秩序覆蓋民族秩序，並將多民族交融、交錯的人群明確分入不同國族。單一國族國家並非法則，多民族構成國族是常見情況，且逐漸成為各國通例。就中國而言，漢族、蒙古族、滿族、

藏族、回族等皆為歷史上自然形成的民族，其主體在現代社會發展中整合為中華民族。

「中華民族」作為一個語彙是在現代國族整合中出現的，但其所指對象，具有歷史基礎。這一基礎就是中華文明的歷史演進。民族自古已經發生，民族史是人類歷史的一條重要線索，但遠非全部。民族從未單獨存在，既非認同的唯一標的，也非歷史演進的唯一線索。僅從社會共同體角度而言，文明、國家、社區等等單元的推演，皆與民族經歷一起構成人類歷史的經緯。今日之中國，從歷史上的中華文明演進而來。中華文明是人類歷史上起源最早的文明之一，其基礎是亞洲內陸大河流域的農耕文化。農耕文化比遊牧、漁獵文化更有利於積累，從而最便於農耕的區域逐漸成為比周邊更富有、發達的區域，又在國家形成的時代形成比周邊區域更嚴整有效的組織體系，包括更發達的文字、藝術、禮儀、制度。居於這個文明核心區的人民相互認同，自稱華夏。華夏中心清晰而周邊模糊，並憑藉其文化、財富和實力，與周邊人群交融互動。在漫長的推演中，華夏成為亞洲大陸首屈一指的經濟、文化核心區。當這個核心區在「中原」名目下比較清晰地顯示出今天所說的漢族的種種文化特徵時，它其實已經是一個人群、文化和歷史經驗的複合體，其周邊，諸多保持了先前原住民文化、制度和生活方式傳統的人群也經歷了各自的融聚而凸顯了較大規模民族的特徵。中原與周邊組成多個政權並經常發生格局變化的遊牧、半遊牧，以及山居人群之間，存在物產的相互需求，也互為和平與戰爭關係的對象，並在互動中繼續融合。如果我們把觀察的時間和空間單位增大，會看到中原與其周邊的互動，是整個亞洲大陸歷史變遷的主要內容，既是中原歷史演變的樞機，也是其周邊歷史演變的樞機。演變的總體趨向，則是亞洲大陸圍繞中原核心區的文明聚合。這種聚合運動的外緣，東達亞洲海岸線，北及大漠，西至崑崙山脈，南至熱帶雨林深處。到了清代，這種聚合運動達到其地理覆蓋範圍與行政管轄範圍基本重合的程度。正是在這個時代，世界歷史進入了國族國家為唯一主權單元的時代並強化了相互競爭，而中國也就是在這

樣的情況下展開了國族國家的建構。在這種視角下，中國歷史上的各個民族之間，早就有互補依存的關係，有融合的傳統，有文化和制度的相互滲透和部分認同，甚至有組織管理層面的整合。所以，中華歷史上的民族是有淵源有根基的，不是純粹的現代建構，中國現代國族也是有歷史基礎的。承認古代有民族，承認古代一些民族保持着民族身份而進入中華現代國族之中，與認同中華國族「是一個」並不矛盾。

民族意識是具有共同命運與文化的社會共同體成員關於自身文化同屬性和命運共同性的自覺，這種意識在人類歷史上很早就已發生。全球現代化過程帶來的激化的社會共同體生存競爭，將國家神聖化，並把個人的認同引導到國族方向，並使國族主義作為一種現代意識形態成為世界各地社會組織方式在世界潮流性的大整合中發揮巨大影響的思想工具。

東亞各國的國族主義都是引進而不是原生的，引進的背景中都包含着傳統社會的存亡危機。所以，國族主義在亞洲，是作為啟蒙思潮之一，帶着普世真理與救世良方的氣象，捲動着反抗西方強勢地位的悲情，進入亞洲思想世界的。它提供了亞洲各國在那個弱肉強食時代重塑國家共同體從而得以獨立地延續下去的主要路徑。國族主義的這種巨大歷史作用常常使人們忘記其由來和歷史性。在後現代批判思潮興起的時代，國族主義受到反省，在大量相關論述中，杜贊奇的論說與亞洲經驗關係最近，且與歷史學關係最近。但他的反省雖然是相當深刻的，卻也多少誇大了國族的現代建構性質，割裂了國族與古代社會已經出現的民族的關聯。中國學術界將杜贊奇所批評的國族主義因翻譯習慣而理解為民族主義的時候，該理論就變得更加歧義多出。理論化的國族觀必須經過有意的建構，但並不能毫無社會、歷史的根基。同一國族成員間須有共同的歷史、文化經驗和共同利益作為基礎。這種歷史基礎有時比較明確，有時比較模糊，有時涉及不同人群交錯的歷史經驗。由於這種情況，亞洲各國的現代化伴隨着諸多關於歷史的分歧。迄今亞洲各國關於歷史的許多分歧，其實是圍繞國族重構而發生的衝突。

中國在國族重構時代已經有長期統一國家的歷史，但因包含了差

異的地方社會和族群，其重構的主題就是明晰國家的性質和範圍。又因國族建構的直接歷史基礎是清朝的遺產，而清朝處於中華文明聚合運動剛剛基本完成的時代，文化認同的強度從核心區向邊緣區遞減。對中國領土有覬覦之心的外部勢力趁機論證中國邊疆區域分解出去的理由，使得中國的這一重構過程分外複雜。得力於中國數代包括歷史學家在內的思想者和政治家的努力，並藉助於第二次世界大戰的勝利，中國的國族整合與國家基本格局得到國際社會的公認。此間，中國遭受的侵略實際上強化了中國的國族主義情感，也強化了中國現代歷史學的國族取向，成為一種新的傳統。近年來國際學術界的一些論說，再次強化了這一取向。歷史學在中華國族重構的歷史運動中扮演的重要角色，使得中國現代歷史學家既是歷史的研究者，也是歷史舞台上的演出者。

三、韓朝現代歷史學與國族主義

朝鮮半島在高麗王朝時代已經開始自稱「小中華」。14世紀末開始直到19世紀末的朝鮮王朝是中國明、清兩朝的藩屬國，自為聲教，與日本有直接的交往，也在國際關係中依托中國。19世紀70年代以後，通過快速改革實現工業化的日本盛行吞併朝鮮半島的「征韓論」。甲午戰爭中國敗於日本之後，朝鮮與中國的藩屬關係解除，日本加速吞併朝鮮的步伐。此時正當朝鮮部分文化、政治精英開始提出建構獨立國族國家訴求之際，但未及展開，就在1910年被日本吞併。此後約半個世紀間，朝鮮半島人民始終處於日本殖民主義黑傘之下。二戰結束不久，朝鮮半島形成南北兩個不同制度政權對峙的局面，但雙方都始終保持民族、國家統一的訴求。由於帶有先前長期藩屬國的歷史背景，有半個世紀的殖民地化經歷，且至今處於國族分剖而統一未竟的現實境地，因而韓朝國族建構帶有很濃重的受外力制約的悲情色彩。

這裏需要注意，因為朝鮮半島民族相對單一，ethnic group意義上的民族主義與nation意義上的國族主義內含理念不同但所指人群對象基

本直接重合，這與中國、印度的情況有很大差異，與日本的差異則要小很多。而且，前人在討論韓朝歷史學而涉及這裏所說的國族、民族問題時，絕大多數都使用「民族」而不用「國族」。所以，本節中的民族主義和國族主義有時會因語境情況交替使用，需要具體討論內涵時則加說明。

朝鮮王朝後期的歷史學家，具有比先前時代更強的朝鮮民族自我意識。19 世紀末，朝鮮面臨存亡危機，先已在中國與日本流行起來的西方國族國家思想也傳入朝鮮，一些人開始將朝鮮作為一個具有悠久獨立歷史的國族加以敍述。申采浩、朴殷植、鄭寅普等人認為，歷史的基本內容就是民族發生和消亡及與異民族鬥爭的往事，要在殖民化危機面前明確本民族的主體性，就必須明確朝鮮民族的悠久和偉大性，通過重新敍述歷史，建立起朝鮮民族認同的基礎和自信心。為此，他們宣揚檀君朝鮮說，否認箕子朝鮮說，[1] 呼籲以高句麗為中心重構朝鮮歷史，儘量抹殺或者批判朝鮮歷史上的慕華、事大觀念，甚至表達出民族擴張主義的言論。如申采浩不僅認為高句麗是朝鮮民族歷史上的強大政權，而且主張恢復高句麗舊疆，「認為韓民族歷史發展的規律是，上古從北方向南發展，而中古以後從南方向北發展，沿着這種趨勢發展下去，將來一定能收復高句麗舊疆，重光檀君遺史。」[2] 他甚至提出，福建的泉州、漳州等地曾是新羅的殖民地，百濟曾經佔領山東、浙江。申采浩還對朝鮮王朝的慕華思想進行批判，認為這種思想使朝鮮人自甘附庸，而朝鮮人所傾慕的中華文化很大部分源自朝鮮文化。鄭寅普提出了一個「魂的歷史

---

[1] 檀君故事最早見於高麗時期（918–1392 年）僧一然《三國遺事》中的《紀異》篇，稱依據朝鮮《古記》所載，檀君是天帝桓庶子雄與一修道之熊所化女子所生子，號檀君王儉，都平壤，稱朝鮮，御國 1500 年後入阿斯達為山神，享壽 1908 歲。關於檀君朝鮮說與箕子朝鮮說的內容及歷代韓朝學者的相關評說，參看孫衛國：《檀君朝鮮與箕子朝鮮歷史之塑造與演變》，《復旦學報》，2008 年第 5 期。按 20 世紀 90 年代初，北朝鮮宣佈發現了檀君墓，南北方的一些民族主義者遂呼籲在所有政府機關門前矗立檀君像。見 Gi-Wook Shin, *Ethnic Nationalism in Korea-Genealogy, Politics, and Legacy*, Stanford: Stanford University Press, 2006, p.5。

[2] 王元周：《韓國人的歷史觀與中韓關係》，《國際政治研究》，2009 年第 4 期。

觀」。「魂」指來源於檀君的韓朝文化精神，認為檀君之魂已經轉化成為朝鮮人的生活方式、習慣、語言，「朝鮮歷史與朝鮮文化是同一的」。[1]

由於日本統治的嚴酷性和殖民地史學思想的灌輸，到殖民地時代末期，朝鮮的國族主義史學已經停滯不前，其他各派也聲音微弱。所以，結束殖民地統治之後的朝鮮歷史學面臨的首要任務，「理應是集中清算日本歷史學（及與其同時輸入的西洋的東洋學）的殘渣，即講求脫殖民化的課題，構築能夠學術性生產東亞史知識的新制度和理念。」[2] 如此，戰後韓國的國族主義史學在一定程度上，是基於反撥殖民地時代史學體系而發展起來的。

申采浩時代標榜韓朝民族優越性的具有國粹主義色彩的歷史學，在殖民地時代後期已經式微。戰後初期的民族主義史學強調的是「萬民共生」的「新民族主義」史學。安在鴻在 1945 年發表《新民族主義與新民主主義》，稍後的孫晉泰將安在鴻思想進一步理論化，把新民族主義的目標歸納為：「對內，建立沒有階級鬥爭的、親和的、團結的、平等的民主國家；對外，建設有助於國際友善的民族自主國家，以此達到全民族的共同幸福和民族間的團結友善。」[3] 他們強調民族的超階級性及其在歷史解釋中的普遍作用，注重民眾在民族歷史中的地位，以此將韓朝國族的整合發展作為歷史敍述的基本線索。

新民族主義史學家在朝鮮半島形成南北對立格局後大多歸於朝鮮，因而北方政權成了高舉國族主義旗幟的主體。韓國的歷史學家則以實證主義的瑣細研究為主，表面看去與殖民地時期的朝鮮半島主流史學沒有

❶ 關於鄭寅普的思想，參看韓國啟明大學教授權相佑：《從日本統治時期「民族性與儒學的關係」問題的研究成果看「韓國儒學」的整體特點 —— 以高橋亨、申采浩、鄭寅普的觀點為中心》，載北京大學韓國學研究中心編：《韓國學論文集》（第 21 輯），廣州：中山大學出版社，2013 年，第 177-189 頁。

❷ 白永瑞：《韓國的中國認識與中國現代史研究》，《近代史研究》，2011 年第 2 期。

❸ 朴仁鎬：《韓國史學史》，香港：香港亞洲出版社，2012 年，第 188 頁。按有韓國學者認為孫晉泰是「最後的民族主義史學家」，見高麗大學韓國史研究室著，孫科志譯：《新編韓國史》，濟南：山東大學出版社，2010 年，第 9 頁。按書文不贊同此種説法，民族主義史學在孫晉泰之後長期存在。

根本變化。[1]但是也在努力克服殖民主義史學對韓朝歷史的種種歪曲，嘗試從韓朝社會的內部尋找歷史發展的動力，嘗試確立韓朝民族本位的歷史框架。其中，在日本殖民統治時代就已經在史學界享有名家地位的李丙燾的《韓國史大觀》是一部影響較大的著作。該書中譯者韓國學者許宇成在《譯者底話》中指出，該書體現出民族主義的歷史觀，並說：「譯者以為，我韓今日底『民族主義』，尚未脫離掉新生底興奮，在久為事大主義所浸漬以及剛由帝國主義鐵蹄蹂躪中獲得解救之如我韓，這種興奮，非僅勢所難免，且自有其過渡性之政治意義。韓史之在今日韓國，是僅被處在向着完璧方面前進之過程中的。」[2]他看到了「民族主義」對於韓國歷史學的影響，認為這種「興奮」在學術角度看會造成偏狹，但可以理解且有當時的政治意義。李丙燾的這部書從原始社會開始，敍述到光復而結束。但對 19 世紀末至光復時期的歷史敍述甚為簡略，而且迴避了對日本統治朝鮮約半個世紀期間社會狀況的全面分析。該書還採信了檀君朝鮮起源說，雖沒有否定箕子朝鮮時期的歷史，但在並沒有充分證據的語境中，判斷箕子朝鮮的王室是「韓氏」，稱箕子朝鮮為韓氏朝鮮，又在同樣朦朧的語境中，判斷衛滿「並非外族系統，而實為燕領內土著朝鮮人的子孫……」[3]對於被視為韓民族祖先的高句麗全盛時期的開拓武功，該書頗加渲染，並將後來興起的渤海國，視為高句麗的復活。該書為韓國稍後更鮮明的國族主義史學奠定了基礎。

20 世紀七八十年代，李基白和姜萬吉先後為韓國歷史學帶來一些新的氣象。李基白早年就讀於早稻田大學，曾受日本史學影響，雖然並不刻意標榜國族主義，但他的韓國古史敍述，體現出很強的國族主義傾

---

❶ 參看權延雄：《韓國史撰述方法論的反省和展望》，《社會科學評論》，2004 年第 2 期。

❷ 李丙燾著，許宇成譯：《韓國史大觀》，台北：正中書局，1961 年，《譯者底話》第 2 頁。按該書有中國學者王大任所作《韓國史大觀序》，標作於 1948 年 12 月 8 日，故李丙燾原書完成的時間應在 1945 年 8 月以後至 1948 年末之間，是戰後韓國最早形成的本國歷史的框架性著作。

❸ 李丙燾著，許宇成譯：《韓國史大觀》，第 26 頁。按衛滿，戰國末燕國人，西漢初年率軍進入朝鮮半島，後建都王儉城，建立衛氏朝鮮。

第一章 亞洲現代歷史史學的國族主義底色 41

向。他著有《韓國史新論》（1967）、《高麗兵制史研究》（1968）、《新羅政治社會史研究》（1974）、《韓國古代史論》（1975）、《韓國史學的方向》（1978）、《民族與歷史》（1977）、《檀君神話論集》（1988）等著作。當時韓國的本國史，不是繼續傳統的王朝史框架序列，就是模仿歐洲史的古代、中世、近代三分體系。李基白的《韓國史新論》則嘗試以韓國為主體來進行敍述。其方式是「以支配勢力的變遷作為時代劃分的原則」，把整部韓國史分為 16 個階段，不採用王朝系列，也不採用古代、中世紀系列，突出韓民族的整體命運線索。他也使用有些含糊的語氣採納了缺乏史料依據的檀君朝鮮說，[1] 明確反對箕子朝鮮說，[2] 繼承李丙燾的說法，為強調衛滿朝鮮不代表中國移民統治的殖民王朝而在沒有切實證據的語境中指稱「衛滿可能不是燕人而是古朝鮮人。」[3] 在關於韓國近現代歷史的數章中，他把韓民族生存鬥爭、反抗外部侵略控制的鬥爭置於遠比韓國近現代化發展更為突出的地位，在關於 20 世紀前半期歷史的敍述中，完全採取了「日本侵略 —— 韓朝人民反抗」的模式。該書關於經濟、社會狀況的敍述，是以日本殖民掠奪造成韓國人民更深苦難為基調展開敍述的。這部著作，大幅度地突破了殖民地史學的韓朝歷史敍述概念、框架，呈現出了新的國族主義思想主導的韓朝歷史敍述途徑，被翻譯為英、日、中等多國文字後，成為具有世界影響力的韓朝歷史綱要性體系。[4]

比李基白稍為年輕的姜萬吉研究的重心在近現代。他是一個積極參與韓國政治民主化運動的知識分子，曾在 80 年代因為反對軍事獨裁而被解除大學教職。1978 年，姜萬吉出版《分裂時代的歷史認識》，對當時韓國的歷史學進行批評性的反省，涉及到「民族史學」的「受容、分

---

❶ 見李基白著，厲帆譯：《韓國史新論》，北京：國際文化出版公司，1994 年，第 15 頁，及第 405 頁附錄：《歷代王室世系》。

❷ 李基白著，厲帆譯：《韓國史新論》，第 17-18 頁。

❸ 李基白著，厲帆譯：《韓國史新論》，第 19 頁。

❹ 《韓國史新論》英文書名為 A New History of Korea，由哈佛大學出版社 1984 年出版。

析、前景」。[1] 他認為，當時韓國史學界存在普遍的「現在性不在問題」，即脫離韓朝社會現實的問題，而韓朝社會最重要的事實就是南北分裂，歷史學家必須就此發聲。他把 20 世紀前半期的朝鮮歷史概括為殖民地時代，後半期的歷史概括為分裂時代，提出歷史學家必須幫助本民族看到分裂狀況背離了韓朝合理的歷史道路，必須建立能夠促進民族統一的學術原則。他從韓民族整體性和促進統一的立場出發，主張將殖民地時期的共產主義運動也視為韓朝民族歷史運動的組成部分。秉持這種思想，姜萬吉在 1984 年出版了《韓國近代史》和《韓國現代史》。《韓國近代史》卷頭語開篇說到：「我想可能是出於對自己民族的深厚感情，以及南北分裂情況下迫切需要一部民族歷史等原因，近來一般知識分子，尤其是年輕知識分子非常關心我國的歷史。」[2] 他接下來說明，這部書就是為了滿足這種社會需要而為比歷史學專業人員更寬泛的一般知識分子讀者編寫的，其基本線索就是韓國族國家形成運動。[3] 該書在第二部第三章「開港和民族資本形成的失敗」中提出，開港之後的朝鮮本來擁有了民族資本主義形成發展的契機，但是由於成為日本的保護國而遭受了挫折。[4]《韓國現代史》表達了更為鮮明的國族主義立場。該書分為上下兩編，上編《殖民統治與民族解放運動》，下編《民族分裂與統一運動》，非常鮮明地將民族解放與統一作為韓朝現代歷史的主題。在這部著作中，姜萬吉突破南方中心論，將後殖民時代韓朝歷史作為一個整體來敘述，把朝鮮左翼的歷史活動和北朝鮮的歷史都納入韓朝歷史正當範圍之內。這意味着，姜萬吉較早超越了戰後兩大意識形態和冷戰格局在韓國史學敘述中劃出的界限，而其出發點正是韓朝民族的一體性意識 —— 這正是國族主義的

---

❶ 姜萬吉：《分斷時代的歷史認識 —— 姜萬吉史論集》，首爾：創作與批評社，1978 年。該文先曾作為期刊論文發表於《歷史學報》68 期，並曾收入李佑成、姜萬吉主編：《韓國的歷史認識》，首爾：創作與批評社，1976 年，第 536-546 頁。

❷ 姜萬吉著，賀劍城等譯：《韓國近代史》，北京：東方出版社，1993 年，第 4 頁。

❸ 姜萬吉：《韓國近代史》，首爾：創作與批評社，1984 年。該書有賀劍城等譯中文本，東方出版社 1993 年出版。

❹ 姜萬吉著，賀劍城等譯：《韓國近代史》，第 246-285 頁。

基本概念。韓國史學界一般以 1945 年日本投降作為韓國近代史與現代史的分界線，但姜萬吉的《韓國近代史》實際是朝鮮王朝後期史，而《韓國現代史》則是殖民地時期以來史。他自己對此只解釋說是出於「編輯上的緣故等原因」，其結果則顯然是在《韓國現代史》這一部著作裏集中凸顯韓朝民族與國族國家在 20 世紀的整體命運和民族統一的訴求。他強調，日本殖民統治是在韓朝「近代民主主義政治體制理應落地生根的重要時期」將韓朝置於日本帝國主義和軍國主義的統治之下的；日本殖民時代的韓國經濟體制，「一言以蔽之，是掠奪經濟體制。這 35 年是民族資本理應獲得積累的重要時期，但實際上所展開的卻是掠奪一邊倒的歷史過程。儘管建造了若干的近代經濟設施，但這些只是日本資本主義的一個組成部分，絕非朝鮮人主體的經濟設施。在日本帝國主義的殖民地時代，日本對朝鮮民族文化的抹殺政策之殘酷是絕無僅有的。但是，悠久的民族文化的基礎仍然足以制勝於它。」[1] 這種敍述方式，與 80 年代稍後時期流行於歐美學者中的日本殖民主義促進了朝鮮半島現代化過程的主張構成鮮明反差。

與諸多韓國國族主義史學家相同，姜萬吉強烈的現實參與感和使命感影響到他的歷史著述的客觀性，他自己承認這一點，並說因此「全然不知自己究竟有多大能力客觀地敍述歷史」。[2] 但與許多韓國國族主義史學家不同的是，姜萬吉不是一個國粹主義者，他的國族主義與民主主義結合在一起，主張在政治民主改革過程中實現民族統一和共同發展，而非一味宣揚韓民族的偉大性。在《韓國現代史》的下編，他將尚未實現的國族統一作為敍述主線，對從李承晚到盧泰愚政府的政治政策、社會民主運動置於統一運動的語境中加以敍述，並從民主改革與和平統一的立場出發，對那些政策提出了諸多批評。姜萬吉的歷史研究在某種意義上表示，國族主義史學不僅是解構殖民地史學的工具，也是衝開籠罩在

---

❶ 姜萬吉著，陳文壽等譯：《韓國現代史》，北京：社會科學文獻出版社，1997 年，中文版序。
❷ 姜萬吉著，陳文壽等譯：《韓國現代史》，初版前言。

朝鮮半島上空的冷戰意識形態霧霾的武器，他的民主主義或民衆主義歷史觀在微弱程度上中和了激進國族主義的一些偏狹，帶有些微新啟蒙的色彩，沒有表現出許多國族主義史學著作對歷史的故意歪曲。

　　戰後韓國國族主義歷史學中，所謂「在野」歷史學研究者頗為搶眼。殖民地時代就有許多非專業歷史研究者以強烈的韓朝民族意識從事歷史研究。這些在大學歷史學系或正規的歷史研究機構之外從事歷史研究和歷史教育的民間學者更多地從韓朝民族現實處境和獨立發展訴求出發，相信韓朝文化的檀君起源說以及 20 世紀才出現的《揆園史話》、《桓檀古記》等相關偽書，批判事大主義，認為亞洲大陸是韓民族的歷史舞台，在某些問題上不惜曲解文獻和考古資料，以將韓朝歷史上曾為中國屬國的歷史記憶清除出歷史著述，戰後更致力於擺脫殖民史觀的各種說法。1934 年成立的震檀學會就以重新編纂「國史」為使命。1945 年前後，震檀學會開始為編纂大規模國史進行資料準備。1955 年，該學會「委囑」一批當時全國一流歷史學者開始編纂七卷本《韓國史》。編纂指導思想是：「一、強調本民族獨立存在的歷史條件，論述國家和民族的社會活動所依據的制度、秩序。二、注重本國各個時期制度、法律、宗教、倫理、產業、藝術、文學等方面的演變及其相互的影響。三、反映與其他國家和民族之間的『頻數』的『接觸』與『交涉』。」[1] 該書於 1959 年由乙酉文化社出版發行，後多次重印。前文提到的李基白，時任漢城大學講師，為該書承擔了編輯、校正和編製圖表等工作。20 世紀 70 年代中期以後，在野史學者還組織成立各種協會，經辦雜誌，發表文章，舉行免費的民族史講座，宣傳不為當時學校國史教科書承認的檀君起源的朝鮮歷史，在大衆媒體的幫助下，形成了巨大的社會影響力。

　　朴正熙執政時期（1961-1979）的韓國政府也積極倡導國族主義。1980 年全斗煥主政後，韓國國會甚至舉行國史聽證，決定將一些在野史

---

❶ 李洪甫：《韓國的國史編纂》，《韓國學論文集》第 21 輯，北京：北京大學韓國學研究中心，1992 年，第 84-86 頁。

學者的主張採納進入國史教科書。韓國成為亞洲經濟發展「四小龍」更增強了韓國人的民族自信心，大眾的國族主義運動與政治民主化運動並同活躍，韓國學術界也更加強烈地希望擺脫中國中心的韓國歷史觀和朝貢關係敍述框架。在這種情況下，在野史學迅速發展，且形成對正規學術機構更深的滲透和影響。[1]

韓國政府在推動國族歷史編纂方面最為鄭重的努力體現在官方韓國歷史編纂中。1946 年，韓國的官方國史編纂委員會成立了「國史館」，目標是：科學地進行國史研究，收集、編纂、出版國史基本資料，普及國史知識，同時讓世界了解韓國。1949 年 7 月發佈第 147 號總統令，公佈了國史編纂委員會的組織制度。該委員會委員長由文教部長官兼任。60 年代，國史編纂委員會擴充機構，聘用許多在大學任職的歷史學家參與，從資料編纂機構變為學術研究機構，前面提到的李丙燾也是該委員會的委員之一。這個機構很快出版了《韓國獨立運動史》、《日帝侵略下的韓國三十六年史》等著作。1973 至 1981 年，該委員會出版了 25 冊本《韓國史》。80 年代，日韓圍繞歷史教科書問題爭端升級，韓國國史編纂委員會職能進一步提高，制定出的史料收集及保存法規具有了法律效力。21 世紀初，韓國國史編纂委員會制定出十年發展規劃，以成為韓國史資料調查、收集中心、韓國史研究的先導和統一機構為目標。除了整理大量韓朝歷史資料、著作，該機構在 2003 年出版了 53 卷本新編《韓國史》，是為最具規模和系統化的韓國歷史著作。[2] 2003 年開始，該委員會每年舉行以全國初高中學生為對象的「正確認識韓國歷史大賽」，提高民族認同感。2006 以來，該委員會還舉行「韓國史能力資格考試」，該考試達到 2 級合格水平者，被賦予行政安全部的「行政高等考試和外

---

[1] 關於韓國在野史學詳細情況，請參看王元周：《韓國人的歷史觀與中韓關係》，《國際政治研究》，2009 年第 4 期。

[2] 韓國國史編纂委員會編：《韓國史》，首爾：韓國國史編纂委員會，2003 年。按該書最後一冊為索引，可能因此有人稱該書共 52 卷。

務高等考試」應試資格。[1] 這些舉措,不僅建構起空前規模的韓國國史敍述的官方文本系統,整理出大批量的相關文獻資料,而且極大地提高了韓國公眾的國史知識和民族意識。

日本統治時期的朝鮮半島實證主義史學以及社會經濟史學派曾對國族主義史學進行批評,其着眼點一方面在於早期國族主義史學的國粹主義狹隘性和大量史實錯誤,另一方面是基於「韓日合併」後主流史學界與現實政治意志的妥協。這種半學術半政治的批評,到日本投降以後沉寂下來。[2] 此後,韓國國族主義史學與作為一般社會思潮的國族主義一起增強,而相關的批評則比較微弱。晚近韓國學者對國族主義史學也有分析與反思。如鄭大均強調國族主義與現代化過程伴生的特點,認為:「造成今天韓國民族主義基本性質的是 60 年代到 70 年代的改良民族主義,始作俑者是從 1961 年到 1979 年當權 18 年的朴正熙。朴正熙的改良民族主義是在除反日和反共以外缺乏民族團結意識的這個國家採取的使民族統一的方法,是『通過現代化達到經濟獨立』。在今天韓國民族主義背後所看到的自我與民族、國家、文化之間的很強的一體感和民族優越感、競爭意識等概念就是在這時形成原型的……朴正熙的改良民族主義的最重要課題是『擺脫貧困』,減少國防費用,引進了計劃經濟。朴正熙的軍事獨裁名聲雖然不好,但他指導的民族工作和現代化卻成為變革韓國人的力量,成為今日韓國人自尊心的源泉……朴正熙既是韓國『民族主義之父』,又是『現代化之父』,只不過下一代的民族主義比上一代更虛胖,以傲慢代替了父輩的謙遜,使現代化步伐放慢。」[3] 這種分析,既反映出國族主義在韓國現代化過程中發揮的推動性作用,也反映出當代韓國歷史學界對國族主義的肯定性評價傾向。同時也應看到,鄭大均

---

❶ 關於韓國國史編纂委員會情況,參看大韓民國國史編纂委員會供稿,佟波譯,金成鎬審讀:《韓國國史編纂委員會的沿革及活動簡介》,中國朝鮮史研究會等《中國朝鮮史研究會會刊——朝鮮·韓國歷史研究》,第 13 輯,延吉:延邊大學出版社,2013 年,第 503-514 頁。

❷ 參看李佑成、姜萬吉主編:《韓國的歷史認識》,第 538-540 頁。

❸ [韓] 鄭大均:《韓國民族主義的性質》,《國外社會科學快報》,1993 年第 7 期。

在做出這樣分析的時候，肯定的只是「謙虛」的國族主義，而不是傲慢的國族主義，換言之，肯定的是以培育民族自尊心和民族共同感為主的溫和的國族主義。權延雄則指出了國族主義史學的局限：「因為有政治目的，故而歪曲歷史，結果不可能正當化，這與強調階級鬥爭的相同角度的差異，完全是不同程度的問題。這種形式的歷史撰述，使得朝鮮的歷史研究在世界史的脈絡中不可能佔有相應的位置，也是朝鮮歷史撰述中不可根除的巨大弱點。」[1] 這類反省，對於韓國歷史學在將來能够較大程度地克服國族主義歷史學的局限，在世界歷史學領域中嶄露頭角，無疑具有重要的意義。

漢陽大學林志弦（Jie-Hyun Lim）教授在 2008 年發表《全球民族史系列中的東方與西方 —— 東亞民族史的編寫》。文章認為，國族主義歷史學的根源在西方，現代歷史編纂學自蘭克（L.V. Ranke）時代開始就以國族國家為中心 —— 人民是國族國家歷史的附屬品，國族國家是人類進步的目標，歐洲殖民主義和第三世界國族主義在這一點上並沒有分歧。日本歷史學家曾致力於把日本和朝鮮作為文明國家和野蠻國家區分開，把朝鮮作為映襯日本進步的鏡子。美國東亞研究主流學者其實頗受日本東亞觀影響。戰後日本歷史編纂學基本繼承了戰前日本的歷史編纂學。東亞各國的歷史編纂中存在着一種國族主義競賽，各國各自以自己國族為中心敍述亞洲歷史。他認為，要克服東亞歷史敍述中的國族主義，就必須解構歐洲中心主義的歷史學。[2] 在他的分析中，韓國的國族主義歷史學本質上是現代主義歷史學的一種特殊表現。這是一種對國族主義歷史學的比較深入的見解。

對韓國國族主義史學更激切的批評來自韓國以外，其中影響最大的

---

❶ [韓] 權延雄：《韓國史撰述方法論的反省和展望》，《社會科學評論》，2004 年第 2 期。
❷ Jie-Hyun Lim, "The Configuration of Orient and Occident in the Global Chain of National Histories: Writing National Histories in Northeast Asia", in Slegan Bergen, etc. ed., *Narrating the Nation*: *Representations in History, Media and the Arts*, Oxford: Berghahn Books, 2008, Chaper Fifteen.

是殖民現代性說。這種說法以「現代化」為歷史敍述的基本線索，認為韓國國族主義史學將韓國近現代歷史全部歸納到日本侵略 ─ 韓朝人民反抗的模式中，嚴重忽略了韓國歷史中的性別、階級關係，尤其是忽略了日本統治朝鮮半島時代韓國現代化發展的內容和意義。這種以現代化為統一尺度的亞洲歷史敍述在 80 年代以後與後現代主義、後殖民主義以及文化人類學方法論熱潮結合，催生了一種亞洲歷史敍述中的修正主義。[1]

　　韓國國族主義歷史學是一種同質化的以民族意識覺醒和國族國家興起為中心的宏大敍事，它將韓國的國族認同與國族主義運動過度凸顯為韓國歷史的支配性線索，因而不能展現韓朝歷史的整體面貌，且為大量缺乏證據的判斷進入韓朝歷史敍述敞開了大門。同時也需看到，韓國國族主義史學從其誕生的時候開始，就是一種現實的社會思潮，而不是象牙塔裏的純粹學問，它在韓朝國族意識覺醒、救亡圖存與韓朝國族國家的曲折成長道路上一直扮演着重要的角色，這在世界史學史上是凸顯出歷史學與現實的密切關係，也可以視為「一切歷史都是現代史」認識的一個亞洲例證。因此，從史學理論角度看到韓國國族主義歷史學的缺陷並不困難，但超越這種歷史學卻需要對韓國近現代歷史做出更符合歷史事實的整體的別樣說明，這是迄今為止無人做到的。了解韓國國族主義史學的百年經歷與朝鮮半島現實狀況就可以知道，在韓朝民族統一實現之前，國族主義史學依然會在韓國歷史學界保持一席之地。研究者也應看到，從申采浩到姜萬吉，韓國民族主義史學本身在不斷經歷調整，從國粹主義色彩到民主主義色彩，從激昂亢奮到相對冷靜溫和。

　　近年西方學者對韓朝民族主義史學的批評大多採用了後現代主義或者後殖民主義的方法論姿態，看去新穎，也的確能夠指出國族主義史學沒有納入敍述體系的諸多殖民現代化現象。但是，這類研究本身雖標榜

---

❶ 相關分析可參看趙軼峰：《民族主義、現代性、東方主義、後殖民主義 ── 晚近西方學術語境中的韓朝歷史編纂學》，《古代文明》，2014 年第 4 期。

社會學、人類學等較新穎的社會科學方法，其基本結論卻與殖民地時期日本統治者主導的官方史學出奇一致，通過將現代化價值絕對化來肯定殖民主義和日本亞洲侵略歷史。而且，它與國族意識覺醒與國族國家成長為中心的歷史一樣是一種宏大敘事，只不過其核心概念、尺度從國族意識與國族國家改變為現代化而已。此外，後殖民主義對韓朝殖民地時期歷史多樣性、差異性的說明，從學理上說也並沒有成功解構韓朝國族主義史學的統一性敘述，因為統一性敘述只是突出了主要線索，並不表示否定多樣性、差異性的存在。人類學方式的韓朝歷史敘述，以研究原始人群的方式來研究晚近社會，以歷史相對性與差異性概念解構明確的歷史經驗表述和整體性敘述，其實不僅是在解構國族主義歷史學，也是在解構歷史學本身。

國族主義與韓朝歷史編纂學中的後殖民主義的共同基礎是現代歷史思維，即以現代性為絕對價值和歷史目的的歷史思維 —— 雖然後殖民主義總是披着後現代的表象。現代歷史思維具有極強的價值支配性，但卻一直擺出科學的架勢，這是在考察韓國歷史編纂學的演變與相關評論時不得不注意的更普遍層面的現象，應該引起對於現代歷史思維與價值意識之間關係更深入的思考。歷史學從來沒有擺脫價值支配，也沒有走出意識形態的陰影，價值立場難以公約，國族主義與後殖民主義之間也難以直接對話。可以肯定的是，面對價值糾纏，現代歷史思維的內在困境，並不能借諸後現代主義而得到解脫。

韓國國族主義史學還表現在一些韓國歷史學者與中國歷史學者之間的某些爭論，涉及到對中國歷史學界的「東北工程」的反彈。[1] 此外還涉及韓國歷史學界對日本歷史教科書的批評，以及就二戰期間日本在朝鮮半島強徵慰安婦問題與日本朝野相關認識的衝突等，這些有待另外分析。

---

❶ 中國東北工程 2002 年由中國社會科學院和東北三省聯合主辦，為期 5 年，全稱「東北邊疆歷史與現狀系列研究工程」，一定程度上針對韓國的民族主義史學極端言論而展開。

四、日本現代歷史學的國族主義色彩

日本在中古時期並沒有持續統一國家的歷史，但在 17 世紀開始的德川幕府時期，藉助於「鎖國」政策，一方面迴避了西方殖民者和傳教勢力的滲透，一方面停止了向亞洲大陸推進的嘗試，其內部的文化統一性藉此得到整合，恰當其時地為 19 世紀中葉開始的國族整合做了鋪墊。西方列強中的後來者美國在 19 世紀 50 年代挾炮艦之威，直接敲開了德川幕府後期日本的國門。日本藉助此前文化整合的基礎，也參酌了中國面對西方列強步步挫敗的前車之鑒，並因島國體系內部結構相對簡單，迅速做出整體調適，先以「開國」緩卸了西方挑戰的衝擊性，繼以「尊王攘夷」為旗號，重建了統一的中央權威 —— 此間並沒有遭遇類似中國那樣的多民族複雜關係問題，然後通過「脫亞入歐」，全面模仿西方對社會進行改革，在很短時間內基本完成了國族重構。到 19 世紀末，日本已經自覺成為列強的一員，並不滿足於日本國族的自存自立，開始借用社會達爾文主義、殖民主義的邏輯來覬覦周邊，急迫地展開了向亞洲大陸，後來延展到南亞的擴張，希圖建立一個龐大的日本亞洲帝國。

國族重建不僅給日本精英帶來遠遠超過自存的信心，還有統御他者的野心。但是，這個殖民主義時代的後來者面對的世界與老殖民主義者已然不同。早期西方殖民所面對的主要是在其祖國遠方的尚未組成國族國家的相對鬆散的原住民區域，他們習慣於自己以國族國家為基點的主權概念，把那些地方視為無國家體制因而也就無主權可言的地域，直接宣稱擁有那裏的土地，統治那裏的人民。當西方殖民勢力面對中國這樣已經組成歷史悠久國家的社會體系時，並沒有採用同樣的方式，他們最初的做法是爭取自由貿易，而不是直接聲索其土地或統治其人民。在日本作為國族國家興起的時代，世界上已經基本不存在早期殖民者可以「發現」的鬆散原住民區域，日本也來不及成為一個航海大國再去探索遠方的空間。它竟然把具有悠久歷史文化並早已組成國家的朝鮮、中國作為殖民擴張的對象。而此時，恰好是朝鮮與中國的國族重建運動展開的

時代，日本擴張性的國族主義就與亞洲其他國家自存性的國族主義直接碰撞，從而帶來有史以來亞洲大陸最殘酷的國際衝突。擴張性作為伴隨日本國族建構過程的一大特色，在亞洲史學史上留下深深的印記。

日本的歷史編纂學雖遠不及中國歷史編纂學源遠流長，但最晚在相當於中國唐代的歷史時期開始，歷史記載就作為一種專門的學問發展起來，逐漸形成了可觀的本土歷史編纂傳統，並時時受到中國文化的影響。這一傳統與整個日本社會一樣，在 19 世紀後期急劇轉變。依照杰弗里·巴勒克拉夫（Geoffrey Barraclough）的說法，日本「比亞洲其他國家早一代人」完成了取代傳統形式歷史研究的現代歷史學建構，並藉助發達的大學體制和組織水平很高的圖書館、檔案館、大量依據「西方的研究標準和西方的研究方法」的歷史著作，以及西方歷史文獻的大量翻譯，達到了「在研究上能與西方並駕齊驅」的水平。[1] 依照巴勒克拉夫的看法，日本現代歷史學就基本性質而言是一種模仿西方歷史學的建構 —— 亞洲各國的現代歷史學程度不同地具有這樣的色彩，而日本被認為是其中的捷足先登者。其轉折點是德國蘭克學派歷史研究者里斯（Ludwig Riess）到日本講授歷史學，「實證主義」從此成為日本職業歷史學研究的主流，並被視為日本現代歷史學形成的標誌。但儘管「實證主義」是普遍被視為具有現代思維特徵的研究方式，日本現代歷史學受其形成時代日本社會現代化與擴張訴求的影響極深，從而有多種其他觀念與實證主義歷史學伴生並相互作用。國族主義就是其中最為強勁的觀念之一。由於國族主義與日本擴張同時展開，其觀念常常是在與擴張更直接關聯的其他概念中折射出來。故有學者指出：「神道、皇道史觀、國粹主義，以及『日本至上』的種族優越論觀念下的史學，本質屬於民族主義史學。」[2]

❶ 杰弗里·巴勒克拉夫著，楊豫譯：《當代史學主要趨勢》，上海：上海譯文出版社，1987 年，第 200 頁。
❷ 徐澤林：《民族主義與東亞數學編史問題》，《自然科學史研究》，第 26 卷。

國族主義在日本明治維新時期啟蒙思想家福澤諭吉的著作中就清晰體現出來。福澤諭吉完全了解現代文明尊重所有人以及各個國家之間平等的原理，但是主張，因為現實世界實際上是不平等的，是區分為國家而相互競爭的，所以日本必須強力參與這種競爭。他說：「現今的地球，已經被分成許多區域，各自劃分國界，人民各自在其境內結成集團，稱為國民，為求其集團的利益而設立政府，甚至有拿起武器殺害界外兄弟，掠奪界外土地，爭奪商業利益等等，這決不能說符合宗教的精神。看到這些罪惡，姑且不論死後的裁判如何，就以今生的裁判也是不完善的，這種人應該說是耶穌的罪人。」[1]「然而，從目前世界的情況來看，沒有一個地方不建立國家，沒有一個國家不成立政府的。如果政府善於保護人民，人民善於經商，政府善於作戰，使人民獲得利益，這就叫做『國富民強』。不僅本國人引以自豪，外國人也感到羨慕，而爭相仿效其富國強兵的方法。這是什麼道理呢？這是由於世界大勢所趨，不得不然，雖然違背宗教的教義。所以，從今天的文明來看世界各國間的相互關係，雖然在各國人民的私人關係上，也可能有相隔萬里而一見如故的例子，但國與國之間的關係，則只有兩條。一條是平時進行貿易互相爭利，另一條就是一旦開戰，則拿起武器互相厮殺。換句話說，現今的世界，可以叫作貿易和戰爭的世界……殺人和爭利雖然為宗教所反對，難免要被認為是教敵，但是，在目前的文明情況下，也是勢非得已。因此，應該說，戰爭是伸張獨立國家的權利的手段，而貿易是發揚國家光輝的表現。」[2]「凡力圖伸張本國的權利，使國富民強，提高本國人民的智德，和發揚本國榮譽的人，稱為愛國的人民，這種思想稱為愛國精神。他們的目的在於同外國劃清界限，縱無害他之意，也有厚我而薄他之心，也就是願意以自己的力量來保持國家的

---

❶ 福澤諭吉著，北京編譯社譯：《文明論概略》，北京：商務印書館，1992 年，第 176 頁。
❷ 福澤諭吉著，北京編譯社譯：《文明論概略》，第 174-175 頁。

獨立。所以，愛國精神雖非私於一己，也是私於一國的思想。」[1]福澤諭吉是日本公認的啟蒙思想家，對於現代日本文化精神影響至深。他的言說，明確地透露出現代日本國家觀主流的價值取向是沿着國族競爭的路徑展開的。

這種觀念向不同領域以不同形態伸展，其中影響最大的是「亞洲主義」。明治「維新」後，福澤諭吉提出「脫亞論」，主張與中國文化代表的亞洲文化傳統切割，擁抱西方文化，實行社會改革，躋身「開化」民族行列，這成為日本現代化變革的巨大思想推動因素。該論竭力肯定西方文化、制度的優越性，主張脫亞入歐，但內裏同時包含由日本重新凝聚亞洲各國，與西方抗衡的意識。隨着日本國勢強盛，而中國等周邊國家日形敝敗，由日本整合亞洲與西方抗衡的思想日趨顯明，到 19 世紀 70 年代，「征韓」、「征台」主張都在日本流行。甲午戰爭前後，亞洲主義成為日本社會一種重要思潮的時候，其主張差異紛繁，但皆籠罩在日本擴張傾向的總體社會氛圍之中。其中，有的以民權合理性與伸張為原點，主張亞洲各國團結「興亞」，在對抗歐洲殖民主義過程中實現各自平等的現代發展；有的以日本自身的國權、國勢伸張為原點，強調惟日本有資格主導亞洲之興起，日本代表東洋文明，主張日本侵略亞洲其他國家以整合亞洲，與歐洲列強爭鋒於世界。「中日提携」、「興亞」、「與西方列強爭衡」、強調亞洲區域文化自我，是所有亞洲主義的共同要素。[2]因為亞洲主義興起時代的亞洲國家中只有日本已經成為工業化國家，亞洲主義的所有表述形態背後其實都含着日本主導亞洲的邏輯。大致在中日甲午戰爭前後，日本極端國族主義膨脹，為日本亞洲擴張戰略

---

❶ 福澤諭吉著，北京編譯社譯：《文明論概略》，第 175 頁。

❷ 參看狹間直樹著，張雯譯：《日本早期的亞洲主義》，北京：北京大學出版社，2017 年。盛邦和：《日本亞洲主義與右翼思潮源流 —— 兼對戚其章先生的回應》，《歷史研究》，2005 年第 3 期；戚其章：《日本大亞細亞主義探析》，《歷史研究》，2004 年第 3 期。按狹間直樹將「亞洲主義」與「大亞洲主義」相區分，把前者界定為「以對等關係為前提的路線」，後者則為「以日本優勢為前提的壓制路線」。狹間直樹偏重強調亞洲主義的「善意」和合理性，甚至在當下的現實意義，他的這種區分頗可商榷。參看氏著《日本早期的亞洲主義》，第 13-14 頁。

鋪墊的「戰略亞洲主義」佔據壓倒性優勢。其中，樽井藤吉（又名森本藤吉）在《大東合邦論》中主張，面對歐洲列強對亞洲的滲透和侵略，日本應當與中國「合縱」並與朝鮮「合邦」，建成「大東」國，以實現以日本為盟主的三國一體化。[1] 岡倉天心著有《東洋的理想》，主張亞洲是一個整體，而「日本是亞洲文明的博物館，而且遠在博物館之上。」[2] 小寺謙吉《大亞細亞主義論》設計了逐步實現大亞細亞主義的步驟，其中包括使中國拋棄西藏、外蒙古等「外藩部」，「滿洲、內蒙古按照這一基準都應該除外」，保全中國內地，使剩餘的中國與日本「輔車相倚」，實際上成為日本的附屬國。[3] 孫中山、李大釗也曾談論亞洲主義。孫中山初以為亞洲主義可以成為亞洲各國實現各自獨立、平等發展的思想旗幟，但不久就看到日本政府的亞洲主義實質上是「大日本主義」，轉而開始對日本亞洲主義進行批評；[4] 李大釗談論「大亞細亞主義」時，也對日本亞洲主義的侵略內涵做了多方面批評。[5]

　　亞洲主義既有多種表述形態，有推演變化，其作用也頗複雜，但就其最突出方面而言，主要是充當了日本對亞洲鄰國推行殖民侵略的思想基礎，也影響了日本學術界的歷史觀。它的形成，與歐洲殖民主義對亞洲各國造成威脅密切相關，這在後來的評述者眼中常常被視為亞洲主義合理性的一個因素，但是從一開始，亞洲主義就與日本先已存在的亞洲

---

❶ 森本藤吉：《大東合邦論》，東京：森本藤吉，1893 年，第 132-142 頁。參看王向遠：《從「合邦」、「一體」到「大亞細亞主義」——近代日本侵華理論的一種形態》，《華僑大學學報》，2005 年第 2 期。

❷ 岡倉天心：《東洋の理想》，岡倉一雄編：《岡倉天心全集》上卷，東京：聖文閣，1938 年，第 1-5 頁。

❸ 小寺謙吉：《大亜細亜主義論》，東京：寶文館，1916 年，第 1111-1112 頁。參看王向遠：《從「合邦」、「一體」到「大亞細亞主義」——近代日本侵華理論的一種形態》，《華僑大學學報》，2005 年第 2 期。

❹ 駒込武認為，孫中山 1924 年在神戶高等女學校演講的「大亞洲主義」「給予日本人利用餘地」。參看駒込武著，吳密察等譯：《殖民地帝國日本的文化統合》，台北：國立台灣大學出版中心，1917 年，第 260 頁。

❺ 參看孫攀河：《孫中山的大亞洲主義與近代日本的亞洲主義》，載上海中山學社：《近代中國》第二十四輯，上海：上海社會科學院出版社，2005 年，第 129-150 頁。

第一章　亞洲現代歷史學的國族主義底色　　55

擴張論糾纏不清，隨後二者緊密結合。其中明顯的黃色人種與白色人種種族競爭意味，背後是社會達爾文主義種族競爭論。這種種族競爭的邏輯既不否定弱肉強食，也不尊重民族獨立和主權，只是用亞洲人內部的弱肉強食取代不同膚色人種之間的弱肉強食，把亞洲弱國的獨立和主權視為亞洲強國的囊中之物。亞洲各國在西方殖民主義威脅下爭取獨立發展的訴求被日本的殖民主義和亞洲帝國訴求所吞噬。亞洲主義中所包含的區域整合的主張，也因為與民族獨立、人民主權的現代社會理念相剝離，成為展開日本國權擴張的工具，從一開始就喪失了其在語義層面所包含的積極意義。直到最近時期，亞洲主義仍然是一種活躍的話語，[1] 雖然的確已經脫離了二戰前日本侵略別國的語境，卻依然常在「亞洲」與「西方」兩分或對立的預設語境中徜徉，[2] 在討論亞洲的共性和自我定位時，始終未能透徹闡明，為什麼在全球化日益發展，全球聯繫已經高度便利發達的當下時代，還要如此強調區域主義的必要性、合理性究竟何在，其與舊亞洲主義心曲的婉轉應和也時時可聞。

　　亞洲主義的倡導者大多並非職業歷史學家，但這種觀念卻深度觸及對於日本、亞洲乃至世界歷史的基本認識。它作為一種比歷史觀覆蓋更廣大的社會思潮，為 19 世紀末以來日本社會各種歷史思考塗抹了一種基色：通過地域性思維解構世界主義的思維；通過亞洲文化乃至人種共性的深描來誇大亞洲各國歷史有別於世界其他地方的特殊關聯性和共同命運；通過論證日本特殊性來彰顯日本解放、領導乃至統治亞洲各國的合理性。其中，前兩種色素至今明顯，後一種色素在二戰結束後總體上趨

---

❶ 狹間直樹近年出版的《日本早期的亞洲主義》雖然以「早期」即 1900 年之前的亞洲主義為對象並且承認亞洲主義與日本侵略的關聯，但總體觀之，畢竟還是在儘量提示亞洲主義的合理性。

❷ 溝口雄三指出：「在 20 世紀的日本，人們大體是站在三個觀察點上來考察世界的，即東方、西方以及日本這三點。這三個觀察點的基礎，實際上是將世界分為東方文明和西方文明的二元論世界觀。即是說，表面上雖有三個觀察點，但日本並不是一個獨立的文明世界，它只不過被設置為東方和西方兩個文明世界的接觸點而已。」見溝口雄三：《日本現階段的中國研究及 21 世紀的課題》，國際儒學聯合會：《國際儒學研究》（第二輯），北京：中國社會科學出版社，1996 年，第 123 頁。

於隱晦、淺淡，但並沒有消失，包括其中的極端表述方式也沒有徹底消失。例如在以亞洲主義為深層推動觀念的日本亞洲侵略戰爭期間曾經盛行的「亞洲解放論」，即日本通過武力擴張將亞洲從西方人那裏解放出來的論調，在二戰結束後受到壓抑，但在 20 世紀 70 年代末 80 年代初復活。[1] 受到亞洲主義思潮影響的人未必皆有侵略他國的心理，也可能推動一些促進亞洲各國團結、往來和知識傳播的事情，如善鄰譯書館就曾在這方面做過一些努力。[2] 不過，亞洲主義不是一個剛剛擬出的空洞概念，是一種在一個多世紀的歷史演變中切實產生思想和現實後果的觀念。所以，當下學者在回顧這一方面的歷史時，不應將之與其流行時代的歷史推演實況以及當時的普遍社會思潮，或者與當時中日關係的基本格局走向相互剖離。

東洋史觀是伴隨日本現代歷史學興起而展開的影響最為廣泛的思想觀念，在亞洲各國乃至在歐美皆廣為人知。日本現代史學在世界史學界頗有地位，但其根基不在世界史，也不在於日本史 —— 日本史作為其本國史，研究自然比任何其他國家史學家所做更為細膩具體，但國際學術界對之關注有限。現代日本史學界引起國際學術界關注最多且獲得評價最高的，其實在其「東洋史」。[3] 日本傳統史學中並無「東洋史」名目，這是隨着日本現代史學興起的一種研究對象和方式理念，因而其興起過程，也與日本思想觀念的現代演變以及日本現代歷史推演相為表裏。東洋史學的研究對象，是以中國為主而排除日本的亞洲，其研究理念的技術特徵是實證。

日本實證主義歷史學的早期奠基者之一重野安繹是最早的亞洲主義團體「興亞會」的成員，而日本東洋史學的主要創立者白鳥庫吉是重

---

[1] 參看嚴紹璗：《戰後 60 年日本人的中國觀》，《粵海風》，2006 年第 5 期。
[2] 參看狹間直樹：《日本的亞細亞主義與善鄰譯書館》，《近代中國與世界 —— 第二屆近代中國與世界學術討論會論文集》（第二卷），北京：社會科學文獻出版社，2005 年，第 1-13 頁。
[3] 葛兆光將之稱為「取代『中國史』的『東洋史』」。見葛兆光：《宅茲中國》，北京：中華書局，2011 年，第 238 頁。

野安繹進入東京帝國大學擔任史學科教師時的學生之一。重野安繹與其他第一代推動日本歷史研究理念與歐洲史學理念接軌的日本學者一樣，既受中國傳統考證之學的影響，也受德國蘭克學派的影響，主張歷史家「如實直書」，又因主持日本政府的國史纂修，他始終保持與日本政府現實立場的一致性。[1]「如實直書」的純客觀立場本來與國家主義政治立場不可能天然一致，但日本現代歷史學在發生期卻實際上開啟了一條學術實證追求客觀真實與政治參與追求國家最大利益兩種不同理念曲折融合的新傳統。也就是說，作為日本現代歷史學早期主要代表的實證主義歷史學在一開始就是實證主義與國家主義的融合體，而亞洲主義則提供了其展開的普遍思想氛圍。

「東洋史」作為一個學科是在 1894 年由那珂通世提出來的，他主張歷史學應該分為「西洋史」、「東洋史」、「國史」三科制。[2]這種學科體制安排，與前文梳理的亞洲主義在觀念深層一致，皆凸顯東洋與西洋的兩元對立。1896 年那珂通世成為帝國大學（次年改為東京帝國大學）教授之後，這種三科制就成了日本歷史學教育和研究的主流架構。20 世紀初東洋史學完全成型之後，形成東京帝國大學和京都帝國大學兩個學派。前者以白鳥庫吉為代表，因其特重文獻資料的搜集和整理，常被稱為「文獻學派」；後者以內藤湖南為代表，提出了一些宏觀的歷史論證，常被稱為「實證學派」。在尋求共性的視野下，二者都推崇歷史學實證主義性質的研究，就其公開主張而言，都可被歸為廣義的實證主義史學。

白鳥庫吉原以研究西洋史為主，在日本亞洲擴張的時代氛圍中，匯入「創設東洋史研究」的潮流中，改為研究朝鮮史。中日甲午戰爭之後，他開始研究「滿洲」史地，不久創立「亞細亞學會」，再與桂太郎主持

---

❶ 永原慶二著，王新生等譯：《20 世紀日本的歷史學》，北京：北京大學出版社，2014 年，第 28-30 頁。

❷ 三宅米吉述：《文學博士那珂通世君傳》，故那珂博士功績紀念會編：《那珂通世遺書》，東京：大日本圖書株式會社，1915 年，第 32 頁。

的「東洋協會」合併，並負責該會的學術調查部。日俄戰爭之後，日本設立「南滿洲鐵道株式會社」，白鳥庫吉向該社建議設立「歷史調查室」（即學界通常所說的「滿鮮歷史地理調查部」），專門對「滿洲」、朝鮮地區進行詳細調查。其後，又逐步展開了對「蒙古問題」的調查和對中國西北、中亞、南亞史的研究，推動成立東洋史學會、建立東洋文庫。他將語言、地理、民族等學科知識綜合運用於歷史研究，一生著述極豐，是公認的日本東洋史學主要創始人和東京文獻學派的創始人。

「東洋」在中國清代文獻中常特指日本，近代以來又常被用來與「西洋」相對，指的大致就是所謂「東方」，其中自然包括日本但不限於日本。歐洲先已存在 Oriental Studies，直譯當為「東方研究」，與薩義德（Edward W. Said）所說的「東方學」所指近同，但薩義德是批判性地討論東方學的觀念和實踐，相關內容會在後文專門討論。這種學問最初研究的，主要是今天所說的中近東地區及印度，後來延伸到亞洲東部。日本將歐洲的「東方研究」譯為「東洋學」，但日本的「東洋學」以亞洲東部為主，又因為「東洋史」盛行時代的日本吞併了朝鮮並將之作為本國史，故其中不包含朝鮮。從而，日本的「東洋學」與歐洲的東方研究之對象就有了很大不同。三科制確定之後到第二次世界大戰結束之間的「東洋史」的研究對象，是去除日本和朝鮮之後的以中國為主的亞洲，正是當時日本謀劃逐步擴張的地域。「西洋」是「文明開化」的代表，與之對應的「東洋」則具有非現代、野蠻、落後，甚至權屬未明地域對象的含義。日本自身，地域和歷史上屬於東洋，發展程度和現實自我定位意義上則已「入歐」，於是成了東洋和西洋之間的「連接點」，也成了發達者「開拓」不發達者的前哨。白鳥庫吉在與中國相關的研究中提出的「滿洲中立論」、「南北二元對抗論」、「中國文明停滯論」、「堯舜禹抹殺論」，都體現着前述「東洋」意象，也在時時暗示對「東洋」拓展的合理性。台灣學者石之瑜就曾評論說：「如果沒有白鳥成功建構一套擺脫漢學界中國觀的東洋史觀在前，中國就在之後不能成為『落後待解放』的對象，那麼日本在所謂『大東亞共榮圈』中的領導地位便缺乏論述基

礎……」¹ 他認為白鳥庫吉「通過中國，將日本的源起置於與歐美平等的地位，再把中國排除在落後的文化保守主義中，最後經由日本的綜合，成就日本的超越。」² 白鳥庫吉的學生津田左右吉所寫《白鳥博士小傳》記載，白鳥庫吉「早就認為不能不由日本人來從事東洋研究，日本的東洋學者必須成為中國東洋學的指導者。這種抱負，到此時已逐漸接近實現的境地了。特別是中國學者的塞外研究，幾乎完全依賴於我國學者的研究……由於這種研究，日本人才能够指導中國的學術界，用學術才能使中國人承認我國的權威。」³ 津田左右吉評價白鳥庫吉，「通過學術，為彰顯國威也做出了不少的貢獻」；⁴ 他始終謹奉「大振皇基」的聖旨，「在學術上，貢獻出發展國運的最大努力」。⁵ 白鳥庫吉本人也是個御用學者，他在大正初年擔任東宮「御進講」，為後來的昭和天皇講授歷史，其表現被讚為「精勵恪勤」。⁶

白鳥庫吉的國家主義立場在他自己的言論中可以看得更清楚。他曾為明治以後日本對朝鮮、中國的侵略歡欣鼓舞：「實行統一的政治，舉國上下團結一致，其餘力遠及國外，這從日本歷史就可預見。明治後很快就掀起了征韓論，出征台灣，探討了樺太、千島的交換問題，這絕非偶然。明治中期，清國無視朝鮮的獨立。為此，發生了日清戰爭，日本大捷使得中國割讓遼東半島、台灣，獲得了我國有史以來未曾有過的勝利，南滿洲收入囊中。」⁷ 沿着同樣思路，日俄戰爭期間，白鳥庫吉自覺強化了對「滿洲」的研究：「此次戰爭是大事件，待看到最終結果尚需時

---

❶ 石之瑜：《回到亞洲？──日本認識中國崛起的思想基礎》，《世界經濟與政治》，2006 年第 4 期。

❷ 石之瑜、李圭之、曾倚萃：《日本近代中國學：知識可否解放身份》，《中國社會科學》，2007 年第 1 期。

❸ 津田左右吉：《白鳥博士小傳》，載《津田左右吉全集》第 24 卷，東京：岩波書店，1965 年，第 156-157 頁。

❹ 津田左右吉：《白鳥博士小傳》，載《津田左右吉全集》第 24 卷，第 109 頁。

❺ 津田左右吉：《白鳥博士小傳》，載《津田左右吉全集》第 24 卷，第 160 頁。

❻ 津田左右吉：《白鳥博士小傳》，載《津田左右吉全集》第 24 卷，第 141 頁。

❼ 白鳥庫吉：《東洋史上より觀たる日本》，載《白鳥庫吉全集》第 9 卷，東京：岩波書店，1971 年，第 259 頁。

日，我日本國民在此期間必須從所有方面對當今的時局進行研究，如同我們東洋史學專業的人，從這一角度對此問題進行解釋，也算是對國家盡一點義務吧，絕不是徒勞。」[1]1912 年，日本吞併朝鮮之後兩年，白鳥庫吉馬上提醒要為日本的「命運」而立即強化對「滿洲」的研究：「滿洲、朝鮮等是與我國有密切關係的地方，我國國民中沒有不知道的。但我國國民也都知道對於有如此密切關係的滿韓來說，我們了解甚少。朝鮮與我國歷史從始至終都有密切聯繫，不斷給我國的利害消長帶來巨大影響，但是我國國民卻對朝鮮幾乎不了解，直到近來，在朝設置統監府，實行合併以來才多少了解了一些。然而，合併以後，還沒有從根本上對朝鮮進行調查，得到精確的知識。更何況朝鮮北邊的滿洲，我國對此更是知識淺薄，或者可以說一無所知。然而，滿洲之地對於關乎日本命運的重要性絕不亞於朝鮮。因為朝鮮意味着我國是否能够維持勢力，而滿洲則決定我國的策劃是否得當。更進一步也可以說，能否維持東洋的和平關鍵在於滿洲問題，對於具有如此重大關係的滿洲，我國人的知識卻如此淺薄，這十分令我擔憂。」[2]日俄戰爭之後，白鳥庫吉認為日本在「東洋」的地位提高，開始「為完成戰後之經營，樹立國家百年之大計」的思考。他認為：「關於東洋事物 —— 學術上的調查、研究之事尚有不足，對亞洲學界計劃實施之事業雖然頗多，但以往研究拘於最近戰爭及爆發之原因。今後我國盡力經營之任務在於滿洲地方的研究，此最為迫切、緊要。此研究在任何方面來說，在於探究歷史由來，追根溯源，了解事物真相。世間至今沒有看到對滿洲進行研究的歷史資料，不但在我國，即使在中國和歐洲也未曾聽說滿洲歷史這一說法。這不僅是學界的一大憾事，對我國家對此經營上來說也是一大缺憾。可以說，滿洲史的研

---

❶ 白鳥庫吉：《滿州の過去及び將來》，載《白鳥庫吉全集》第 8 卷，東京：岩波書店，1970 年，第 17 頁。

❷ 白鳥庫吉：《滿州問題と支那の將來》，載《白鳥庫吉全集》第 10 卷，東京：岩波書店，1971 年，第 146 頁。關於白鳥庫吉本人研究「滿洲」而向日本政界做出的現實戰略性建議，參看趙薇：《白鳥庫吉的中國觀研究》，東北師範大學博士論文，2014 年，第 76-82 頁。

究，真正意義上滿洲歷史的編纂是眼下最為迫切之任務。滿洲地方史，事關國家永久之圖謀，通過這些不可疏略的重要史料，可探視自古以來在此地若干興亡民族勢力消長之線索，以此來考察歷史。」「如果能够做到以史為鑒，掌握滿洲歷史是重大的任務。我國民應該詳細探究其由來，洞察其形勢，這不只在滿洲經營上，而對於在東洋之國、亞洲文明上具有指導天職的我國的全面政策上來說，乃是必須的事業。滿洲史的研究並不僅僅是學者的職責，亦是擔當國家經營責任施政者的職責、國民的義務。」[1]20 世紀 80 年代以後的日本學界已經注意到白鳥庫吉的史學研究與政治的關係。日本學者旗田巍曾撰文指出：「日本的亞洲研究是與日本對亞洲的軍事發展相對應並發展起來的。大致而言，自明治初年直至戰敗，日本的亞洲侵略是在朝鮮→滿蒙→中國→東南亞這一方向前進的，而亞洲研究大體上也是沿着這條線成長的。」[2]也就是說，東洋史是以日本侵略對象為研究對象的。

內藤湖南與白鳥庫吉大致同時。京都大學是日本政府下令於 1897年成立的，從一開始就有深厚的政府背景。1907 年，內藤湖南出任京都大學第一講座講師，兩年後升任教授，在後續的若干年間，內藤湖南多次來華，陸續出版了多部有關中國歷史的研究著作，在日本被稱為「內藤史學」，奠定了日本東洋學中「京都學派」的基礎。學術界曾普遍認為內藤湖南的研究體現日本東洋史學的實證精神和研究水平，但深入考察他的歷史研究，卻可以看到實證研究的客觀性常被其為日本大陸政策服務的高度自覺性所扭曲。他在 1914 年發表《支那論》，1924 年又寫了《新支那論》，認為當時的中國事實上已經漸漸喪失了對境內五大民族的統轄力，相對於中國的國力而言，其領土過於龐大，中國也不可能真的實現「五族共和」，解體是必然的。他說：「要說蒙古、西藏，還有土耳

---

❶ 白鳥庫吉著，武向平、田剛編譯：《滿鐵對中國東北歷史地理的「調查」——白鳥庫吉〈滿洲歷史編纂之急務〉》，《東北史地》，2011 年第 2 期。

❷ 旗田巍：《日本における東洋史學の伝統》，野沢豊編集解説：《歷史科學大系第 14 卷アジアの變革（下）》，東京：校倉書房，1980 年，第 41 頁。

其種族，他們本來是在清朝的時候服從支那的，隨着自己的勢力增強，而生起獨立之心，是理所當然的事。不管是蒙古人還是西藏人，他們服從支那，本來服從的是滿洲的天子，只有滿洲的天子統一了他們，他們才服從之，所以壓根兒就沒有服從漢人所建立的國家的意思。在滿洲朝廷倒台的同時，所擁有的各異種族的領土隨之解體，是當然之事。蒙古人要鬧獨立，西藏人要依附英國，這都是可能的。或者像內蒙古那樣的靠近支那本國的部族，或者一直在北京等地生活的人，從感情上說他們一下子難以分離，但隨着支那政府日益具有民主的傾向，也就越來越失去對異種族的統轄力。今日所謂五族共和，事實上已經沒有什麼意義。袁世凱等出於一時的策略，而討好蒙古王和西藏的喇嘛，也許能扯上個人的關係，但解體乃是大勢所趨。」[1]因此，中國應該放棄「滿洲」等地，也沒有必要維持國防。這種言論正當日本吞併中國東北前夕，實際上為後來的歷史推演做了鋪墊。內藤湖南在《新支那論》中還提出，中國雖曾是「東洋文化」的中心，但中國在近世以後逐漸失去中心地位，東洋文化中心已經漂移到日本，日本為振興東洋文化精神，就必然要如以往歷史上周邊民族入主中原一樣進入中國，而中國人將接受那種現實：「現在的日本已經成為超越支那的先進國家，儘管對於日本的隆盛，支那人投以猜忌的眼光，但倘若通過某種機緣，使日本與支那形成一個政治上統一的國家的話，文化中心移入日本，那時即使日本人在支那的政治上社會上很活躍，支那人也不會把這視為特別不可思議的現象。」[2]這自然會鼓勵當時的日本軍政界侵入中國的意圖。當日本在中國東北建立「滿洲國」的時候，內藤湖南評論說：「這個新國家不是抱着

---

❶ 內藤湖南：《支那論》，《內藤湖南全集》第 5 卷，東京：筑摩書房，1972 年，第 339-340 頁。並請參看王向遠：《近代日本「東洋史」、「支那史」研究中的侵華圖謀 —— 以內藤湖南的〈支那論〉〈新支那論〉為中心》，《華僑大學學報》，2006 年第 4 期。

❷ 內藤湖南：《新支那論》，《內藤湖南全集》第 5 卷，東京：筑摩書房，1972 年，第 509 頁。並請參看王向遠：《近代日本「東洋史」、「支那史」研究中的侵華圖謀 —— 以內藤湖南的〈支那論〉〈新支那論〉為中心》，《華僑大學學報》，2006 年第 4 期。

軍國主義的希望而誕生的，而是要在這片肥沃的大地上建設一個世界民族共同的樂園。」[1]

　　一些現代學者偏重強調內藤湖南對中華文化心懷崇敬，但這種崇敬是相對於古代中國的，對晚清時代的中國，內藤湖南則認為已經無可救藥，必須由日本出來收拾局面。同樣的心態，也體現在他對台灣的態度上。他曾多方嘆賞台灣歷史古跡，但卻明確主張日本吞併台灣。他主張日本佔領者在台灣推行使台灣人與日本人同化的政策，同時又主張保持台灣人在台灣低於日本人社會地位的格局，不可「一視同仁」，要把大批日本人遷移到台灣。[2]

　　日本學者水野明指出：「戰前有很多的日本學者發表了很多似是而非的中國論，加速了侵略戰爭。」他特別指出，發表此類言論的歷史學家中包括內藤湖南，內藤湖南的「中國政治無能論」、「中國非國論」、「文化中心移動說」等主張，「無疑的是給日本侵略主義、軍國主義提出了根據。因之，我們不能不說，內藤的『東洋文化中心移動說』乃是把日本之對中國的經濟侵略、軍事侵略正當化了而已。也就是『大東亞戰爭史觀』的張本人。」[3] 溝口雄三也認為，20 世紀初日本的中國研究形成了三個特點：其一是尊崇中國古典文化，將之視為日本文化的淵源並抱有親近感；其二是中日文化同根觀，體現在把日本江戶時代以前漢學家的著作也視為廣義的漢文化；其三是對近現代中國完全不感興趣或者將之作為蔑視的對象。「因而，這些中國研究者 —— 我在此稱其為古典派 —— 中的大部分人面對日中戰爭時，從同根文化的觀點出發支持滿洲立國和日本軍隊佔領大陸；又從日本消化了『近代』即西方文明的自負出發蔑

---

❶ 內藤湖南：《滿洲國建設に就て》，《內藤湖南全集》第 5 卷，東京：筑摩書房，1972 年，第 170 頁。參看傅佛果著，陶德民、何英鶯譯：《內藤湖南 —— 政治與漢學（1866-1934）》，南京：江蘇人民出版社，2016 年，第 293 頁。

❷ 參看黃俊杰：《十九世紀末年日本人的台灣論述 —— 以上野專一、福澤諭吉與內藤湖南為例》，《開放時代》，2004 年第 3 期。

❸ 水野明：《日本的「中國非國論」的檢證》，《東南文化》，1997 年第 1 期。

視中國；另一方面，又從發揚東洋精神這一國粹立場出發，尊重中國的古典文化。」[1] 近年來，中國學者對內藤湖南歷史研究與其日本擴張主義觀念之間關係的研究已經很多，其中有的學者對內藤湖南宋代近世說的實證基礎提出的諸多質疑表明，其表面看去屬於事實考證性的研究並不嚴謹，受其現實意圖的影響是出現這種情況的重要原因。[2]

雖然學術界已經發表了許多批評性的研究，但白鳥庫吉和內藤湖南在日本史學界所受評價至今偏重其實證成就且仍推崇為權威。如大阪大學學者近年在中國的講學中依然講：「東京大學初期的東洋史研究者包括白鳥庫吉、池內宏、加藤繁都重視實證和有客觀性的研究。」「京都帝國大學比東京晚一點新設東洋史學的時候，內藤湖南成為了中心，他主要研究文化，在把握中國史全面的方面是優秀的。」[3] 加拿大約克大學教授傅佛果（Joshua A. Fogel）曾指出：「《支那論》實際上可以說是在 20 世紀的中國史研究領域中提出了最重要問題群的著作。今天的歐美學術界所屢屢提出的許多觀點，其實與湖南在該書中有關中國社會文化方面的諸多新見解都是相通的。不過，這些觀點往往是在他們不知道有《支那論》這一著作存在的情況下提出來的。」[4] 傅佛果看到內藤湖南在《支那論》中提出了其影響深遠的「唐宋變革」說，而且內藤湖南關於中國現實的種種主張正是以他的歷史觀為基礎的，但是他在自己的敍述中，也是對內藤湖南的歷史見解給予高度評價，並認為內藤湖南的許多關於中國歷史的論說至今是西方歷史學界的共識。另外，留心晚近史學動態的學者也不難看到，前引內藤湖南的許多言論，與「新清史」中某些學者刻意強調的清代中國非整體性觀點存在諸多相通之處。東洋史學的影響

---

❶ 溝口雄三：《日本現階段的中國研究及 21 世紀的課題》，國際儒學聯合會編：《國際儒學研究》（第二輯），北京：中國社會科學出版社，1996 年，第 122-134 頁。

❷ 參看黃艷：《「貴族政治」與「君主獨裁」——內藤湖南「宋代近世說」中的史實問題》，《古代文明》，2014 年第 4 期；黃艷：《內藤湖南「宋代近世説」研究》，東北師範大學博士論文，2016 年。

❸ 中村圭爾：《日本東洋史研究》，《陰山學刊》，2007 年第 4 期。

❹ 傅佛果著，陶德民、何英鶯譯：《內藤湖南 —— 政治與漢學（1866-1934）》，第 193 頁。

至今不可忽視。[1]

　　日本民族主義另一種極端表現是所謂「皇國史觀」，這是日本特有的國家主義歷史觀。它把日本古代文獻《古事記》中的神話與歷史混合，將天皇視為整個日本歷史演變的核心線索，將所謂「萬世一系」的天皇制作為日本不可動搖的國體和歷史評價的基點，主張絕對忠誠於天皇的「大義名分論」，強調日本國粹，進而把日本明治維新以後的天皇制和對外侵略行為合理化。這種國家主義歷史觀淵源久遠，可以上溯到日本南北朝時期屬於南朝的北畠親房編寫的《神皇正統記》，該書論述了從古代到後村上天皇時期的歷史，意圖說明南朝的正統性。江戶時代，水戶藩第二代藩主德川光圀召集學者編寫《大日本史》，繼承《神皇正統記》的觀點，形成了前期水戶學，為近代日本皇國史觀鋪墊了基礎。明治時期尊王，在官學中佔據主導地位的皇國史觀進一步整合，神化「萬世一系」的天皇、大和民族、日本文化，將國家權威和日本以天皇為中心的所謂國體絕對化，強調依托國家權威強行改革，「萬法歸於天皇之凌威」，統合國民思想，對外則憑藉日本特殊精神，「解放」亞洲，建立「八紘一宇」的世界性殖民帝國。這種帶有神權色彩的國族、國家與國際關係論說，在亞洲各國的現代化轉變中是特殊的。

　　日本東洋史學的奠基人物白鳥庫吉很早就通過論證日本的「國體」表達了皇國史觀與日本歷史學之間的密切關聯。[2]昭和時期，皇國史觀作為官方意識形態與天皇制國家體制表裏呼應，依托國家暴力，推動國民參與戰爭。該時期皇國史觀代表人物平泉澄曾在《國史學精髓》等著作中詳細闡釋皇國史觀。[3]亞洲主義者大川周明也是皇國史觀鼓吹者之一，他在《日本和日本人之道》一書中特別強調日本天皇與國民關係中包含家族的父親、部族的族長、國家的君主的兼有身份。他說：「日本與外國

❶ 參看趙軼峰等：《關於「新清史」的對話》，載陳啟能主編：《國際史學研究論叢》，北京：社會科學文獻出版社，2016年，第121頁。
❷ 參看趙薇：《白鳥庫吉的中國觀研究》，第99–105頁。
❸ 平泉澄：《國史學の骨髓》，東京：至文堂，1932年。

的最大不同點就是天皇與國民的關係。日本天皇是家族的父親，部族的族長，並隨着共同體的發展而成為國家的君主。從國初以來，國祖的子孫就一直君臨國家。」[1] 1937 年以後，皇國史觀通過日本文部省制定的《國體本義》等全面滲透到國民教育體系之中。[2] 二戰結束後，天皇不再擁有現實政治運行權，並在 1946 年 1 月 1 日發表《人間宣言》，正式宣佈天皇為人而非神，但天皇在戰後既未被追究戰爭責任，也保持着國家元首的崇高地位，這使得戰後日本對於明治以來歷史的認識始終難以徹底擺脫回護天皇的心態。[3] 皇國史觀雖然已經失去完整的現實制度基礎，但仍有部分制度基礎和深厚的文化基礎。平泉澄在戰後被從大學解職，並受到馬克思主義史學為主的「戰後歷史學」的批判。但是稍後，隨着「冷戰」局面形成，美國佔領當局開始壓制日本左翼民主力量，解除對日本戰犯的清洗，皇國史觀重新抬頭，平泉澄的著作也再度流行。[4]

　　戰後日本的自由主義歷史觀和圍繞歷史教科書問題的一些主張也浸透着國族主義的影響。在戰後反省戰爭歷史的歷史觀探索展開的同時，為侵略戰爭辯護的歷史觀就已經逐步展開。早在東京審判過程中，日本辯護團副團長清瀨一郎就在法庭陳述中提出過「國家無罪」的說法。[5] 隨着冷戰深化以及稍後日本經濟高速發展期來臨，為侵略戰爭開脫的各種說法蔓延開來。1951 年 7 月，日本文部省發表《改定學習指導要領》，將歷史教科書中敍述日本侵略歷史的方式加以模糊化，以後又幾次重新

❶ 大川周明：《日本及日本人の道》，東京：行地社出版部，1926 年，第 85-86 頁。
❷ 日本國體本義編纂審議會編纂：《日本國體本義》，東京：平凡社，1932 年。
❸ 關於裕仁天皇的戰爭責任，井上清指出：「開戰的最高責任在於天皇，這是明明白白的事實。因為 1930 年以來，天皇親自選擇了依附於最好戰派集團的道路，而且肯定、激勵、鼓舞了國民所不願意進行的戰爭⋯⋯結束戰爭的功績不在於天皇，這也是清楚的事實。因為天皇在接受《波茨坦公告》時僅僅是以保住自己的地位作為唯一條件的，也僅僅是為了這一點才投降的，因而對國民來説是沒有任何『功績』之可言的⋯⋯就天皇同國民的關係這一點看，天皇有開戰之罪，而無結束戰爭之功。」見井上清：《天皇制》，北京：商務印書館，1975 年，第 198-199 頁。
❹ 平泉澄著作在中國近年有黃宵龍等譯《物語日本史》（3 卷本），北京：社會科學文獻出版社，2016 年。
❺ 參看姜克實：《日本人歷史認識問題的癥結點》，《抗日戰爭研究》，2007 年第 1 期。

擬定類似指導要領。此後，日本教科書中原用「侵略」一詞多改為「進出」。1952 至 1964 年間，東京大學教授家永三郎編寫的幾種日本歷史教科書在文部省審查中屢屢遭受挫折，或被判定「不合格」，或被要求做大幅度修改。其中重要原因之一就是家永三郎的教科書中儘量保持對侵略歷史的反省立場。家永三郎公開出版了《教科書審定》（日本評論社，1965 年）一書，敍述原委，並在 1964 年向東京地方法院提出針對文部省的法律訴訟。[1]

20 世紀 60 年代，作家林房雄提出「大東亞戰爭肯定論」，強調日本在戰爭時期奉行的是民族主義和國家主義，日本從事的是解放亞洲殖民地的戰爭和自衛戰爭。[2] 1984-1987 年，田中正明出版了《「南京大屠殺」之虛構》和《南京事件之概況：否定大屠殺的十五項理由》，公開否認南京大屠殺。[3] 1985 年，中曾根康弘發表題為《新的日本主體性 —— 戰後政治總決算，邁向「國際國家」日本》的講演，聲稱：「戰前的日本，有所謂皇國史觀。然而，自從戰敗以後，太平洋戰爭史觀，亦即為人稱之為東京審判的戰爭史觀出現了。什麼都是日本壞的一種動輒自我虐待式的思潮充斥於日本。如今還殘留着 …… 我早就說過，我反對這種想法。」[4] 此時日本政界人物頻繁參拜靖國神社，政府高官一再發表否認

---

❶ 家永三郎著，石曉軍等譯：《家永三郎自傳》，北京：新星出版社，2005 年，第 148-157 頁。該訴訟過程反覆複雜，多次審理中，有時家永勝訴，有時文部省勝訴，有時家永部分勝訴。到 1997 年 8 月，日本最高法院裁定家永教科書中關於南京大屠殺、七三一細菌部隊、日本軍隊強徵慰安婦等問題的記述合適，家永獲得賠償，但最高法院並不認可家永三郎對文部省審查教材為違反憲法行為的指控。

❷ 林房雄於 1963-1965 年間在《中央公論》雜誌連載《大東亞戰爭肯定論》，後結集為《大東亞戰爭肯定論》和《續大東亞戰爭肯定論》，由番町書房於 1964、1965 年相繼出版，其後多次再版、重印。參看王向遠：《戰後日本為侵略戰爭全面翻案的第一本書 —— 林房雄的〈大東亞戰爭肯定論〉》，《安徽理工大學學報》，2006 年第 2 期。

❸ 田中正明：《「南京虐殺」の虛構：松井大將の日記をめぐって》，東京：日本教文社，1984 年；《南京事件の總括：虐殺否定十五の論拠》，東京：謙光社，1987 年。並請參看魏楚雄：《歷史與歷史學家：海外南京大屠殺研究的爭議綜述》，《歷史研究》，2009 年第 5 期。

❹ 中曾根康弘：《新しい日本の主体性 —— 戰後政治を總決算し，「國際国家」日本へ》，《月刊自由民主》，1985 年 9 月，第 25-37 頁。並請參看文國彥等：《戰後日本的右翼運動（1945-1990）》，北京：時事出版社，1991 年，第 115 頁。

日本侵略歷史的言論。1993 年，部分自民党議員組織成立「歷史研究委員會」，推動通過歷史教科書修正來貫徹新的歷史觀。

1994 年以後，東京大學教授藤岡信勝在《社會科教育》上連續發表文章，批評日本近現代教育培養的日本人缺乏對本國歷史的自豪感，認為這是戰後使日本人始終懷有罪惡感的作戰計劃的結果，主張把日俄戰爭開始以後的對外戰爭描寫為日本的自衛戰爭，倡導從自由的立場上大膽修正歷史，以達到多樣化的歷史觀。1995 年 7 月，第二次世界大戰結束 50 周年之際，藤岡信勝為首的「自由主義史觀研究會」正式成立。[1] 藤岡信勝從四個方面解釋了自由主義史觀：第一，「健康的民族主義」，即與民族排外主義和自戰前以來完全否定民族主義的馬克思主義相對的民族主義；第二，「現實主義」，即以日本國家和國民的生存和繁榮為最高目的；第三，從所有的意識形態中脫離而變得「自由」，即「自由主義史觀」是一種最自由的立場，對每個人的多樣化見解保持寬容的精神，通過討論和對話使真實更為明確是其探究方法的基本；第四，「官僚主義批判」，即區分普通軍事和軍國主義，將昭和時期的軍國主義作為極端的官僚主義而進行批判。[2] 自由主義史觀表面上置身於前述「東京審判史觀」、「共產國際史觀」、「謝罪外交史觀」與「大東亞戰爭肯定史觀」之間，實際上則猛烈抨擊前者而對後者從未批評。1996 年 8 月，由該委員會資助的 19 位學者就歷史問題進行講演，講稿彙編由日本輾轉出版社出版，題為《大東亞戰爭的總結》，其核心就是否定「大東亞戰爭」的侵略性質，認為日本發動侵略戰爭是為了擺脫美國、英國、中國、荷蘭等國的經濟封鎖（即「ABCD 包圍圈」），是為了「自存自衛」的無奈舉措，提出「侵略未定義論」，要求消除「東京審判史觀」。1997 年，西尾干二擔任會長的「新歷史教科書編撰會」在東京成立，四年後編寫了《新

---

❶ 參看步平：《關於日本的自由主義史觀》，《抗日戰爭研究》，1998 年第 4 期。
❷ 藤岡信勝：《自由主義史觀とは何か —— 教科書が教えない歷史の見方》，東京：PHP 文庫，1997 年，第 179-180 頁。

歷史教科書》，通過文部省檢定後由扶桑社出版。[1] 該書竭力否定戰爭歷史，引起亞洲鄰國的強烈抗議。

誠如日本歷史學家山根幸夫所指出的那樣：「實際上，日本有許多人並不承認那場日中戰爭和太平洋戰爭是侵略戰爭，他們把承認日本的侵略戰爭當作『東京審判的史觀』而加以拒絕。換言之，他們認為那場戰爭對於日本來說決不單純是侵略戰爭，而是為了把從屬於歐美殖民地主義的亞洲各民族解放出來的戰爭。」「具有這樣歷史觀的日本人非常之多⋯⋯」[2]

杰弗里‧巴勒克拉夫認為，日本較早走上現代化道路是其歷史學「領先」於亞洲其他國家的主要條件，並稱：「與此同時，他們自己的歷史經歷不同於亞洲其他國家，這也意味着他們的興趣以及他們首先關心的問題很不相同。日本從未淪為殖民地或半殖民地，因此，日本歷史學家不必首先關注殖民主義問題，而對這個問題的關注卻恰恰是亞洲其他國家當前歷史著作中最突出的一個特徵。」[3]「二十世紀三十年代，日本史學界內民族主義的衝動是異常強大的，但是戰爭與失敗，原子彈的大屠殺和外國軍隊的佔領等使日本受到損傷，已經使民族主義的歷史學名譽掃地，從此一蹶不振。」[4]「亞洲歷史著作中大量存在的民族主義基調和意識形態色彩在日本歷史著作中卻是沒有的。」[5] 巴勒克拉夫的這本書在中國「文革」之後不久出版，在近乎自我封閉的中國史學界造成了不小的衝擊，很大程度上可以說構成了當時中國史學界了解世界歷史學狀態的窗口。這種衝擊力和啟發性也多少遮掩了這本書自身的局限，如前述看法就有一定的片面性。一般地判定截止當時日本的歷史學達到很高的水準，可以找到許多依據，但第一，巴勒克拉夫把接近於西方歷史學的程

---

❶ 西尾干二等著：《新しい歷史教科書》（市販本），東京：扶桑社，2001 年。
❷ 山根幸夫：《戰後五十年與日本》，《外國問題研究》，1994 年第 3、4 期。
❸ 杰弗里‧巴勒克拉夫著，楊豫譯：《當代史學主要趨勢》，第 200 頁。
❹ 杰弗里‧巴勒克拉夫著，楊豫譯：《當代史學主要趨勢》，第 201 頁。
❺ 杰弗里‧巴勒克拉夫著，楊豫譯：《當代史學主要趨勢》，第 202 頁。

度作為「先進」與否的理由是明顯的西方中心主義的、自以為是的武斷說法；第二，日本歷史學並非如巴勒克拉夫所說的那樣沒有「民族主義」色彩及無需關注殖民主義問題，反之，日本史學受「民族主義」的影響既深且更極端化。溝口雄三就承認日本存在「民族主義」，他說：「當前在日本成為一個潮流的反華、排華情緒，或者對中國的優越感，以及與此互為表裏的日本民族主義之由來，正可以通過古森的話語來向讀者揭示：這是日本歷史中一個不能忽視的語境。」[1] 伊格爾斯和王晴佳也曾指出，無論在西方還是非西方，「當 19 世紀歷史的學術研究首先在德國作為一個職業性的學科誕生並很快在西方普及，同時也在明治時期（1868-1912）的日本誕生時，歷史研究自以為忠於科學的客觀性，而實際上是利用它的研究技術去支撐民族的神話⋯⋯而日本歷史學家利用蘭克的考證方法去批判儒家史學，轉而又極力支持日本的帝國傳統，以推動日本的民族主義。」[2] 印裔美國學者杜贊奇也曾指出：「日本人的民族身份認同是靠大亞細亞主義以及日本在保護其他亞洲國家免遭西方資本主義的腐蝕中獲得其特殊地位這一觀念來支撐的。對於日本民族主義來說，追求西方式的『文明』國家與保持一種西方之外的自主性之間的張力的消解有賴於東洋史的建構⋯⋯從東洋史建構中所產生出來的大亞細亞主義曾為日本帝國主義吶喊助威。」[3] 更明白地說，近代日本的國族主義是體現在殖民主義和帝國主義這些更極端的意識形態中，同時又用諸如亞洲主義、文明論、現代化論之類詭辯性言說包裝的。

現代日本歷史學與亞洲其他國家的歷史學一樣，也是在西方殖民主義東來大背景下以對本民族和國家的重新體認作為核心關照的。差別是，日本在受到西方殖民主義威脅之後，迅速調適，避免了淪為殖民

---

❶ 見溝口雄三：《創造日中間知識的共同空間》，《讀書》，2001 年第 5 期。

❷ 格奧爾格·伊格爾斯、王晴佳：《全球史學史 —— 從 18 世紀至當代》，北京：北京大學出版社，2011 年，第 4 頁。

❸ 杜贊奇著，王憲明譯：《從民族國家中拯救歷史 —— 民族主義話語與中國現代史研究》導論，北京：社會科學文獻出版社，2003 年，第 13 頁。

地、半殖民地的命運。但在殖民主義與現代性相互裹挾的全球性潮流中，日本沒有滿足於保持本民族的獨立地位以及現代化發展，而是以比西方殖民主義更激烈的方式迅速擴張，成為殖民者。巴勒克拉夫稱「日本的歷史學家不必首先關注殖民主義問題」，這是一句顛頇不清的話。日本歷史學家不必關心自己被殖民地化的問題，但他們非常關心如何把他者殖民地化的問題。換言之，日本擺脫了殖民地的自我意識，營建起了殖民者的自我意識——這同樣是殖民主義問題。西方殖民者在很多情況下，是把未形成發達文化和國家組織的「原住民」區域變成自己的殖民地，日本作為殖民主義列強中的後來者，卻是試圖把歷史文化悠久的比鄰國家變成自己的殖民地，因而遭遇的反抗更激烈，日本的殖民主義擴張也就更殘忍，也需要更大的欺騙性。在這種背景下，日本的現代歷史學始終存在呼應日本自我重塑的潮流，試圖將日本從東方文化成員改塑為西方文化成員，從殖民主義征服的目標改塑成殖民者，從落後國家改塑成先進國家，從東亞小國改塑成東亞解放者和霸主，從中國文化的學習者改塑成中國的指導者和中華文明的唯一繼承者。前面梳理的日本歷史觀諸潮流，正是在這一層面相互激盪，其中最具有持續性並在多數時間範圍佔據主導地位的幾種歷史學觀念，都是日本自我重塑的積極參與要素。在這一視角下，亞洲主義、東洋史學、皇國史觀、自由主義史觀、現代化歷史觀之間，有一條或隱或顯的貫通線，使晚近日本的歷史學觀念與明治以來的歷史觀藕斷絲連。實證主義歷史學在這種推演中，並沒有真正構成超越現實意圖的力量，反而在很大程度上是實現現實意圖的工具。在這一視角下看，日本現代歷史學中的實證主義在很大程度上只是一種技術實證主義，其歪曲的歷史事實不勝枚舉。現代化論歷史觀則把日本和同樣具有殖民主義歷史的西方收攬到一起，把追求現代性作為開解侵略擴張歷史的說辭，同時為亞洲歷史學設立了西方中心主義的一種別樣標尺。今人對現代日本史學無需一味讚嘆其高深，更不應籠統地把東洋史學之類研究視為模板或者與國際學術接軌的捷徑。對於現代日本史學，當與對待其他學術傳統，包括西方和中國自身的學術傳統

一樣，保持批評性審視的自覺。

五、印度國族主義歷史學

印度次大陸有人類歷史上最悠久的古代文明之一，但並沒有類似中國那樣歷時長久的連續性的統一國家歷史。雅利安人在上古時期從外部進入印度，改塑了原住民中先已存在的哈拉巴文化傳統。中古時代，穆斯林進入並長期統治印度大部分地區。16 至 19 世紀中葉，印度為突厥化的蒙古人建立的莫臥兒帝國統治。其後，英國在歐洲殖民者於印度次大陸建立的殖民地爭奪中勝出，維多利亞女王於 19 世紀中葉被命名為印度女皇。直到 20 世紀 40 年代末，印度方才在巴基斯坦從印度分裂出去的情況下獲得獨立。印度的獨立與亞洲其他國家一樣，也是在現代國際社會中重塑國族的過程，其間也自然有國族主義的激勵作用。但是印度的國族建構不能簡單地歸結為對外來威脅的抵抗或者本土文化的聚合昇華。印度有長期、多次外來統治經歷，那些外來統治政權也沒有實現印度社會制度的統一整合，尤其是宗教和族群衝突長期深重。倒是英國人在印度的統治在較大程度上鋪墊了印度國族國家的形成，其間出現了了解現代國家性質和國際關係的知識精英，推動印度藉助老殖民帝國的普遍衰落而實現了國族整合與國家獨立。這樣形成的現代印度，在社會與文化意義上與殖民地經歷無法徹底切割，印度作為一個國族的論證，也要留待獨立以後追溯性地去完成。在這種意義上說，前面提到的杜贊奇關於民族的論說，比較符合印度的情況 —— 奇妙的是，他那本蜚聲遐邇的《從民族國家拯救歷史》雖然涉及印度，卻是以中國為主要討論對象的。

印度是亞洲殖民地經歷最為漫長的國家，也是文化多元性最顯著的國家。而且，古代印度並沒有如同古代中國那樣強韌的歷史編纂傳統，沒有留下系統的歷史著述。歐洲與印度的早期接觸，沒有導致其整體的文化反省與重新整合進而最終導致現代國族國家的興起，而是將印度變

為其殖民地。因此，基於印度本土文化和記憶的歷史敍述發生甚晚。有人甚至認為，直到 20 世紀末，「系統的歷史編纂學研究在印度歷史學中依然處於孩提狀態」。[1] 根據蘇普里婭·穆赫吉（Supriya Mukherjee）教授的看法，印度獨立後的前 20 年展現出多種歷史編纂學傾向。其中最主要的，一種是官方的，很大程度上世俗的國族主義歷史編纂學；第二種是帶有強烈宗教色彩的文化國族主義歷史編纂學；第三種是以社會形態分析為基礎的馬克思主義批判性歷史學。[2] 雖然印度歷史編纂學的演變比她所歸納的還要複雜，但她的分析還是可以幫助我們了解獨立初期印度歷史編纂學的大致格局。

印度文明雖然悠久，但是歷史上難得持續統一，外族統治多次發生，並在最後一次的英國殖民統治期間發生了比亞洲其他國家更深的社會與文化改變，多宗教、多族群的狀況延續到現代。這使現代國族之形成在印度具有特別突出的建構性質，也是非常複雜的事情。杜贊奇曾援引尼赫魯的言論指出：「尼赫魯也許是第一個把次大陸帝國的歷史加以敍述結構化，使之成為著名的世俗化的印度史。在他看來，所謂的印度就是不同的群體和不同的宗教的世俗的統一，其中的每一個都做出了獨特的歷史貢獻。對他而言，印度教及其成就只是構成印度的偉大性的源泉之一，構成印度的偉大性的還有土耳其皇帝、傳統的科學等。在他看來，印度史是最好的證明，表明印度人有能力（必要）在『多樣性中保持統一』。印度史的高峰是阿育王、笈多諸王、阿克巴及蒙古大帝統治時期，他們都試圖建構一種能夠容納次大陸所有文化多樣性的政治框

---

[1] Sanjay Subrahmanyam, "Introduction Making Sense of Indian Historiography", *The Indian Economic and Social History Review*, 39, 2&3(2002), p.121.

[2] Supriya Mukherjee, "Indian Historical Writing since 1947", in Axel Schneider and Daniel Woolf eds., *The Oxford History of Historical Writing: 1945 to the Present*, Oxford: Oxford University Press, 2011, Vol.5, p.516. 本節關於印度獨立初期歷史編纂學的梳理參考了該文。荷蘭學者華德爾（A. K. Warder）根據提交 1956 年「倫敦亞洲人民史學會議」的論文指出，迄於當時一個世紀來的印度史學可分為「帝國主義」和「民族主義」兩大派。此說與穆赫吉的看法具有一致性。參看華德爾：《印度史學的近況》，《現代外國哲學社會科學文摘》，1960 年第 9 期。該文由耿淡如摘譯自荷蘭《東方經濟社會史雜誌》1959 年 5 月號。

架。儘管這一理想化的版本在當代印度遇到了來自強大的建國過程的抵抗，但是，對於有序的多樣性的記憶或多或少保留在印度世俗主義中，這裏所說的世俗主義並不是指嚴格的政教分離，而更多的是指國家對所有宗教一視同仁。」[1] 尼赫魯主義實際上有力地影響了印度歷史學。

1947年，英國在印度的殖民統治宣告結束。與所有前殖民地國家一樣，印度需要在建立獨立的國族國家體制同時，培育民族認同。為此，重新書寫印度的歷史，用來取代殖民主義者主導的那種將印度描繪成東方專制主義統治下的停滯、落後、鬆散社會，從而滲透對印度的殖民統治之歷史合理性的歷史敍述成為重大的時代性課題。印度政府這時也大力支持了運用現代文獻學方法的歷史著作編纂。其間，孟加拉歷史學家馬宗達（Romesh Chandra Majumdar，1888-1980）在1951年以後陸續出版了其主編的11卷本《印度人民的歷史與文化》（*The History and Culture of the Indian People*）。該書認為，西方學者的印度歷史著作沒有能夠展現印度人民抵抗突厥人、阿富汗人和蒙古人入侵的經歷和印度社會的變遷，沒有表述印度文化如何在經歷外來文化衝擊後實現復興的表現，而印度其實應該被看作具有持續發展生命力的共同體。在編纂技術方面，該叢書運用了蘭克式的比較嚴謹的文獻學方法，在觀念上則強調印度文化的連續性，呈現出雖然常被外來入侵者征服，但最終總是能夠恢復的具有歷史和文明連續性的印度歷史圖景。不過，該書帶有印度教文化中心主義色彩，通過印度教文化的延續來表述印度歷史的連續性，並繼續使用殖民地時代印度歷史書寫中的古印度、穆斯林、不列顛統治三個時期的歷史分期法，把穆斯林時期看作印度固有文化垮塌、衰退的「黑暗時代」。為此，蘇普里婭·穆赫吉將這套叢書歸為印度教中心的文化民族主義類型的歷史著作。[2] 1978年，馬宗達與賴喬杜里（H.C.

---

❶ 杜贊奇：《從民族國家拯救歷史》，第67-68頁。
❷ Supriya Mukherjee, "Indian Historical Writing since 1947", in Axel Schneider and Daniel Woolf eds.,*The Oxford History of Historical Writing: 1945 to the Present*, Vol.5, pp.517-518.

Raychaudhuri）、卡利金卡爾・達塔（Kalikinkar Datta）合作主編的《高級印度史》（*An Advanced History of India*）出版。[1] 該書依據當時剛剛開始的對哈拉巴遺址的發掘提出，印度文明可以上溯到與埃及、亞述和巴比倫等古老文明大致同時的時代。雅利安人與土著人文化匯合而逐漸形成後來的印度文化，並在後來對南亞其他文化產生了重大影響。關於殖民地時期，該書比較注重經濟方面的考察，從英國殖民侵略對印度的掠奪和印度近代經濟的發端兩個角度展開，承認英國統治印度時代發生的一些進步性社會變革，同時注重當時的國際衝突對印度的影響。這套叢書的基本視角在獨立後印度的精英高校中有很大的影響力。但其他許多普通高校則大多依舊講授那種缺乏任何批判意識的以統治王朝和殖民政府的政治作為中心的編年史。馬宗達的另一部著作，多卷本《印度自由運動史》（*History of the Freedom Movement in India*）也在 1961 年以後陸續出版。該書以印度各地區的自由運動作為主線索，彰顯印度輝煌的過去和為爭取民族自由而鬥爭的運動。按照拉納吉特・古哈（Ranajit Guha）的說法，印度早期國族主義具有鮮明的通過動員大眾來反抗英國殖民主義統治的性質，而這種反抗所要達到的目標，在否定外來統治霸權的同時，也在推崇一種印度本土統治精英同樣非歷史的霸權角色（unhistorical hegemonic role）。經過獨立運動的宣傳和國家教育推動，這種新的霸權逐漸成為印度官方歷史的內在組成部分。人民在這種歷史敘述中被忽視，隨之興起了由人民書寫他們的歷史的訴求。[2] 因而，印度國族主義史學很早就具有對抗殖民主義史學和反思精英和國家史學的雙重取向。

羅米拉・塔帕爾（Romila Thaper）是一位重要的馬克思主義歷史學家。她注重經濟生產方式和社會生活方式，但與此同時，反對印度社會

---

[1] 該書已有 1986 年商務印書館中譯本。中國學者對該書的評論可參看范鐵城、閔光沛：《評〈高級印度史〉》，《歷史研究》，1987 年第 3 期。

[2] Ranajit Guha, *Dominance without Hegemony: History and Power in Colonial India*, Cambridge, Mass., Harvard University Press, 1997, p.171.

發展停滯論，主張印度社會發展緩進說 ── 這與馬克思本人對印度歷史的看法形成反差，她還反對雅利安種族開創印度文明說，認為印度文明在哈拉巴文化中已經開端，而且哈拉巴文化在雅利安人進入印度之前就已衰落，並非被雅利安文化所征服。她還提出，哈拉巴文化和吠陀文化之間的關係是印度上古時期歷史研究的一個空白，吠陀社會究竟在多大程度上是雅利安人帶來的，又吸收了多少哈拉巴傳統，是迫切需要研究的課題。[1] 因為這是一個迄今爭論的問題，所以帕塔爾的這種看法就顯得帶有強調印度文明的本土起源的色彩。它對流行的印度缺乏歷史意識的說法做過深入剖析，嘗試基於印度特有文化來界定印度的歷史意識。[2]

蘭堅・高什（Ranjan Ghosh）對普遍流行的關於印度缺乏歷史學傳統的看法提出質疑。他認為人們理解過去和過去的意識的方式因文化不同而不同。梵語中的 itihasa，意為「過去如是說」，體現着印度人理解過去的獨特方式。印度人沒有用黑格爾式的世界精神或者中國人連續詳細記錄發生的事情的方式理解歷史並不意味着印度思維是非歷史的，不應依據在多大程度上符合西方或中國的史學原則來判斷印度歷史概念的有效性。印度歷史敍述的非連貫性並不影響印度歷史和文明本身的延續性。對事實的堅定追求在印度次大陸的文化中並不存在，印度人不像中國人那樣孜孜不倦地保存歷史記錄，因為他們認為值得保存的是事件的意義，而不是事件過程。理解印度歷史意識，需要理解印度人對終極不變的本質的永恒追求。這種追求使印度人忽視對帝國興衰、國王廢立等的記述，更關注普遍性而不是特殊性，更關注意義而不是年代學。這種取向與印度哲學認為時間具有次要性的態度相關。西方式的世界歷史將一種特定類型的歷史敍事的支配地位加在其他所有類型之上，這抹殺了

---

[1] 羅米拉・塔帕爾：《論印度古代社會 ── 印度史學大會第四十四屆年會上的主席致詞》（1983），葛維鈞譯，《南亞研究》，1984 年第 4 期。

[2] 關於塔帕爾的史學成就與思想，參看張世均：《論羅米拉・塔帕爾的馬克思主義史學觀》，《史學史研究》，2014 年第 2 期；陳洪進：《羅米拉・塔帕爾的史學思想》，《南亞研究》，1981 年第 2 期。

歷史的多重性，應該接受印度的不同於中國或西方範式的對待歷史的方式。[1] 高什的上述討論，核心在於通過強調歷史意識的多樣性來論證印度雖然沒有連續性的歷史記述傳統但仍然具有「合法」的甚至可能更高深的歷史意識，西方的或中國的歷史都不應該被視為衡量印度歷史意識的尺度。這種論說，從比較文化的角度說，無疑具有充分的倫理正當性，但是這種差異畢竟不是個尊重與否的倫理性問題。這其實表明，直到晚近時期，印度歷史家還面對着論證印度歷史傳統在史學史上的正當地位問題，不僅是殖民主義史學的一些扭曲，而且還有認為印度缺乏史學傳統的問題擺在印度歷史學家面前。這是在亞洲其他文化，如中國、日本、韓國史學理論探索中都不存在的問題。

因為都從殖民地後期歷史基礎上逐步發展而來，印度的馬克思主義史學與國族主義史學都批判殖民主義。馬克思主義歷史學家對於殖民主義的研究，在譴責殖民行為的罪惡同時，傾向於把殖民主義作為歷史進步的現代資本主義發展過程中的一部分，這就自然會突出印度在不列顛來臨之前的窮困落後、缺乏內生發展力的狀態，從而在邏輯上留出承認殖民主義歷史合理性的空間。國族主義史學對殖民主義的譴責要更直接一些，並把走向自由作為印度歷史本身的目標，突出甘地、尼赫魯等領導人的作用和殖民者鎮壓與人民自由鬥爭的矛盾。這其實透露出，亞洲的馬克思主義與國族主義史學總有許多內在的關聯。晚近一些新的研究，更多注意了土著居民內部的政治關係和地方性問題。比如，阿尼爾·西爾（Anil Seal）在 1968 年發表的《印度國族主義的危機 —— 19 世紀後期的競爭與合作》（*Emergence of Indian Nationalism: Competition and Collaboration in the Late Nineteenth Century*），在討論反對殖民主義的鬥爭同時，把與殖民者的協作也作為殖民地時代

---

[1] Ranjan Ghosh: "India, Itihasa, and Inter-historiographical Discourse", *History and Theory*, 46:2, pp.210-217, 2007. 該文有中文譯本，見蘭堅·高什原作，張旭鵬譯：《印度、*itihasa* 與跨史學話語》，《史學理論研究》，2013 年第 3 期。

後期的重要歷史內容。1973 年，約翰‧加拉赫（John Gallagher）、戈登‧約翰遜（Gordon Johnson）和阿尼爾‧西爾合作出版了《地方性、行省與國家》（*Locality, Province and the Nation*）。[1] 這本書也把地方社會與殖民政府之間複雜的權利、利益博弈作為主題。在該書的敍述中，印度國族主義事業是由政治野心和現實利益而非僅僅由愛國主義、自由追求所驅動的。這具有促使人們重新思考舊的殖民—反殖民兩元模式的意義，比國族主義歷史學描繪的統一自由運動圖景更能展現歷史的複雜性，也解構了將印度的殖民地化視為一場突如其來的巨大斷裂的國族主義歷史敍述架構。

印度歷史學的另一個重要動向是教派主義滲入到歷史教科書編纂和使用領域，從而影響了印度民眾的歷史觀念。獨立之後，印度流行世俗化的國族主義，尼赫魯政府推動的官方歷史編纂，一方面強調印度文明在世界歷史上的地位，另一方面強調印度國族的整體性，反對單一教派中心的歷史觀。印度馬克思主義史學與官方的歷史編纂學有所差別，但世俗立場方面是基本一致的。馬宗達的歷史編纂學則帶有一定的印度教中心傾向，但是尚未極端化。20 世紀 60、70 年代之交，印度國家政治中教派主義聲音提高，其在歷史編纂學中的話語權也提高了。80 年代以後，受教派主義勢力影響較大的人民黨執政的政府試圖撤銷使用一些被指認傷害印度教徒宗教情感的歷史教科書，編纂出版一些新的增加印度教中心主義思想的歷史教科書。2005 年國大黨重新組織聯合政府上台之後，重新認定原來的世俗主義的歷史教科書。[2]

現代歷史編纂學本質上是一種世俗的學術，但宗教多元性是印度文明的突出特點，在印度的歷史文化語境中，宗教性的歷史編纂學一直佔有自己的空間。國族主義歷史編纂學發展的早期，就有以印度教為國

---

❶ John Gallagher, Gordon Johnson & Anil Seal, eds., *Locality, Province and Nation: Essays on Indian Politics 1870-1940*, Cambridge: Cambridge University Press, 1973.
❷ 參看宋麗萍：《印度獨立以來歷史教科書問題與教、俗之爭》，《世界歷史》，2005 年第 6 期。

族文化中心的歷史編纂，與主張多元宗教、多元文化的世俗歷史編纂學並行。在後來的演變中，宗教色彩的歷史編纂學一直延續，構成與亞洲其他國家歷史編纂學很大的差異。印度教中心的歷史編纂學常常要求政府主導的歷史教科書對印度教做更高的評價而對穆斯林做更低的評價。1992 年，圍繞坐落於印度北部阿約提亞的巴布里清真寺（Babri Masjid）的爭執演變成印度教徒與伊斯蘭教徒之間的流血衝突。這個長期繼續的爭論的核心是，印度教徒主張該清真寺是莫臥兒帝國時期強行在原印度教羅摩（Rama）神殿所在位置建造的，而穆斯林則認為並非如此。該年 12 月 6 日，印度教國族主義者強行拆毀該清真寺，導致大規模騷亂，約 2000 人在騷亂中死亡。在隨後的幾周內，孟買也爆發騷亂，造成約 900 人死亡。[1] 1998 年，主張印度教文化主導的印度人民黨（Bhartiya Janata Party, BJP）贏得大選，隨後推動了印度教視角的歷史編纂和對研究機構與課程教學內容的控制。2000 年，該黨主導的印度政府宣佈中止多位學者合作編輯的題為《走向自由》（*Towards Freedom*: *Documents on the Movement for Independence in India*）的文獻集。該文獻集中包含某些印度教原教旨主義者曾經與英國殖民者合作的證據。到下一輪大選時，印度人民黨失敗，關於印度歷史的社群化觀念（communalized conceptions）得以持續下來。印度的職業歷史家大多並不支持印度教原教旨主義的歷史觀，但由他們編寫並由政府認可的歷史教科書在學校教學中採用率不高，很多學校是由地方社群組織或者政黨來運行，採用的是推崇印度教而貶低穆斯林的歷史教材。用地方語言而不是用英語書寫的教材也很流行，這類教材大多把神話與歷史摻和起來並帶有敵視穆斯林的觀點。職業歷史學家主要用英文書寫的具有國際視野並傾向於文化多元性和多社群共容的歷史、宗教組織和黨派掌握的推崇某一特定宗教

---

[1] 2010 年 9 月，安拉阿巴德省高級法院做出裁決，將該清真寺所在的 2.77 英畝土地分為三份，其一用來建造一所 Ram 神廟，其二用來建造一所清真寺，其三給予一個印度教宗教教派。法院裁定過程中大量採用了考古學提供的材料作為該地歷史上曾有印度教神廟的證據。

或文化並帶有現實政治性的歷史、底層社群組織推動編寫的充斥民間宗教信仰的歷史，這些構成印度歷史意識並存的多個層面。印度歷史是複數的而不是單數的，印度的歷史編纂學似乎比其他國家的歷史編纂學更需要直面多元歷史敘述的並存。

亞洲各國的早期國族主義史學都是在國族國家意識勃興的歷史背景中藉助西方國族國家概念而展示的，其中必然交織着對西方霸權的反抗和對西方話語和思維方式的模仿，是學習西方而又與西方思想界的東方主義、帝國主義、殖民主義、進化論所感染的歷史敘事相抗衡的另一種宏大敘事，其共同特徵是藉助西方國族國家理念來聲索自己國族在殖民主義史學或西方中心主義史學中被遮掩的往日輝煌，從而建構起本國族在當下世界現實中尊嚴地位的歷史依托。因為深陷於啟蒙理性和歷史線性進步的語境之中，亞洲各國的國族主義史學在試圖反撥西方的亞洲歷史敘述時長期顯得亢奮而理論乏力。[1] 印度分享這種局限，但在反思和探索其他歷史敘述之可能性方面做出了更為切實的努力，這主要表現在後殖民批判思潮在印度史學中有突出的表現。

印度「底層研究」的主要學者查特吉認為國族主義其實是殖民主義遺存下來的一種表徵。他從政治思想史的角度把印度國族主義劃入三個時期。分離期由班吉姆錢德拉為代表；策略期由甘地代表；完成期由尼赫魯代表。錢德拉以西方為標準，用批判的方式分析本國族落後和被奴役的原因，主張學習西方，尋求本土精神文化資源，進行改革。甘地則以自然主義農業烏托邦的思想，質疑西方社會理念的合理性，號召返回非工業時代的純樸社會，不僅批判殖民統治，也批判西方文明模式，甚至為批判西方社會變革的暴力性而堅持非暴力的變革路徑，並極大地影響了印度社會的轉變。尼赫魯在甘地領導的非暴力不合作鬥爭基礎上，

---

❶ 中國學者有關殖民主義史學與印度民族主義史學之間關係的研究不多，可參看宋麗萍：《殖民主義史學與民族主義史學 —— 以 1857 年印度民族起義史編撰為例》，《史學理論研究》，2013 年第 4 期。

完成了構建國族國家的社會轉變，並在成功之後把甘地純粹偶像化。查特吉將整個這三個時期的國族主義都看作殖民主義的後果。[1]

結語

民族意識是具有共同命運與文化的社會共同體成員關於自身文化同屬性和命運共同性的自覺，在人類歷史上很早就已發生。近代西方在其全球推進過程中帶來的激化的社會共同體生存競爭，則將民族意識高度強化，並使之與國家意識結合，成為國族主義，加入到啟蒙思潮所鼓舞形成的現代意識形態中，成為「現代」思想的一部分。對於從相對單一民族狀態進入國族國家建構的社會、人群體系而言，民族主義與國族主義的人群基礎基本重合，但其內涵有深刻差異。

國族意識從來帶有倫理和情感的色彩，國族主義則要經過精英群體有意的探索、建構並使之理論化，這是我們在當代諸多關於國族主義的討論中可以基本認同的理解。問題是，國族主義作為一種觀念雖不能不經過成體系的話語來表述，因而一定有建構的特殊人群和特殊努力，但又不能毫無根基。比如，北美殖民地獨立的時候，可以把諸多不同種族、地域來源、民族的人們凝聚成一個美利堅國族，但凝聚到一起的都是英帝國殖民地上的人們，法國、西班牙、葡萄牙殖民地上的人們對之沒有同樣的熱情。也就是說，國族主義是一種建構，但不是無中生有的建構。其必要的基礎，就是被視為「國族」的社會共同體所有成員具有歷史、文化、利益的壓倒其相互差異的同屬性，完全沒有這種同屬性，只能建構帝國或者邦聯，很難建構穩定的認同和國族共同體。這種同屬性，只能在長久的歷史中形成。因而，歷史畢竟是穩定國族的基礎，共同歷史意識也是國族主義建構所必須的。

---

❶ 胡森淼：《「殖民化」的後殖民地世界：南亞底層人研究的代表之作》，《中國讀書評論》，2009年第 2 期。

進一步的問題是，歷史提供的這種基礎有時是比較明確的，有時是比較模糊的，模糊的情況下，會遭遇更多的爭議。所以，國族建構的程度和方式會有很大差別。亞洲各國國族主義突出的共性是，國族、國家意識都是在 19 世紀後半葉經過西方社會思想的催化而明確起來，都是在國家、民族生存面臨危機的背景下作為普世真理與救世良方傳播的，都具有反抗西方列強的取向和功能，都對現代化過程發生了重要催化作用。有學者指出，「東亞國家和地區在現代化的過程中，其民族主義往往與權威政治相結合，成為旨在使社會生活一體化、並通過『強政府』的群眾動員來推進現代國家發展的意識形態和社會運動。」[1] 這種認識符合東亞三國歷史的基本事實，從而顯示出民族主義與國家主義的一致性。不過如前所述，印度在這方面的情況與東亞三國卻有很大差別。

　　日本作為島國，地理邊界相對清晰，範圍不大，其內部的國族整合在亞洲各國中最為簡單。其民族自覺意識也在東亞三國中最先強化，並且是 19 世紀後期開始的日本現代化變革的觀念動力之一。在東亞各國中率先進入工業現代化過程之後，日本的民族優越感和社會達爾文主義一起膨脹，國族主義迅速極端化而成為法西斯國家主義的深層基礎。雖然沒有突出的以國族主義或民族主義冠名的歷史學派，但日本在推行殖民侵略政策的漫長時期對亞洲歷史、日本歷史、韓朝歷史、中國歷史的敘述，日本的泛亞洲主義、日本主義等思想觀念中都大量滲透着國族主義因素。如果說中國、日本作為民族社會共同體的歷史軌跡比較明晰，處於二者之間的朝鮮半島人民則在種群淵源意義上與亞洲大陸東北部多個古民族長期交融，且在進入現代歷史之前的很長時期，與中國存在非常密切的政治、經濟、文化關係，從而使得朝鮮半島的民族特殊性認同相對模糊。但是，朝鮮半島在 19 世紀之前的數百年間「自為聲教」，語

---

[1] 李曄、耿昕：《論東亞民族主義的類型與特徵》，《東北師大學報》，2001 年第 5 期。

言、習俗自成系統，這使得其作為國族的整合與興起雖然也需要大量的建構和人為推動，但在解除與清帝國的藩屬關係後已經呼之欲出。問題是，就在這一當口，朝鮮半島淪為日本的殖民地，幾乎被日本同化，因而也經歷了最長時期的爭取民族獨立和國族統一的鬥爭。在日本殖民統治結束之後，朝鮮半島並未能如中國一樣很快開始建設獨立國族國家，而是成為戰場，隨後被分割兩端，成為冷戰的前沿，始終沒有能夠真正實現整個國族的政治社會整合，外國軍隊長期駐紮，被迫以「主權讓渡」的方式換取美國經濟援助、政治支持和安全保護，在大國政治博弈的夾縫中勉力護持國族尊嚴。這種特殊的歷史經歷造成了韓朝國族主義特有的悲情色彩。因為朝鮮半島居民的民族類屬相對單一，國族主義的興起所發生的主要社會作用是凝聚共同心理，具有對外的排斥性，但不帶來國內民族之間關係問題。從這種意義上說，韓朝的國族主義又是比較簡單的。印度的主要問題是，在幅員廣大的印度次大陸上並沒有本土的持續統一政治實體，宗教不僅多元，而且存在尖銳對立，而宗教信仰與民族分野直接關聯，大量民眾長期生存於高度地方化的社區中，因而既缺乏共同國家的歷史記憶，也缺乏現實的統一利益認同。因為如此，殖民地史學的歷史敘述，很大程度上是把「印度」當作一個地理概念來使用，指的是「印度次大陸」，而不是作為國家的印度。有很多關於印度的歷史研究不用「印度」而用南亞（Southern Asia）來指稱今日印度為主的這塊土地。與此同時，印度國族的興起，又在很大程度上是英國殖民統治逐漸培育的結果 —— 雖然這並不是殖民當局的本意。不列顛在印度的殖民統治帶來了統一秩序的輪廓，以及依照西方啟蒙精神培育出印度的文化和政治精英，而這些精英仿照西方民族精神狀態形成了大印度國族的尊嚴感，看到了把印度整合成為國族的可能性和必要。印度國族獨立是在二戰以後，通過印度民族精英領導的與英國殖民當局的反覆鬥爭、協商，並藉助殖民主義的世界性普遍退潮而實現的。這是一場基本和平的重大轉變，是一場妥協的產物，從而印度與英國保持了密切的文化關聯。其中最難於整合的部分，通過巴基斯坦獨立、孟加

拉獨立，各自立國。

中國在國族重構時代已經有長期統一國家的歷史，但因與印度一樣幅員廣大，包含了差異的地方社會和族群，其重構的主題不是像印度那樣組合成為一個統一的國家，而是明晰國家的性質和範圍。所以有這樣的特點，主要是因為中國國族建構時代的直接歷史基礎是清朝的遺產，而清朝既是中華文明歷史上的一個朝代，又具有帝國的性質。在這樣的體系中，文化認同的強度是從核心區向邊緣區遞減的。這就造成邊緣區域可能別有認同，可能藉助同樣的一種國族國家理論尋求獨自的國族。對中國的領土有覬覦之心的外部勢力，在這種情況下努力論證中國邊疆區域分解出去的理由，配合本國對華和亞洲政策，使得中國的處境更為複雜。中國的國族建構頗得利於二戰的結果，終於得到確立並得到國際社會認可。但是，文化認同的程度不同，長期保持了中心區與邊緣區的差異，從中不斷生發出新的課題。與日本、朝鮮半島相比，後者民族構成相對簡單，而中國則是多民族共同體。所以國族建構在中國的基本目標，是整合原有中華族群的共同意識和行政統一性，在整合中實現自存和發展。

在此過程中，域外的中國研究，時或成為刺激中國歷史學國族主義的因素。前面提到，早在抗戰時期，日本學者的中國非國論就曾激起中國歷史學家的國族激情，強化了中國歷史學的國族主義取向。域外以歷史學方式試圖提示現代中國整體性並不成立的言論在 20 世紀後半期既沒有銷聲匿跡，也並沒有在學理層面徹底反省。近年間，美國學術界的「新清史」被介紹到中國。中國學者大多從了解域外研究動態，或者學習西方新穎研究方法的意義上來看待這一信息動向。但是在梳理新清史提出的原委及其思想邏輯的時候，逐漸發現這一研究群體中的一些人立意質疑現代中國的整體性，其研究方式與 20 世紀 30 年代日本東洋史學解構中國的言說也有關聯，於是便形成對新清史的激烈批評。中日兩國學者間關於南京大屠殺和慰安婦問題的分歧，中韓兩國學者間關於高句麗、渤海歷史的一些爭議，也時或夾帶一些國族主義的因素。這提示，

亞洲歷史研究中的國族主義不僅一直沒有消失，而且存在一個相互激勵的場域。

因為東亞各國的國族主義都是引進而不是原生的，引進的背景中都包含着傳統社會的存亡危機，所以國族主義是作為啟蒙思潮之一，帶着普世真理與救世良方的氣象，同時又帶着反抗西方強勢地位的悲情，並且都對現代化過程發揮了重要而複雜的作用。也正因為如此，國族主義在整個 20 世紀都是現實的，至今還有學者強調國族主義的現實功用。但是我們不能忽視，國族主義是 15 世紀以來，尤其是 17 世紀以後現代性發展的產物，其價值意識和歷史思維取向與歐洲中心主義盤根錯節。所以，迄今為止的國族主義歷史敘述，都接受了歐洲那個「現代歷史觀」的前提，都是將自身敘述到「現代」歷史觀宏大敘事圖景中去的努力。這樣的努力常常會在自身的歷史中找到與歐洲影響無關甚至可能早於歐洲的「現代性」要素，卻無不以簡化非歐洲社會歷史的豐富性為代價，最終又無法證成「現代性」來自非歐洲的其他社會的結論，於是都陷入無法克服的不徹底窘境。

國族主義帶來強烈的認同情感，帶着這種情感從事歷史研究，會成為影響史家運思、行文、選題、立意的預設。從純粹意義上的歷史認識論和知識論層面看，國族主義會為歷史研究者帶來基於現實處境或為某種目的 —— 與目的本身正當與否無關 —— 而選擇性敘述歷史的路徑。史家皆受主觀先見的影響，以史學為現實的人類目的服務，也是應有之義，但在學理上說，主觀先見的意識強化到一定程度，會影響史家求真的判斷力。梳理 20 世紀亞洲歷史學的歷程可以清楚地看到，國族主義是影響歷史學家認識客觀性的最主要的主觀因素之一。各國的所有國族主義史學，無論如何聲稱遵循實證、客觀的原則，都具有很強的主觀性。這種主觀性的共同特徵如下：傾向於將國族國家的現代意象作為以往歷史的目標投射到歷史敘述中去，把國族國家敘述成為從古到今歷史運動的基本目標和內容，儘量前延敘述者所屬國族的歷史，擴大本國族歷史覆蓋的地域，創造國族符號，淡化可能發生過的依附他

者的經歷，深描反抗外來侵略的往事。在將歷史學理解為其發生時代社會思潮的有機組成部分的角度看，國族主義史學有歷史合理性，也在亞洲各國現代社會建構過程中發揮了強有力的凝聚和變革作用。但從史學理論視角下看，前述特徵基本上可以歸類為帶有強烈整體主義色彩的，線性的，將大量差異性掩沒在國族命運主題之下的宏大敘事，也從屬於線性進化的歷史思維。從這種意義上說，國族主義的歷史學從屬於現代歷史思維，即以現代性為核心價值和歷史目的的，一維進化的歷史思維。價值立場難以通約，所以，如果一個歷史學家基於國族主義的立場提出了重要但未必成立的史學主張，試圖通過學理對話來改變其既有看法基本是不可能的。

迄今為止，世界範圍內，以國家為單位的歷史編纂體系是最普遍的歷史敘述方式，而且所有國家都把本國史作為歷史學中最重要的部分落實於教育和知識普及中。在所有以現實國家為單位所編纂的歷史都具有把現實強加於過去的意味，都不同程度地帶有國族主義史學的特徵。正因為如此，不同國家的歷史敘述，在歷史交錯的領域常常因為現實利益衝突或心理衝突而發生爭執。

國族主義在亞洲歷史上曾深化了各國之間的鴻溝，其極端表現是支撐了 19 世紀末到 20 世紀中葉日本的擴張。現代以前的擴張常常是征服 —— 統治邏輯的，國族成為國際關係中唯一合法單元以後，擴張則要獲得「認同」作為理由，也就是要把擴張理性化，納入現代社會的普遍原則軌道。於是，日本吞併朝鮮，有歷史學做出「日鮮同祖論」為之開解；日本侵略中國，有歷史學家做出多種中國「本部」以外區域非中國論、「滿鮮同祖論」，甚至「中國非國論」為之鋪墊，並用「大東亞」共榮的名義來強行推行對日本主導的亞洲帝國的認同。國族主義在亞洲的國內政治中也曾成為一種被利用的工具。有研究者認為，「在 19 世紀屬於『進步』的民族主義，20 世紀以降卻似乎因民族主體身份的轉換 ——由西方的民族轉換為第三世界被迫現代化的民族 —— 而往往與文化專制和文化保守主義形成共謀，成為啟蒙主義所肯定的『普世價值』的反對

力量。」「20 世紀中國的民族主義,固然來自晚清以來的文化啟蒙,但它由反抗皇權專制、建立現代民族國家,滑向一種與『西方』有關的、與『落後捱打』的歷史記憶緊密相連的自卑文化意識,則因政黨政治策略的不斷影響,差不多成了一種民族的『集體無意識』」。[1] 杜贊奇注意到,國族主義依照塑造者的意願重新塑造了人民:「作為民族主權的基礎,人民很古老,可是他們必須獲得新生以參與新世界……人民必須經過創造而成為人民。同樣,在中國和印度那樣的新民族國家,知識分子與國家所面臨的最重要的工程之一,過去是,現在依然是重新塑造『人民』。人民的教育學不僅是民族國家教育系統的任務,也是知識分子的任務……民族以人民的名義興起,而授權民族的人民卻必須經過重新塑造才能成為自己的主人。人民的塑造與再塑造是時間問題在政治上的表達:歷史的形而上學等同於同一體的進化。」[2] 這些情況在亞洲各國都有表現。國族主義作為一種啟蒙思潮進入亞洲,但在重塑國民的過程中,又成為製造群體無意識的工具。杜贊奇認為國族主義始終包含危險:「即使在現代,民族國家尚不能竭盡個人認同,更未能把民族的意義限制在自己的表述中。現代民族國家必須面對其他(包括歷史的)共同體的表述,甚至與之交鋒。當我們考慮到民族認同的含混性、變換性與可替代性以及與其他認同的互動時,便不難認識到它能在多大程度上支持民族國家,就能在多大程度上顛覆民族國家。」[3]

那麼,歷史學能夠超越國族主義嗎?杜贊奇用了一本書來批評作為歷史主題的民族或民族主義的歷史 —— 在本書語境中指國族或國族主義 —— 但是他對超越國族主義卻並非信心滿滿:「雖然我的目標是批判作為歷史主體的民族,但是我深切地意識到,至今還沒有什麼能完全替代民族在歷史中的中心地位。且不談別的,不論是作為歷史學家,還是

---

❶ 楊聯芬:《「啟蒙」、「革命」與民族主義》,《山東社會科學》,2009 年第 6 期。
❷ 杜贊奇著,王憲明譯:《從民族國家拯救歷史》,第 19 頁。
❸ 杜贊奇著,王憲明譯:《從民族國家拯救歷史》,導論,第 7–8 頁。

普通的個人，我們的價值觀都是由民族國家所塑造的。毫無疑問，我之所以定期回到對我生於斯長於斯的故鄉印度的研究，正是與牽繫於民族的紐帶有關。」[1] 按照他的分析，超越國族主義是一種應然的追求，但還沒有被真正做到。事實上，無論後現代主義、後殖民主義的理論方法還是以大於國族國家單元來替代國族國家單元的歷史研究，都沒有做到這一點。

在韓朝歷史研究領域，有人用後現代主義或者後殖民主義的理論方法重述國族的歷史。韓國年輕一代學者中有一些被視為「後民族主義史學家」，在對殖民地時代進行研究時，不再將族群、性別、階級視為固化的、對象性的範疇，而將關注點置於族群、性別、階級在殖民統治之下被制度化的過程。這些史學家放棄了殖民者與被殖民者兩分的尺度，帶有對左派民族主義歷史學的敵意和對新右派主張的興致，表達出把「殖民的」以及「階級剝削」之類話題推到遠景去而把現代凸顯為唯一尺度的殖民現代性觀念取向。[2] 這種方式，固然能够克服國族主義歷史敍述的一些偏頗，但把現代性凸顯為新尺度去淡化殖民地時代的民族間衝突本身，不過是另一種價值先行的選擇和宏大敍事。

另一種嘗試在這些年甚為流行，這就是以大於國族的區域研究來替代國族國家單位的歷史研究，具體在亞洲，名目就是「亞洲研究」。推動這種研究的活動目前非常活躍，但是與之同時，亞洲主要國家的國族主義史學卻在並同強化而不是因之而弱化。亞洲研究對於國族主義者說來，不過是一個地域國際空間的講壇；對於另外一些人說來，則是回味先前亞洲主義流行時代餘韻的一種方式。這裏的關鍵，第一在於，前面已經提到的國族主義的各種局限都不可能在把數個國家匯聚到一個觀察視角下之後就被克服——亞洲可以成為一個擴大了的國族，因而獲得擴

---

❶ 杜贊奇著，王憲明譯：《從民族國家拯救歷史》，導論，第 4-5 頁。
❷ Henry Em, "Historians and Historical Writing in Modern Korea", in Axel Schneider and Daniel Woolf, ed., *The Oxford History of Historical Writing - 1945 to the Present*, Vol.5, pp.675-676.

大了的排斥性。其次在於，亞洲各國的制度、政客和歷史學家們中都沒有任何跡象使人相信他們確實在努力把對自己所屬國族的關懷置於與對比鄰國族的關懷同等的地位。杜贊奇在討論民族的脆弱性時就曾提到：「所有真正的民族主義都有一種跨國界的想像力：泛非洲主義、大亞細亞主義、泛歐洲主義、泛伊斯蘭主義、什葉教、猶太教等。」[1] 這些跨國界的建構，只是擴大規模的國族主義，而不是超越國族主義的什麼東西。阿里夫·德里克（Arif Dirlik）也看到了試圖超越國族主義的一些論說的窘境：「具有反諷意味的是在當前關於歷史、現代性和民族國家的討論中存在諸多自相矛盾之處。歷史的復活意味着歷史取得勝利，它又怎麼能同時預示着歷史的死亡？當民族主義似乎在每個地方都勢頭高漲，此時去宣稱民族國家和民族認同已經終結，這如何可能？」[2]

印度歷史學嘗試超越國族主義歷史學的方式與前述相反，不是向大於國族的單元看，而是向社會下層看，即通過社會敍述來解構國家敍述。這其實也是杜贊奇似乎首肯的一種取徑。然而，社會下層的研究 —— 在印度被稱為「底層研究」，有獨到的價值和必要性，但並不是超越國族研究的方式。要超越一個對象，不能僅僅迴避它，還要澄清其所以應該被超越的理由。跨國區域研究和底層研究，都只是轉向，而不是超越。

迄今為止，儘管經歷無數批評，所有國家都致力於本國史的編纂 —— 歷史敍述的國家史體系在本國史意義上是無法打破的。而以國家為單位的歷史編纂學與歷史的問題研究有根本區別。前者要在有限文本規模基礎上敍述本民族在大時空範圍的經驗，必須確定核心概念與基本線索，因而注定是宏大敍事的；後者則完全可以擱置統一性而就某一特定的話題做出判斷。所以，問題研究可以輕易指出國族國家史忽略了什

❶ 杜贊奇著，王憲明譯：《從民族國家拯救歷史》，導論，第 12 頁。
❷ 阿里夫·德里克著，許嬌娜譯：《我們的認知方式：全球化 —— 普遍主義的終結？》，《馬克思主義美學研究》，2010 年第 1 期。

麼，但是如果把國族國家歷史的敍述交給問題史學，卻會忽略更多的東西。要超越國族主義史學，不能單純依靠問題史學，需要提出新的歷史編纂學，需要一種重新闡釋的新的方法論。

　　真正可能超越國族主義的，只能是普世主義，即在對人類作為終極意義上的社會共同體的直接體認基礎上，把國族差異的意義視為暫時和從屬的。然而，真正做到這一點還需要大量的探索。

第二章

馬克思主義與
亞洲歷史編纂學

馬克思主義在 19 世紀後期開始逐步傳入亞洲。對於正在面對西方列強的衝擊而謀求社會變革的亞洲各國說來，馬克思主義是來自西方並體現西方先進性的多種現代思想中的一種，提供社會改造的一種選擇，也是把握現代社會理念的一個思想選項。

　　東亞三國中，日本率先從歐洲了解馬克思主義，稍後也受蘇聯的影響，但受列寧、斯大林思想的影響小於中國。20 世紀 30 年代後期日本發動全面侵華戰爭之前，馬克思主義擁有相對自由的發展空間，頗為活躍，其後被日本軍國主義當局嚴格限制，幾近窒息。日本戰敗後，馬克思主義史學在日本一度恢復活躍，在狹義的日本「戰後歷史學」中具有主流地位，但隨着冷戰開始，在 20 世紀 50 年代末轉入低沉。其後雖仍對歷史學保持一定影響，但再未成為主流思想。中國先是從日本轉譯、介紹馬克思主義的一些著作，在 20 世紀初受到蘇俄革命的巨大推動，後來加入共產國際，主要從蘇聯轉譯解讀馬克思主義，自覺學習蘇聯的歷史觀，受列寧主義、斯大林主義影響較大。20 世紀中葉以後，馬克思主義成為國家意識形態，同時成為支配歷史學的理論，在「文革」時期被極度扭曲。20 世紀 80 年代，與對「文革」的政治性批判性反思共鳴，中國歷史學界批評了教條主義，形成在保持馬克思主義史學突出地位同時包容多種歷史學理論與方法的相對開放的格局。近年來，隨着「馬工程」的啟動，馬克思主義史學地位再度提升。朝鮮半島最初從日本學術界了解到日本思想界詮釋的馬克思主義，後來從中國和蘇聯渠道傳入更多經蘇聯和中國詮釋的馬克思主義。但在整個殖民地時期，朝鮮半島沒有成規模的馬克思主義學派。朝鮮戰爭後，馬克思主義思想在北方繼續，受蘇聯和中國大陸影響較多，但自 20 世紀 50 年代後期開始被其所謂「主體思想」改塑，外界對其史學理論具體樣貌很少介紹與評論。馬克思主義在韓國的地位則相當於諸多現代思潮中的一種，與各種社會理

論、思潮交融存在，沒有單獨的影響力。印度作為英國殖民地，其知識精英主要從英國思想學術界逐步了解馬克思主義，同時也受到蘇俄的一些影響。其在歷史學中的體現，主要在獨立以後展開，是進入自由民主文化氛圍之後多種社會思潮中一個顯示左翼社會批判傾向的思想脈絡，有自由展開的合法空間，曾經具有很大影響力，但亦不具有支配性的地位。

雖然各國傳入馬克思主義的渠道和時間有所不同，總體而言，馬克思主義在 20 世紀前半葉於亞洲各國廣泛傳播。這也是亞洲國族建構和現代國家形態選擇的關鍵時期，馬克思主義與各國具體歷史和歷史學實際相結合，形成差異的表現。20 世紀中葉以後，馬克思主義在亞洲各國，繼續構成現代社會形態面貌的重要思想資源，尤其是在中國大陸史學界影響巨大，在其他三國則與各種紛至沓來的各種社會理論與思潮形成複雜的交融。

馬克思主義主要以兩種姿態影響亞洲人的歷史思考，一是作為一種社會改造的普遍理論影響其包括歷史觀在內的社會理念；二是通過其關於亞洲的直接論述影響亞洲各國歷史的具體認識，二者密切關聯，需要結合討論。

一、中國馬克思主義歷史學的長期發展

（一）中國馬克思主義史學的興起

中國馬克思主義歷史學發端於「五四」時期。那時，《共產黨宣言》、《哥達綱領批判》、《國家與革命》等書的中文本，以及日本的河上肇、俄國的普列漢諾夫等人有關唯物史觀的著作譯本相繼出版。當時，馬克思主義作為與進化論相關的一種科學的現代社會理論傳播。李大釗曾說：「要之，馬克思和今日的一派歷史家，均以社會變遷為歷史學的對面問題，以於其間發見因果法則為此學目的。二者同以歷史學為法則學。此由學問的性質上講，是說歷史學與自然科學無所差異。此種見

解，結局是以自然科學為唯一的科學。自有馬氏的唯物史觀，才把歷史學提到與自然科學同等的地位。此等功績，實為史學界開一新紀元。」[1]

唯物史觀在 20 世紀前期已經在中國頗為流行。李大釗在 1920 年撰文指出：「晚近以來，高等教育機關裏的史學教授，幾無人不被唯物史觀的影響，而熱心創造一種社會的新生。」[2]李大釗本人所著《史學要論》也是最早的馬克思主義歷史學理論的學術著作，對後來中國馬克思主義史學的發展影響巨大。他批判舊的含有神權和循環論色彩的歷史觀，主張建立新的注重物質、社會和進步的歷史觀，認為舊的歷史中只有上帝、皇天、聖人、王者而找不到人民大眾，應建立的唯物主義歷史觀則當把社會看作整體，進而「以經濟為中心縱着考察社會變革的，為歷史學」；「馬克思所以主張以經濟為中心考察社會的變革的原故，因為經濟關係能如自然科學發見因果律。這樣子遂把歷史學提到科學的地位。一方面把歷史與社會打成一氣，看作一個整個的；一方面把人類的生活及其產物的文化，亦看作一個整個的；不容以一部分遺其全體或散其全體。與吾人以一個整個的活潑潑的歷史的觀念，是吾人不能不感謝馬克思的。」[3]李大釗其實也是較早研究西方歷史哲學的學者，他對於康德、黑格爾、里凱爾特乃至社會學、經濟學與歷史學的關係皆有論述，其中一些思考，到 20 世紀末期才被其他研究史學理論的學者注意。

到 20 世紀與 21 世紀之交，馬克思主義史學理論家蔣大椿高度評價了李大釗對中國馬克思主義史學的奠基性貢獻，將之歸結為四點：1.「較為系統地闡述了唯物史觀的基本原理，即關於人類社會文化的經驗的說明與社會組織進化論，亦即社會上層構造隨經濟基礎而變動，又都隨生

---

❶ 李大釗：《馬克思的歷史哲學與理愷爾的歷史哲學》，中國李大釗研究會編注：《李大釗全集》（修訂本）第 4 卷，第 424 頁。

❷ 李大釗：《唯物史觀在現代史學上的價值》，中國李大釗研究會編注：《李大釗全集》（修訂本）第 3 卷，第 279 頁。按李大釗在該文中提出，「唯物史觀」之稱與該學說之內涵並未一致，不如用「經濟史觀」為好，但已流行，且沿用之。見同書第 274 頁。

❸ 李大釗：《史學要論》，中國李大釗研究會編注：《李大釗全集》（修訂本）第 4 卷，第 520-522 頁。

產力發展而變動。當生產關係與生產力發展產生矛盾時，便通過社會革命來解決。」2.「研究了西方史觀和史學思想的發展，提出馬克思唯物史觀『為史學界開一新紀元』，指出了唯物史觀在史學發展史上的地位及對歷史學的作用。」3.「指出歷史學的研究對象是客觀存在的活的歷史，而不只是死的記錄。並且論述了歷史學的任務、性質、結構、功能、史學與其它學問關係等，而且具體分析了歷史學的現狀及其成為歷史科學的具體研究途徑與建議。」4.「發表了多篇論作，將唯物史觀初步運用於中國古代和近代的歷史研究。」[1]

馬克思主義歷史觀在中國的傳播伴隨爭論。20 年代後期，中國社會革命陷入僵局，思想界對社會改造的道路感覺迷惘，嘗試通過馬克思主義對中國歷史傳統以及當下社會實踐形成新的認識。1928 年 10 月，陶希聖在《新生命》雜誌發表文章提出，中國在春秋戰國時「有商業、有官僚，已足夠證明當時封建制度的崩壞了」，秦漢至清朝，中國雖然還有封建勢力，但已是「商業資本主義社會」，並認為鴉片戰爭以後的中國社會「是帝國主義壓迫之下的商業資本主義社會」。[2] 嚴靈峰、任曙等人也認為當時中國是資本主義社會。對相關話題的關注，在 30 年代推演成為關於中國社會性質與中國社會歷史的大論戰，其中包括中國是否屬於馬克思所說的「亞細亞」形態問題。[3] 陳其泰對當時論戰的核心問題做了這樣的概括：「論戰的實質是如何運用馬克思主義唯物史觀來剖析中國的歷史。所涉及的是三大問題，一是戰國秦漢以後 — 鴉片戰爭以

---

❶ 蔣大椿：《八十年來的中國馬克思主義史學》（一），《歷史教學》，2000 年第 6 期。按蔣大椿該文在《歷史教學》分 4 期連載，是對中國馬克思主義史學歷程比較系統化的回顧。關於李大釗與中國馬克思主義史學的關係，還可參看楊艷秋：《李大釗對中國馬克思主義史學理論體系的構建》，《北京聯合大學學報》，2010 年第 3 期。

❷ 參看陳其泰：《「革命性與科學性相結合」——談中國馬克思主義史學的思想遺產》，《史學理論研究》，2011 年第 4 期。

❸ 田昌五後來指出：「中國馬克思主義歷史學是在本世紀 30 年代的亞細亞生產方式大討論中誕生並發展起來的。」參看田昌五：《破除中國歷史東方類型說振興馬克思主義歷史學》，《史學理論研究》，1994 年第 1 期。關於這場論戰的全面情況可參看陳峰：《民國史學的轉折 —— 中國社會史論戰研究》（1927-1937），濟南：山東大學出版社，2010 年。

前的中國是什麼社會？是商業資本社會，還是封建社會，或是別的什麼社會？二是馬克思所說的亞細亞生產方式指什麼？亞細亞生產方式在中國歷史上如何定位？三是中國歷史上是否存在奴隸社會；如果存在，它存在於什麼時代？上述三個問題並非並列，而是有主次之分，與現實關係最為密切的、戰國秦漢以後到鴉片戰爭前中國社會性質問題居於中心的位置。論戰主要以《讀書雜誌》為陣地展開，該刊於 1931 年 8 月至 1933 年 4 月相繼出版了四個《中國社會史論戰》專輯，標誌着論戰的高潮。」[1] 這場論戰其實還涉及了中國奴隸社會與封建社會的分期問題，並形成了夏代封建論、殷商封建論、西周封建論、戰國封建論、魏晉封建論等，成為後來古史分期討論的先聲。[2] 這場論戰對於擴大中國鴉片戰爭前長期處於封建社會以及鴉片戰爭後是半殖民地半封建社會觀點的影響產生了很大作用，對馬克思主義史學在歷史學領域地位的上升也至關重要。就連胡適這樣的人也表示承認馬克思主義思想對歷史學有積極的意義：「唯物的歷史觀，指出物質文明與經濟組織在人類進化社會史上的重要，在史學上開一個新紀元，替社會學開無數門徑，替政治學開許多生路，這都是這種學說所涵意義的表現……這種歷史觀的附帶影響——真意義——是不可埋沒的。」[3]

1930 年，郭沫若發表《中國古代社會研究》，該書被後來的中國現代史學史研究者看作中國馬克思主義史學確然成立的標誌。郭沫若的基本主張是：中國歷史上依次經歷過原始社會、奴隸社會、封建社會。隨後，呂振羽在 30 年代發表《史前期中國社會研究》、《殷周時代的中國社會》等著作，運用考古資料研究中國社會發展階段，認為殷商為奴隸社會，西周為封建領主制社會，秦漢以後是封建地主制社會。呂振羽的

---

❶ 陳其泰：《「革命性與科學性相結合」——談中國馬克思主義史學的思想遺產》，《史學理論研究》，2011 年第 4 期。

❷ 羅新慧：《〈讀書雜誌〉與社會史大論戰》，《史學史研究》，2003 年第 2 期。

❸ 胡適：《四論問題與主義》，季羨林主編：《胡適全集》第 1 卷，合肥：安徽教育出版社，2003 年，第 357-358 頁。

主張，後來得到翦伯贊、范文瀾等人的支持和進一步闡發。郭沫若則在這個時期結合對甲骨文、金文的研究具體表述了殷、周為奴隸制社會、春秋戰國為由奴隸制向封建制轉化的變革期的主張。侯外廬在 1948 年出版《中國古代社會史》，認為中國古代進入文明的途徑與希臘、羅馬不同。希臘、羅馬是「古典的古代」，中國則屬於「亞細亞的古代」，二者本質上都是奴隸社會。「古典的古代」走的是革命的路徑；「亞細亞的古代」走的是改良的路徑。前者是「正常發育」的，後者是「早熟的」。[1]翦伯贊不僅參加了中國社會史大論戰，而且在 1938 年出版了《歷史哲學教程》。該書在後來的中國現代史學史研究界評價甚高。陳其泰認為，「該書是我國第一部以唯物史觀為指導的系統論述歷史哲學的著作」，其理論價值主要體現在兩個方面。一是深刻論述了「歷史發展的一般性與特殊性之辯證的統一」，二是論證了經濟基礎決定上層建築，而上層建築又具有「反作用性」，歷史的發展是「經濟基礎與其所反映的意識形態之在歷史上之統一的發展」。[2]王學典認為：「在中國馬克思主義史學史上，如果說郭沫若是中國古代社會研究的開山，呂振羽首次科學地認識中國史前社會，范文瀾最早提供了一個嶄新的中國通史框架，侯外廬系統而深入地梳理了中國思想史，那麼，翦伯贊在中國馬克思主義史學史上的特殊貢獻，則主要在於他一直致力於中國歷史科學的理論 —— 方法論建設 …… 翦伯贊的《歷史哲學教程》是繼李大釗的《史學要論》之後，中國馬克思主義史學思想史上的又一座豐碑 ……《教程》是對中國馬克思主義歷史學實踐的第一個十年的理論總結，是中國社會史論戰的直接產物。」[3]

　　20 世紀 40 年代前期，范文瀾主編的《中國通史簡編》和《中國近

---

❶ 參看陳其泰：《「革命性與科學性相結合」——談中國馬克思主義史學的思想遺產》，《史學理論研究》，2011 年第 4 期。並參看侯外廬：《中國古代社會史論》，北京：人民出版社，1955 年。
❷ 陳其泰：《「革命性與科學性相結合」——談中國馬克思主義史學的思想遺產》，《史學理論研究》，2011 年第 4 期。
❸ 王學典：《翦伯贊與中國歷史科學的理論建設》，《歷史研究》，1990 年第 3 期。

代史》（上冊）完成。這原為供中共幹部學習之用，後來成為中國馬克思主義史學的重要著作。陳其泰注意到，「這一時期是毛澤東思想形成的重要時期，毛澤東許多指導抗日武裝鬥爭和統一戰線發展、論述中國革命和中國共產黨的鬥爭歷史與經驗教訓，論述抗日戰爭發展和未來新民主主義政權建設、論述馬克思主義哲學中國化的重要著作，都是在這一時期發表的。1942 年，延安開展了著名的整風運動，反對長期為害黨內的主觀主義、教條主義錯誤思想路線，在全黨範圍內確立對於中國革命的性質、前途、方針、路線、策略的認識。正確認識這樣的大環境對於范文瀾撰寫出『革命性與科學性相結合』的成功史著是極為重要的。正是因為范文瀾在歷史觀和方法論上得其精髓，達到昇華，他的著作才成為『馬克思主義普遍原理與中國實際相結合』在歷史學領域的出色代表。」[1] 40 年代，一大批馬克思主義的歷史學著作出版，包括郭沫若《青銅時代》、《十批判書》，呂振羽的《簡明中國通史》等。

中華人民共和國成立以後的歷史學經常被區分為三個時期。從 1949 到 1966 年文革開始之前，稱「十七年」史學；「文革」期間（1966-1976）稱「文革」史學；文革結束以後至今，稱「新時期」史學。

「十七年」期間，在 20 世紀 30、40 年代湧現出來的馬克思主義史家實現了對整個史學界的領導，馬克思主義史學成為全面主導的歷史研究範式。1949 年 7 月，郭沫若任主席的中國新史學研究會籌備會成立，其宗旨包括：「學習並運用歷史唯物主義的觀點和方法，批判各種舊歷史觀，並養成史學工作者實事求是的作風，以從事新史學的建設工作。」[2] 兩年後舉行的中國史學會正式成立大會上，郭沫若致辭提到，兩年來，中國史學界在歷史研究的方法、作風、目的和對象方面都發生了很大轉變，多數歷史研究者已經從唯心史觀轉向唯物史觀，由個人研究轉向集

---

❶ 陳其泰：《「革命性與科學性相結合」——談中國馬克思主義史學的思想遺產》，《史學理論研究》，2011 年第 4 期。

❷ 谷學峰：《1958 年「史學革命」研究》，山東大學博士學位論文，2011 年，第 16 頁。

體研究，由名山事業轉向群眾事業，由貴古賤今轉向注重研究近代史，由大漢族主義轉向注重和研究少數民族歷史，由歐美中心主義轉向注重亞洲史及其他地區歷史的研究。[1]

從 1954 年 12 月開始，全國範圍掀起了一場批判胡適的運動，目標指向「資產階級學術思想」。運動期間，學術團體、高校紛紛組織批判胡適思想的會議，發表文章，其間史學界的批判集中於對胡適歷史觀和治史方法論的批判，這在相當程度上標誌着與民國時代非馬克思主義史學決裂的主觀意向。

此間，中國歷史學頗受蘇聯影響。據谷學峰研究，1953 年劉大年訪問蘇聯，向蘇聯史學界介紹了當時中國歷史學發展情況，「他指出中國史學取得的成績是與『列寧、斯大林對中國問題的指示分不開的』，『解放以後，蘇聯史學界的影響在中國日益增長，蘇聯史學家的每一重要成就，都給予中國史學工作者以巨大鼓舞。』」「當時，中國史學界以蘇聯史學的發展為榜樣」。[2] 黎澍在 80 年代初發表的一篇文章也指出：「在五十年代初，我們的歷史學還在很大程度上受蘇聯的影響，因為那時我們認為蘇聯是馬克思主義的正統，社會主義理想國，在各方面都是我們的楷模。蘇聯歷史學中的教條主義也乘機來到了中國，在中國歷史學中流行起來。蘇聯歷史學以教條為根據，為教條作注腳，以教條代結論，我們的歷史學亦步亦趨跟了上去。檢查那時的出版物，不難看到連篇累牘的蘇聯歷史著作的引證，對蘇聯歷史學中的所謂馬克思主義觀點的正確性真可說是深信不疑了。」[3]

到 1958 年，發生了一場批判「資產階級史學思想」的「史學革命」。在這場「革命」中，「郭沫若、范文瀾、翦伯贊等馬克思主義史學權威是革命的領導者，一批激進的、與其志趣相投的青年學者緊隨其後，構成

---

❶《中國史學會昨在京舉行成立大會》，《光明日報》，1951 年 7 月 29 日，第 3 版。
❷ 谷學峰：《1958 年「史學革命」研究》，山東大學博士學位論文，2011 年，第 20 頁。
❸ 黎澍：《馬克思主義與中國歷史學》，《歷史研究》，1983 年第 2 期。

了龐大的『史學革命』陣營。」[1]此間，許多先前的實證史家或者並未特別留意馬克思主義的歷史學家積極學習馬克思主義，表示要轉變立場。周予同說：「我們新史學工作者必須站在馬克思主義者立場上，以厚今薄古、興無滅資為己任，確實用馬克思主義的立場、觀點和方法來進行研究，使歷史科學真正為社會主義服務、為政治服務。」[2]陳垣表示，「近幾年來看，我們史學界是作了不少工作的，如大家都經過了思想改造；一批年輕的新生力量已成長起來；對於資產階級的學術思想也進行了一些批判等等，是有很大成績的……」「研究今史要為今人服務，研究古史也要為今人服務，也就是說都要為社會主義服務，為無產階級服務。既然是為無產階級服務，自然就要站在無產階級立場，如果仍站在資產階級立場，怎麼能全心全意為無產階級利益着想呢？所以要貫徹厚今薄古，必需要端正立場，也就是要滅資興無，大破大立。只要立場正確則不論是研究古史今史，都不致走入歧途。」「總之，我們歷史科學工作者，首先要積極學習馬克思列寧主義，改造思想，端正立場；並且要明確歷史科學必需為實際服務，為當前的生產建設服務……這也就是要我們在政治立場、學術思想上來一個大躍進。」[3]

「史學革命」消歇之後，歷史研究的實用主義開始流行，直接鋪墊了「文革」時期歷史學的言說傾向。黎澍回顧道：「如果說，五十年代前期，我國歷史學的主要問題在教條主義的影響，那麼自從一九五八年陳伯達提出『厚今薄古』，並且通過「拔白旗」運動加以普遍貫徹之後，歷史學就開始滋長實用主義傾向。當時也有人針對此種混亂現象提出批評，大聲疾呼，但無濟於事。因此，當六十年代初社會主義社會階級鬥

---

[1] 谷學峰：《1958 年「史學革命」研究》，山東大學博士學位論文，2011 年，第 108 頁。關於「十七年」史學領域的「大批判」，還可參看胡尚元：《建國後十七年史學領域的大批判》，中共中央黨校博士學位論文，2005 年。

[2] 周予同：《「厚今薄古」與歷史科學大躍進》，《學術月刊》，1958 年第 5 期。

[3] 陳垣：《厚今薄古是今日史學界必需走的道路》，《歷史研究》，1958 年第 5 期。有關情形，還可參看羅志田：《「文革」前十七年中國史學的片斷反思》，《第三屆近代中國與世界國際學術研討會論文集》第 4 卷。

爭尖銳化觀點開始流行的時候，歷史學中階級鬥爭觀點簡單化、公式化的現象立即有了進一步的發展，到一九六五年戚本禹的《為革命而研究歷史》一文的發表，歷史學終於走進了死胡同。」「戚本禹的所謂『為革命而研究歷史』，就是歷史學必須為眼前政治需要服務的更加穿鑿和簡單化的說法。在他看來，歷史學僅僅跟在現實政策的後面，為它作一點注解已經遠遠不夠了。還必須根據某種政治需要來改鑄全部歷史，把歷史學直接變成他心目中的政治的一部分。只講政治，不講科學，以學術為手段進行政治鬥爭，使一些學術著作的價值隨同他們在政治上的興衰而起落。這就是戚本禹的文章給予歷史學的教訓。」**1** 通過黎澍的反思來看，「文革」期間歷史學扭曲的活躍，並非突如其來，其緣由不能全部由「文革」期間的政治史來解釋，在某種意義上，「十七年」歷史學為「文革」史學做出了一些鋪墊。

曾經擔任中國社會科學院歷史研究所所長的林甘泉從積極的角度對50年代初中國史學界的轉變進行總結，他認為通過學習馬克思主義，中國史學界達成了一些重要的共識：「第一，歷史不再被看作是一些偶然事件的堆積，而是有規律可尋的自然歷史過程。歷史的必然性通過偶然性表現出來。第二，歷史變動的原因不應單純用人們的思想動機來解釋，而應着重考察這種變動背後的物質生活條件。生產方式的變革是一切社會制度和思想觀念變動的基礎。第三，人民群眾是歷史的真正主人。傑出人物可以在歷史上起重要作用，甚至可以在一定時期內改變一個國家或民族歷史發展的方向。但從歷史發展的長河來看，最終決定一個國家或民族歷史命運的力量是人民群眾。第四，中國封建社會的主要矛盾是地主階級和農民階級的矛盾。封建國家和地主階級對農民殘酷的經濟剝削和政治壓迫，是導致農民起義史不絕書的根本原因。農民的階級鬥爭和農民戰爭是推動封建社會歷史發展的動力。第五，中國自古以來是一

---

❶ 黎澍：《馬克思主義與中國歷史學》，《歷史研究》，1983 年第 2 期。

個多民族的國家，各民族的歷史都是中國歷史的組成部分。歷史上的民族關係，既有民族矛盾和民族戰爭的一面，又有民族友好、民族融合和民族同化的一面。必須把中國歷史上的民族衝突和民族壓迫，與近代帝國主義列強對中國的侵略和壓迫嚴格區別開來。第六，鴉片戰爭以後，中國逐步淪為半殖民地半封建社會。帝國主義和中華民族的矛盾，封建主義和人民大衆的矛盾，是近代中國社會的主要矛盾。」他認為「正是在上述這些基本觀點獲得共識的基礎上，馬克思主義史學在新中國成立之後很快確立了它的主導地位。隨着史學主流的轉變，史學家所關注的研究課題也有了新的變化。」[1]他所總結的這些共識，恰好歸納了「十七年」中國馬克思主義史學的基本觀點。

其他一些史學家也從不同側面對「十七年」史學做過總結。姜義華認為，「十七年」期間，中國歷史學取得了很大成就，但中國馬克思主義史學的批判精神和獨立品格在追求輿論統一性的過程中曾被消解。他說：「1949 年中國革命勝利以後，面對着佔全體人口 90% 左右生產方式與生活方式都和古代差不多的廣大農民，建立了行政權力支配一切的社會控制及協調體制。與此相應，在思想文化領域內，奉行了一條『輿論一律』的方針。原先馬克思主義史家史學的批判精神和獨立品格，在這一方針下受到了嚴重的壓制。史家的角色地位被確定為政治鬥爭及實行專政的馴服工具，這一角色地位並通過科學院系統及高等教育系統對史學家研究工作的整合，從組織上得到穩固的保證。史學實際上又成了一種史官史學。新的史官史學，在集合各方面力量，從事校點《資治通鑒》、二十四史，編輯中國近代史資料叢刊，撰寫各類通史、斷代史、專門史全國統一教材，組織整理出版若干歷史資料等工作中，發揮了積極的作用。但是，由於它所服務的是一條以階級鬥爭為綱、階級鬥爭不斷人為地擴大化的政治路線，學術是非常常由行政領導人裁決，而且最

---

❶ 林甘泉：《二十世紀的中國歷史學》，《歷史研究》，1996 年第 2 期。

終演變為以毛澤東個人的意志為裁定是非的最高標準，這就不僅使與學術多元相依為命的史家史學無從生存，而且使馬克思主義史學本身也無法在不同見解的爭論中健康地發展。馬克思主義史學因此喪失了它誕生時所富有的那種生氣蓬勃的批判精神和獨立品格，變成為行政領導人觀點的解釋和注疏，成為粗暴地撻伐與領導人觀點相異者，包括許多真正堅持馬克思主義靈魂的史學家的鞭子。當然，有不少正直的史家仍然堅持着真正的馬克思主義立場，還有不少史家雖然並不完全服膺馬克思主義，仍繼續本着科學良知在默默耕耘。正因為如此，文化大革命發動時，《人民日報》發表的第一篇社論是《橫掃一切牛鬼蛇神》，第二天一篇評論員的評論是《歡呼北大的一張大字報》，第三天所發表的社論題目就叫作《奪回資產階級霸佔的史學陣地》。史學領域的爭奪被置於如此重要的地位，從一個側面表現了新的史官史學對史家史學的繼續存在是如何不滿，也顯示了史官史學的傳統在中國是如何根深蒂固。」[1]

專門研究了 50 年代「史學革命」的谷學峰認為史學革命中的曲折並不能掩蓋整個「十七年」史學的成就，「『史學革命』給我們展示了中國馬克思主義史學發展的曲折一面，但是不能否認中國馬克思主義史學取得的巨大成就，不能把中國史學出現的問題歸咎於馬克思主義本身，或者認為其不能作為研究史學的理論方法。」他指出，「十七年」史學在馬克思主義指導下主要取得了三個方面的巨大成就。一是展開了歷史理論與史學理論的廣泛深入探討，二是開展了卷帙浩繁的史學資料整理工作，三是出版了一大批優秀的史學研究成果。而這十七年中國歷史學發展中出現曲折的主要原因，在於馬克思主義的教條化、公式化、庸俗化以及對唯物史觀的片面與不準確理解。關於這種曲折的背景，他也指出了蘇聯因素：「我們知道，中國的馬克思主義不是直接師從於馬克思、恩格斯，而是深受蘇俄馬克思主義的影響，並且與中國的革命實際相結

---

❶ 姜義華：《從「史官史學」走向「史家史學」——當代中國歷史學家角色的轉換》，《復旦學報》，1995 年第 3 期。

合，成為了中國化的馬克思主義。這種中國化的馬克思主義就既包括元典意義上的成分也包括豐富發展了的成分。」因此，「文革」以後的史學界對馬克思主義唯物史觀進行了一種「正本清源」的梳理，取得了進步。「中國馬克思主義史學需要吸收各種文明及不同學科的優秀文化成果，不斷豐富自身，發展自身。」[1]

（二）「文革」後馬克思主義史學的反思與新發展

「文革」時期的歷史學雖然並非毫無學術性可言，但與這場政治運動深度糾結，甚至構成「文革」啟動和推演過程中的一條主要線索，整體上高度扭曲，已經不再是馬克思主義史學學術層面的表現。因而，「文革」結束以後，中國史學界立即進入清理「文革」史學的「撥亂反正」。1979 年，中國歷史學在成都召開規劃會議。會議對未來中國歷史學發展做了諸多具體規劃，同時展示出在史學領域思想反思的動向。此後，這種反思一直進行，在世紀之交達到高潮。在某種意義上說，「文革」以後的馬克思主義史學，始終籠罩在反思的氛圍中。

郭震旦從與「文革」時期歷史學關係的角度對作為「新時期」開端的 80 年代史學做了專門研究。他認為 80 年代史學「是以一場嫉惡如仇的思想解放運動拉開序幕的。砸碎枷鎖，衝破禁錮歷史學精神的現代經學牢籠，成為『文革』結束後一個時期、乃至整個『八十年代』的主旋律。劫後餘生，歷史學家們以一種勇闖地雷陣的決絕向着『文革』史學泛濫成災的封建主義、教條主義發起最猛烈的進攻，在突破種種明槍暗箭的阻擋之後，終於廓清了長久籠罩在史學上的封建主義、教條主義的迷霧，使早已被『四人幫』的蒙昧主義折磨得奄奄一息、僅剩下意識形態外殼的史學重新獲得生機。」[2]在這種視角下，郭震旦認為「八十年代」史學留下了巨大遺產，其中最重要的是史學研究的「去意識形態化」，

---

❶ 谷學峰：《1958 年「史學革命」研究》，山東大學博士學位論文，2011 年，第 157-161 頁。
❷ 郭震旦：《八十年代史學譜》，山東大學博士學位論文，2010 年，中文摘要第 1 頁。

此外還包括走向多元化等等。[1]

去意識形態化的一條路徑是把作為學術的歷史學之理論與作為普遍意識形態的歷史唯物主義理論加以區分。寧可於 1984 年發文主張，把「一般的歷史科學理論」和「嚴格的歷史科學理論」區分開來。他把當時史學理論涉及的內容概括為六個方面：歷史唯物主義一般原理或規律，關於客觀歷史發展的辯證法，歷史唯物主義原理或規律在特定時代、地區、民族和社會現象領域的具體化，歷史學本身的理論和方法問題，如歷史學的對象、任務、特點、歷史與現實的關係、歷史認識的特點、歷史學的層次與結構、歷史學的方法，史學史和史學思潮與流派的研究和評論，對當前歷史研究傾向的研究與評論。其中，「只有歷史學自身的理論和方法問題才屬於歷史科學理論的研究對象。」[2] 1986 年，陳啟能在《光明日報》發表文章，對涉及歷史學的理論做「史學理論」和「歷史理論」的區分。史學理論指歷史學本身的理論，包括歷史認識論、史學方法論、史學新領域和新流派、跨學科和跨文化史研究、歷史寫作理論等，歷史理論則指對客觀歷史進程的研究。瞿林東也在《史學理論》創刊號上撰文提出：歷史唯物主義不能代替史學理論，史學工作要有更大的發展，必須建立起本學科的理論體系。[3]

黎澍在文革結束後的歷史學「撥亂反正」中發表一些重要的觀點。他把「文革」直接定位於「封建專制主義」的「黑暗復辟」。他提出，封建專制主義的政治制度雖然早被辛亥革命推翻，但餘毒未淨，必須「首先在意識形態領域展開一場真正的革命：批判一切封建思想，破除所有封建思想的束縛」。[4] 黎澍認為社會科學中的教條主義，最初表現為將馬克思主義的一般原理代替具體問題的具體分析，出現公式化，其後果是背離馬克思主義實踐第一的根本觀點和具體問題具體分析的辯證方

---

❶ 郭震旦：《八十年代史學譜》，山東大學博士學位論文，2010 年，中文摘要第 3 頁。

❷ 寧可：《什麼是歷史科學理論》，《歷史研究》，1984 年第 3 期。

❸ 參看鄒兆辰：《改革開放 40 年來的中國史學理論研究》，《史學史研究》，2018 年第 3 期。

❹ 黎澍：《評「四人幫」的封建專制主義》，《歷史研究》，1977 年第 6 期。

法，使人們不敢獨立思考。這種公式化在歷史學方面的表現是，只能講階級鬥爭，不能講階級社會是不同階級的對立統一，只能講農民戰爭對歷史的推動作用，不能講封建統治階級某些調節政策對社會生產的促進作用。[1]

80 年代後期，北京大學教授張芝聯到美國做學術訪問，回來後以向美國史學理論界介紹中國史學動態的口吻，寫了一篇回顧 1949 年以來中國現代史學歷程並對 80 年代史學新動態加以評論的文章。把此間的中國歷史學分為四個階段。1949 到 1957 年的特徵「是作為歷史研究與教學的指導原則的傳播和被採納」。這種「指導原則」就是馬克思主義和毛澤東思想。當時中國與西方國家的學術交流實際上被中止，而對蘇聯卻門戶洞開，蘇聯成為各行各業包括歷史研究的學習「榜樣」。在提倡「百家爭鳴」時，已經出現了把馬克思主義教條化的跡象，經濟決定論和階級鬥爭論受到過分強調，馬克思主義的其他方面則被忽略。1957 至 1965 年是第二階段。此間，反右運動使許多傑出歷史學家蒙受不白之冤，隨後又發生破除權威的「拔白旗」運動，目的是把一些史學大家搞臭，與此同時展開了關於歷史主義與階級鬥爭理論之間關係、對農民讓步政策實質、清官現象等問題的討論，又因與蘇聯關係破裂，開始反對修正主義，歷史主義、讓步政策論、讚譽清官都被作為修正主義而被批判。第三階段即「文革」十年，「標誌着官方馬克思主義史學的徹底破產」，歷史學成為「整人」的工具，「政治冒險主義和最壞的實用主義的一種奇怪的結合」即影射史學流行起來，「史學又變成了『政治的婢女』，只具有論證現行政策正確性的功能 —— 也不管這些改策究竟正確與否」。第四階段是 1976 到 1989 年，與前文所說的 80 年代史學很大程度重合。文革結束後開展的一場關於「真理標準」的大辯論打破了教條主義和個人崇拜，拒絕了利用和濫用馬克思主義經典著作來評判歷史家和歷史著作

---

❶ 參看郭震旦：《八十年代史學譜》，山東大學博士學位論文，2010 年，第 11 頁。

的作法，任何知識領域都不應是歷史學家的「禁區」和知識無國界成為共識。這一時期的所謂「史學危機」主要是在新的形式下重新思考歷史學的社會功用和自我定義。[1]他的回顧，在區分階段差異的同時，也揭示出 1949 年以後中國歷史學演變的連貫性，同時展現出歷史學擁抱「改革開放」的新姿態。

20 世紀 80 年代中國史學界對中國馬克思主義史學的反思是在一種相對自由氛圍中發生的，反思的結論包含許多差異。1983 年，張豈之為紀念馬克思誕辰一百周年撰文指出：「用馬克思主義理論指導歷史研究，這是時代賦予我們史學工作者的使命。」「中國馬克思主義歷史學從它創立時起到今天已有五十多年的歷史，它在中國共產黨的領導下，研究中國歷史發展的規律性，幫助人民認識本國的國情，作出了很大貢獻。它在長期鬥爭過程中發展壯大，逐漸形成了自己的光榮傳統。」他從幾個方面概括這傳統：1.「歷史研究成為科學」，主要是從經濟生活條件着手來研究歷史，找到人類社會歷史發展的客觀規律；2.「從歷史的現象進入歷史的本質」，要做到此點，必須使歷史研究具有鮮明的階級性；3.「歷史學的批判與繼承」，繼承封建時代的歷史學和資產階級歷史學中一切積極因素，批判以往歷史學中的唯心主義和反科學的性質，使歷史研究成為無產階級文化的一部分；4.「歷史學的社會應用」，即古為今用，在歷史研究中堅持實事求是的原則，用歷史的經驗、歷史的文化、歷史的知識武裝人民。[2]周國棟介紹了德國柏林自由大學梅希蒂爾德·羅梅君的《政治與科學之間的歷史編纂》。該書認為中國馬克思主義歷史學具有革命性與科學性兩個基本屬性。中國馬克思主義歷史學與新民主主義革命一同發展起來，許多馬克思主義歷史學家首先是革命家，然後才是學者，他們從事的歷史研究本身就是他們革命事業的一部分，這是

---

❶ 參看張芝聯：《當代中國史學的成就與困惑》，《史學理論研究》，1994 年第 4 期。

❷ 張豈之：《中國馬克思主義歷史學的光榮傳統 —— 紀念馬克思逝世一百周年》，《人文雜誌》1983 年第 1 期。

這一史學形態區別於其他史學形態的鮮明標誌。中國馬克思主義歷史學的課題、思想內容、表達方式都帶有深刻的時代烙印，與政治需求密切相關。歷史學在中華人民共和國的政治生活中是承載社會意識的主要工具。「歷史學家集科學工作者和政治意見的代理人兩任於一身，他們的工作始終帶有政治使命」。[1] 這樣的評論，重申了馬克思主義史學的政治特色。

80 年代以後，「改革開放」是中國社會的主題，也是中國歷史學發展的基調。發展在很大程度上通過開放來推動，中國史學理論的發展也伴隨着向世界學術思想的開放。王學典回顧：「1983 年 5 月召開的全國哲學社會科學規劃會議上，外國史學理論研究被列為重要議題，會議強調加強外國史學理論的介紹和研究，決定組織力量譯介出版有代表性的外國史學理論名著。自 1984 年起的歷屆全國史學理論討論會上，外國史學理論的評介都是熱門話題。由中國社會科學院世界歷史研究所外國史學理論研究室主持編輯的《史學理論》、《史學理論研究》雜誌，其旨趣之一，即是介紹和研究當代外國史學思潮和史學理論方法論。」[2] 何兆武、陳啟能、張文杰等學者為推動中國史學理論與西方史學理論的匯融做出了引人注目的貢獻。這一持續的發展逐步開啟了中國史學理論意識多元化的時代，馬克思主義史學的表述方式也發生了相應的變化。

20 世紀與 21 世紀之交，中國史學界推出一批回顧 20 世紀史學的論著。1998 年，時任中國史學會會長戴逸撰文提出，「20 世紀前半期的實證史學和馬克思主義史學，在歷史觀、方法論上有根本的不同，因此，他們對歷史學的功能，歷史研究的重點以及許多具體歷史問題，有不同的看法。但二者之間也有許多重要的相通之點，如進化史觀、理性主

---

❶ 周國棟：《中國馬克思主義歷史學的發生學闡釋 —— 譯著〈政治與科學之間的歷史編纂〉略評》，《史學理論研究》，1998 年第 2 期。按該書由孫立新翻譯，山東教育出版社出版。

❷ 王學典：《從「歷史理論」到「史學理論」—— 新時期以來中國史學理論研究的回顧與展望》，《江西社會科學》，2005 年第 6 期。按《史學理論》1987 年創刊，1990 年停刊，1992 年復刊後改稱《史學理論研究》。

義、愛國主義、求實精神等。馬克思主義史學吸收了實證史學的優點並加以發展。過去，用資產階級歷史學和無產階級歷史學來區別這兩個學派，用階級屬性來標識某個學派和某種學說，這未必能十分確切。」[1] 盧鍾鋒在 1999 年發表文章認為，中國歷史學經歷了傳統史學、近代史學和新中國歷史學三個階段。傳統史學以封建正統史學佔主導地位，近代史學以實證史學佔主導地位，新中國歷史學以馬克思主義歷史學佔主導地位。「馬克思主義歷史學主導地位的確立，是五十年來新中國歷史學最重大的成就。它標誌着在歷史研究中堅持以馬克思主義為指導，以歷史唯物論為理論基礎已為廣大歷史學工作者所認同，成為歷史研究的主流意識。這是我們回顧和總結新中國歷史學五十年必須牢牢把握的一條基本線索。」「經過建國初期大力宣傳歷史唯物論，批判資產階級唯心論，為確立馬克思主義歷史學的主導地位奠定了思想基礎。大多數歷史學工作者的理論水平得到提高，普遍地認識到：人類歷史是按照客觀規律發展的過程，而生產方式的變革則是社會制度和思想觀念變化的基礎；中華民族自古以來就是多民族的國家，它從原始公社崩潰以後，經歷過奴隸社會與封建社會；中國封建社會的主要矛盾是農民階級和地主階級的矛盾，農民的階級鬥爭和農民的起義是歷史發展的真正動力；中國封建社會內部商品經濟的發展孕育了資本主義萌芽，如果沒有外國資本主義的入侵，中國也將緩慢地發展到資本主義社會；鴉片戰爭以後，中國逐步淪為半殖民地、半封建社會，從此帝國主義和中華民族的矛盾、封建主義和人民大眾的矛盾成為近代中國社會的主要矛盾。上述對中國歷史的基本認識，成為新中國歷史學的主導思想。」[2] 與盧鍾鋒的把一些有關中國歷史的判斷作為馬克思主義歷史學的特徵不同，稍後，蔣大椿偏重從原理的角度對中國式的唯物史觀進行分析。他認為，應該突破流行多年的傳統唯物史觀的局限。這些局限包括：1. 對人類歷史客觀存在的方式、

---

❶ 戴逸：《世紀之交中國歷史學的回顧與展望》，《歷史研究》，1998 年第 6 期。
❷ 盧鍾鋒：《回顧與總結：新中國歷史學五十年》，《中國史研究》，1999 年第 3 期。

理解上有些簡單化，偏重社會環境，忽視作為社會主體的人及其實踐活動，也忽視了對價值問題的理論自覺。2. 諸如「生產力決定生產關係」之類歷史規律並不成立，社會歷史是人的實踐活動創造出來的，實踐在人的意志支配下進行，具有選擇性，不能否定歷史規律的存在，但探求歷史規律應當改換思路。3. 傳統唯物史觀從分析以「社會物質生活條件」為主要內涵的「社會」過於狹隘，因而得出的社會存在決定社會意識的結論未必是正確的。4. 傳統唯物史觀在講社會存在決定意識時，承認社會意識對社會存在的反作用，實際上離開社會主體的人及其實踐活動，這種所謂反作用也不存在，社會意識對社會存在不僅起反作用，社會意識也可以在條件具備時經過社會實踐創造出新的社會存在、決定社會存在。5. 傳統唯物史觀對人類社會實踐及其作用的認識相當片面。蔣大椿指出：「以往我們對在傳統唯物史觀指導下，在實際工作中，這裏主要談歷史研究，經常地反覆地而且相當普遍地出現的教條主義，總認為是這些人沒有學通唯物史觀，因而沒有領會其精神實質。責任不在唯物史觀，而在那些沒有很好地運用唯物史觀的人。我經過多年反覆深入地思考終於發現，我們在實際工作中和歷史研究中反覆出現的這種根深蒂固的教條主義頑症，原因當然有多種，其最深刻的認識根源恰恰在於存在着嚴重理論缺陷的傳統唯物史觀自身。」蔣大椿並未因為認為「傳統唯物史觀」有缺陷而放棄馬克思主義，而是認為馬克思主義歷史理論需要發展：「任何一位思想稍微深刻的史學家大約都在思考：未來馬克思主義史學的命運究竟如何？我的思考結果是：馬克思主義歷史理論在實行自我批判，彌補了傳統唯物史觀的理論缺陷後，會發展到一個新階段。馬克思主義史學會運用重新理解的新的馬克思主義歷史觀考察歷史，它將擁有足夠的理論潛力與各派史學競爭，繼續真正地在我國史學發展中居於主流地位，並在理論與實際歷史結合的研究中取得更加蓬勃的發展。在這個過程中會出現一批馬克思主義史學大師，從而將我國馬克思主義史學真正地推進到一個新的發展階段，並在國際史壇中形成真正的中國馬克思主義史學流派（我國傳統唯物史觀主要是從前蘇聯傳過來的）……

馬克思的歷史視域及其歷史洞察力，在我們時代是無法超越的，但唯物史觀卻是應當超越，必須超越而且可以超越的。」他接下來用「極粗的線條」勾畫了未來馬克思主義歷史觀的基本思路輪廓，並將之稱為「唯物辯證的以實踐為基礎的系統史觀」。[1] 蔣大椿此文表達了中國馬克思主義史家試圖較大幅度地修正「傳統唯物史觀」缺陷的思考。吳英、龐卓恒不贊同蔣大椿的思考。他們合作發表文章表示，蔣文所指的唯物史觀「最基本原理存在着嚴重的理論缺陷」，不是馬克思、恩格斯創立的唯物史觀基本原理本身的缺陷，「而是後人對唯物史觀的誤釋或曲解造成的問題」。文章對蔣大椿文所指唯物史觀的缺陷加以辨析，認為那都不是馬克思、恩格斯的原意，而是從前蘇聯傳過來的被誤解為唯物史觀的東西。「從前蘇聯傳過來的『唯物史觀』，是在上世紀 30 年代為了適應當時蘇共所處的國內外環境和面臨的任務而形成的理論範式。經過大半個世紀世界歷史進程的實踐檢驗和社會歷史科學研究的檢驗，證明它確實有許多嚴重缺陷，但不能因此否定馬克思主義的唯物史觀基本原理本身的正確性。我們需要的是在理論上正本清源，並根據新的歷史實踐和歷史研究的新成果，重新認識唯物史觀的科學真理，與時俱進，在新的歷史條件下弘揚唯物史觀的科學理性。」[2] 這一批評，把問題的要點從馬克思主義歷史觀本身需要發展以及如何發展，拉回到釐清什麼是正統唯物史觀的問題上來。2001 年 11 月，北京師範大學舉辦「唯物史觀與 21 世紀中國史學研討會」。歷史學界的一些著名學者到會發言，大多主張唯物史觀應是開放的系統，要包容其他方式的歷史研究，在更高的水平運用和豐富唯物史觀，尊重史家獨立的學術研究，創造寬鬆、融洽、自由、民主的學術環境。[3]

「新時期」湧現出來的新一代史學理論家李振宏對 1949 年以後的中

---

[1] 蔣大椿：《當代中國史學思潮與馬克思主義歷史觀的發展》，《歷史研究》，2001 年第 4 期。

[2] 參看吳英、龐卓恒：《弘揚唯物史觀的科學理性 —— 與蔣大椿先生商榷》，《歷史研究》，2002 年第 1 期。

[3] 張利：《「唯物史觀與 21 世紀中國史學研討會」綜述》，《許昌師專學報》，2002 年第 1 期。

國歷史學範式做了如下概括：1. 學術理念，為現實服務，為無產階級政治服務，將歷史研究看作社會主義意識形態的組成部分，「為革命而研究歷史」是其核心理念。2. 價值觀念，強調學術研究的階級性、革命性和人民性，認為一切研究只有體現無產階級利益或者說是人民利益才有價值，要求史學成果有較強的針對性和功利性。3. 歷史觀念，堅持馬克思主義的唯物史觀及其由此所衍生的歷史主義，堅信歷史發展有其內在的規律可循，人類歷史在總體上是一個前進的向上的運動過程，這個規律和面貌是可以被認識的，對探知歷史的奧秘抱樂觀主義態度。4. 思維方式，堅持以馬克思主義為統一的指導思想，依循經典、辯證分析、矛盾對立及其轉化、一分為二，史家思維方式有高度一致性。5. 選題趨向，趨向革命史、政治史、經濟史、思想史、軍事戰爭史。6. 方法論與研究手段，由於有統一的指導思想，所以高度統一，最高層次以唯物史觀為唯一史學方法論，研究手段基本沿襲「剪刀加漿糊」的方式。7. 編纂模式，著作的章節體，論文的幾大塊，引經據典，旁徵博引，無徵不信，每徵必注，文風艱澀。8. 學術規範，以上所有一切構成歷史研究的基本規範和評價史學成果的尺度。他認為「新時期」以來，前述範式悄然發生變化。「階級鬥爭思維已不再被多數史家所認同；史學思想有所轉變，人們已經能夠容忍非馬克思主義史學的存在，能夠容忍史學理論和方法的多元並存；史學價值觀念也有改觀，人們已經不再認為史學僅僅是為了一定的政治或政策而存在，不再認為只有附庸於某種政治的需要才是史學生命的價值或意義；研究領域的突破更是明顯，選題已遠遠超出以往政治、經濟、軍事幾大塊的局限，類似『五朵金花』的選題已幾乎無人問津，歷史學家的觸覺已延伸到廣泛的社會生活層面。」但是，史學範式還未發生根本改觀，仍然和先前形成的範式保持着深刻一致性。[1] 李振宏的思考，繼續了探求中國歷史學基本觀念突破的傾向。

---

[1] 李振宏：《當代中國史學範式狀況的評估與改善》，《天津社會科學》，2018 年第 6 期。

（三）「新時期」關於若干理論性問題的爭鳴

文革結束以後，中國歷史學研究者對史學界以往長期爭論的被稱為「五朵金花」的若干歷史學重大話題展開了新一輪討論。其中，關於漢民族形成問題繼續有人探討，但並未再度爭鳴。關於中國資本主義萌芽問題的討論主要是重新接續起文革前的話題，研究很多但比較平靜，平行推進而並未就所涉及的理論問題做尖銳爭鳴，其成果集結為多部論文集，主要體現在許滌新、吳承明主編的多卷本《中國資本主義發展史》，李文治、魏金玉、經君健合著的《明清時代的農業資本主義萌芽問題》等著作中。有關歷史發展動力，包括「歷史創造者」問題、亞細亞形態說與中國歷史關係、中國封建社會三個問題的討論則相當尖銳。

所謂「歷史發展動力」問題的核心是在認為人類歷史本質上是從低向高發展的前提下，對發展動力為何的判定。在把思考的範圍置於人的視角下，這個問題的答案被表述為「奴隸創造歷史」或者「英雄創造歷史」之類的陳述；在社會結構的視角下，則被表述為「生產力」、「生產關係」、「生產力與生產關係」、「合力」等哪種構成歷史發展根本動力的說法。在「十七年」史學中，主流的表述是階級鬥爭推動歷史發展，其中農民的起義和鬥爭是封建社會發展的主要動力，「奴隸創造歷史」、生產力是歷史發展中最活躍的因素等等，這些不同的表述在話語層面可以構成迴路，但也可以在精細推敲中形成解釋的分歧。在 1979 年的成都中國歷史學規劃會議上，劉澤華、王連升提出，「生產鬥爭是歷史發展的最終動力」，理由是生產鬥爭是人類活動最基本的內容，是其他一切歷史活動的基礎，人類進入階級社會之後的生產關係都是由生產力性質與水平決定的，生產力對上層建築具有直接的最後的決定作用，把階級鬥爭看作是推動生產力發展的根本動力則是一種「本末倒置」。[1] 1984 年後，黎澍發表《論歷史的創造者及其他》、《再論歷史的創造及其他》、《歷史

---

❶ 郭震旦：《八十年代史學譜》，山東大學博士學位論文，2010 年，第 16 頁。

創造者討論中的幾個問題》等文章，否定「人民群眾是歷史的創造者」，主張人民群眾僅僅是歷史的物質條件的創造者，不是全部歷史的創造者；人民群眾在歷史上實際上居於被奴役地位，不懂得如何爭取解放，「歷史是人人的歷史，所有的人都參與了歷史的創造，他們既是歷史的劇作者，又是歷史的劇中人物。」[1] 1989 年 8 月，《求是》發表署名韋實的文章，《「人民群眾是歷史的創造者」的原理不容否定》，文章認為，「人民群眾是歷史的創造者」是馬克思主義的基本原理，而不是如黎澍所說的「僵死的歷史公式」。否認人民群眾是歷史的創造者，就從根本上否認了歷史唯物主義，也從根本上否定了歷史。[2]

　　古史分期問題，在很大程度上接續 20、30 年代的社會史論戰與「五朵金花」討論，在文革結束以後又出現了一次高潮。所謂「古史分期」，其實是中國歷史上的「奴隸制社會」與「封建制社會」之間的時間分界問題。在這個問題上，郭沫若很早就提出中國歷史上的社會制度演進與西方相同的看法。他說：「只要是一個人體，他的發展，無論是紅黃黑白，大抵相同。由人所組織成的社會也正是一樣。中國人有一句口頭禪，說是『我們的國情不同』。這種民族的偏見差不多各個民族都有。然而中國人不是神，也不是猴子，中國人所組成的社會不應該有甚麼不同。」[3] 但是，中國史學界以往在古史分期與社會形態問題上從來沒有一致看法。古史分期中的從西周封建說、秦統一封建說，到魏晉封建說，皆有主張者。也有人如雷海宗認為中國沒有經歷過奴隸制社會。1978 年，《歷史研究》等單位在長春召開古史分期問題討論會。前述各說也都有重新論證者。其後，張廣志在《四川大學學報》、《青海師範學院學報》等期刊發表一系列文章，主張中國歷史上沒有奴隸社會。他認為奴隸制和奴隸社會是不同概念，奴隸制作為一種生產關係確曾在各民族歷史上

---

❶ 郭震旦：《八十年代史學譜》，山東大學博士學位論文，2010 年，第 19 頁。
❷ 郭震旦：《八十年代史學譜》，山東大學博士學位論文，2010 年，第 362-363 頁
❸ 郭沫若：《中國古代社會研究》，北京：人民出版社，1954 年，第 8 頁。

長期存在，但僅在極個別地區發展成為奴隸社會，奴隸社會不是人類歷史發展必經階段，而是變例。他的相關研究在 1988 年由青海人民出版社結集成書，題為《奴隸社會並非人類歷史發展必經階段研究》。儘管多人參與，但這場討論如先前的討論一樣，最終並沒有達成共識。在這種學術氛圍中，由白壽彝總主編的 12 卷 22 冊本《中國通史》在 1999 年出版，該書採用了「遠古」、「上古」、「中古」、「近代」的分期概念，並沒有採用五形態概念來做框架設計。

與古史分期問題相關，文革之後的中國史學界對「中國封建社會長期延續」問題展開了熱烈討論。相關的解答涉及到經濟結構、農民戰爭、遊牧民族侵擾、地理環境、中央集權專制主義國家體制、文化傳統等等各個方面。[1] 這種「長期延續」本是以認定從西周到 19 世紀中葉，最晚為從魏晉到 19 世紀中葉的中國社會為封建社會為前提的。但前述時段究竟是不是封建社會，本身也是問題。2004 年，張緒山翻譯的馬克‧布洛赫《封建社會》中譯本出版，進一步推動了中國學術界對中國封建社會形態以及中西封建社會對比的關注。2006 年，馮天瑜出版《「封建」考論》，系統地論證中國史學界以前的「封建社會」認識不得要領。2007 年 10 月，中國社會科學院歷史研究所等單位在北京召開「『封建』社會名實問題與馬列主義封建觀」學術研討會。黃敏蘭在歸納前此的相關研究和這次會議情況時指出：「從總的趨向看來，越來越多的學者（包括海外和內地）認為中國只有在西周時期才有封建制，從秦到晚清的社會不應被稱為『封建社會』。在這一階段，社會狀況與西歐中世紀的封建社會並不相同，也與斯大林所概括的以經濟為特徵的封建社會有較大的距離。他們批評濫用『封建』的現象，並力圖用新的概念來代替『封建社會』，用新的理論體系描述從秦到晚清的歷史。如果能夠關注中外學界普遍的學術動態，就可看出『中國秦以後封建論』以及五方式論的

---

❶ 參看白鋼編：《中國封建社會長期延續問題論戰的由來與發展》，北京：中國社會科學出版社，1984 年。

封建社會論，並非學界普遍公認的定論。」她認為，馬克思主義史學內部長期沒有解決中國封建社會問題。爭論的時間長達半個多世紀，「封建社會」起始的時間差距從西周直至唐，表明封建論者對於什麼是「封建」，什麼是「封建社會」並沒有明確的認識。論者是先持定了五種生產方式的看法，在還沒有說清什麼是封建制時就已經確定中國有封建社會，然後才去確認中國「封建社會」起於何時。關於古史分期的爭論就是因為上述問題無法解決才不得不停止。到目前為止，還沒有看到馬克思、恩格斯對中國封建社會問題有具體、明確的描述，「馬克思不僅沒有對中國封建社會的問題有所表述，即便對西歐封建社會乃至全人類的封建社會也缺乏明確的說明。」「封建堅持論者強調馬克思主義史學要以證明人類社會的共同規律為主要目標，因而中西方社會都是一樣的，都經歷了從原始社會到奴隸社會、封建社會的歷史階段。否認中國秦以後是封建社會就意味着違背馬克思主義。在這裏，他們混淆了歷史哲學與歷史科學的不同性質及其對象。」[1] 王學典認為，諸如奴隸社會、古史分期、封建社會之類問題是實證性問題而不是理論問題。他指出：「至於一個地區的人類社會的歷史上有沒有那樣幾個時代，比如說，有無奴隸制時代，這是個歷史學上的問題，這是個歷史事實問題。因此，是只能通過實證研究、經驗材料來解決的問題，不是歷史觀和方法論上的問題，更不是一個信念問題。這就是說，某一個地區的人類社會有無某個時代，和歷史唯物主義的基本原理適用不適用這個地區的歷史，是兩個彼此本來毫無關係的問題。」[2] 侯建新認為，中文中的「封建」與西文中的 feudal 對應是一種誤譯。中國先秦時代的「封諸侯，建同姓」制度是中文「封建制」的本義，而秦漢以後的制度是一種「皇權專制制度」，與西歐的 feudalism 屬於前近代時期不同的社會形式，「不應該貼上同一

---

❶ 黃敏蘭：《「封建」：舊話重提，意義何在？——對「封建」名實之爭的理論探討》，《史學月刊》，2009 年第 8 期。

❷ 王學典：《從強調「一般」到注重特殊》，《20 世紀中國史學評論》，山東人民出版社 2002 年版，第 105 頁。

個標籤」。[1] 李根蟠不同意前述看法，主張堅持五種生產方式說。他認為：
「如果把奴隸社會、封建社會、資本主義社會逐一抹殺，社會經濟形態學
說和唯物史觀就基本上否定掉了。如果我們還要講馬列主義的話，就應
該十分嚴肅地對待這一問題。」[2] 他甚至認為這個問題的討論涉及政治動
機：「以反對套用五種生產方式公式為幌子否定中國馬克思主義史學家
對中國封建社會的論定，本身就是一種『意識形態的訴求』，隱含着某
種政治。」[3] 黃敏蘭不同意李根蟠的說法，指出：「他們沒有看到，實際上
也不能理解，大部分非封建論者是為學術，而不是為政治目的參與討論
的 …… 學術研究要去政治化，否則會阻礙學術討論。中國有沒有封建社
會是一個歷史學的問題，要從史實出發而不是從理論出發 …… 有些人把
這個問題往政治掛鈎比較緊，一說秦以後無封建似乎就是否定革命。這
樣會對討論造成障礙。我覺得封建問題在歷史上曾經是政治問題，老一
輩革命家為了革命需要，要為社會定性，這在當時是有它的合理性，但
也破壞了歷史的真實性，犧牲了學術獨立的原則。現在革命任務已經完
成，在改革開放時代，應該從政治向學術轉化，去政治化。」[4] 關於中國
封建社會的研究一直持續。最近，章慕榮所作博士學位論文專門考察了
「中國封建主義」的話語建構過程。他的基本觀點是：中國封建主義話語
建構於 1929 至 1939 年間，「為中國共產黨人奪取革命的文化領導權發
揮了無可替代的重要作用，充分顯示出歷史唯物主義解決中國根本問題
的強大生命力，構成了馬克思主義中國化的歷史學和思想史基礎。」「以
毛澤東為代表的中國共產黨人充分吸收思想學術界關於中國封建主義話
語的研究成果，運用矛盾不平衡辯證法，最終把作為社會科學研究成果

---

❶ 侯建新：《「封建主義」概念辨析》，《中國社會科學》，2005 年第 6 期。
❷ 李根蟠：《略談馬列主義的封建觀和社會形態觀》，《史學月刊》，2008 年第 3 期。
❸ 李根蟠：《中國「封建」概念的演變和「封建地主制」理論的形成》，《歷史研究》，2004 年
第 3 期。
❹ 黃敏蘭：《「封建」：舊話重提，意義何在？── 對「封建」名實之爭的理論探討》，《史學月
刊》，2009 年第 8 期。

的封建主義史學話語體系化為半殖民地半封建的革命話語……中國封建主義話語是一個有着高度實踐品格的理論建構，以毛澤東為代表的中國共產黨人所建構起來的封建主義話語，開創了運用馬克思主義科學認識中國社會歷史現實、通過中國社會歷史現實深化理解馬克思主義的雙向互動的成功典範，從而科學說明了中國革命這個特殊對象的特殊邏輯，成為新民主主義革命重要的理論基礎和文化根基。」論文結末宣稱：「本文係目前國內學術界第一部從馬克思主義中國化思想史角度全面系統研究中國封建主義話語創新的學術著作。在研究視角、理論方法、資料解讀等方面，均有一定的創新，對於認識當代中國『四個全面』戰略佈局下創新發展馬克思主義的新實踐及其所出現的新問題，對於創新中國特色的史學範式、深化歷史唯物主義研究、牢牢把握馬克思主義文化領導權，均有一定的啟發與借鑒意義。」[1] 他的研究，反映出晚近史學理論的一些新動向。

「亞細亞形態」是與社會形態、古史分期、封建社會都緊密關聯的一個在中國史學界長期爭論而迄今未形成共識的話題，其實也是亞洲多國歷史學都曾爭論不休的話題。馬克思對於亞洲歷史的看法，在其關於「亞細亞形態」的論說中體現較多，中國學術界一般特別關注其中的下列說法：1.「大體說來，亞細亞的、古代的、封建的和現代資產階級的生產方式可以看作是社會經濟形態演進的幾個時代」。[2] 2.「在亞洲，從很古的時候起一般說來只有三個政府部門：財政部門，或對內進行掠奪的部門；軍事部門，或對外進行掠奪的部門；最後是公共工程部門。氣候和土地條件，特別是從撒哈拉經過阿拉伯、波斯、印度和韃靼區直至最高的亞洲高原的一片廣大的沙漠地帶，使利用渠道和水利工程的人工灌溉設施成了東方農業的基礎……但是在東方，由於文明程度太低，幅員太大，不能產生自願的聯合，所以就迫切需要中央集權的政府來干預。

---

❶ 章慕榮：《中國封建主義話語創新史（1929-1939）研究：從史學革命到新民主主義革命道路的確立》「摘要」，南京大學博士學位論文，2017 年，第 I-II 頁。

❷ 馬克思：《政治經濟學批判》序言，見《馬克思恩格斯全集》第 13 卷，北京：人民出版社，2016 年，第 9 頁。

因此亞洲的一切政府都不能不執行一種經濟職能，即舉辦公共工程的職能。」[1] 3.「從遙遠的古代直到十九世紀最初十年，無論印度的政治變化多麼大，可是它的社會狀況卻始終沒有改變。曾經產生了無數紡工和織工的手紡車和手織機是印度社會結構的樞紐……不列顛的蒸汽和不列顛的科學在印度斯坦全境把農業和手工業的結合徹底摧毀了。」「在印度有這樣兩種情況：一方面，印度人民也像所有東方各國的人民一樣，把他們的農業和商業所憑藉的主要條件即大規模公共工程交給政府去管，另一方面，他們又散處於全國各地，因農業和手工業的家庭結合而聚居在各個小的地點」「這些家族式的公社是建立在家庭工業上面的，靠着手織業、手紡業和手工農業的特殊結合而自給自足。英國的干涉……就在亞洲造成了一場最大的，老實說也是亞洲歷來僅有的一次社會革命。」[2] 圍繞這些論述的文本詮釋以及將之與中國歷史實際對應的探討，中國史學界長期難以達成共識。這一點耐人尋味：馬克思主義作為一種現代啟蒙思想傳播到亞洲，在多個領域啟發了明快的社會思想，如下層民眾革命的思想，但是其亞細亞形態論卻給亞洲歷史學界提出了一個進退兩難的問題，使之長期糾結。

亞細亞形態論還曾衍生出了一個「東方專制主義」說，也成為亞洲歷史學長期討論、糾結的話題。這個問題在 20 世紀 30 年代的社會史論戰中已經討論過。1951 年，童書業在《文史哲》第 4 期發表《論「亞細亞生產方法」》，引起對該問題的再度討論。1978 年，馬克垚發表《學習馬克思恩格斯論東方古代社會的幾點體會》，發起了對亞細亞生產方式的第三次討論。該文認為，一般認為，東方社會土地國有、農村公社、專制主義是馬克思對「亞細亞」社會特點的看法，但這些特點是馬克思、恩格斯「從東方的封建社會歸納出來的，他們的看法隨着研究的深入也在不斷變化，對它們是否是東方社會的特點，後來或則產生懷

❶ 馬克思：《不列顛在印度的統治》，見《馬克思恩格斯全集》第 9 卷，第 145 頁。
❷ 馬克思：《不列顛在印度的統治》，見《馬克思恩格斯全集》第 9 卷，第 145-148 頁。

疑，或則予以否定。因此上一世紀七十年代之後，馬、恩不再使用亞細亞生產方式的概念，說明他們已否定了古代東方是特殊社會形態的看法。馬克思、恩格斯是偉大的無產階級理論家，是從世界範圍內，從人類總體上總結歷史發展規律的。使用亞細亞生產方式等概念，不過是他們宏偉的總結過程中的一些嘗試。他們並不停留在這一點上，而是隨着歷史科學研究的深入，不斷改變着、深入着自己的看法。我們只有用革命的戰鬥的精神，才能正確理解馬、恩這些論斷的意義。」[1] 林志純、廖學盛在次年的《世界歷史》第 2 期發表《怎樣理解馬克思「亞細亞生產方式」》，認為馬克思、恩格斯並沒有拋棄「亞細亞生產方式」這一概念。其後，于可、王敦書、宋敏、徐啟基、吳大琨等也發表文章，參與討論。[2] 1981 年，在天津舉行了關於亞細亞生產方式學術討論會。會上，學者們就亞細亞生產方式的涵義和性質提出了原始社會說、奴隸社會說、封建社會說、混合階段說、東方特有的階級社會形態說、經濟形式說等多種看法。同年，胡鍾達在《內蒙古大學學報》第 2 期發表《試論亞細亞生產方式兼評五種生產方式說》，反對把「五種生產方式」說看作「正統」。他在 1986 年《歷史研究》第 1 期上發表的《再評五種生產方式說》進一步指出，無需堅持認為前資本主義社會有必要分為奴隸社會和封建社會兩個前後有高低之分的不同社會形態。被視為奴隸社會的社會中奴隸不一定多，被視為封建社會的社會中奴隸不一定少，奴隸制曾與農奴制長並存，奴隸制和農奴制難解難分。古代史分期問題討論長期開花而不結果的原因就在於此。[3] 蔣大椿在 1999 年回顧中說到，亞細亞生產方式這個問題 20 年代便已開始探討。50 年代提出的見解有亞細亞生產方式原始社會說、古代東方奴隸社會說、特殊經濟形態說、銅器時代的部民社會說。新時期除有些學者繼續堅持並發揮以前的一些見解

---

❶ 馬克垚：《學習馬克思恩格斯論古代社會的幾點體會》，《北京大學學報》，1978 年第 2 期。
❷ 參看郭震旦：《八十年代史學譜》，山東大學博士學位論文，2010 年，第 74 頁。
❸ 參看郭震旦：《八十年代史學譜》，山東大學博士學位論文，2010 年，第 162 頁。

外，又提出了各種新的見解……新時期對於這個問題的研究，可以說是對以前研究的深入和拓展。照我看，依據馬克思的基本理論和方法對包括中國在內的東方各國歷史事實進行深入研究以得出相應結論，比爭辯這個概念，將會更加有益於歷史研究的。」[1] 雖然前後有諸多學者聲稱對此問題已經獲得答案，但無一成為共識。

進入 21 世紀以後，關於亞細亞形態的解釋繼續進行。2011 年，王立端指出：「在中國近八十年的亞細亞生產方式問題討論中至今沒有得出一個令人滿意的結果。」[2] 他認為，要準確解讀馬克思恩格斯的亞細亞生產方式概念，必須突破「五種生產方式」依次演進的框架，在公有制—私有制—公有制這一人類社會普遍規律的框架下重新解讀亞細亞生產方式這個概念。他的結論是：「十九世紀 50 年代馬克思恩格斯的亞細亞生產方式概念是以所有制為視角考察印度等國遺存的農村公社而抽象出來的公社所有制或公社公有制的一個假設概念，其所指是原始共產主義，其能指則是比較具體的印度等國的農村公社。」這個作為「經濟的社會形態」的概念，是從政治經濟學角度形成的，「經濟的社會形態」、「生產方式」、「所有制」三者是層層包涵關係，所以應該把「亞細亞生產方式」的涵義嚴格限制在經濟領域，可以用來指以所有制為標準意義上的社會形態，但不能將之等同於社會形態本身。」[3] 他還指出，「中國史研究和中國史體系構建中的種種失誤都根源於對唯物史觀和『亞細亞生產方式』概念的誤讀。中國革命和建設過程中的成功經驗和教訓也表明，對中國社會歷史和現實的認識需要一個完整的、準確理解的馬克思主義理論的指導，而『亞細亞生產方式』理論無疑是其中最重要的理論之一，建設中國特色社會主義、解決我國社會發展中存在的種種問題離不開馬

❶ 蔣大椿：《改革開放以來史學領域理論研究》，《史學理論研究》，1999 年第 4 期。
❷ 王立端：《亞細亞生產方式問題爭論研究（1949-1999）》「中文文摘」，福建師範大學博士學位論文，2011 年，第 V 頁。
❸ 王立端：《亞細亞生產方式問題爭論研究（1949-1999）》「中文文摘」，福建師範大學博士學位論文，2011 年，第 V-VI 頁。

克思主義理論尤其是『亞細亞生產方式』理論的指導。」[1] 龐卓恒等也認為，馬克思主義揭示了人類社會歷史規律但被誤解：「馬克思揭示的人類社會歷史發展規律是普遍有效的因果必然性規律，但長期被誤解為僅僅是某幾種社會形態遞進規律，實際上就是把只具有或然性的『重現律』誤認為普遍有效的『因果律』；當人們以那種被誤解的『普遍規律』去同具體的歷史事實比對，一旦不能完全對上號，就否定唯物史觀揭示的普遍規律。實際上，這並不是唯物史觀的錯，而是誤解者和否定者的錯。」[2]

綜合前述梳理可以看到，馬克思主義史學在中國現代歷史學發展中，尤其是在 20 世紀中葉以來中國歷史學的發展中，長期處於主導地位，作為一種研究範式，具有突出的政治與學術融合的特徵，並且與中國各個歷史時期的社會變遷密切關聯。在漫長的演變歷程中，中國馬克思主義史學已經形成了獨具特色的問題體系、思維邏輯和話語方式，理解現代中國歷史學，及其與世界歷史學的關係，必須考察馬克思主義在中國思想、學術領域的存在形態與歷程。同時，中國馬克思主義史學在興起之初與晚近時期，都與其他歷史研究理路並存，其自身也處於不斷的反思與探索之中。

二、馬克思主義在印度現代歷史學中的表現

馬克思從政治經濟學、殖民主義的角度對亞洲做過許多論述，其中關於印度的論述最為直接明確。除了有關「亞細亞形態」的論說包括印度，表達了印度歷史長期停滯的觀點以外，最著名的是馬克思在《不列顛在印度的統治》、《不列顛在印度統治的未來結果》中提出的英國在亞洲的「雙重使命」說。其大意是，英國承擔着在印度消滅舊的亞洲式社

---

❶ 王立端：《亞細亞生產方式問題爭論研究（1949-1999）》，福建師範大學博士學位論文，2011年，第 2 頁。
❷ 龐卓恒、劉芳現、王京玉：《真理、規律與歷史研究 —— 兼論歷史學是科學還是藝術之爭》，《江海學刊》，2008 年第 2 期。

會的破壞性使命和在亞洲為西方式社會奠定物質基礎的建設性使命。他在嚴厲譴責不列顛殖民者在印度的種種殘暴行徑，也描述了印度社會無可奈何的停滯之後說道：「的確，英國在印度斯坦造成社會革命完全是被極卑鄙的利益驅使的，在謀取這些利益的方式上也很愚鈍。但是問題不在這裏。問題在於，如果亞洲的社會狀況沒有一個根本的革命，人類能不能完成自己的使命。如果不能，那末，英國不管是幹出了多大的罪行，它在造成這個革命的時候畢竟是充當了歷史的不自覺的工具。」[1]「印度本來就逃不掉被征服的命運，而且它的全部歷史，如果要算做它的歷史的話，就是一次又一次被征服的歷史。印度社會根本沒有歷史，至少是沒有為人所知的歷史。我們通常所說的它的歷史，不過是一個接着一個的征服者的歷史，這些征服者就在這個一無抵抗、二無變化的社會的消極基礎上建立了他們的帝國。因此，問題並不在於英國是否有權利來征服印度，而在於印度被不列顛人征服是否要比被土耳其人、波斯人或俄國人征服好些。」「英國在印度要完成雙重使命：一個是破壞性的使命，即消滅舊的亞洲式的社會；另一個是建設性的使命，即在亞洲為西方式的社會奠定物質基礎。」[2]

　　19 世紀後期開始，馬克思主義被運用到印度歷史書寫中。獨立以後，馬克思主義歷史學成為擁有很大影響力的史學範式。20 世紀 60、70 年代，印度馬克思主義歷史學家和相關研究機構獲得大量國家資助，成立了印度歷史研究理事會，一度在印度學術界佔有主導性地位。[3]其代表人物包括高善必（Damodar Dharmanand Kosambi）、夏爾馬（Ram Sharan Sharma）、錢德拉（Bipan Chandra）、塔帕爾（Romila

❶ 馬克思：《不列顛在印度的統治》，見中共中央馬克思恩格斯列寧斯大林著作編譯局：《馬克思恩格斯全集》第 9 卷，北京：人民出版社，2016 年，第 149 頁。
❷ 馬克思：《不列顛在印度統治的未來結果》，見中共中央馬克思恩格斯列寧斯大林著作編譯局：《馬克思恩格斯全集》第 9 卷，第 246-247 頁。
❸ 參看侯麗：《馬克思主義與我的印度歷史研究 —— 訪印度歷史學家拉馬錢德拉·古哈》，《中國社會科學報》，2015 年 2 月 9 日，第 A05 版。

Thapar）、哈比卜（Irfan Habib）等。[1]

高善必（1907-1966）在 1956 年出版《印度歷史研究導論》（*Introduction to the Study of the Indian History*），1970 年出版《印度古代文化與文明史綱》（*The Culture and Civilization of Ancient India in Historical Outline*）。[2] 他注意到，印度並沒有中國那樣長久的歷史學傳統，也沒有古希臘、羅馬那樣流傳完好的歷史文學作品，這使研究印度歷史非常困難：「印度幾乎沒有任何合格的歷史記錄……只有一些模糊的民間傳說，很少有超出神話和傳說層次的文獻記錄。我們不能重建一個完整的國王名單。有時，整個朝代都被遺忘了。所剩無幾的一些材料，又是如此模糊不清，以至於幾乎無法確定穆斯林時期以前任何印度歷史人物的生卒年月。」[3] 這意味着，印度歷史的研究不能像歐洲和中國歷史研究那樣有效利用原始文獻資料進行，而要在理論方法層面更多思考。在這種情況下，馬克思主義恰好提供了一種把歷史研究的視角從傳統的系列重大事件、重要人物研究轉到生產方式和生產關係上去的途徑，指引歷史研究去考察社會系統的轉變。高善必指出：「如果歷史只意味着一連串傑出的自大狂的名字和氣勢宏偉的戰役，那麼印度歷史將很難去書寫。然而，如果知道一個特定的民族是否有犁要比知道他們國王的名字更重要的話，那麼，印度就有歷史了……我將採用如下定義：歷史是按照年代順序，對生產方式和生產關係的持續變化的描述。這一定義的優勢在於，歷史可以不再是一系列歷史事件的書寫。」[4]「實際上，迄今為止所寫的歷史的主要目標，一直是按照年代順序陳述重大事件。然而，事件的相對重要性，對於另外一個時間、地點、文明或有階級偏見

---

[1] Muhammad Abrar Zahoor, Fakhar Bilal, "Marxist Historiography: An Analytical Exposition of Major Themes and Premises", *Pakistan Journal of History and Culture*, Vol.XXXIV, No.2 (2013), pp.36-37.

[2] 該書有王樹英等譯中文本，商務印書館 1998 年出版。

[3] D. D. Kosambi, *The Culture and Civilization of Ancient India in Historical Outline*, New Delhi: Vikas Publishing House Pvt Ltd, 1977, pp.9-10.

[4] D. D. Kosambi, *The Culture and Civilization of Ancient India in Historical Outline*, p.10.

的人而言，都很少具有同等重要的意義。如此一來，一個單純的年代記是不够的。任何工作在以嚴肅歷史的名義受到尊敬以前，都必須弄清楚社會發展的進程，以及在引人注目的事件中最終表現出來的內在原因和偉大運動背後的驅動力。」[1] 他的話透露出馬克思主義歷史觀與現代印度歷史敍述契合的特殊邏輯：馬克思主義注重社會整體結構和演變歷程的特點，幫助缺乏事件和人物歷史記載的印度找到了使得自己有歷史可研究的概念和途徑。從而，對於印度馬克思主義歷史學家說來，「歷史是由人類社會生產方式和生產關係演進的重要階段組成的時間序列中的發展。」[2]「任何其他類型的歷史只涉及上層建築，而非本質。是國王叮噹兄繼承了叮噹弟，還是相反，這並不重要：但是，生產和鐵的使用最早是在叮噹兄還是在叮噹弟的統治下發展起來，則是一個完全不同的重要問題。」[3] 印度歷史學家「必須重建一個沒有事件的歷史，這意味着它不可能是歐洲傳統中那種同樣類型的歷史。」[4] 沒有事件的歷史，邏輯上說必定是理論化、模式化的歷史，同時也為歷史家使用考古和民族志資料留出較大的合理空間。

關於印度晚近的歷史，高善必的看法與馬克思關於不列顛在印度統治之影響的論述一致，認為不列顛的殖民統治所帶來的鐵路和機器生產，打破了舊的鄉村經濟，創造出新的官僚政治、資產階級、無產階級和軍隊，而這些變化最終導致了印度的獨立。[5] 但是關於古代歷史，高善必不贊同馬克思關於印度文明停滯性的論說。他認為，馬克思從來也沒有明確闡釋他所說的亞細亞生產方式的具體含義，要避免機械地把馬克

---

[1] D. D. Kosambi, "The Study of Ancient Indian Tradition", in Brajadulal Chattopadhyaya, ed., *The Oxford India Kosambi : Combined Methods in Indology and Other Writings*, New Delhi: Oxford University Press, 2009, p.407.

[2] D. D. Kosambi, "Stages of Indian History", in Brajadulal Chattopadhyaya, ed., *The Oxford India Kosambi : Combined Methods in Indology and Other Writings*, pp.57-58.

[3] D. D. Kosambi, "What Constitutes Indian History", in Brajadulal Chattopadhyaya, ed., *The Oxford India Kosambi : Combined Methods in Indology and Other Writings*, p.794.

[4] D. D. Kosambi, *An introduction to the Study of Indian History*, p.1.

[5] D. D. Kosambi, *An introduction to the Study of Indian History*, pp.12-13.

思的歷史演進階段論用於印度，印度的歷史一直是發展變化的，犁的出現就是印度歷史發展的表現，印度歷史上最輝煌的孔雀王朝、百乘王朝、笈多帝國都與外來入侵者毫無關係。[1] 不過，高善必還是承認，古代印度商品生產水平低下，有普遍強烈的宗教信仰、種姓制度等。這些都是「亞細亞生產方式」的特徵。高善必也不贊同印度上古有從原始共產主義到奴隸制的歷程，認為印度有農奴，但沒有大量像動物一樣可以買賣的從事田野或礦井繁重勞動的奴隸。[2] 在他看來，古代印度不是一個奴隸制社會，奴隸制在印度歷史上的任何階段都不構成經濟生產的主要基礎，中世紀穆斯林時代則可以被看作一種印度式的封建社會；印度的封建制本身也有很大的區域差異性，與歐洲封建制更有許多差別。與民族主義史學及殖民地史學的基本看法不同，高善必並不贊成關於印度古代文化是從雅利安文明發展而來的看法，認為雅利安移民影響了上古印度的土著民，土著民也影響了雅利安人的文化，種姓制度就是兩種文化結合所產生的社會組織形式。他也不同意民族主義史學將古代印度視為印度文明的黃金時代而現代處於黑暗時代的傾向，認為這是倒退的歷史觀，印度歷史上並不存在所謂黃金時代，並且強調印度各地區社會發展的不平衡性。[3]

20 世紀 50 年代，馬宗達主持編寫的 11 卷本《印度人民的歷史與文化》（*The History and Culture of the Indian People*）前 3 卷出版。高善必在肯定該書運用文獻、考古遺跡、銘文、錢幣的方法基礎上，批評該書把史詩當作信史對待，把吠陀經回溯至幾百萬年前。基於唯物主義立

---

[1] D. D. Kosambi, *An introduction to the Study of Indian History*, p.11.

[2] D. D. Kosambi, "Marxism and Ancient Indian Culture", in Brajadulal Chattopadhyaya, ed., *The Oxford India Kosambi: Combined Methods in Indology and Other Writings*, pp.788.

[3] 關於高善必歷史思想之大要，參看張力：《印度新史學家高善必歷史觀述評》，《南亞研究季刊》，1985 年第 3 期；王樹英：《高善必和他的〈印度古代文化與文明史綱〉》，《當代亞太》，1996 年第 5 期；Supriya Mukherjee, "Indian Historical Writing since 1947", in Axel Schneider and Daniel Woolf, eds.,*The Oxford History of Historical Writing: 1945 to the Present*, Vol.5, pp.519-520.

場，他認為歷史研究不可以把神話和史詩內容直接作為依據。[1]

1957 年，美國學者卡爾・魏特夫（Karl A. Wittfogel）發表《東方專制主義》，提出，在中國、印度、西亞、埃及、秘魯、墨西哥等「東方社會」，政府通過治理、控制農業生產所必需的水資源而實現專制統治，並構成持久的傳統。高善必在其後不久發表《專制主義的基礎》（"The Basis of Despotism"），與魏特夫商榷。高善必指出，印度歷史上的王朝不盡專制，笈多王朝（4–5 世紀）和曷利沙（戒日王，7 世紀）時期的統治就是比較溫和的。他認為，專制體制的基礎不是水利，而是特定的生產類型，在大量剩餘產品被國家及控制國家的階級強行剝奪供自己使用並出現暴君的時候，自然就會發生專制。[2] 高善必的一些看法激發了關於封建社會性質的論戰。夏爾馬在 1965 年出版了《印度封建社會》（Indian Feudalism），拒絕依據采邑之類歐洲特有的情況對封建主義做定義，主張用上層權力對剩餘產品的擅用作為核心來定義封建主義。稍後，尼赫魯大學的哈爾班斯・穆克西亞（Harbans Mukhia）提出，印度並沒有發生過封建主義，不是馬克思所提出的所有社會形態都適合被用來理解印度的過去，即便是作為其理論基礎的階級鬥爭和經濟基礎與上層建築關係說，也要在充分考慮印度社會特點前提下謹慎、有區別地使用。關於封建主義的這些討論推動了對印度歷史三階段分期的質疑，一些研究者把關注的興趣從封建主義轉向經濟、政治、農業體系、技術變化、手工業和商業結構、種姓、職業群體和宗教群體等等更寬廣的領域。尼赫魯大學的錢德拉也主張把研究的焦點放到殖民主義與印度經濟發展的關係、國際資本主義與不發達之關係問題上。錢德拉還表示，他不贊同將民族主義歸結為資產階級運動，強調物質力量和利益驅動之外的觀念在歷史中發揮作用。

---

[1] D. D. Kosambi, "What Constitutes Indian History", in Brajadulal Chattopadhyaya, ed., *The Oxford India Kosambi: Combined Methods in Indology and Other Writings*, p.793.

[2] D. D. Kosambi, "the Basis of Despotism", in Brajadulal Chattopadhyaya, ed., *The Oxford India Kosambi: Combined Methods in Indology and Other Writings*, p.801.

另一位重要的馬克思主義歷史學家羅米拉·塔帕爾早年在旁遮普大學學習，1958 年在倫敦大學東方和非洲研究學院獲得博士學位，1970 年開始在尼赫魯大學任教，1983 年當選印度歷史學大會主席，1999 年當選英國科學院通訊院士。她早年受高善必的影響，看到印度教民族主義的一些問題，傾向於將馬克思主義運用於印度歷史研究，同時對教條主義保持警覺。1961 年，塔帕爾出版《阿育王與孔雀王朝的衰落》（*Aśoka and the Decline of the Mauryas*, evised in 1998, Oxford University Press），1966 年出版《印度史》（*A History of India*, Penguin）第一卷，內容涵蓋公元前 6 世紀到公元 16 世紀的歷史，2008 年出版《雅利安 —— 重鑄結構》（*The Aryan*: *Recasting Constructs*, Gurgaon），共 20 餘種著作。她的印度歷史研究，注重經濟生產方式和社會生活方式，反對印度社會發展停滯論，主張印度社會發展緩進說，反對雅利安種族開創印度文明說，認為印度文明在哈拉巴文化中已經開端，而且哈拉巴文化在雅利安人進入印度之前就已衰落，並非被雅利安文化所征服。她對流行的印度缺乏歷史意識的說法做過深入剖析，嘗試基於印度特有文化來界定印度的歷史意識。她對印度教民族主義進行過尖銳的批評，並為此論證了印度歷史上其他教派和非印度教主導時期的社會發展成就，對 2002 年以後印度政府試圖以印度教民族主義歷史觀修改已有比較公允的歷史教科書的舉措提出了公開抗議。[1]

　　拉姆昌德拉·古哈（Ramachandra Guha）是受馬克思主義和西方社會學影響的一位歷史學家，曾經先後在美國加州大學伯克利分校、耶魯大學、斯坦福大學、挪威奧斯陸大學、印度科學院從事研究，以環境史研究著名。他的《不安靜的森林 —— 喜馬拉雅地區的生態變化和農民抵抗運動》（*The Unquiet Woods*: *Ecological Change and Peasant Resistance*

---

[1] 關於塔帕爾的史學成就與思想，參看張世均：《論羅米拉·塔帕爾的馬克思主義史學觀》，《史學史研究》，2014 年第 2 期；陳洪進：《羅米拉·塔帕爾的史學思想》，《南亞研究》，1981 年第 2 期。

in the Himalaya），《破碎的土地 —— 印度生態史》（*This Fissured Land*: *An Ecological History of India*），以及其他一些環境史和體育史、政治史方面的著作展現了印度環境史和環境、生態與社會觀念研究的一些晚近動態。[1] 他看到西方環境史研究中存在一些自然中心主義的問題，並認為把經濟和政治變革作為解決生態問題的前提並不適當，應該從社會結構以及社會群體利益角度來分析環境變遷，注重環境與社會公平、權力支配關係之間的聯繫，注重人與自然的互動作用。中國評論者劉旭認為，「極具民主特色和下層關懷的『社會』環境史」是拉姆昌德拉・古哈的研究特色。[2]

三、日本現代歷史學的馬克思主義印記

1904 年，幸德秋水等人翻譯了《共產黨宣言》及《政治經濟學批判》序言中有關歷史唯物論的內容，馬克思主義理論在日本開始傳播。俄國十月革命之後，日本出現了一批社會主義團體和宣傳馬克思主義理論的刊物。1922 年，日本共產黨成立，隨後推動運用馬克思主義研究日本社會性質的研究。[3] 日本學者永原慶二在其《20 世紀日本歷史學》中設兩章，分別梳理戰前和戰後日本的馬克主義歷史學。[4] 他把明治末年到昭

---

❶ Ramachandra Guha: *The Unquiet Woods*: *Ecological Change and Peasant Resistance in the Himalaya*, *Delhi*: Oxford University Press, 2000; Madhav Gadgil, Ramachandra Guha：*This Fissured Land*: *an Ecological History of India*, New York: Oxford University Press, 1992; David Arnold, Ramachandra Guha: *Nature, Culture, Imperialism*: *Essays on the Environmental History of South Asia*, New York: Oxford University Press, 1995; Ramachandra Guha: "Ideological Trends in Indian Environmentalism", *Economic and Political Weekly*, 1988, Vol.23, No.49.

❷ 參看劉旭：《印度歷史學者拉姆昌德拉・古哈的環境史研究述評》，《遼寧大學學報》，2014 年第 4 期。

❸ 參看張經緯：《馬克思主義史學在日本的傳播和發展》，《史學理論研究》，2007 年第 2 期。

❹ 永原慶二認為「馬克思主義歷史學」這個名詞帶來意識形態意味，故採用「馬克思歷史學」，並認為其內涵是「唯物史觀歷史學」。參看永原慶二著，王新生等譯：《20 世紀日本歷史學》，北京：北京大學出版社，2014 年，第 72-73 頁。

和初年這段時期看作，「社會主義思想、馬克思主義思想逐漸為日本社會所接受的時代」，片山潛、安部磯雄、堺利彥、幸德秋水為這一思潮的先驅，高畠素之、河上肇、山川均、櫛田民藏等為早期「熟悉馬克思主義經濟理論和社會理論的理論家」。[1] 野呂榮太郎在 1926 至 1930 年間撰寫和出版的《日本資本主義發展史》代表着日本馬克思歷史學的成熟。1932 至 1933 年間，野呂榮太郎等馬克思主義歷史學、經濟學學者編寫出版了 7 卷本的《日本資本主義發展史講座》。這些後來被稱為「講座派」的學者就當時所說的日本當代史達成了如下共識：「明治維新的基本性質不是資產階級革命；天皇制國家權力的本質是絕對主義；日本資本主義和半農奴制寄生地主制這種異質性經濟制度有機地結合在一起；幾乎與明治三〇年代資本主義確立同時，日本開始轉化為帝國主義並加強了軍事性質，從而在整體上形成了軍事的、半農奴式的資本主義這一特殊形態。」[2] 永原慶二認為，講座派的研究，揭示了歷史認識的根本問題，即「歷史社會的結構與階段、性質不同的多種經濟制度的有機結合與互補、內生型發展與國際條件之間的相互制約、歷史發展過程中的普遍與特殊等」。[3] 另一位講座派學者服部之總曾在河上肇、大山郁夫主編的《馬克思主義講座》中撰寫了《明治維新史》等論文，後來在《日本資本主義發展史講座》中撰寫《明治維新的革命及反革命》等論文。他把明治政權視為絕對主義的，明治維新是具有自上而下和自下而上雙重性的資產階級革命。自上而下的資產階級革命只有通過絕對主義權力來推動其運動才能維持自己的統治；自下而上的革命才會向更具有民主主義性質社會轉變的可能，但 20 世紀的最初十年，日本發生了從絕對主義國家向近代資本主義國家的逐漸轉化。同為講座派學者的羽仁五郎是明治維新史的主要研究者。他發表多篇論文，嘗試從整體角度把握明

---

❶ 永原慶二著，王新生等譯：《20 世紀日本歷史學》，第 72 頁。

❷ 永原慶二著，王新生等譯：《20 世紀日本歷史學》，第 76 頁。

❸ 永原慶二著，王新生等譯：《20 世紀日本歷史學》，第 76-77 頁。

治維新前後日本的社會結構。他認為，明治維新是「不徹底的資產階級革命」，不贊成將明治維新視為絕對主義形成的過程及過分強調各種封建關係殘餘的作用。他特別重視明治維新的國內因素，重視人民鬥爭的作用，不將日本的這場變革完全歸因於外力的作用。其核心主張後來彙集成為《明治維新史研究》在 1956 年出版。另一位馬克思史學學者渡部義通出版了《日本母系時代研究》、《日本原始社會史》、《日本古代社會》、《日本歷史教程》（合作）等著作。他的國家起源研究構成對官方推動的將「記紀神話」作為史實並宣揚天皇神聖的國體史觀的批判。他與早川二郎、秋澤修二等學者合作於 20 世紀 30 年代出版的《日本歷史教程》，第一冊寫原始社會，第二冊寫國家形成，計劃中的第三冊準備寫從奴隸制向封建制過渡時期的歷史，但沒有最終完成。永原慶二認為，該書是「依據馬克思歷史學將日本同事認識進行系統化」的著作，「正是通過羽仁和服部等人的研究，馬克思歷史學在戰前達到最高水平。」[1]

不過，講座派的主張受到了「勞農派」的批評。這一派學者主要成員包括山川均、豬俁津南雄、櫛田民藏、大內兵衛、問阪逸郎、土屋喬雄等，以 1927 年創刊的《勞農》雜誌得名。他們反對過分強調天皇制和地主制中的封建因素，主張明治維新是一次資產階級革命，未來的日本革命則是社會主義革命。雙方圍繞當時日本面臨的革命之性質、明治維新的性質、幕末日本社會經濟的性質、日本資本主義的特徵及其與國際環境的關係等問題展開了波及廣泛的爭論。這與同一時期中國的社會史論戰遙相呼應，對日本歷史學產生了廣泛的影響，也體現出中日現代歷史學的呼應共振。

第二次世界大戰結束以後，美國佔領軍指示日本進行民主化改革：解放婦女、鼓勵組織工會、學校教育自由化、廢除秘密審問司法制度、

---

❶ 永原慶二著，王新生等譯：《20 世紀日本歷史學》，第 84 頁、82 頁。

經濟機構民主化，並廢除了《治安維持法》，開除軍國主義者的公職，解散財閥，實行農地改革，頒佈勞動法規，制定新憲法。這些改革，「與戰前馬克思歷史學、經濟學中的『講座派』提示的東西相似」。[1] 與此同時，佔領軍支持對深度捲入日本侵略戰爭的歷史學界進行一些清理，戰爭期間受到壓制的馬克思主義史學作為當時日本史學界為數極少的與法西斯主義無染的流派，一度上升為一個主要潮流，對日本近代社會形態和發展進路進行批判性的剖析，偏重從經濟社會角度對歷史的研究也隨之形成高潮。尤其是關於幕末、明治時期日本土地所有制性質、日本資本主義的發生和表現等問題，也引起了史學家間的熱烈討論，其間馬克思主義史學家和注重從經濟結構角度對現代化現象進行研究的其他史學家扮演了重要角色。

　　曾對日本戰後歷史學進行專門研究的柏林自由大學歷史學教授塞巴斯蒂安・康拉德（Sebastian Conrad）認為，日本馬克思主義史學有三個特徵。第一，反對先前居於主導地位的受德國歷史主義（Historismus）影響而形成的歷史學方法論。德國由蘭克代表的歷史主義首先關注國族國家政治史，注重通過史料重建和考證實現歷史敍述。馬克思主義史家則堅持經濟基礎相對於上層建築的優先地位，關注階級劃分，並對國族國家採取批判立場。這在實踐上帶動了通常會強調宏大結構和關注宏大因果關係解釋的諸種類型的社會史研究。第二，馬克思主義史學家自視為政治活動者並將其學術活動視為政治參與的一種方式，並認為美軍對日本的佔領推遲了日本戰後可能發生的社會革命，朝鮮戰爭顯示出美國的帝國主義擴張性。第三，戰後馬克思主義史學導致了一個由社會史主導的歷史敍述方式。這種方式主張，日本的現代性發生過程是扭曲的；德川幕府垮台之後，日本背離馬克思主義指出的以資本主義社會取代封建社會的路徑，由一個狹隘的寡頭勢力以絕對主義的方式統治了國家；

---

❶ 永原慶二著，王新生等譯：《20 世紀日本歷史學》，第 124 頁。

明治維新以後的日本沒有呈現出民主代議的階級社會，而是在快速工業化發展情況下把一系列前現代封建殘餘保留下來；這種不平衡發展在天皇制以及帝制意識形態支持下，延續到戰爭時期，形成了天皇制法西斯主義國家 —— 一種作為對國際壟斷資本主義危機反應的從上而下將法西斯主義制度化的絕對主義國家。在這種範式的支配下，戰後日本馬克思主義史學把分析日本現代歷史中的結構性缺陷作為關注點，其研究重心不是法西斯主義時代、戰爭和軍事失敗，而是日本走向反常的各個時間節點。其中，使日本脫離現代性常規道路的最重要節點被認為是明治維新。此一史學主張的代表作是遠山茂樹於 1951 年出版的《明治維新》。[1]該書初版發行 7000 冊，隨後幾年印行 10000 冊，至十年以後，已經出了 17 版，其觀念甚至被當時日本的高中歷史教科書所採納。該書認為，明治維新將日本從一個封建社會轉變為一個起初由下層武士貴族主導的，以新形式保留了封建秩序的絕對主義國家。下層武士主導孕育的絕對主義的官僚體系引導日本進行了一系列從上而下的改革，但並沒有帶來現代社會政治結構，而是保留了明治時期的封建殘餘特徵。雖然在朝鮮戰爭爆發之後，有一些歷史學家開始從面對西方帝國主義威脅而實現民族獨立的角度，主張明治維新的正面意義，但遠山茂樹的觀點在總體上佔據上風。這種在戰後學術界流行的關於姍姍來遲的現代性的宏大敘事與當時歷史普遍性的觀念密切相關 —— 日本歷史被納入一個根據普遍規律確定的發展階段系列中。從這一觀念出發，理解世界歷史意味着了解適用於所有地方的歷史根本趨向。在一定意義上，馬克思主義史學的不同學派以及現代主義歷史編纂學各派，都致力於將日本歷史納入世界歷史之內。馬克思主義歷史學家組織歷史學研究會在 1949 年舉行的年會就展現出對「世界歷史根本規律」的自覺意識。東京大學法國史學家

---

[1] 遠山茂樹所著《明治維新》最初作為「岩波全書」之一於 1951 年出版，後來有多次新版。遠山茂樹另外還著有《戰後的歷史學與歷史意識》(《戰後の歷史學と歷史意識》，岩波書店，1968 年)。

高橋幸八郎強調，理解「現代世界結構從西歐崛起」非常重要，因為這種結構包含着世界歷史發展階段的「純粹和經典」形態，從經典的歐洲發展階段中，可以推導出分析日本社會的新觀點。[1] 不過，這種研究方式並不意味着將日本的過去完全納入到世界歷史中，而是要依據某種世界普遍標準來理解過去日本史，世界史框架與內部發展觀平行存在。相關的研究，對日本歷史與外部世界之間的交結只做表面化的關照，只注意主要列強對日本的壓力或影響，日本歷史還是被置於自己的民族和國家疆域範圍之內來理解。與此同時，從普遍主義的立場出發，馬克思主義和現代主義歷史學家都將民族作為關鍵概念，甚至存在一種對於民族特殊性的執念——即使這種特殊性是通過扭曲、落後、不徹底和反常之類說法來界定的。在中國革命和朝鮮戰爭爆發之後，對日本歷史做負面化理解的左翼民族主義發生轉變，更多地對日本歷史採取偏於正面化的理解。日本馬克思主義歷史學家則開始在一種所謂新帝國主義的語境中批判美國，把日本的現代化理解為對外國威脅的反應。於是，民族進入了論爭的中心，民族視角逐漸取代了階級關係分析視角。[2]

　　戰後，日本歷史學界非常注重社會形態問題研究，而馬克思主義史學在這方面用力最多。永原慶二認為，社會形態理論的範疇大致如下：「它是由生產力階段規定的，在一定的歷史社會基礎之上建立的各種經濟關係的構造性結合體，在其基礎上建立的法律和政治的各種形態以及包括與之相應的意識形態而形成的社會總體構造及其發展理論。馬克思將規定社會形態的生產方式的基本形態分為亞洲的、古代的、封建的和近代資產階級的，它們根據生產方式的發展而向不同的階段轉變。」[3] 永原慶二並不是馬克思主義史學家，不過他的概括還是多少能夠反映出日本學術界對社會形態作為一個問題的基本界定。他採用的是馬克思本人的

---

❶ 高橋幸八郎著有《近代社會成立史論》（日本評論社，1947 年）。

❷ See Sebastian Conrad, "Japanese Historical Writing", in Axel Schneider and Daniel Woolf, eds., *The Oxford History of Historical Writing*, Vol.5, pp.643-647.

❸ 永原慶二著，王新生等譯：《20 世紀日本歷史學》，第 128-129 頁。

表述，而「亞洲的」、「古代的」，在斯大林式表述中被原始社會、奴隸社會替代。而且，永原慶二只說這些社會形態是被「分為」云云，並沒有表示認為它們是依次遞進的關係。這透露出，日本史學界對蘇式馬克思主義保持距離感。戰後不久，渡部義通等人召集一批研究者在 1949-1951 年間編寫出版了《社會形態史體系》。其第一部為《日本社會形態的發展》，第二部為《東洋社會形態的發展》，第三部為《世界史發展的法則》，計劃共 25 冊，由相關論文構成，但出版到第九冊中止。該書「大體上以馬克思歷史學社會形態史的方法論」為基礎，考察日本、「東洋」、世界的社會形態發展史。這樣的研究自然會遭遇一些重要的困難，包括相關的史實研究得尚未充分，馬克思所說的「亞洲的」——即「亞細亞的」生產方式究竟是什麼？奴隸制究竟如何界定，封建制究竟怎樣形成等等，也包括「中國的皇帝——官僚制專制國家下的生產方式是什麼」？[1] 這類問題，在中國同一時期的史學界也得到討論，且同樣沒有一致的結論。在永原慶二看來，社會形態史作為經濟社會理論研究，具有抽象性和科學主義的基本特徵，這使得這種研究難以把握作為歷史主體的人和人類群體問題，也難以把握歷史中不可重複的偶然性問題，這是社會形態史理論的認識論弱點。[2] 不過，馬克思主義歷史學派並沒有忽視對人在歷史中作用的研究，只是其重點在於「人民」的反抗鬥爭和革命問題，對其他相關問題關注較少。這種研究關涉反抗或革命的「人民」的身份和階級屬性，所以總是和社會形態問題有密切關聯。無論如何，日本戰後歷史學出版了諸多有關人民鬥爭的著作，如林基的《百姓一揆的傳統》、鈴木良一的《純粹封建制形成中的農民鬥爭》、莊司吉之助的《社會革命鬥爭研究》、佐佐木潤之介的《幕末社會論》等等。

大致說來，馬克思主義和同樣注重宏觀歷史研究的現代主義批判流派在戰後前 20 年間以鬆散方式共同構成了日本史學的主流，而直到 20

---

❶ 永原慶二著，王新生等譯：《20 世紀日本歷史學》，第 129 頁。
❷ 永原慶二著，王新生等譯：《20 世紀日本歷史學》，第 133 頁。

世紀 60 年代，馬克思主義歷史學家的學術團體以及與之相關的學術雜誌《歷史學研究》都有強大的影響力，處於巔峰時期。與此同時，受蘭克學派影響的老派歷史學家也始終保持着自己的學術地位。到了 60 年代，戰後日本史學界的馬克思主義「霸權」地位受到愈來愈多的挑戰，多元化的學術方法在這個時期興起。這其實是當時國際學術界的普遍潮流。

1960 年，《日美安保條約》到期需要續簽，引發了一場暴力性示威運動，許多馬克思主義歷史學家參與了共產黨組織的反對美國帝國主義的活動中。在這一背景下，福特基金會資助了一個旨在把現代化理論整體輸入到日本大學歷史系的項目。美國學者提出的「現代化論」在日本學術界開始流行。一些日本歷史學家採納與歷史唯物主義構成鮮明對比的現代化論，把非革命性的現代化提升為一種歷史準則。依據這種觀察歷史的方式，明治以來的日本取得了現代化的成功；這種成功是以日本近世（江戶時代）與西歐近似的社會結構為基礎的；現實經濟高速增長以前述歷史為前提。這與馬克思歷史學及近代主義歷史學有重大區別。隨着 60 年代後期日本經濟快速增長，將日本作為現代化成功範例的思潮流行，現代化論的影響也隨之增強。永原慶二認為，戰後歷史學立足於當下改革方向，重視「負面」問題，在闡明成功方面較弱，因而即使現代化論有與美國世界戰略對應的意識形態色彩，還是要承認其提出新觀點的意義。不過，永原慶二對現代化論在學理層面究竟是否完全成立，究竟有何缺陷，未置一詞。巴斯蒂安·康拉德認為：從現代化論的視角出發，日本就不再被理解為這個世界的一個「問題孩子」，而是其他亞洲國家學習的榜樣；日本現代化成功的主要根源不在於經濟因素，而在於一個現代精英階層崛起之後在歷史發展的十字路口做出了精明的政治決策。以前被理解為失敗的經濟重建這時被宣稱是成功的。明治維新不再是失敗的資產階級革命，而是拒絕殖民地化並成功轉變為現代工業國家的範例。「日本傳統」也不再被認為是一種「障礙」，而是日本得以立足於自身基礎實現現代化的催化劑。

就在這一時期，斯大林在蘇聯開始受到批評，匈牙利於 1956 年發生暴動，日本共產黨和馬克思主義歷史學家也開始重新評價自己的政治處境及其歷史理解框架。與這一國際性的思想狀態相關，日本史學界圍繞 1955 年出版的由遠山茂樹、今井清一、藤原彰合著的《昭和史》發生爭論。該書是 20 世紀日本馬克思主義標準版本的日本史，以壟斷資本主義、天皇支持的政治極權主義、以及國家對無產階級鎮壓為核心線索，以階級對抗關係為軸心，來把握昭和時代的政治、軍事和經濟過程。[1] 對該書的批評則強調，這樣的研究缺乏人的視角，簡單機械地運用了階級鬥爭學說，並缺乏亞洲和世界史的視角。隨着各派歷史學家的爭論，日本史學界逐漸承認諸如「奴隸制」這樣的範疇不能被簡單地運用於日本社會，對於「封建社會」概念與日本歷史實際的關係，也眾說紛紜。其中包括認為，中國與日本的中古時期社會組織情態有很大差別，將它們都看作「封建社會」要解決很多理論和實證問題。結果，日本史學界對社會形態和歷史分期的研究開始疏遠，也大體放棄了歷史單線發展的觀點。永原慶二指出，這一時期爭論中大致形成了四點共識：「第一，就一國史來說，試圖機械地發現社會形態各個階段的方法並不恰當。第二，類似『社會形態』之類的理論範疇在現實歷史中呈現出複雜多樣的存在形態。第三，在某一歷史階段中，同時存在着基本生產方式、階級關係以及與其結構性結合的次級生產方式和階級關係。第四，一國的社會形態存在方式和演變方式受到國際條件（『東亞地區世界』等）的強烈影響。」[2]

戰後歷史學的爭鳴還涉及到提出，「無論馬克思歷史學的社會形態論，還是近代主義歷史學的日本近代社會論，雖然理論上不排除國際契機，但基本上是一國社會的內部發展理論」，其模式是前一社會內部矛盾產生了規定下一階段的生產和階級關係，而對這一關係如何揚棄前一

---

❶ 永原慶二著，王新生等譯：《20 世紀日本歷史學》，第 138 頁。
❷ 永原慶二著，王新生等譯：《20 世紀日本歷史學》，第 144 頁。

社會結構，卻沒有說清，而歷史中「前近代任何一個歷史階段都不可能有一國獨自完成的歷史發展」。[1] 竹內好認為，馬克思主義歷史學是將歷史還原成生產力的決定論，「是廣義上的近代主義歷史學，這種科學主義終將無法理解中國革命中展現的民族力量」。[2] 另外一位歷史學家上原專祿結合對一國為單位的發展階段論和規律化論的批評，提出了將近代以前的世界史分為四個文明圈或稱「地域世界」各自獨自形成，後來在具體歷史接觸、聯繫中發展的地域史或世界史認識。永原慶二就此評論指出，「自福澤諭吉以來，日本一直將『文明』等同於歐洲價值，上原的世界史觀針對這一點，重新認識以中國、印度、伊斯蘭世界為中心的地球上各地區、文明所具有的意義。」[3] 同一時期，受冷戰和對美從屬關係的影響，日本的民族危機意識高漲起來，民族問題隨之成為歷史家研究的主要問題之一。

一些年輕歷史研究者對馬克思史學和現代化論都有批評性的認識，他們堅持探求更為本土化的歷史研究方法。一種日本式的「從下而上的歷史」逐漸成為一個具有影響力的潮流。他們主張承認個人是歷史變化的要素，把人民視為歷史的主題，認為人民的活動是從過程角度看的現代化驅動力。永原慶二注意到，與對形態論、規律性、科學主義取向的歷史研究的批評相伴隨，日本戰後歷史學對地方史、女性史、部落史的關注有所強化，對歷史連續性與斷裂性關係的理論探討也有所推進。與此同時，戰後日本歷史學領域也發生了流派的融合。「馬克思歷史學和學院派實證主義歷史學無論在客觀上還是在情感上，都不再感到相互之間存在『界限』」，雙方都承認為推進研究，無論任何時候，彼此之間的交流都不可或缺。馬克思歷史學存在着前文所述的理論和方法的框架，成為實證主義歷史學從歷史主義出發進行思考的批判對象。然而，馬克思

---

[1] 永原慶二著，王新生等譯：《20 世紀日本歷史學》，第 147 頁。
[2] 永原慶二著，王新生等譯：《20 世紀日本歷史學》，第 148 頁。
[3] 永原慶二著，王新生等譯：《20 世紀日本歷史學》，第 149 頁。

歷史學在戰後研究中也不再像戰前一樣充當政治運動的思想武器，是專門由從事政治運動的外行人所做的歷史學。」[1] 在這種意義上說，戰後馬克思歷史學已經逐步學院化，傳統實證主義歷史學也擴展了對問題框架的關注，與馬克思歷史學共享研究課題。

20 世紀 60 年代以後，經過現代化論的衝擊和歷史學多樣化，尤其是關注底層社會的各種研究方式的展開，馬克思史學在實證主義歷史學原本保持在具體工作方式層面重要影響的日本歷史學界成為與其他多種歷史研究方式融合的一種思想資源，不再是一種統攝、主導性的研究範式。

四、馬克思主義歷史觀在朝鮮史學話語中的體現

馬克思主義在 20 世紀 20、30 年代從中國和日本傳入朝鮮半島。當時朝鮮半島是日本殖民地，而日本帝國在二戰後期之前仍留有馬克思主義研究的空間，故朝鮮馬克思主義歷史學受日本學術界影響較大。例如，朝鮮半島第一代馬克思主義歷史學家白南雲在 1919 年進入東京商業學院學習，熟悉了德國經濟史學派的方法後，接受了馬克思主義。他在 1925 年返回漢城，稍後於 30 年代出版的一般視為韓朝馬克思主義史學誕生標誌的兩部著作，都是用日文在東京出版的。日本展開全面侵華戰爭之後，加強了對朝鮮半島學術思想的控制，馬克思主義史學處於日本統治者監控之下，存在而並不活躍。二戰結束以後，日本殖民統治時期形成的朝鮮半島第一代馬克思主義歷史研究者大多匯聚到北方。他們注重在普遍規律意識支配下考察歷史，努力反撥殖民主義史學的研究範式，同時也帶有國族主義的觀念色彩。1952 年，朝鮮成立科學院，隨即建立歷史研究所，成為歷史研究主導機構。該研究所主辦的《歷史科學》也成為朝鮮最主要的歷史學學術期刊。馬克思主

---

❶ 永原慶二著，王新生等譯：《20 世紀日本歷史學》，第 157-158 頁。

義史學家白南雲在 20 世紀 30 年代就開始從社會經濟史的角度，試圖將朝鮮歷史納入奴隸社會、封建社會、資本主義的演變軌跡之中。[1] 他這時並不接受日本社會經濟史學派關於朝鮮半島社會是真正意義上的亞細亞社會，以及 19 世紀後期的韓朝社會發展相當於 10 世紀日本社會發展水平的看法，主張朝鮮半島社會經濟是按照人類歷史統一規律並憑藉內在社會經濟動力而發展的。[2]

1958 年朝鮮科學院歷史研究所編著了一部《朝鮮通史》，該書被中國吉林省哲學社會科學研究所翻譯為中文，在 1975 年分上下兩卷出版。從中譯本看，該書除序言外，上卷分 15 章，從原始社會寫到 19 世紀中葉；下卷分 6 章，從 19 世紀末寫到 20 世紀 30 年代，不包含戰後歷史。今見電子掃描版中，序言闕如。各章標題如下：

上卷

一、原始公社及其解體。古朝鮮

二、高句麗、百濟、新羅等三國的形成和發展

三、新羅統一三國

四、新羅封建關係的發展

五、高麗朝的建立。中央封建集權制的加強

六、九九三年——一○一八年契丹的侵入及其敗退，十一世紀後半
　　期生產、貿易的發展，文化的繁榮

七、十二世紀的農民起義

八、高麗人民反對蒙古侵略者的鬥爭。蒙古的羈絆

九、高麗王朝的滅亡和李氏王朝的建立

十、十五世紀前半期的社會生產和文化發展

---

[1] 參看 Kwon Yonung, "Korean Historiography in the 20th Century: A Configuration of Paradigms", *Korea Journal*, Spring 2000.

[2] See Henry Em, "Historians and Historical Writing in Modern Korea", in Axel Schneider and Daniel Woolf, ed., *The Oxford History of Historical Writing-1945 to the Present*, Vol.5, p.661.

　　從這個架構中可以看到，這與當時中國馬克思主義史學歷史敍述的基本概念、着眼點和陳說方式大體一致。其總體框架是社會形態演進，從原始社會開始，其後沒有明確的奴隸制階段，在 19 世紀中期以前基本為封建社會。該書在第二章結尾處，以「參考」為題，把朝鮮歷史上是否有奴隸社會制度作為一個學術上尚未解決的問題做了說明，講述了相關的分歧意見。其中說到，朝鮮社會存在大量奴隸，但古典形態的奴隸制證據不夠，關於隸屬農民的性質是農奴還是奴隸意見分歧，朝鮮社會「公社制殘餘」多方面存在，並且構成專制國家的基礎，自由小農數量龐大，也沒有「大規模水利建設所需的大河等條件」，而且原始公社制後期的朝鮮接觸到中國高等發展的文化，可能跳躍式地發展，因而有學

者主張朝鮮從原始公社制直接進入農奴制社會。該「參考」在結末處指出：「如上所見，大家認為應該研究限制朝鮮歷史上的古典奴隸制度發展的形態，這是我們很大的成績。即肯定有奴隸社會的人也認為不應該從高度發展的古典奴隸制度中，而應該從受到各種條件制約的形態中去尋找奴隸社會，與此立場相關的人也認為有相當程度的奴隸生產的存在，可是又認為奴隸制度從最初就沒有向前發展，而飛躍到農奴社會。」[1] 當時朝鮮的歷史學家主觀上還是有找尋朝鮮歷史與五種形態規範演進的歷史線索的意圖的，但奴隸社會的證據不夠，而且中國歷史上的奴隸和農奴制社會問題也沒有定論，因而保持研討而不做統一結論的狀態。該書僅此一處「參考」，顯示奴隸制問題是一個特別重要的未決問題。除了社會形態作為基本線索之外，國家政權是該書敍述的中心，國家在周邊國際環境中的處境受到特別的關注，儼然超過對國家基本制度的考察，經濟發展、階級鬥爭、對外關係是次級線索中另外的要點，文化學術僅做點綴，人民在社會的積極性變革和抵禦外來侵略的鬥爭中扮演主要角色，但民間社會生活並不是主要內容。書中經常引用馬克思主義作家的言論，作為闡釋觀點的論證支撐。應該也是基於馬克思主義的唯物主義立場，這部著作沒有將神話傳說直接作為歷史內容加入歷史敍述中，包括沒有將檀君神話作為朝鮮歷史的一個實在環節，因此雖然帶有國族主義的色彩卻與偏激的民族主義劃開了界限。關於古朝鮮的敍述，該書主要依據的是中國傳世史料，尤其是《漢書・地理志》、《三國志・魏書・東夷傳》，並且，書寫的範圍並不限於現代朝鮮半島，還大量涉及了歷史上在遼河流域、鴨綠江中游、松花江上游、遼東半島出現的一些人群和政權。

　　此書上卷寫到，公元前二世紀，漢朝將領衛滿入朝，後來自立為古朝鮮之王。公元前 109 年，漢武帝滅古朝鮮，後設樂浪、臨屯、真番、

<hr />

[1] 朝鮮民主主義人民共和國科學院歷史研究所著，吉林省哲學社會科學研究所譯：《朝鮮通史》上卷，長春：吉林人民出版社，1975 年，第 41 頁。

玄菟四郡。公元前後，高句麗、百濟、新羅國家形成，三國分立狀態持續到公元 7 世紀。從對高句麗的敘述開始，使用朝鮮史料《三國史記》。三國都被認為是在公社基礎上建立的「素樸的專制國家」，社會中存在奴隸，新羅社會奴隸尤其數量很大，但也有繳納賦稅的自由小農，總體上並未被概括成奴隸社會。三國的經濟發展，受中國大陸先進文化的很大影響。隋、唐皆曾數次與高句麗發生戰爭，皆被擊敗。後來新羅與唐結盟，百濟、高句麗滅亡，唐作為侵略者一度佔據百濟、高句麗疆土，後因集結在新羅政權下的朝鮮人民反抗而撤出朝鮮，新羅統一。統一政權促進了統一的「朝鮮部族」形成，包括語言統一、文化統一，從中國傳入的佛教此時成為主要宗教。朝鮮的民族文化在這時得到發展。新羅已是中央集權的封建制社會。公元 918 年，地方封建主王建建立高麗王朝。高麗多次擊敗契丹的侵略，與宋朝、契丹、日本等展開貿易，文化發達，但其後期社會矛盾加劇，大土地佔有關係發展和封建剝削使人民生活惡化，下層起義多發。13 世紀，蒙古侵入高麗，高麗王室與之委曲周旋，人民則艱苦抵抗，後終於落入蒙古「羈絆」之下。蒙古從朝鮮兩次出征日本，設征東行省，管轄朝鮮和中國東北東南部。元朝滅亡之後不久，高麗政權變更為李氏朝鮮。該政權實行奴婢制度與封建土地所有制緊密相聯的制度，繼續壓迫與剝削，同時致力於恢復生產。直到 17 世紀明朝滅亡之前，李朝處理與明朝的關係「有時表現得過於卑躬屈節，然而朝鮮政治上的自主並沒有因此而受到過絲毫損傷」。[1] 與周邊國家的關係、封建國家機關的構成、土地佔有制度、賦稅制度、人民反抗鬥爭、儒學、佛教等文化發展，16 世紀末的抗倭戰爭，是李朝前期歷史的基本內容。17 世紀，朝鮮與西方世界發生多方面接觸，自由思想抬頭。18 世紀，黨爭激化，經濟發展，民間手工業、礦業、商業發展，史學成為批判封建制度矛盾、嚮往新社會的先進思潮。19 世紀前期，封建制度

---

❶ 朝鮮民主主義人民共和國科學院歷史研究所著，吉林省哲學社會科學研究所譯：《朝鮮通史》上卷，第 164 頁。

衰落，農業荒廢，工商業發展停滯，農民起義高漲。

下卷判定 19 世紀是世界上先進資本主義國家從自由競爭階段向最高階段的帝國主義過渡時期，帝國主義國家間爭奪殖民地、瓜分世界的鬥爭日趨尖銳。亞洲成為帝國主義瓜分競爭的主要目標，通商和傳教是其早期的主要手段，繼之以直接的軍事侵略。朝鮮封建政府奉行閉關自守政策，不能適應時局，進行有效改革。在抵禦了法國、美國的數次入侵之後，後興起的帝國主義日本侵入朝鮮，朝鮮被迫開放門戶，從此「由封建社會一步步地淪為半封建、半殖民地社會」。[1] 日本主導的朝鮮對外貿易是掠奪性的，社會矛盾加劇，政局動盪，清朝插手朝鮮政治，朝鮮與歐美列強締結不平等條約。日本侵略勢力支持開化派進行改革，1884 年發動「甲申政變」，宣佈朝鮮獨立，旋即被袁世凱帶領的清軍鎮壓。1884 年朝鮮爆發大規模農民戰爭，清、日政府皆出兵朝鮮，在朝鮮發生衝突。日軍控制朝鮮政府後，以改革名義，控制朝鮮，為侵略朝鮮鋪路，其舉措也對朝鮮體制變革起到一些積極作用。《馬關條約》簽訂後，事實上確立了日本對朝鮮的壟斷統治，「朝鮮終於淪落為日本的半殖民地」。[2] 儘管朝鮮人民持續地武裝抵抗，日本在 1910 年完全吞併朝鮮，改統監政治為總督政治，強化憲警制度，實行恐怖統治，大量掠奪土地，遏制民族工業發展，實行愚民同化政策。俄國十月革命開闢了東方各國人民民族解放運動新紀元。1919 年「三一運動」爆發，發表《獨立宣言書》，人民示威反抗遍及全國，波及中國東北。失敗以後，資產階級民族運動時期結束，朝鮮進入在馬克思列寧主義旗幟下以工人階級為領導的反帝反封建的民主革命新階段。朝鮮人民身受殖民地和封建雙重剝削，日本對朝鮮實行經濟壟斷和掠奪。工農反抗鬥爭在馬克思主義傳播的情況下迅速發展。關於人民運動的文字佔比在下卷中遠遠超過上

---

[1] 朝鮮民主主義人民共和國科學院歷史研究所著，吉林省哲學社會科學研究所譯：《朝鮮通史》下卷，第 40 頁。

[2] 朝鮮民主主義人民共和國科學院歷史研究所著，吉林省哲學社會科學研究所譯：《朝鮮通史》下卷，第 146 頁。

卷。從該書的歷史觀和敍述方式角度看，朝鮮的本國歷史敍述與中國馬克思主義史學家的本國歷史敍述相當接近。

朝鮮戰爭之後，主要集中在北方的馬克思主義歷史學家致力於清除殖民地史學造成的知識和心理陰影，形成了國族主義與馬克思主義糅合的歷史編纂學。[1] 根據澳大利亞國立大學的利奧尼德‧A. 彼得羅（Leonid A. Petrov）的研究，朝鮮在蘇共二十大之後，把擺脫外國影響作為現實政治目標，同時提升金日成及其家族在歷史敍述中的地位。1956 年，第三屆全國黨代會明確要求歷史學家去除教條主義，確立「主體思想」，研究並創造性地運用馬克思列寧主義，這把北朝鮮歷史學家引入了「主體思想」主導的歷史編纂學範式。朝鮮科學院歷史研究所提出的 1957 到 1966 年十年發展計劃指出，歷史學家的基本任務是研究社會主義革命傳統、愛國主義、國家統一和朝鮮文化遺產。相應地，封建社會的社會經濟本質、資本主義萌芽、民族資產階級構成、無產階級鬥爭等，成為亟待研究的課題。這時，傳統馬克思主義的把朝鮮歷史視為「反常和落後」的觀點被認為是過時甚至有害的。一些新生代學者批評白南雲等人機械運用馬克思列寧主義並缺乏愛國主義思想。在這種情況下，白南雲明確承認，不存在表明朝鮮歷史上存在古希臘那種奴隸社會的證據。1973年，白南雲在《朝鮮封建社會經濟史》（*The Feudal Social and Economic History of Korea*）中，將朝鮮封建社會之開始定位在 10 世紀的高麗王朝，把當時諸如中央集權官僚體系這類非封建因素含混說成是朝鮮封建制的特點。這種說法不僅在北朝鮮，而且在諸多韓國朝鮮史著作中保留到現在。一些社會經濟史家也逐漸修改其早年關於朝鮮落後的觀點，開始主張早在 17 世紀朝鮮就在礦業、農業中出現了資本主義因素，並且逐漸開始主張那些資本主義因素完全是朝鮮內部社會發展的結果。

---

[1] See Dennis Hart, "Creating the National Other: Opposing Images of Nationalism in South and North Korean Education", *Korean Studies*, Volume 23, Jan.1, 1999, University of Hawaii Press.

結語

　　馬克思主義是影響 20 世紀歷史學的一種主要思想理論，也是影響這一世紀世界歷史變遷的主要思想理論。關於馬克思主義對歷史學的總體影響，杰夫里·巴勒克拉夫在《當代史學主要趨勢》一書中指出：「馬克思主義作為哲學和總的觀念，從五個主要方面對歷史學家的思想產生了影響。首先，它既反映又促進了歷史學研究方向的轉變，從描述孤立 —— 主要是政治的 —— 事件轉向對社會和經濟的複雜而長期的過程的研究。其次，馬克思主義使歷史學家認識到需要研究人們生活的物質條件，把工業關係當作整體的而不是孤立的現象，並且在這個背景下研究技術和經濟發展的歷史。第三，馬克思促進了對人民群眾歷史作用的研究，尤其是他們在社會和政治動盪時期的作用。第四，馬克思的社會階級結構觀念以及他對階級鬥爭的研究不僅對歷史研究產生了廣泛影響，而且特別引起了研究西方早期資產階級社會中階級形成過程的注意，也引起了對研究其他社會制度 —— 尤其是奴隸制社會、農奴制社會和封建制社會 —— 中出現類似過程的注意。最後，馬克思主義的重要性在於它重新喚起了對歷史研究的理論前提的興趣以及對整個歷史學理論的興趣。馬克思認為，歷史既是服從一定規律的自然過程，又是人類自己寫作和上演的全人類的戲劇。馬克思和恩格斯一方面強調歷史學家不僅應當記載按年代順序發生的一系列事件，而且應當從理論上對這些事件進行解釋，為此目的，就應當使用一整套成熟的概念。另一方面，他們又明確地宣告：『這些抽象……絕不提供可以適用於各個歷史時代的藥方和公式。』總之，馬克思從不否認歷史過程或歷史認識的特殊性質。」[1] 如果把巴勒克拉夫對馬克思主義於歷史學之影響的認識與亞洲馬克思主義歷史學的話語方式加以比照，思考一下其背後的思維方式差

---

❶ （英）杰夫里·巴勒克拉夫著，楊豫譯：《當代史學主要趨勢》，上海：上海譯文出版社，1987年，第 27 頁。

別，立即就可以看到，巴勒克拉夫主要是從方法論的實踐意義角度來看待這個問題的，完全沒有陷入那些曾經使亞洲史學家，尤其是中國馬克思主義史學家長久爭論卻難以達成共識的困擾，而且，在他的眼前，馬克思主義有足夠充分的理由繼續在歷史學思維中扮演重要的角色，這種角色也並沒有被戴上政治意識形態的標籤。亞洲歷史學家的困擾，很可能與他們過度將馬克思主義意識形態化相關，對於中國歷史學家說來，很可能與他們原有的經學傳統的影響有關。從社會歷史的角度看，這種情況，又是與亞洲各國在 20 世紀所經歷的後發啟蒙、急速轉型，從而過度把馬克思主義理論實用化相關聯的。

王晴佳曾經和伊格爾斯一起主編了一本題為《馬克思主義史學：一個全球性的觀察》的論文集，從全球角度審視馬克思主義歷史學。[1] 作者中有歐美、日本、中國、拉美、非洲、中東的學者。王晴佳認為，20 世紀 80 年代是馬克思主義在學界影響的重要轉折點。馬克思主義並沒有就此消亡，社會史、文化史和自下而上研究歷史的角度，都無法脫離馬克思主義，年鑒學派也曾受到馬克思主義的啟發。現在看，馬克思對現代性抱有一種批判的態度，重視下層社會、社會矛盾衝突、同情勞苦大眾。自下而上的歷史研究跟馬克思主義史學密不可分，對歷史的長程、中程分析，關於物質對精神影響和社會背景的歷史學分析方式等也受馬克思主義的影響。馬克思主義作為一種理論必須發展，否則就僵化。關於馬克思主義與後現代主義的關係，王晴佳認為，唯物史觀就是從社會本身的變化來看後現代主義的興起。蘭克史學表面看去強調客觀性，其實是在肯定現代性、肯定資本主義社會，認為這是一個理所當然的歷史進程。[2] 這種分析，與巴勒克拉夫的基本思維傾向大體一致，同時又更注重了從發展演變的角度看待馬克思主義史學，指出了馬克思主義在後現

---

[1] Q. Edward Wang and Georg G. Iggers, *Marxist Historiographies: A Global Perspective*, Routledge, 2015.

[2] 林漫、鄧京力：《跨文化視角、馬克思主義與當代史學主要趨勢 —— 對話王晴佳教授》，《史學理論研究》，2016 年第 2 期。

代史學展開的語境中所具有的觀念和方法論地位。不過，還應看到，馬克思主義固然是對以資本主義為標誌的所謂「現代社會」的批評，但這種批評主要是依托啟蒙理性和辯證法做出並針對早期資本主義的，而且馬克思主義是強烈主張歷史學為科學的，這都是屬於現代歷史觀的特徵，與後現代歷史思維的理路還是有很大差別。

一般認為，馬克思主義有三個來源，英國古典政治經濟學、法國空想社會主義、德國古典哲學。在這三個來源中，德國古典哲學，尤其是黑格爾哲學對馬克思歷史闡釋的影響最大。亞洲歷史學界所理解的馬克思主義歷史觀，其實一直帶有德國古典哲學的歷史向着某種由普遍法則規定的方向進步的思維色彩。馬克思主義本身博大精深，亞洲思想學術界用自己的方式重新將之理解演繹和運用，所形成的，已在很大程度上與馬克思本人的思想並不一致。梳理亞洲馬克思主義歷史學的推演，可以大致看到，亞洲歷史學說折射的馬克思主義歷史觀，主要體現在四個維度。第一是方法論 —— 唯物主義和辯證法。第二是規律論 —— 人類歷史是由低向高發展的、具有普遍規律，多數情況下被理解為社會形態類型和演進關係具有一致甚至同步性，後面既有西方中心主義，也有邏輯關係的混亂不清，對於什麼是歷史規律、歷史的普遍規律體現在哪一層次都從來沒有一致看法。第三是動力論 —— 關於人類歷史發展的因由，從「物質」的角度說是生產力，從社會層面說是勞動人民即奴隸或者說是奴隸和英雄共同推動歷史，從社會關係角度說是階級鬥爭。第四是形態論，蘇聯的五形態說，亞細亞形態說與亞洲社會歷史的對應關係上皆產生大量歧義，對亞洲社會的現代化必然性和歷史邏輯陷入闡釋困境。亞洲各國馬克思主義者的內部分歧，第一在於對原典的理解方面；第二在於對各自國情和亞洲歷史傳統的理解不同；第三在於言說之際具體形勢的變化與當下需要不斷變化。其實，唯物史觀與辯證法不可分割，辯證法使得唯物史觀的各種言說之間，可以圓潤轉圜，甚至可以與後起的多種新的歷史觀和方法論建立通路。

第三章

亞洲歷史意識中的
現代化、現代性與殖民現代性

亞洲現代歷史學是在亞洲社會的現代化轉變過程中展開的。這種社會轉變，無論亞洲各國先前是否具有以及具有何等程度的現代性要素，都因西方主導的全球化浪潮的促動而加速進行，都具有社會體制模仿西方轉型的性質，也都具有急速轉變的特徵，同時使得亞洲各國的社會轉變具有共振的效應。在這種急劇的社會轉變中，亞洲各國皆發生社會觀念的全面震動和改塑，都經歷了對於自身傳統的批判性重新體認。在所有社會與觀念的重塑論題中，最具有根本性的，其實都是認識現代社會、辨識自身現代化轉變的基礎、需要改造的重點，以及社會改造的途徑，以求順應世界潮流，融入現代世界。亞洲的歷史學在這樣的過程中經歷了重建。現代 —— 無論怎樣界定 —— 構成了亞洲新歷史學的價值基點，也成為歷史學思維的概念要素。所以，梳理亞洲現代歷史學的源流，需要把握現代化與現代性觀念在歷史思維中的意義。

現代化和現代性本身已經相當複雜，亞洲各國進入持續現代化轉變的過程都不是原發的，都是在危機應對情境中發生的，具體情形有很大差異，這些增加了亞洲現代性問題的複雜性。本書考察的四國所經歷的危機呈現為三種不同歷程。

日本在 19 世紀 50 年代遭遇西方直接挑戰，迅速實施全面改造，20多年後成為亞洲本土的第一個現代強國，然後開始擴張，成為亞洲殖民地化的主要推進者。這樣，在 20 世紀中葉以前，日本歷史學的現代化和現代性意識就與殖民、擴張、帝國主義意識糾纏在一起，現代化訴求被扭曲為帝國主義擴張的動力。二戰以後，日本在戰敗和美國長期駐軍等非「正常國家」處境下，對前期作為進行反省，現代化觀念再經重新塑造，主要體現為經濟社會和平發展的努力。與此同時，現代化理論也成為一些歷史學家理解和敍述日本明治維新以降歷史的一種與「戰後歷史學」差異很大的概念來源。

印度和韓朝皆被外來勢力置於殖民地境地，其現代化社會轉變的許多內容是在殖民地時代，作為殖民者統轄的社會改造、建設而發生的，這就帶來所謂「殖民現代性」（colnial modernity）問題。其各自獨立以後，現代化歷程在本國國族國家主權成立的基礎上展開，其間既要繼續利用殖民地時代實現的一些現代化基礎，包括基礎設施和社會治理方式、文化觀念方面的基礎，又要清理殖民統治對人民自我意識、精神的扭曲，構築獨立建設現代國家的信心，於是都要一定程度地藉助於國族主義來整合社會。這使得朝鮮半島和獨立後的印度都出現現代化觀念與國族主義重構重疊，並要安置殖民現代性的情況。後者是一個非常難以梳理的問題。殖民主義與現代社會的諸多基本理念，包括國家主權、自由主義、尊嚴、公平精神都構成反悖，但又可能與經濟發展乃至社會具體管理方式的有效化並發 —— 這在歐洲殖民者在美洲等地的拓展中屢見不鮮。從而，這造成有殖民地經歷的國族自我意識的悖論 —— 現代國族建構一定要藉助於歷史經歷中的成就和尊嚴；殖民地經歷卻是屈辱的；而屈辱時代留下的一些遺產卻又必須被作為繼續發展的必要基礎。而且，亞洲與美洲不同。在殖民主義到來的時候，美洲很大範圍處於原始社會狀態，亞洲則早就被歷史悠久的國家體系所覆蓋；美洲可以通過殖民地化由殖民者組建國家，進入現代社會，亞洲則一旦了解了現代國族國家意識，就會頑強地尋求原住民的自覺和獨立，將外來殖民統治推翻。所以，殖民主義在亞洲的命運與在美洲有根本的不同。對於朝鮮半島和印度的歷史學家說來，如何在敍述、解釋本國現代化轉變過程中的殖民地經歷時，把國族情懷與外來統治事實上帶來一些社會現代化轉變的問題納入一個自洽的敍述體系，是持久的難題。

　　中國沒有在現代化過程中淪為全面殖民地境地，但被歷史學家長期稱為「半殖民地」—— 這個判定在純粹學術語境中可能需要重新推敲，但無論如何，中國現代化歷程中也帶有相對於印度、朝韓輕淡一些的殖民地印記，尤其是台灣地區曾經歷從甲午戰爭結束到二戰結束之間約半個世紀的殖民地歷史，日偽統治時期的東北地區也曾淪為殖民地，這使

中國的現代歷史學也涉及殖民現代性問題。

　　總之，現代化、現代性與殖民現代性是與亞洲四國現代歷史學的興起都有密切關係的問題。這裏必須指出一個不容忽視的情況，無論體現現代主義（modernism）的歷史研究中的現代化論（modernization theory）、批判和反思現代主義的後現代主義（postmodernism），還是作為廣義後現代主義一個分支的後殖民主義（post coloniaism），都在歐美學術思想界發源並且得到最為繁複的論證。這提示，這些理論觀念首先是作為歐美學術思想界的自我批判和反思而產生的，亞洲以及拉美國家的相關論說，據以作為反撥歐洲中心主義及西方霸權的思想工具，卻又在起步的時候就已經在追隨西方。本章主要呈現亞洲歷史編纂學關涉現代化與殖民主義的側面，對於前述理論、觀念淵源的問題，要待在結論章與其他問題一起分析。

一、亞洲的後發現代化及其與殖民主義的糾結

　　人類歷史上已知四個最古老的偉大文明中，三個發生於亞洲。在人類歷史的「軸心期」時代，亞洲的印度文明、中華文明與地中海的古希臘、羅馬文明交相輝映。古典文明繁榮過後漫長的中古時期，亞洲的中華文明、印度文明，都在人類文明的版圖上大放異彩。到了公元 15 世紀前後，歐洲文明異軍突起，其貿易、海外殖民和科學技術乃至社會思想逐漸成為將全世界歷史普遍關聯起來的主要紐帶，西歐成為世界各文明中發展最活躍的地方。其後的大約四個世紀間，歐洲發生了以科技革命、宗教改革、工業革命、啟蒙運動、國族國家興起、資本主義發展為突出表徵的深刻轉變。這些轉變的勢能，相對於其他地區有明顯的競爭優勢，並在後來的演變中，逐漸融匯全球資源，把人類歷史推向一個後來被稱之為「現代化」的普遍狀態。到了 19、20 世紀之交，亞洲思想者、學問家、政治家們反覆討論的話題，就是如何融入這個似乎是突如其來地降臨的「現代」社會中而又最大限度地保持自身所屬社會系統的

傳統、獨立和尊嚴。前文所討論的國族建構，是這種努力中比較突出的一端，但遠非全部。比較能夠簡潔概括這種努力整體含義的概念是現代化——國族建構是現代化在社會組織方式意義上的必由路徑。在19世紀後期，現代化有一些類似但不完全相同的表述方式，如開化、文明開化，後來又有一些更中性的用語，如社會轉型等等。這類前後不同的表述背後，都包含對原來社會結構和思想文化乃至生活方式進行深度改造的含義，改造的途徑和具體目標，國情不同，主張各異，但其內裏，又都是各種方式界定的「現代化」。亞洲現代歷史學，其實就是應和着這種普遍的社會轉變而興起的，是這種社會轉變的組成部分。從而，有關現代社會本質的認識，有關自身傳統與現代社會關係的分析，就成了現代亞洲歷史學思考的主題和亞洲歷史敘述需關照的一個線索。在這種思考中，無法迴避，這個儼然人類社會發展必然趨勢，順之者存，逆之者亡的現代化的發達形態首先體現在歐洲和稍後發展的美國，簡稱西方，亞洲是學習者，亞洲的現代化是後發現代化。這個基本格局，留下了亞洲歷史學許多糾結的難題。

歐洲現代社會興起伴隨着進化論的傳播，這種觀念既體現在對自然界的解說中，也體現在對社會形態演變的認識中。依照進化論的帶着濃重的自然科學色彩的思維，現代社會是人類社會演變從低向高的有方向性的過程。沿着這種思維，歐洲似乎就是體現人類歷史進化的命定主體，歐洲的演進歷程就是人類歷史應然的途徑，其他地區的文化、文明無論曾經有怎樣的輝煌，因為與這種命定的應然缺乏邏輯一致性，只有文化表現的意義而不具有歷史進步的意義。這種觀念，是現代歷史學興起過程中不斷被討論的亞洲歷史停滯性的根源。直到20世紀後期以前，歐洲歷史運動被普遍地看作人類歷史的普遍規律，被看作衡量各民族、國家是否發生了可以稱為歷史的演變歷程的尺度。然而，15到19世紀在歐洲歷史突出表現出來的這種被稱為現代化的歷史運動，並不是人類歷史上唯一可以被稱為發展的現象，在此之前，人類歷史就有無數發展的表現，包括農業的發生、國家組織的形成、古典文化藝術等等。就是

在 15-19 世紀，亞洲和其他非西方世界也在發生諸多與歐洲歷史過程不同的發展性歷史運動，只是現代化帶來的國際生存競爭優勢遮掩了其他發展的光芒。

14 世紀 —— 晚近有研究者把這個時間進一步提前，歐洲發生了以古典人文主義文化為旗幟的文藝復興運動，對人的尊嚴和創造力的重新體認與歐洲商業傳統結合，促生了若干富有進取性的君主制政權，科學和向外部世界探險並獲得財富的精神構成了一種新的文化。隨後，宗教在現實生活中的角色被重新定位。16 世紀初，德國興起馬丁‧路德（Martin Luther）領導的宗教改革運動，稍後瑞士出現加爾文教派，皆挑戰教皇的神聖性，歐洲各國教會開始擺脫羅馬教廷控制。16 世紀中期，發生持續約一個世紀的宗教戰爭。結果，天主教的獨尊局面被打破，人們逐漸接受了宗教多元的理念，宗教本身的權威性也進一步動搖。也是在 16 世紀，以日心說、伽利略（Galileo Galilei）新的引力說、約翰‧哈維（William Harvey）的血液循環理論、牛頓（Issac Newton）的萬有引力定律和牛頓運動定律等一系列重大科學發明、發現和新理論為標誌，基於實驗科學的新的理性精神浸透了歐洲文化。在宗教戰爭中加強了實力的歐洲各君主國，不斷削弱封建主的權力，強化集中化的軍事組織和行政管理體系，國族國家體系在 17 世界中葉以《威斯特伐利亞和約》（The Peace Treaty of Westphalia）在歐洲率先確立，尊重別國疆域、不干涉他國內政、國家主權平等的原則成為國際關係的概念基石。這一體系強化了各國的內部文化認同。18 世紀，啟蒙運動在法國興起，倡導理性精神，主張個人憑藉理性而不是信仰獲取自由，擁有自由的人民推進社會進步，推崇個人利益和尊嚴。新知識、新體制、新觀念以及經過殖民地和國際貿易源源不斷流入歐洲的財富，改變了歐洲的生活方式，推動面向全球的貿易訴求，以及機器工業的誕生。主要發生在 18 世紀的工業革命，不僅大大提高了製造業的效率，並通過工廠制度帶動了大經濟都市發展，從經濟意義上確立了現代社會的基礎，並最終從社會意義上深刻變了社會生活方式，也高度凸顯了歐洲製造業對於所有非西方國

家的優勢。後者推動歐洲以更強硬的方式推行海外貿易和殖民擴張。梳理這些人所共知的常識，是為了表達一個並不一定人所共知的看法：歐洲率先發生的現代化歷程並不是任何一個單一領域的變動所帶動的，也不等同於資本主義的興起，而是一場多維度的文明嬗變。文藝復興、科技革命、宗教改革、殖民擴張、啟蒙運動、政治革命、工業革命、帝國主義，以及資本主義的興起本身，一起推演出現代社會的基本特徵。

西方不等同全世界。當西方發生上述演變的時候，亞洲與之有諸多關聯和互動，尤其是東西方貿易、歐洲人在亞洲的宗教傳播、歐洲人在亞洲不斷拓展殖民地範圍、中歐科技文化知識的相互影響等等，都超過此前任何其他時代。但是，關聯和互動並不等於這個時代的亞洲各國與歐洲發生了同步、同方向的歷史運動，其各自原來既有的基於各自內在因由的歷史演變仍在進行，而類似前面所回顧的構成歐洲社會結構深刻變化的歷史運動，如宗教改革、科技革命等等，在亞洲各國皆無相似情況。這裏，惟有印度有些例外。英國人在印度的長期統治使印度不可能如同時期的中國、日本那樣獨立自主運行，發生了英國主導的社會變化，其中包括一些具有英國特色的變動。但是，在同一歷史進程中，宗主國與殖民地的處境和後果是差異的，印度並沒有在英國人統治時代完全實現現代化。其實，因為國族國家就是現代化的內在含義之一，未經獨立的殖民地只能實現部分的經濟、社會現代化，而不可能實現全面現代化。這一點，是幾乎所有強調殖民現代化價值的研究者都忽視了的。同樣顯而易見但卻常常被忽視的是，即使歐洲的快速強盛和變化已經被察覺，但是在 19 世紀中葉以前，沒有一個獨立的亞洲國家自主選擇模仿西方。這只能用傳統的巨大力量來解釋。於是，到了 19 世紀中葉以後，亞洲各國就全部處於不得不面對西方的挑戰為保全自我而做全面反省和自我改造的境地。改造的主張和嘗試無數，但是因為沒有任何其他力量能夠造成足夠強大的競爭力，基本方向最終只能是各自謀求現代化，而其路徑，難以避免地是從學習西方、與西方交結入手。

回到亞洲的現代化轉變問題上來。19 世紀中葉，在先前幾個世紀中

已經在亞洲建立諸多據點的歐洲和稍後強盛起來的美國開始以自由貿易為旗幟，以武力為依托，直接敲打中國、日本的國門，亞洲普遍感受到被外來勢力擺佈的或者不同程度殖民地化的威脅。印度自 16 世紀成為英國殖民地，到 20 世紀中葉實現獨立，經歷了近 4 個世紀的殖民地歷史。經歷了這樣漫長的殖民地歷史，獨立後的印度採用英語作為官方語言，本土語言則皆成為方言。現代印度的知識精英，包括歷史學家，也是高度西化的。朝鮮，在 20 世紀初到 1945 年間成為日本殖民地。中國沒有成為西方國家的殖民地，但喪失了一些主權，中國現代歷史學家稱 1840 年之後百年的中國為「半封建半殖民地社會」，中國真正成為殖民地的，一是 20 世紀 30 年代到 40 年代的東北，二是 1895 年到 1945 年的台灣。朝鮮和中國台灣與東北的殖民者不是西方勢力，而是亞洲的鄰國日本。日本在過去漫長的歷史上從來沒有成為亞洲大陸的殖民者，其殖民主義是模仿西方而推行的。這樣，19 世紀中葉到 20 世紀中葉的百年，亞洲既與西方殖民勢力糾結，也與亞洲的後發殖民勢力糾結。現代化變革與殖民地經歷糾纏，這是後發現代化在亞洲的具體表現之一，是亞洲現代化的複雜性之一，也帶來亞洲現代歷史學長久難以分解的一系列論題。

現代化作為一個世界歷史過程，包含內在的悖論，它藉以興起的那些被描述為普遍真理的觀念一旦有效地在其他地方生根，就會成為解構歐洲特殊性的武器。例如，現代化借諸國族主義而興起，強化了國族單元的認同，而國族主義在非西方國家與在西方國家一樣推動了當地把自身傳統盡一切可能塑造成值得驕傲的東西的傾向。因而，所有亞洲國家的歷史學中都包含一種訴求，即試圖表達，雖然事實上西方是最先進入現代化的，但邏輯上非西方也並非不可能自行進入現代化；即使非西方社會沒有自行發展起完整的現代社會來，但其內部卻曾經發生現代社會的要素，因而不能排除其自行發展到現代社會的可能性。這種心理層面易於理解，而在邏輯上無法證實也不能證偽的傾向，至今出沒於歷史學家的筆端。

歷史學關照現實去思考已然的事實。當下亞洲各個社會已然具有現

代性，而從這種現代性的基本特性及其發生歷程看，肯定不是由亞洲社會率先生成的，既不是完全內生的，也不是完全外爍的。亞洲的現代性至今與西方有不同的表現，其中所有的差異都表示，亞洲的現代性不是歐洲現代性的克隆體，亞洲的現代性只是一種後發現代性，西方率先發展起現代社會並不證明亞洲國家是缺乏歷史或者社會發展停滯的。

二、現代主義與亞洲歷史學中的現代化論

亞洲史學史中的現代史學，以「新史學」的姿態在亞洲後發現代化社會轉變歷程中展開。它從一開始就擺開突破自身固有傳統而順應世界大勢的姿態，推動 19 世紀末以降世界範圍社會轉型的各種主要思潮都在亞洲的現代史學中留下了印記。其中最重要的，自然是歐洲啟蒙主義。率先在歐洲展開的啟蒙主義思想，強調社會的進步性，推崇理性和科學實證精神，尊重人的尊嚴和自由權利，將追求個人財富視為一種進步的理性行為。這種觀念，深刻地滲透到對於歷史學作為一種知識體系的理解中。自 19 世紀末開始，亞洲興起的現代主義史學與西方思潮符節相應，明顯地帶有科學主義、進化論、國族主義取向。而且，這三種取向都被當時的亞洲思想界視為實現現代化社會轉變必不可少的利器。有反諷意味的是，所有這些特點在 20 後半期國際範圍的歷史學界都備受詬病，相關的批評可以被大致歸納到所謂「後現代主義歷史學」的類目中。

邏輯上說，如果討論某種以「後」標名的主義，先需存在一個其非「後」的同名主義流行，否則帶「後」的主義就無的放矢。然而，「現代主義」從來沒有像「後現代主義」那樣風靡一時，它其實是在「後現代主義」的批評展開過程中才廣泛為人所知的。而且，直到現在，「現代主義」的定義和用語都比「後現代主義」更模糊。比如，前文在引述有關日本戰後歷史學的評論時出現過的「近代化」、「近代性」這樣的語彙，含義與「現代化」、「現代性」難以區分，如果尋找其英文的對應詞彙，都是 "mordernization"、"modernity"。在本書中，通常所見的「近代」、

「現代」是相同的含義，相應地，「近代化」與「現代化」、「近代性」與「現代性」也是相同的含義。這裏所說的「現代主義史學」，指主要在19、20世紀作為現代學術主流展開的那種歷史學 —— 即使在詳細說明其具體特點之前，我們也可以知道其與後現代史學之間存在一些比較明確的分野。與此同時，我們還要注意，在現代主義史學流行的時代，今天人們談論的所謂後現代主義史學的許多表現其實已經出現 —— 當時人們其實是將之作為現代主義的思想來表述的。其次還需要指出，現代主義歷史學與文學藝術界早就在談論的現代主義藝術的區分，後者在本書的語境中其實屬於後現代主義範疇，是作為對現代工業社會反思的藝術表現而興起的。

　　一般說來，現代主義是一種以對西方自文藝復興到工業資本主義完成時代凸顯出來的主流社會理念認同為核心的觀念。在這種觀念傾向中，人具有自然、社會、認識的多重主體性，人的尊嚴、權利、自由是自明的基本價值，理性是人認識和看待世界最根本的依據，而理性又以科學的成就與科學的方法作為支撐，人類歷史表現出朝向理性逐步發展的進程，市場經濟、發達的工業體系、國族國家、維繫社會公正和安全的民主與法制體系，從不同側面體現歷史的進步性。這種進步性，是充滿活力和創造能力的，並且典型地體現在歐洲過去數百年的發展變遷中。偏重於從經濟歷史意義上概括現代社會的人傾向於把西方晚近幾個世紀間突出發展的工業化、商品化、城市化、市場經濟作為現代社會的標誌。從這種意義上說，現代主義就是對具有前述標誌的社會體系高度認同的價值信念。從歷史學的角度看，現代主義的歷史學主要有大致下述傾向：一是進步的歷史觀，認為人類歷史是由低向高水平逐步發展的有方向的運動，而且這種發展是人類歷史的根本屬性；二是很大程度上把歷史視為外在於歷史認識主體的如同自然界事務的客觀事實；三是認為歷史是可以通過包括科學在內的各種方法加以認識的，歷史學能夠認識事實；四是把歷史學視為依據證據，用理性的方式辨析以往發生的事實，並加以解釋，從而為當下人們提供經驗性認識的事業。這種歷史學

的觀念並不單獨存在，是在前述對於現代社會一般性徵的信念佔據主流地位的時代氛圍中展開，所以，在現代歷史學的各種敍述中，都會時時看到把資本主義發生和發展視為必然，把國族國家視為歷史目標的預設。這種歷史學在歐洲是相對緩慢地伴隨着啟蒙理性、市場經濟、現代學術一起展開的，因而其呈現的歷程比較平和。在亞洲，卻是作為從西方發現的真理性的知識和拯救社會艱難的武器在很短的時間內引進的，因而，具有振聾發聵的衝擊力和影響力。在 20 世紀前期，現代主義的歷史觀幾乎就是現代本身的體現。

現代主義歷史學與現代理性主義密切關聯，具有比先前各個文明所形成的歷史學更強的認知能力，也曾經發生了巨大的社會進步推進作用。其問題主要在於，當其逐漸成為一種思維定勢，成為一種絕對化的意識形態的時候，它就開始屏蔽對於所謂現代社會的批評性思考，至於在歷史敍述中強調國族國家、政治精英，還在其次。人類社會並不可能停止在所謂的「現代社會」，所以對現代社會需要與對其他事物一樣，保持批評性審視的意識。而且，現代主義內在地與歐洲中心主義融合在一起，在這種觀念基礎上，亞洲的歷史一定要參照歐洲的歷史來思考和書寫，而這樣書寫的亞洲各國歷史都是某種意義上的非典型歷史，亞洲歷史學也就很容易成為歐洲中心主義的載體。

在本書所討論的亞洲四國中，日本是最先展開現代歷史學的國家。一般的史學史考察，會從德國蘭克學派的里斯到東京大學講授歷史作為日本現代歷史學的開端。其實，如果從現代觀念的興起角度看，還應該向稍早的時候看，從福澤諭吉說起。福澤諭吉在《文明論概略》中指出，當時世界的文明情況「要以美國為最文明的國家，土耳其、中國、日本等亞洲國家為半開化的國家，而非洲和澳洲的國家算是野蠻的國家。」[1]這個文明的國家，就是福澤諭吉心目中的現代社會，他所描述的最文明

---

❶ 福澤諭吉著，北京編譯社譯：《文明論概略》，第 9 頁。

國家的特點，也就是他對於現在我們所說的現代社會的整體印象：「這裏已經把社會上的一切事物納於一定規範之內，但這個規範內人民卻能够充分發揮自己的才能，朝氣蓬勃而不囿於舊習；自己掌握自己命運而不必仰賴他人的恩威；敦品勵學，既不懷慕往昔，也不滿足現狀；不苟安於目前的小康，而努力追求未來的大成，有進無退，雖達目的仍不休止；求學問尚實用，以奠定發明的基礎；工商業的日益發達，開闢幸福的泉源；人的智慧似乎不僅能滿足當時的需要，而且還有餘力為將來打算。這就叫做現代文明，這可以說是已經遠遠地擺脫了野蠻和半開化的境界。」[1] 這個現代文明就是福澤諭吉為明治日本設立的整個社會追求的基本目標。而且，福澤諭吉認為現代文明就是從野蠻進入半開化，從半開化進入文明的，文明會不斷發展進步，「現在的歐洲文明，僅僅是以現在人類的智慧所能達到的最高程度而已。所以，現在世界各國，即使處於野蠻狀態或是還處於半開化地位，如果想使本國文明進步，就必須以歐洲文明為目標，確定它為一切議論的標準，而以這個標準來衡量事務的利害得失。本書全編就是以歐洲文明為目標，而討論對這種文明的利害得失的，希望學者不要誤解本書主要的這種旨趣。」[2] 福澤諭吉的思想，為明治以後日本的現代化設定了基調，承認日本自身相對於歐美的落後，把歐美視為人類文明迄於當時所達到的最高點，將歐美文明作為衡量事務的尺度。他把文明比作鹿，政治如同射手，各國「射手」的射法因人而異，「不過他們的目標都是在於射鹿和得鹿。」[3] 非常可貴的是，他深切關注了對歐美文明的追求必須立足於本國原有的傳統，探析了如何利用這種傳統並保持「國體」，沒有主張一味西化，同時還認為即使當時處於全世界最高文明水平的美國之狀態也有許多不完美之處，不當照搬。即使如此，國族競爭的、歐洲中心主義的、天然進步的、目的論

---

❶ 福澤諭吉著，北京編譯社譯：《文明論概略》，第 10 頁。

❷ 福澤諭吉著，北京編譯社譯：《文明論概略》，第 11 頁。

❸ 福澤諭吉著，北京編譯社譯：《文明論概略》，第 41 頁。

的歷史觀依然非常清晰地在他的言說中展現出來。當稍後日本藉助德國歷史學者建立日本的現代歷史學體系時，福澤諭吉的前述思想已經成為普遍思想觀念的基礎。

前文已經提到，日本學術界在 19 世紀末受蘭克學派影響而展開了日本的現代歷史學。這種歷史學帶有明顯的客觀主義、崇尚實證的取向，而客觀主義的知識論是在歐洲啟蒙時代伴隨自然科學的凱歌行進和競爭進步歷史觀而成為主導性的認識觀念，其內裏的取向是對科學的崇尚和泛科學化的人文社會研究意識。蘭克學派的歷史研究大多採取國族國家中心方式，這也是現代主義與歷史學結合的一種突出表徵。不過，明治以後的日本彌漫着在亞洲國家中率先完成現代化轉變的心理氛圍，與亞洲鄰國的相對落後和在西方列強身上看到的殖民主義行為結合，促成了一種由日本統攝亞洲與西方列強分治天下的主張。在這種情況下，日本的國族國家意識很快被納入亞洲主義的更大框架中。這就使得 20 世紀前期的日本歷史學與以大東亞共榮的名義控制亞洲鄰國的擴張主義形成了深度契合。在這段時期，現代主義對於日本社會，既是一種啟蒙的、推動自身社會積極變革的思潮，同時也是其侵略擴張的思想助力。

系統的現代化歷史觀在日本的廣泛傳播，頗得益於美國學者的推動。從史學理論角度看，這種現代化論歷史觀其實正是現代主義在與美國戰後亞洲戰略結合後形成的亞洲歷史敍述體現，是一種專門針對亞洲的現代主義歷史解釋模式。受美國福特基金會資助，1960 年 8 月，有 J. W. 赫爾（John W. Hall）、R. P. 多爾、川島武宜、大內力、遠山茂樹等人參加的「近代日本研究會議」在東京附近的箱根召開。這些學者主張，明治以來的日本取得了現代化的成功，這種成功以日本江戶時代與西歐社會結構近似為基礎，從而，對日本戰爭時期的侵略行為的制度和文化反省開始被淡化，成為與其他亞洲國家相比最成功的範例，史學家對於明治維新的評價也從偏重反省轉為極度正面化。這次會議提出了社會現代化的幾條標準：

人口較高程度向城市集中，整個社會以都市為中心組織起來；

高度利用非生物能源，商品廣泛流通，服務業發達；

社會成員廣泛互動，普遍參與經濟和政治事務；

村社和世襲社會群體普遍解體，個人社會流動性增大，個人社會表現多樣化；

個人日益科學地應對環境，讀寫能力提高；

形成廣泛且具有滲透性的大眾傳媒網絡；

擁有政府、企業、工業等大規模社會設施且其組織日益科層化；

各龐大人口集團逐漸統一在國家之下，各國相互聯繫加強。[1]

這樣的現代化概念，是以工業化為核心的，都市化、商品經濟和服務業發達、社會參與和社會流動、教育、大眾傳媒的發達都可以被理解為工業化社會的其他特徵。需要注意，這種現代化觀念是明確突出國家統一權威的，而且把科層化作為從政府到企業的關鍵性組織方式。而且，這些情況，幾乎就是當時西方發達國家情況的投影。因而，現代化論強化了西方中心主義，也強化了國族國家的歷史觀。與此同時，現代化論也提供了歷史敘述的一個影響深遠的別樣視角。雖然前述特徵本身比較具體而不具有理論特徵，其背後的理論觀念卻正是現代主義。

這樣的一種研究方式當然不會僅僅針對日本歷史，亞洲乃至整個非西方社會晚近時代的歷史都可以被納入這種研究方式中加以敘述。事實上，美國的戰後亞洲歷史觀是一個整體。這種觀念主要由費正清、鄧嗣禹、賴肖爾等戰後第一代亞洲學研究者推動展開。其中較早出版並形成長久影響的是費正清與鄧嗣禹合作編寫的一部文獻集，題為《中國對西方的反應 —— 一項文獻性的調查》（*China's Response to the West: A Documentary Survey, 1839-1923*），此外還有費正清與賴肖爾（Edwin O. Reischauer）等合作的《東亞 —— 傳統與變革》（*East Asia: Tradition and Transformation*）、《中國：傳統與變革》（*China: Tradition*

---

❶ 參看羅榮渠：《現代化新論 —— 世界與中國的現代化進程》（增訂本），北京：商務印書館，2004 年，第 37-38 頁。按羅榮渠把當時的現代化定義歸為現代化理論形成時期的看法。

and Transformation），以及費正清主編的多卷本劍橋中國史等等。由費正清代表的第一代哈佛學派學者講述的中國歷史，偏重於晚清以後的社會變革，其核心主張被評論者概括為「刺激—反應模式」，其中包含對中日社會體系現代化轉變的對比。大意認為：傳統中國雖然歷史悠久且曾輝煌，但缺乏內在的向現代社會發展的勢能，在帝制後期已經陷於停滯，是來自西方的刺激促成中國做出反應，但中國的反應遲鈍而缺乏有效性。同一時期的日本對西方的刺激做出了遠為積極有效的反應，因而迅速超過中國。這樣的解釋，繼承了東方主義的亞洲歷史停滯的傳統看法，判定亞洲國家不能自行走向現代社會，西方國家在亞洲的擴張，在這種敍述中除了帶有殖民主義性質以外，也帶有現代化推進者的性質，從而西方自身的歷史演變和社會狀態也就成為衡量亞洲各國的尺度。早期哈佛學派的這種亞洲歷史敍述方式對 20 世紀 50 至 70 年代的中國歷史學影響不大，但在 60 年代介紹到日本之後，對日本學術界的亞洲歷史敍述方式產生了較大影響。如前所述，日本學術界在這種論說中找到了一種以現代化作為基本框架的對明治維新以後日本歷史的敍述方式。在這種敍述中，日本成為亞洲各國中最成功的後發現代化轉變的典型，而戰後初期對明治以後日本走向軍國主義擴張和侵略戰爭的經歷在現代化框架中成為其現代化總歷程中的次要波折。這在日本，引導反思的歷史學轉向經驗總結的歷史學；在中國，則成為強調日本近代成功、中國挫敗的歷史敍述的一種參照。

中國學術界雖然在 20 世紀 60 年代就已經知曉美國學者的現代化論，但在 20 世紀 80 年代以後才開始系統了解哈佛學派的歷史觀。當時，中國在結束文化大革命後正集中關注推進中國的「四個現代化」建設，對任何以「現代化」為關鍵詞的研究，都有濃厚興趣。同時的美國學術界，卻其實已經開始對早期哈佛學派的前述高度西方中心主義的亞洲歷史解釋模式做出反省，出現了柯文（Paul Cohen）《在中國發現歷史 —— 中國中心觀在美國的興起》這樣的著作。但中國學術界接觸到這種反思卻要到 90 年代末期。就在這段時間，中國歷史學界出現了一次現

代化論高潮。中國歷史學家中，羅榮渠在 1993 年出版《現代化新論》，1997 年羅榮渠逝世一周年之際出版了他的遺著《現代化新論續篇 —— 東亞與中國的現代化進程》，2004 年，一些學者將《現代化新論》全書與《現代化新論續篇 —— 東亞與中國的現代化進程》中的部分章節合編到一起，以《現代化新論 —— 世界與中國的現代化進程》（增訂本）為題出版，表達了中國學術界最為體系化的現代化歷史觀。

美國學者李淮陰曾經比較明確地概括現代化論在中國展開的背景。他指出：「改革時代，來自西方的理論與概念的影響成為引導中國歷史編纂學轉變的另一個淵源。作為在 20 世紀 80 年代開始的開放政策的一部分，中國政府通過向國外送出學者和學生，邀請外國專家到中國來工作或者教學，促使國內讀者獲得外國學術期刊、書籍原本或者翻譯本的方式，鼓勵與發達國家之間的學術交流。結果，在西方社會科學與人文學術界流行的形形色色的理論，包括非馬克思主義的和馬克思主義的，被介紹到中國，既構成對保守的馬克思主義歷史學家的挑戰也構成渴望提升中國歷史編纂學水平的學者的一種資源。在重要的西方理論中，在 80 至 90 年代間影響力最大的，毫無疑問，是現代化理論。儘管這種理論原本是 20 世紀 50 至 60 年代間服務於美國全球戰略的意識形態，但它與改革時代旨在所有重要領域趕上發達國家的『四個現代化』項目若合符節。經過一些必要的修改，現代化理論可以成為新領導者實用主義觀念的一個很鮮亮的工具。對於那些對在歷史解釋中運用被僵化的馬克思主義教條感到厭倦的歷史學家說來，把現代化理論因素融入他們的概念框架中不僅使得他們的著作與中國經濟和政治發展的現實契合，也使得他們的學術顯得富有新意並有利於其職位晉升。」[1] 這段回顧，對於了解現代化論在中國興起的國際背景有一定參考意義。

---

[1] Huaiyin Li, "Rewriting modern Chinese history in the reform era: changing narratives and perspectives in Chinese historiography", in Q. Edward Wang and Georg G. Iggers eds., *Marxist Historiographies: A Global Perspective*, London and New York: Routledge Taylor & Francis Group, 2015, p.105.

羅榮渠在 20 世紀 80 年代多次出國研究、工作，受美國學者的現代化研究，尤其是布萊頓的現代化研究影響很大，這對他的「現代世界意識的形成和新的歷史發展觀的形成發生了決定性的影響。」[1] 在他回國之際，恰逢中國大力推進現代化，於是全力投入現代化研究。他的基本主張可以歸結為「一元多線歷史發展觀」，即把現代化作為體現人類歷史全球性大轉變的主要歷程，以生產力為社會發展的中軸線，同時注重現代化道路的差異性，以此對世界的現代化發展進行道路模式層面的分析和比較，尤其偏重對包括中國在內的第三世界現代化的分析。羅榮渠不認為現代化是晚近從西方輸入中國的新名詞，他引用胡適在 20 世紀 30 年代說過的一句話：「30 年前，主張『維新』的人，即是當日主張現代化的人。」[2] 用來說明，現代化在中國是一個使用了半個多世紀的名詞，而對現代化的追求則是晚清以來就有的潮流。他的論證，結合了西方主要從發展經濟學角度對現代化的論證、馬克思社會發展理論中關於現代社會發展的觀點、鄧小平的「發展才是硬道理」的主張。其一元多線歷史發展觀，是通過對馬克思主義社會發展理論重新梳理，並作為一種歷史唯物主義的對現代化這個世界歷史現象進行解釋的觀點來呈現的。馬克思沒有提出現代化理論，但因其對現代工業社會的分析而被西方社會學界視為現代化論的思想前驅者之一。在馬克思主義的概念體系內，其最突出的主張，是用「生產力標準代替生產關係標準作為衡量社會發展的客觀主導標誌」。[3]「現代化的基礎與核心是經濟發展問題……」[4] 這種以生產力為標準的社會發展觀作為一種歷史敍述的視角，直接改變了革命史的敍述。羅榮渠指出：「長期以來，對近代中國劇變的認識都是以革命史上反帝反封『兩個過程』作為基本線索和理論分析框架」，該說則「突

---

❶　羅榮渠：《現代化新論 —— 世界與中國的現代化進程》（增訂本），北京：商務印書館，2004 年，「羅榮渠自述」第 3 頁。
❷　羅榮渠：《現代化新論 —— 世界與中國的現代化進程》（增訂本），「序言」第 1 頁。
❸　羅榮渠：《現代化新論 —— 世界與中國的現代化進程》（增訂本），「序言」第 5 頁。
❹　羅榮渠：《現代化新論 —— 世界與中國的現代化進程》（增訂本），第 8 頁。

破了這一分析框架，從眾多的內外因素的互動作用，提出了以衰敗化、半邊緣化、革命化、現代化四大趨勢為近代中國變革的基本線索的新觀點。」[1] 羅榮渠梳理了「現代」的時段含義，指出，西方學術界所說的現代，通常指自 15 世紀到現今，中國史學界先前通行的「世界現代史」，是以 1917 年俄國十月革命為起點，日本學界談論現代化問題時近代與現代不甚區分，但處理具體歷史敍述時多將 1945 年日本戰敗作為近代和現代之間的界限。羅榮渠則把 18 世紀的歐洲工業化作為現代化的起點。「如果把現代化作為整體放在特定的歷史時代的位置上來考察，那麼我們可以把它大致理解為從 18 世紀後半期西方工業革命以後出現的一個世界性的發展進程，或稱全球發展總趨勢。」他接下來把這個進程分為廣義、狹義兩種。「廣義的現代化主要是指自工業革命以來現代生產力導致社會生產方式的大變革，引起世界經濟加速發展和社會適應性變化的大趨勢；具體地說，這是以現代工業、科學和技術革命的推動力，實現傳統的農業社會向現代工業社會的大轉變，使工業主義滲透到經濟、政治、文化、思想各個領域並引起社會組織與社會行為深刻變革的過程。狹義的現代化主要是指第三世界經濟落後國家採取適合自己的高效率途徑，通過有計劃的經濟技術改造和學習世界先進，帶動廣泛的社會改革，以迅速趕上先進工業國和適應世界環境的發展過程；也就是說，現代化進程的客觀內容，是欠發達和不發達國家在現代國際體系的影響下，向現代工業社會轉變、加速社會發展和縮小與發達國家差距的過程。」[2] 所謂現代性（modernity），就是現代化過程中呈現的新特點。[3] 羅榮渠不接受五種生產關係依次遞進的單線發展論，但他接受列寧的決定論，稱：「列寧說：『只有把社會關係歸結於生產關係，把生產關係歸結於生產力的高度，才有可靠的根據把社會形態的發展看作自然歷史過程。不言而喻，

---

❶ 羅榮渠：《現代化新論——世界與中國的現代化進程》（增訂本），「序言」第 7–8 頁。
❷ 羅榮渠：《現代化新論——世界與中國的現代化進程》（增訂本），第 102 頁。
❸ 羅榮渠：《現代化新論——世界與中國的現代化進程》（增訂本），第 104 頁。

沒有這種觀點，也就不會有社會科學。」我們把這一觀點稱為社會進步與經濟發展的中軸原理。」[1] 他根據這個「中軸原理」來對他的歷史發展合力說做了具體的表述。[2]

他的「現代化」概念，與工業革命、工業化、經濟發展有很大重合度。羅榮渠清楚地了解，「現代化理論，不論是西方觀點還是馬克思主義觀點，都是建立在社會進化論的基礎之上的。進化史觀是現代工業社會興起的產物。」[3] 他認為西方流行的是一種從傳統農業社會向現代工業社會的單線演進過程，以往人們用五種生產方式為線索理解的馬克思主義的社會發展觀也是單一線索的，但馬克思的歷史發展觀其實是多線式的而不是單線的，「至少他晚年的觀點是明顯的一元多線歷史發展觀」。[4] 他列舉了世界歷史中與單線歷史發展觀矛盾的事例後指出：「對歷史發展單線論的最尖銳的挑戰是現實的挑戰。既然資本主義創造了歷史上最強大的生產力，而這種生產力又是邁向社會主義的必要物質條件，為什麼還沒有具備這一物質條件的國家首先導向社會主義？如果歷史單線發展論是正確的，現實的社會主義就是錯誤的或反常的；如果現實的社會主義是真實的，歷史單線發展論就是錯誤的。」[5] 一元的元，是生產力發展：「人類歷史發展歸根到底是圍繞以生產力發展為核心的經濟發展的中軸轉動，我們稱之為社會進步與經濟發展的中軸原理。這是堅持馬克思主義的歷史一元論。」[6] 多線論的現實指向是，西方的現代化論意味着非西方國家的現代化就是西化，而多線論意味着非西方國家可以通過不同的途徑實現現代化卻並不西化；西方的現代化論意味着非西方世界的現代化必須通過與傳統的斷裂，而多線論意味着非西方世界可以不與傳統斷

---

❶ 羅榮渠：《現代化新論 —— 世界與中國的現代化進程》（增訂本），第 106 頁。
❷ 羅榮渠：《現代化新論 —— 世界與中國的現代化進程》（增訂本），第 106-107 頁。
❸ 羅榮渠：《現代化新論 —— 世界與中國的現代化進程》（增訂本），第 56 頁。
❹ 羅榮渠：《現代化新論 —— 世界與中國的現代化進程》（增訂本），第 61 頁。
❺ 羅榮渠：《現代化新論 —— 世界與中國的現代化進程》（增訂本），第 65 頁。
❻ 羅榮渠：《現代化新論 —— 世界與中國的現代化進程》（增訂本），第 75 頁。

裂，甚至利用傳統來實現現代化 —— 東亞地區在 20 世紀後期的現代化發展就是一個例證。他承認文化、價值觀念在現代化中會發生作用，但堅持「經濟因素是自變因素，是社會發展的原動機，它在社會生活中的這一功能愈來愈大。文化因素則是它變因素，它提供一種價值觀直接影響人們的意識，其社會功能主要是為經濟生活和政治生活提供某種約定俗成的行為規範。文化並不直接地、更不單獨地對經濟發揮作用，他在這方面的作用始終限定在一定經濟和政治條件與國際環境中。忽略了這一點，就會像黑格爾那樣，把歷史的發展顛倒過來，變成觀念即絕對精神的發展了。」[1]

依照馬勇的研究，羅榮渠是中國史學界「最先從事現代化史實證研究並獲得相關主管部門認可和支持的」。[2] 1986 年以後的數年中，在國家支持和北京大學世界現代化進程研究中心同人共同努力下，羅榮渠等人相繼出版了《現代化新論 —— 世界與中國的現代化進程》、《東亞現代化：新模式與新經驗》（羅榮渠、董正華編）、《從西化到現代化 —— 五四以來有關中國的文化趨向和發展道路論證文選》（羅榮渠主編）、《中國現代化歷程的探索》（羅榮渠、牛大勇編）、《現代化：理論與歷史經驗的再探討》（羅榮渠主編，亨廷頓等著）等，從而「開啟了改革開放後中國學術界對世界現代化進程研究之先河，是那時最具標誌意義的現代化史研究成果。」[3] 大致同時，中國大陸學界出現了許紀霖、陳達凱主編的《中國現代化史》（第一卷）、虞和平主編《中國現代化歷程》（3 卷本，江蘇人民出版社 2001 年版），現代化成為中國歷史敍述最有影響力的新視角。馬勇把羅榮渠等人的現代化研究，視為文革之後「撥亂反正」的表現之一，「現代化史研究重啟之後，對原來幾十年深入人們思想深處的『革命敍事』確實提出了挑戰，從現代化視角解釋鴉片戰爭、太平天

---

❶ 羅榮渠：《現代化新論 —— 世界與中國的現代化進程》（增訂本），第 242 頁。
❷ 馬勇：《回顧與前瞻：中國現代化史研究的重啟、推進和深化》，《河北學刊》，2015 年第 1 期。
❸ 馬勇：《回顧與前瞻：中國現代化史研究的重啟、推進和深化》，《河北學刊》，2015 年第 1 期。

國、洋務運動、義和團戰爭、辛亥革命等一系列重大事件，重新評價林則徐、曾國藩、恭親王、李鴻章、慈禧太后、袁世凱、洪秀全等一系列重要人物，都能得出很不一樣的結論……以這樣的視角觀察近代中國走過的道路，從鴉片戰爭、林則徐，幾乎每一個事件、每一個重要人物都要給出一個全新的解釋，過去的『革命敘事』也就被根本顛覆，主流話語也就受到極大乃至毀滅性的衝擊。」[1] 稍後，中國近代史研究所發生的從「革命範式」到「現代化範式」的轉變，顯然與羅榮渠的現代化論研究密切相關。馬勇在對現代化史研究做出高度評價之後指出，現代化是一門研究建設發展的學問，革命史觀則是一門關於革命的學問，革命雖是歷史上的非常態，但畢竟是客觀存在，中國近代史上革命與改良的實際情形，還可以進行研究。他顯然看到，建設發展並不是歷史的全部內容，但他並沒有從史學理論意義上就建設發展史與革命史的關係做更深入的考察。錢乘旦主張，現代化應該成為重構中國的世界史研究體系的基本線索之一。以往中國世界史學科使用「蘇聯體系」，這個體系對中國世界史的起步發生過推動作用，但該體系是斯大林時代的產物，並不完全符合馬克思主義，且時代已經改變，需要突破該體系而建立「適合中國特色社會主義的新學科體系」。他贊成羅榮渠的現代化定義，並認為「『現代化』是一個中性概念……現代化的執行方式可以姓『資』，也可以姓『社』，甚至出現更複雜的屬性……中國現代化是『社會主義現代化』，英、美、法等國是『資本主義現代化』。」他申明無意主張以現代化作為主題的世界近現代史體系是唯一可行的體系，其他視角如「全球史觀」、「從分散到整體的世界史觀」、「環境史觀」、「生態史觀」等皆有關涉世界史體系的探討價值。[2] 李世安反對錢乘旦的前述主張，理由是：「排除了不同道路發展模式的『社會經濟』的不同性質而籠統地提

---

❶ 馬勇：《回顧與前瞻：中國現代化史研究的重啟、推進和深化》，《河北學刊》，2015 年第 1 期。
❷ 錢乘旦：《現代化與中國的世界近現代史研究》，《歷史研究》，2008 年第 2 期。另可參看錢乘旦：《世界近現代史的主線是現代化》，《歷史教學》，2001 年第 2 期；錢乘旦：《以現代化為主題構建世界近現代史新的學科體系》，《世界歷史》，2003 年第 3 期。

現代化，很容易陷入西方學者設置的資本主義現代化道路的陷阱」。[1]

《現代化新論》出版之後，北京大學世界現代化進程研究中心在北大召開了一次專門會議進行研討。與會學者對該項研究做了高度評價。羅榮渠先生去世之後，北京大學出版了專門紀念文集，[2] 他的學說，很快成為中國改革開放以來影響力最大的一種學術主張，也成為學術界研究的對象。2015 年，由錢乘旦任總主編，近 70 位學者參加寫作的《世界現代化歷程》10 卷本由江蘇人民出版社出版。錢乘旦指出：「本書的主題是『模式』，『不同模式』是研究的核心。關於現代化，西方學者普遍強調西方經驗的普適性和示範性，把全世界的發展都納入到西方模式中去。但世界現代化的事實卻不是這樣的，現代化在世界各地展現出不同的發展道路和不同的模式。本書對不同的道路和不同的模式進行歷史的考察和實證的研究，通過研究說明：儘管現代化是各國各地區發展的共同趨勢，但現代化的模式卻千差萬別，每一種模式都有其存在的理由，任何一種模式都有利有弊，不存在放之四海而皆準的普遍形式。」「中國的世界現代化研究有明顯的功能取向。眾所周知：現代化研究由西方發起，但西方的研究是把矛頭指向別人，想通過學術渠道把自己的價值判斷輸送給其他國家，以達到改變與控制他國的目的。中國的世界現代化研究和西方最大的不同在於：中國的研究立足於本國的需要，因此它着眼於本土，為本國現代化服務。由此，它的研究視角就帶有明顯的批判性，其選題也具有強烈的現實性，它用批判的眼光觀察發達國家的現代化，同時也從批判的角度考察發展中國家正在經歷的現代化。」[3] 這顯示出，中國的現代化史觀具有強烈的現實關照，具有為國家戰略提供參考的取向。同時，這裏也可以看到，從羅榮渠代表的早期現代化研究到錢乘旦主持的晚近發展之間，中國的現代化研究對於西方現代化論的批評

---

❶ 李世安：《現代化能否作為世界近現代史學科新體系的主線》，《歷史研究》，2008 年第 2 期。

❷ 北京大學世界現代化進程研究中心編：《羅榮渠與現代化研究 —— 羅榮渠教授紀念文集》，北京：北京大學出版社，1997 年。

❸ 錢乘旦：《世界現代化進程研究》，《外國問題研究》，2016 年第 1 期。

逐漸尖銳起來。

　　羅榮渠的現代化史觀是一種宏闊的、比較的歷史觀，其全球史觀的意味頗有助於中國歷史敍述從過度聚焦於本國內部的經驗擴展到兼顧全球歷史經驗，其對於第三世界現代化，尤其是中國現代化歷程的考察雖然仍然是粗略的，但已經很大程度上豐富了現代化論作為一種歷史考察方式所覆蓋的範圍。王泰認為：「整體史觀、現代化研究和文明交往研究是我國新時期世界史研究的三大歷史視野，也是中國學者為建構世界史研究中國學派具有代表性的研究成果……世界史的體系建構理路應該是在堅持唯物史觀基本原理的基礎上，充分吸收西方史學有益的研究成果，以整體化的世界歷史為主線，以現代化的世界歷史為主要內容，尋求並強調文明交往的歷史意義與歷史地位。」[1]同時，這種論說也拉近了在西方學術界的現代化論與馬克思主義之間的關係。沈漢就認為，「羅榮渠教授史學理論的一個重要貢獻是他提出了較完備的現代化理論。在國內外學界，過去誤認為現代化理論是西方非馬克思主義流派的產物。羅榮渠教授在仔細研究了馬克思主義經典作家的著述後糾正了這種看法，充分肯定了馬克思在現代化理論形成中的地位。」[2]也有青年學者把羅榮渠的研究稱為「現代化範式」，並認為這種範式論證了「物質層面的現代化在整個現代化過程中的核心地位」，把制度層面的現代化看作依附於物質現代化的適應性變化，這就忽視了後發現代化國家的制度現代化並不是隨着物質現代化自然發生的，而是需要自覺的改革、追求。同樣，由於偏重物質層面，現代化範式雖然討論了儒家文化在東亞現代化中的角色問題，但沒有實現對觀念層面現代化推進問題的深入探討。[3]

　　羅榮渠的現代化論主張世界史以 18 世紀的歐洲工業化為開端，而

---

❶ 王泰：《中國世界史學科體系的三大學術理路及其探索》，《史學理論研究》，2006 年第 2 期。

❷ 沈漢：《悼念羅榮渠教授》，《史學理論研究》，1996 年第 3 期。

❸ 鍾永平、杜瓊：《羅榮渠與「現代化範式」》，《浙江社會科學》，2006 年第 5 期。

不是從 16 世紀開始。他並沒有講到，現代化論既然是一種歷史發展觀，對於 18 世紀以前的歷史應當如何講述。從他的概念體系推測，生產力水平是最可能被作為現代化發生以前歷史敍述的中心線索的。現代主義是由來已久的思想觀念，不過，當現代化論作為一種經濟發展理論在西方展開的時候，雖然涉及歷史卻並未構成一種影響全局的全息性歷史觀 —— 歷史考察的範圍遠比經濟發展寬廣得多。現代化論對於中國歷史學的影響似乎比其在西方歷史學界的影響更大，很快觸及歷史學體系和歷史觀念的重構。這與現代化論傳入中國的時機有一定關聯。20 世紀 80 年代既是中國定向現代化快速發展的關鍵時期，也是中國歷史學觀念和歷史學體系從革命歷史觀、階級鬥爭歷史觀，或者說「蘇聯模式」的歷史觀向發展建設和相對開放的歷史觀轉變的關鍵時期。這些都是現代化史觀的貢獻，但快速轉變常常伴隨一些跨越。從歷史的角度思考現代化論在中國的展開歷程，可以看到一些疏漏。其中最主要的是，對於現代化的解說過度集中於經濟領域乃至生產力。雖然論者時時提到制度、文化等等其他領域，但是採用一種比較簡單的決定論邏輯把制度、文化說成是被生產力所決定的 —— 至少在羅榮渠的論說中是這樣。一元多線的發展觀，比起一元單線的發展觀，肯定是更多地尊重了世界歷史發展的實際，但兩者背後都有歷史由某一原點通過鏈條決定下去的思維預設。到錢乘旦的論說時，現代化與國家間的經濟實力競爭的關聯更為突出，現代化的普世含義也相應更為淡化。

在 21 世紀初回顧現代化論影響的歷史學時，亞洲歷史學家思考的景深中已經明顯地增加了比 20 世紀後期更多的資源，其中最突出的就是在反思現代性中興起的後現代主義思潮。這種批評最突出的代表人物之一福柯的主張相當具有穿透力。劉北成曾這樣概括：「福柯的主要觀點是，現代歷史的進展並沒有兌現人類解放的啟蒙承諾（這是許多抗議運動共同持有的觀點）；現代社會的種種壓抑並非源於社會落後的遺跡，而是緣於在現代歷史中產生出來的新的壓迫機制；這種壓迫機制不是一種總體性的社會機制，而是由彌漫於社會網絡中的複雜多樣的社會控制機

制所組成；社會控制在表面上是由法律、政府或經濟組織等強制性體制對作為法律主體的個人實施的，其實是在軍隊、監獄、工廠、學校、醫院、精神病院乃至其他各種社會組織中實施規訓技術。因此，現代社會秩序是以規訓（紀律）為基礎的彌散性微觀權力控制體系（這是後現代主義獨特的見識）。」「福柯等後現代主義者進而質疑現代歷史學乃至所有社會科學的知識論基礎。在他們看來，現代的科學知識觀是以一種知識絕對主義取代了原來的信仰絕對主義，而社會科學知識都是權力關係介入而生產出來的話語。他們借此動搖知識的客觀性、確定性和真理的普遍性。」[1]這種批評披露了現代性內在的根本局限，從而使得那種以現代性為邏輯和價值軸心的歷史觀的合理性在嚴重衝擊下面臨難以言說的困境。

　　美國俄勒岡大學教授阿里夫·德里克在肯定中國近現代史學界的從「革命範式」到「現代化範式」變革具有積極意義的同時指出，這種轉變明顯與為中國的現代化努力提供歷史學支持相關：「現代化範式代表了一種使中國與全球資產階級現代化靠得更近的努力」，通過現代化範式，「革命被包上了現代化的替代性選擇道路的外衣」，歷次社會主義革命其實是希望通過克服資本主義現代性的缺陷和自欺來超越它的努力，而這樣的現代化，「正如其在當前全球資本主義統治下顯現的那樣，再次使資產階級的現代性成為人類的宿命。」在這種意義上，這種現代化與「殖民性的現代性」相關，它「暗示着對經濟、社會、政治和文化諸方面權力不平等的屈從，而這種權力又是以殖民主義為基本成分的資本主義現代性的遺產。」並且，德里克還提到，革命範式退卻和現代化範式興起與中美社會和學術交流有關，中國學者在努力堅持政治和學術的獨立道路時，卻未能擺脫西方的「意識形態霸權」。「現代化話語對帝國主義和霸權問題的掩蓋是很成問題的，因為後者仍是中國

---

❶ 劉北成：《後現代主義、現代性和史學》，《史學理論研究》，2004 年第 2 期。

社會的問題，同時從總體上看也是世界的問題」；況且，現代化範式是「曾在美國史學中盛行一時的老調。」他注意到，在「質疑革命」成為普遍的「現代性現象」，革命與恐怖主義之間的所有區別都被消除的情況下，對革命的質疑「遲早會帶來從總體上對現代性的審查。」[1] 中國歷史學界談論的近現代史革命範式基本是局限於中國反帝反封建經歷和階級鬥爭推動歷史發展的那種範式；德里克口中的革命範式則是世界歷史上來自被壓迫者對於既有統治、制度、體系的挑戰。所以德里克始終認為革命範式並不會徹底退出歷史敍述，會與其他範式並存。90年代前後的中國歷史學界則幾乎是把現代化範式看作革命範式的替代物，對於德里克所說的現代化的資本主義和殖民主義印記不甚措意。或者，現代化作為一個新的話語和目標承托起了後革命時代無所着落的對宏大社會進行改造的激情。

三、亞洲的殖民主義史學

亞洲曾在 16 到 19 世紀間面對大幅度殖民地化的挑戰。在本書討論的範圍，印度經歷的殖民地歷史最長，朝鮮半島和中國台灣有約半個世紀的殖民地歷史，中國東北則經歷了十餘年的殖民地經歷。充當這些地區殖民者的是英國、日本擴張勢力。亞洲的殖民主義史學是這種勢力的歷史書寫，體現擴張者將擴張合法化、合理化的現實意圖和往事敍述方式。

殖民主義是早期全球化的一個重要驅動力，歐洲海洋強國追求財富的欲望推動一些探險者藉助航海技術的進步向全球一切可能聚集財富的地區擴張。這種擴張強化了人類世界的普遍聯繫，推動了全球貿易體系，也把一些相對弱小、鬆散或者邊緣區的社會體系納入擴張者的統治

---

❶ 德里克：《歐洲中心霸權和民族主義之間的中國歷史》，《近代史研究》，2007 年第 2 期。

範圍。依照現代尊重國族國家主權的理念，對於其他國家的侵略肯定是違背國際關係準則的，依照現代人權理念，對於他者的強行統治也是不具有正當性的。但是殖民主義卻是在現代社會的興起過程中大行其道的一種意識形態。這種意識形態的支撐理念，一是社會進化論，弱肉強食，適者生存；二是對財富追求的天然合理觀念；三是被殖民化地區人民的蒙昧、非開化即非現代化狀態；四是國家主權觀念，即被殖民化地區沒有自行組成為獨立主權國家即被視為「無主」地域；五是被殖民地化地區人民的合意；六是現代化論傾向於將殖民地化視為某些落後地區實現現代化的一個雖然帶來痛楚但不可避免的經歷。這些觀念以各種各樣的方式組合，成為歷史上的殖民者推行殖民統治的藉口。

印度上古、中古時期沒有留下系統的歷史著述，是殖民者而不是印度本土歷史學家寫作了最初的關於印度歷史的成體系著作。詹姆斯・米爾（James Mill）的《英屬印度史》（*The History of British India*）是第一部相對整體的印度史。該書初版於 1817 年，共 3 卷，是一部把東方專制主義作為印度歷史文化基調的歷史著作。與幾乎所有東方主義和「亞細亞模式」論著述一樣，米爾筆下的印度社會底層是自給自足的村落共同體，剩餘產品被統治者攫取，國家組織水利工程並實施專制統治，除了君主，其他個人沒有自由權利。印度國家缺乏整體性，由分散的部分組成，經常遭受外來入侵和統治。除了君主統治之外，宗教祭司在印度有比在其他文明中更大的權威，宗教掩蓋了人性的尊嚴，種姓制度使奴役成為普遍的社會關係。這個社會是基本停滯的。該書最早把印度歷史劃分為印度教時期、穆斯林時期、英屬時期，強調外族統治在印度歷史上的地位。該分期法長期為歐洲及印度史家所採用。這種印度史，主要基於東印度公司收集的文獻，講述的是英國人「發現」、開發印度，將之帶入發展軌道的歷史，這種基於西方立場而建構起來的歷史知識主導了直到 1947 年獨立之前印度的歷史敍述，其西方中心主義是以極其坦率的方式展開的。正如普林斯頓大學的吉安・普拉卡什（Gyan Prakash）所說的：「在西方，從另一方面說，東方主義概念的生產與傳播繼續發

生把第一世界描繪成他者圍繞其而運行的圓心的重要的作用」。[1] 米爾的著作包含着一些反映西方啟蒙運動以後的觀念和話語成分，因而具有一定的現代性，同時也包含大量東方主義的觀點以及將殖民主義合理化的敍述。在後來帶有批評性的印度史學史回顧中，這種歷史學意識被稱為「殖民主義史學」（Colonial Historiography）。

殖民主義史學事實上培育了印度第一代明確依據對史料、文獻、證據的帶有批判意識的搜集和考察來研究歷史的現代歷史學者。他們大多以英語寫作和發表研究成果，這使得印度歷史學保持着與西方，尤其是英語世界學術共同體的密切聯繫。同時，英國在印度的長期殖民統治早已使得印度社會的種種晚近變遷，都帶着英國印記。印度在英帝國歷史書寫中，也是一個不可能切除的組成部分，這在英國史學界乃至英美、歐洲史學界、世界史研究中，都是一個獨特的板塊，有時候被作為英國歷史的延伸部分而被書寫。在這種書寫中，英國劍橋大學出版的印度史著作無疑具有特別重要的地位。從這個側面看，在詹姆斯·米爾《英屬印度史》之後，最重要的著作當稱《劍橋印度史》。該書在 1922 年至 1937 年間陸續出版，計劃 6 卷，但第二卷（公元 1 世紀到 11 世紀穆斯林入侵時期）始終未能出版。已出版的五卷分別是：第一卷，《古代印度》，劍橋大學 E. J. 拉普森（E. J. Rapson）主編；第三卷，《突厥人和阿富汗人》，倫敦大學沃爾利斯·黑格（Wolseley Haig）主編；第四卷，《莫臥兒時期》，由沃爾利斯·黑格策劃，理查德·伯恩（Richard Burn）主編；第五卷，《英屬印度》（1497-1858），倫敦大學亨利·多德韋爾（H. H. Dodwell）主編；第六卷，《印度帝國》（1858-1918），也是亨利·多德韋爾主編。作為殖民地時代後期的主流印度史敍述體系，《劍橋印度史》突出關注政治權力對社會的影響。該書認為，在雅利安人携銅器進入印度時，土著居民還大體處於石器時代。這意味着

---

❶ Gyan Prakash, *Social Text*, No.31/32, Third World and Post-Colonial Issue, 1992, p.10.

把雅利安人入侵作為印度文明的開端。這種觀點在 20 世紀 20-30 年代摩城哈拉巴遺址被系統發掘之後被動搖，並在 20 世紀 80 年代以後遭遇來自印度教民族主義思潮更為強烈的批評。[1] 帶着現代歷史學宏大敍事的特色，該書試圖敍述出儘量連貫的印度文明演變歷程。孔雀帝國是印度第一個偉大帝國，在印度實現了統一行使的崇高權力。其後的笈多帝國、莫臥兒帝國、英印帝國、印度帝國也都具有巨大的行政權力。古代和中世紀印度還存在許多地區性王國，如由北方入侵者建立的塞卡王朝和貴霜王朝。

20 世紀 80 年代，英語學術界開始陸續出版《新劍橋印度史》。這套已經出版 23 卷的印度史，由劍橋大學的戈登‧約翰遜（Gordon Johnson）為總編，劍橋大學 C. A. 貝利（C. A. Bayly）和杜克大學的約翰‧F‧理查茲（John F. Richards）為「副編輯」——可理解為副總編，各分冊作者獨立編寫，其實是一套各卷自成體系、分工覆蓋印度歷史的叢書，並且只敍述公元 15 世紀以來的印度史，而不是如《劍橋印度史》那樣從古到今內容連貫地敍述印度史。叢書編者認為，原來的《劍橋印度史》對印度編年史編纂和印度政府行政結構的描述多有貢獻，但已經被其後出版的大量新研究超越，為呈現關於南亞研究的最新成果和新的見解，需要新編一部印度史。與此同時，「使用傳統方式來編撰新的《印度史》在學術上是不合時宜的。過去半個世紀人們對印度史研究的選擇性從一開始就注定了整個印度史不可能以均衡、全面的方式來展現。」[2] 因而，他們將這套叢書按照時間上相互重疊的四個各包含 8 本書的系列來設計，每本書闡述一個獨立的主題。這四個系列是：1. 莫臥兒人及其同時代族群，2. 印度邦國和向殖民體制的過渡，3. 印度帝國和現代社會的開端，4. 當代南亞的演進。基於這樣的設計，該叢書的第一系列第一

---

[1] 參看張世強、張世澤：《當代印度政壇中的雅利安人入侵理論爭議初探》，《南亞研究》，2010 年第 2 期。

[2] ［新西蘭］M. N. 皮爾森著，邸菊譯：《新編劍橋印度史‧葡萄牙人在印度》，昆明：雲南出版集團公司雲南人民出版社，2014 年，「總編前言」，第 2 頁。

冊題為《葡萄牙人在印度》（*The Portuguese in India*），而不是從印度文明的開端說起。[1] 已經出版的其他各冊，也都以新航路開闢以後印度的歷史為對象，所謂「以近現代為主」。[2] 這套叢書出版以來獲得諸多好評，其最值得推崇之處，在於反映了原《劍橋印度史》出版以來半個多世紀間印度研究的一些新的成果和新的敘述與闡釋方式。但是，該書並非原《劍橋印度史》的續編，在這種情況下，主編提出新的編纂方式雖然有合理性，但是把 15 世紀以前的印度歷史全部迴避，其理由卻是不充分的。過去半個世紀關於印度歷史研究的進展，當然並不限於 15 世紀以後的歷史時期，而是涉及從哈拉巴文化到當代的各個時期。為什麼不同樣採用專題單獨成書的方式展現 15 世紀之前印度的歷史？編者沒有直接的解釋。邏輯上說，如此巨大規模的印度史避開普遍認為的現代世界興起時代以前的時代，可能會強化該時代以前沒有「印度」的意象，可能提示 14 世紀以前有南亞而無印度，西方人到印度才開始印度歷史，印度作為一個古老的文明體系的經驗歷程也可能由於編者歷史觀的原因而被腰斬。這種觀念雖然也不妨成為一種學術主張，但茲事體大，豈能不加論證？事實上，《新編劍橋印度史》按照時間序列排為第一冊的《葡萄牙人在印度》一書開篇就有這樣的話：「葡萄牙是歐洲歷史最為久遠的有着固定疆界的國家，印度則是世界上的新興國家之一。」[3] 這樣的表述，與前面的推測，隱隱相合。印度組成現代國族國家的時間的確不長，但印度作為一個文明共同體卻是世界上歷史最悠久者之一。所有國族國家都是人類歷史較晚近時期的單位，歷史敘述不應限於從國族國家時代開始。這樣看來，《新編劍橋印度史》的編纂意識，帶有很強的國族國家單元色

---

❶ 按照總編序言中的這種說法推算，該叢書將編輯出版 32 冊。關於中國學者對《新編劍橋印度史》的評介，可參看王立新：《從農民學到斷裂國家理論 ——〈新劍橋印度史〉的傳統農業社會理論評析》，《世界歷史》，2014 年第 6 期；王麗華：《西方國家史觀影響下的印度史學變遷》，河北師範大學碩士學位論文，2012 年。

❷ 林承節為《新編劍橋印度史》中文版所作總序，可見於該叢書各冊卷首。

❸ ［新西蘭］M. N. 皮爾森著，邸菊譯：《新編劍橋印度史・葡萄牙人在印度》，昆明：雲南出版集團公司雲南人民出版社，2014 年，第 17 頁。

彩——國族國家形成之前無所謂歷史，對印度歷史學家自己的印度歷史敘述方式關注不夠，而且在編纂方式上，透出一些褒揚西方在印度殖民經歷的意味。

　　曾任《印度經濟與社會史評論》（*The Indian Economic and Social History Review*）主編和《劍橋印度經濟史》（1983 版）主編之一的德里經濟學校（Delhi School of Economics）教授達爾馬・庫馬爾（Dharma Kumar）早年在劍橋大學獲得博士學位，其博士論文在 1965 年以《印度南部的土地與種姓》（*Land and Caste in South India*）為題由劍橋大學出版社出版。該書採取了社會人類學和計量方法來展現殖民統治下的經濟和人口變化，其核心追問是：英國殖民統治後期印度南部的無土地底層勞動者究竟是殖民統治所造成的，還是更早時期就存在的？庫馬爾研究認為，對不同職業人群的系統人口統計是由英國殖民者在 19 世紀後期開始的，而一些種姓在人口統計開始之前的 1800 年前後已經處於無土地勞動者地位；1800 至 1880 年間並未發生激烈的種姓社會成分或者種姓功能的轉變，所以不能斷言無土地農業勞動者是不列顛的農民貧困化政策的結果。在她的這項研究之前，普遍的看法是認為印度南部農業勞動者的嚴重階級分化是 19 世紀不列顛殖民剝削所造成的。因而，庫馬爾的研究被認為是對先前流行看法的有力挑戰。庫馬爾另外發表的論文也指出，貧富分化並沒有在殖民地時代農業商品化發展過程中明顯增強。她關於印度農業勞動者的研究後來被集結到 1998 年出版的另一部論文集《殖民主義，私人財產與國家》（*Colonialism, Private Property and the State*）中。其他還有許多學者與庫馬爾相似，把研究的重心放到被統一性歷史敘述易於忽視的具體的、非均質性的側面。一些評論者認為，庫馬爾的前述研究具有為殖民主義歷史辯解的性質。庫馬爾與劍橋學派淵源很深，但是，如果將她歸為劍橋學派，卻又有許多參差。曾經主編《印度經濟與社會史評論》2002 年紀念庫馬爾專號的桑賈伊・蘇布拉馬尼亞姆（Sanjay Subrahmanyam）指出，印度的學派如同一些房屋，此房屋中的歷史學家可能隨時搬到彼房屋中去。印度學者的學派立場並不穩

定、清晰，這與印度當時的自由主義思潮有關，[1]也構成了與亞洲其他國家歷史學者的差別。

《新劍橋印度史》的作者之一伯頓‧斯坦（Burton Stein）曾經任教於明尼蘇達大學、夏威夷大學，去世前是倫敦東方與非洲學校（the School of Oriental and African Studies）的研究人員，在印度史研究領域頗有影響。他在 1980 年出版《中世紀印度南部的農民國家與社會》（*Peasant State and Society in Medieval South India*），後來又與大衛‧阿諾德（David Arnold）合作為布萊克威爾世界歷史叢書編寫了《印度史》（*A History of India*）。《印度史》着重從連續性視角敍述了迄於 21 世紀的前後大約 7000 年間的印度社會、文化演進。2010 年出版的該書第二版除了導言之外，分為「古代印度」、「中世紀與早期現代印度」、「當代南亞」四個部分。「古代印度」部分把吠陀文化之前作為簡要背景敍述，實際上是以吠陀文化作為印度文明的起點，然後講述了孔雀王朝和笈多王朝的歷史。「中世紀與早期現代印度」中的「中世紀」性的政權包括笈多王朝消亡之後存在於印度的區域性王國，到穆斯林在印度推進中建立的政權，以及印度次大陸南部的毗奢耶那伽羅王朝。「早期現代」（early modern）則包括莫臥兒王朝的統治和東印度公司在印度的活動。「當代南亞」（contemporary South Asia）從 1858 年英國政府解散東印度公司並開始直接統治印度開始敍述，並從此時開始將印度視為一個現代國家（contemporary state），講到印度走向自由、甘地的勝利、印度獨立、尼赫魯時代，以及晚近印度教民族主義和經濟自由主義的興起。這樣的設計，在傳統的古代、中世紀、現代三分期法基礎上，突出了中世紀時代後期印度的「早期現代」社會性質，但顯然這種早期現代性主要是英國殖民者帶到印度來的。將當代部分用地域概念「南亞」而不是國家概念「印度」來指稱，則顯示出淡化國族國家意識的色彩。有評論者

---

[1] Sanjay Subrahmanyam, "Introduction: Making Sense of Indian Historiography", *The Indian Economic and Social History Review*, 39, 2&3, 2002.

指出，伯頓·斯坦在《印度史》一書中運用了「斷裂國家」理論，強調「共同體」的重要性及其與國家之間的複雜關係。共同體對印度社會的影響強大而持久，其地方化的認同、情感和權益關係一直持續到當代。在伯頓·斯坦看來，對於從公元前 800 年到公元 300 年的印度說來，共同體即是國家。[1]

甲午戰爭後，朝鮮從清朝藩屬國變為「大韓帝國」，但 1910 年 8 月《日韓合併條約》簽訂，根據該條約，朝鮮半島主權永久讓與日本，成為日本殖民地。這時的朝鮮半島民族主義者，亟需反駁為滅殺朝鮮民族而製造的日鮮同祖論、滿鮮史觀，以及相關的韓朝歷史具有他律性、停滯性、黨派性、民族性等論說。

日鮮同祖論宣稱日本自太古以來就支配朝鮮，韓日同種，滿蒙等中國北方少數民族也是其同種，因此日本吞併朝鮮是使朝鮮回到富強的本家。他律性論主張朝鮮歷史是在中國、蒙古、日本等外力干涉、支配下推演的，因而朝鮮無法自主實現現代化，必須在日本指導下才有可能。滿鮮史觀將朝鮮史納入滿洲史，宣揚朝鮮歷史不過是大陸勢力更迭餘波的產物，在此基礎上形成朝鮮人的半島性格、事大主義。停滯性論認為韓朝長期停滯在古代社會，缺乏步入近代社會的能力，必須依賴日本的幫助和指導才能從其惡性循環中擺脫出來。黨派性論認為黨派鬥爭貫徹於朝鮮歷史，而這種黨派鬥爭的背後是朝鮮人的民族劣根性，這是朝鮮歷史停滯的原因之一。民族性論主張韓國人本性低賤，是事大的、模仿的民族，就應該接受日本的殖民統治。[2] 這些歷史觀念構成日本帝國主義御用學者宣揚的殖民主義史學，是推行其亞洲政策的工具，在落實為具體的歷史敍述時，充斥着歪曲事實的內容，但藉助日本在朝鮮的統治權而成為日據時期具有影響力的歷史敍述體系，並在日本殖民統治結束之後長期流傳。

---

❶ 王麗華：《西方國家史觀影響下的印度史學變遷》，河北師範大學碩士學位論文，2012 年。
❷ 參看朴仁鎬著，全瑩等譯：《韓國史學史》，香港：香港亞洲出版社，2012 年，第 143-153 頁。

朝鮮半島的現代歷史學架構正是在日據時代以京城帝國大學為中心建立起來的。在這種體制中,「京城帝大史學科由國史學、朝鮮史學、東洋史學三個專業構成。雖然在形式上採取了與日本內地大學史學科相似的三分科體制,但是朝鮮史取代了西洋史成為一個獨立的分科。這種分科體制不僅導致世界史視野的缺乏,也瓦解了中華帝國的歷史,中國史不僅被編入『東洋史學』的學問範疇,還被分解為『支那史』和『滿鮮史』,這樣的分科也體現了京城帝大史學科要將日本殖民主義所造成的東亞國家間的位階秩序體現到歷史學範疇的企圖……其基本特徵就是用日本帝國史的視角來進行研究。」[1] 這就造成了韓朝歷史學與日本現代歷史學相似的兩翼呼應狀況:從研究技術角度看,推崇的是實證主義,或稱「唯事實主義」,模仿德國蘭克學派,強調對史料進行考證檢驗和歷史事實的個別性、特殊性,傾向於選擇微觀課題,採用類似自然科學的細密分析方法,標榜為了解過去而研究過去,諱言宏觀理論或普遍化知識;從研究的現實性角度看,則這種歷史學實際上又被融於為日本大陸政策做學術張本的殖民地史學大框架中,或者在面對大量服務於日本殖民主義的歪曲歷史事實的言說時保持失語狀態。在這種基本背景中,在純學術、實證研究領域形成較大影響的歷史學家,以李丙燾、李相佰、李弘植等為代表,他們皆有日本史學影響的背景。

中國的大範圍殖民地經歷主要體現在台灣和廣義東北地區,此外,香港和澳門更早就成為英國、葡萄牙的殖民地。日本在 1895 年佔據台灣以後,於最初約 20 年間實行對原住民的歧視政策,不允許台灣人與日本人通婚,對台灣人只授職業教育,不授高等教育,不許台灣人置喙政治。對台灣的治理不依據日本的憲法,而是通過賦予總督立法權使之得以根據需要實現統治 —— 這種方式後來也被推行到對朝鮮的殖民統治。其間最重要的含義,是殖民地人民與日本的所謂「內地」即日本本土的

---

❶ 白永瑞:《韓國的中國認識與中國現代史研究》,《近代史研究》,2011 年第 2 期。按白永瑞這裏所說的「國史學」是指日本史,韓國本身的歷史已然從此類分科體系話語中失去了獨立性。

人民法律權利差異對待。[1] 稍後，日本在殖民地實行漸進的、有選擇的同化政策。到戰敗前夕，日本通過皇民化加速推進同化，在朝鮮、台灣人中實行徵兵制，同時允許當地人參與政權，推動島內原住民改從日本宗教、生活習俗，穿着和服，新生兒用日本名字，改用日語。

　　日本殖民當局在 1901 年成立台灣舊慣調查會，了解台灣居民風俗習慣。1922 年，台灣總督府史料編纂委員會成立，主要任務是搜集日本統治台灣以來的各類歷史資料，該委員會曾計劃編纂《新台灣史》，已擬出目錄，但後來並未完成，只出版了《台灣史料稿本》等資料集。[2]《新台灣史》計劃基本略去了台灣日據之前的歷史，目錄如下：

　　第一卷　前紀
　　　　台灣之地理
　　　　領有以前歷史概略
　　　　日本與台灣之關係
　　第二卷　本紀一
　　　　樺山、桂、乃木總督時代
　　　　兒玉總督時代
　　第三卷　本紀二
　　　　佐久間、安東、明石總督時代
　　　　田總督之統治

---

❶ 台灣政治家、詩人林獻堂曾説：「台灣學制與日本不同，台人非經日本中學畢業，不能正式進入官立大學，戶籍法亦不同，禁止日人與台人結婚，制定匪徒刑罰令，及保甲條例，適用連坐法，並實行笞刑，日本憲法亦不在台灣施行，法律上更不平等，所以所謂同化，其實不與之同化，乃掩飾之名詞也，其目的是希望日本政府對台人鬆弛壓力，能放寬束縛，俾台人得減輕痛苦而已。」見劉明朝：《追思林獻堂先生之一生》，載林獻堂先生紀念集編纂委員會：《林獻堂先生紀念集》卷三《追思錄》，台中：中台印刷廠，1960 年，第 48 頁。轉引自駒込武著，吳密察等譯：《殖民地帝國日本的文化統合》，台北：國立台灣大學出版中心，1917 年，第 144 頁。按駒込武該書對日本佔據台灣、朝鮮半島時期的教育政令以及台灣人、朝鮮人的反應有比較系統的梳理和評論。
❷ 見陳小沖：《日本佔領時期的台灣歷史書寫》，《史學理論研究》，2014 年第 4 期。

　　這樣來書寫，台灣在日本將之變為自己的殖民地以前的全部歷史都被隱瞞，台灣史成了日本台灣殖民史。

　　到 1927 年，山崎繁樹和野上矯介合編的《台灣史》由株式會社寶文館出版。該書分五篇：第一篇「無所屬時代」3 章；第二篇（荷）「蘭領時代」6 章；第三篇「鄭氏時代」5 章；第四篇「清領時代」10 章；第五篇「改隸時代」18 章。[2] 該書的重點顯然在於日本佔領以後的所謂「改隸時代」，而且把荷蘭人佔據之前的台灣歸為「無所屬」狀態，從而抹殺台灣歸屬中國的早期歷史，將其與中國的關係推遲到「鄭氏時代」。1945 年，種村保三郎《台灣小史》在日本出版，共分 14 部分，「黎明

---

❶《新台灣史目錄草稿》，見許進發編：《台灣重要歷史文件選編》，轉引於陳小沖：《日本佔領時期的台灣歷史書寫 —— 兼以康熙統一台灣敘事為例》，《史學理論研究》，2014 年第 4 期。按前三卷各卷下標題無序號，第四卷下序號由一至三，第五卷下序號由二十四到二十六，體例混雜，所引處原文如此。

❷ 見陳小沖：《日本佔領時期的台灣歷史書寫 —— 兼以康熙統一台灣敘事為例》，《史學理論研究》，2014 年第 4 期。

期」、「無所屬時代」各一部分,「荷蘭領有時代」二部分,「鄭氏格局時代」二部分,「清國領有時代」三部分,「新生台灣」四部分,「大東亞戰爭與台灣」一部分。[1] 這些歷史書寫,尚無明顯的現代歷史學特色,皆採用政治統治者的序列來區分主要部類。其內容,則皆在服務於日本殖民者對台灣的統治,深描台灣與日本的關聯,淡化甚至抹殺古代台灣與大陸的關係,凸顯日據時代台灣的改變。

日據時代台灣人連橫所作《台灣通史》與日本人所作台灣史則有很大區別。連橫於 1878 年生於台南,家傳春秋之學,日本割取台灣時年 17 歲,關心時局,搜羅文獻。他曾一度參與民國政府組織的《清史稿》編纂,1933 年舉家遷回上海。1908 至 1918 年間,他歷時十年,撰寫了紀傳體《台灣通史》。該書確切將台灣視為中國一部分,從隋大業元年始寫起,到光緒二十一年即 1895 年台灣被割讓給日本而止,日本統治時代不寫。其自序內有:「夫史者,民族之精神,而人群之龜鑒也。代之盛衰,俗之文野,政之得失,物之盈虛,均於是乎在。故凡文化之國,未有不重其史者也。古人有言:『國可滅而史不可滅』。是以郕書、燕說猶存其名,晉乘、楚杌語多可採。然則台灣無史,豈非台人之痛歟?……顧修史固難,修台之史更難,以今日而修之尤難。何也?斷簡殘編,搜羅匪易,郭公夏五,疑信相參,則徵文難;老成凋謝,莫可諮詢,巷議街譚,事多不實,則考獻難。重以改隸之際,兵馬倥傯,檔案俱失,私家收拾,半付祝融,則欲取金匱石室之書,以成風雨名山之業,而有所不可。然及今為之,尚非甚難。若再經十年、二十年而後修之,則真有難為者。是台灣三百年來之史,將無以昭示後人,又豈非今日我輩之罪乎?」「橫不敏,昭告神明,發誓述作,兢兢業業,莫敢自遑。遂以十稔之間,撰成台灣通史,為紀四、志二十四、傳六十,凡八十有八篇,表圖附焉。起自隋代,終於割讓,縱橫上下,巨細靡遺,而台灣文獻於是

❶ 見陳小沖:《日本佔領時期的台灣歷史書寫 —— 兼以康熙統一台灣敘事為例》,《史學理論研究》,2014 年第 4 期。

乎在。」¹ 將此書與前揭日據台灣時期的日本人所作台灣史比較，可以立見殖民地史書編寫與民族本位史書編寫的巨大反差。殖民地史學的普遍特徵，是通過對歷史的選擇性敍述，將殖民統治合法化。

四、印度歷史敍述中的「底層研究」與後殖民主義批判思潮

20 世紀中葉以後，在國際學術界興起的諸多批判思潮中，後殖民主義頗具鋒芒。在中國學術界，這種思潮雖然也受到注重，但主要表現在文學藝術領域和對域外思想學術的介紹和評論層面，歷史學界對後殖民主義的關注比文學藝術界遠為淡漠，除了張旭鵬等極少數學者做出過有分量的評論之外，很難看到深度評析，運用後殖民主義理論進行具體歷史研究的更難一見。² 這很可能與中國不曾整體淪為殖民地相關。如果是這樣，畢竟還是對於曾經淪為殖民地的那些地區歷史以及殖民主義作為一個與資本主義、帝國主義擴張密切相關的龐大多維體系研究的一種忽略。

從字面看，「後殖民主義」這個詞彙很容易在讀者心中引起對「殖民主義」批判思潮的聯想，就像「後現代主義」會引起關於對「現代主義」批判思潮的聯想一樣。然而，在與歷史學關聯的意義上，對殖民主義的批判雖然可以在後殖民主義思潮中看到表現 —— 如在薩義德那裏，卻並不是多數後殖民主義者批判的主要鋒芒所向。按照王晴佳的說法，後殖民主義史學是後現代主義的「同宗」，「它既是現代西方文化發展的產物，也是一種對之的批判性反擊。如同後現代主義運用並依靠語言

---

❶ 連橫：《台灣通史》「自序」，台北：文海出版社，1981 年，第 15-16 頁。

❷ 參看張旭鵬：《後殖民主義與歷史研究》，《世界歷史》，2006 年第 4 期。按胡淼森懷疑中國學者對作為後殖民主義史學研究之一的印度底層研究的忽視，是其西方中心主義情節的表現。參看胡淼森：《「殖民化」的後殖民地世界：南亞底層人研究的代表之作》，《中國圖書評論》，2009 年第 2 期。

來重建歷史真實，進而在方法論上有力地動搖了現代史學的基礎一樣，後殖民主義着眼於 19 世紀以來（如果不是更早的話）現代歷史學家的著作，對民族史的書寫和通常意義上的歷史研究提出了強烈挑戰。」[1] 這樣的歸納，揭示出後殖民主義史學與後現代主義史學所同 —— 皆在現代西方文化中產生，又同樣很大程度上依賴語言分析來重建歷史敘述的觀念與方法，去動搖現代史學。因為後現代主義對國族國家意識進行批判，而後殖民主義挑戰「民族史」即國族史的書寫，反思國族主義也自然構成後現代主義與後殖民主義的共同之處。如此，後殖民主義就基本可以被視為後現代主義的一個分支。但是，一個無法迴避的問題是，既然稱為「後殖民主義」，其對殖民主義、殖民地問題以及各種殖民地史學提出了怎樣的見解？畢竟，僅僅因為研究的對象是曾經有殖民地經歷區域的歷史是不足以被稱為「後殖民主義」的，如果他們主要是批評「民族主義」（國族主義）而不是殖民主義，為什麼不稱其為「後民族主義」？在這層意義上，「後殖民主義」的特徵還是有些撲朔迷離。

在張旭鵬的歸納中，後殖民主義的基本特徵與殖民主義的關聯更密切一些。他指出：「殖民主義是始於 1500 年前後的一種政治、經濟現象，二戰後非殖民化運動的迅猛發展，使之日趨衰落，但其影響卻延續至今。20 世紀 70 年代興起的後殖民主義，是對殖民主義種種影響及後果的批判性反思，是探討殖民主義之後全球政治、文化狀況的一種理論話語，帶有鮮明的政治性和文化批判色彩。當前，後殖民主義更多地關注於第三世界與第一世界的文化／權力關係，要求消解以西方為中心的文化政治格局，重新界定第三世界的文化身份及其民族文化的前景。作為後殖民主義在歷史學領域內的具體表現，後殖民性的歷史學反對西方的歷史主義傳統和第三世界的民族主義歷史敘述模式，希望以一種反本質主義的策略來重新書寫第三世界自我的歷史，展現第三世界歷史與

---

❶ 王晴佳撰，張旭鵬譯：《悖論的力量：後殖民主義對現代史學挑戰的雙重影響》，《山東社會科學》，2009 年第 5 期。

文化的差異性和多樣性，尋求西方支配話語表述之外的另一種可能。」
「當前的後殖民語境更多地指向第一世界與第三世界之間的全球性關係
狀態」。[1] 這就指出了後殖民主義思潮從更多關注原殖民地的角度出發對
殖民地時代形成的文化政治格局加以反思，致力於從話語層面消解西方
中心主義，將原殖民地文化、社會、歷史從邊緣和從屬地位提升到多元
世界體系中更重要地位的特色。即使在薩義德這樣的確對殖民主義本身
進行正面批評的思想者那裏，與後殖民狀態的協商與妥協也是清晰可見
的。綜合王晴佳和張旭鵬兩位學者的概括可以了解，後殖民主義史學是
在後殖民時代對殖民地歷史及其後果進行改述的一種訴求。它看到了殖
民主義的罪惡及其後果的缺陷，但只能在與殖民主義歷史過程融為一體
的現代社會體系中界定前殖民地民族的文化身份和前景，因而並不構成
殖民主義的直接逆反 —— 替代包括殖民主義在內的世界現代化過程之後
果的社會模式與理念至今也沒有清晰呈現出來，它在殖民地與現代化的
歷史過程中產生，試圖將之超越卻還沒有找到明快的方式。因而，後殖
民主義史學討論殖民主義的方式是曖昧的。

　　這種曖昧與亞洲的許多後殖民主義思考者具有跨東西方文化、社會
的生活、教育或工作背景也有關聯。跨文化背景使得他們既要藉助於西
方文化概念來思考，又比其他人更深切地關照亞洲以往的社會經歷。王
晴佳所說的後殖民主義挑戰現代性又不能不依托現代性的悖論，也可以
幫助說明這種曖昧。後文在梳理後殖民主義史學的時候，會將此類具有
跨文化背景的人納入討論範圍，而不去生硬地以其當下國籍為斷。

　　雖然在「後殖民主義」這個詞彙流行起來之前，歷史家對殖民主義
的思考早已發生，但印度歷史學中被稱為「底層研究」的一種研究理路，
在評論中被認為突出地展現了後殖民主義歷史研究的觀念和路數。「底層
研究」（Subaltern studies），亦有譯為「下層研究」、「庶民研究」、「賤

---

❶ 張旭鵬：《後殖民主義與歷史研究》，《世界歷史》，2006 年第 4 期。

民研究」者，是一個針對各種含義的「精英」概念和精英歷史敘述反向擬定的概念，提供了一種與精英化歷史不同的讀取和敘述歷史的視角。投入這種研究的學者包括印度學者、印度裔歐美、澳洲學者，以及一些其他族裔的學者，在一開始就帶有國際化色彩。中國學術界已經翻譯了底層研究的一些代表作，張旭鵬、謝進東、胡森淼等也各自發表了介紹和研究的論文。[1] 其中，胡森淼評論底層研究主要學者之一帕薩·查特吉《民族主義思想與殖民地世界》的文章，強調該研究理路的後殖民主義意味。胡森淼認為，查特吉的研究以葛蘭西、福柯等思想家的理論為依托，從新的角度審視獨立前後的民族主義思想與亞洲國族國家話語，看到民族主義在很大程度上是對西方殖民主義思想的挪用或改造，西方殖民者的思想在殖民歷史消亡後陰魂不散，依然通過民族主義統治着第三世界人民的思維與實踐。「民族主義與東方主義都將東方人視為可以加以塑造的『客體』，只不過塑造的主體變成了主動的『東方』自身；此外，東方主義對於『東方』的本質化理解，對於東西方區別的強調，也在相當大程度上被民族主義理論所接納了。」[2] 哈佛大學教授蘇嘉塔·柏瑟（Sugata Bose）指出，「底層研究體現後現代或後結構主義學說影響的後果。底層研究學者日益趨向於使用一種『社群式的』（communitarian）歷史書寫方式，把土著民宗教的『碎片』讚美成為印度的本真，用以反對後啟蒙現代性（post-Enlightenment modernity）的狡詐以及國族國家

❶ 參看張旭鵬：《「庶民研究」與後殖民史學》，《史學理論研究》，2006 年第 4 期；謝進東：《印度史家蘇米特·薩卡爾的社會史觀及其對「底層研究」轉向的批評》，《古代文明》，2014 年第 4 期；田穎慧：《全球化視角下對庶民學派的再審視》，河北師範大學碩士學位論文，2012 年；陳義華：《賤民研究學派與後殖民主義批評》，《重慶師範大學學報》，2006 年第 5 期；梁杰：《為底層人而言 —— 詮釋斯皮瓦克〈底層人可以說話麼？〉》，四川外國語大學碩士學位論文，2013 年（按該文以英語書寫）。另外，劉健芝、許兆麟將底層研究的一些論文選編出版，並作有序言，參看劉健芝、許兆麟選編，林德山等譯：《庶民研究》，北京：中央編譯出版社，2005 年。按該書中文版並未注明所選編、翻譯文章的原版來源信息。
❷ 胡森淼：《「殖民化」的後殖民地世界：南亞底層人研究的代表之作》，《中國讀書評論》，2009 年第 2 期。按查特吉該書中譯本由范幕尤等譯，譯林出版社 2007 年出版。

的霸權。」[1] 王晴佳也認為，底層研究要在晚近對於啟蒙運動思想家所建立的歷史哲學不斷被質疑和解構的背景下來理解，「下層研究就是解構或是摧毀啟蒙時代歷史哲學最有力的武器。」[2]

底層研究的先行者是拉納吉特・古哈（Ranajit Guha）。20 世紀 80 年代以後，題為《底層研究 —— 書寫南印度歷史與社會》（*Subaltern Studies: Writings on South Asian History and Society*）的多卷本著作陸續出版。其前 10 卷中，除了第 8 卷以《向拉納吉特・古哈致敬文集》（*Essays in Honour of Ranajit Guha*）為副標題外，其他均以《書寫南亞歷史與社會》（*Writings on South Asian History and Society*）為副標題，第 11 卷改為以《共同體、性別與暴力》（*Community, Gender and Violence*）為副標題，第 12 卷以《穆斯林、賤民與歷史的編造》（*Muslims, Dalits, and the Fabrications of History*）為題。這套書前 6 卷的主編就是當時任職於 University of Sussex 的拉納吉特・古哈，各卷內容都涉及對精英化歷史編纂學的批評，對農民運動、部落反叛、民族主義運動及其領導者、印度國家特質、社群等問題的研究。後續各卷由其他學者主編，內容涉及國族（nation）、社區（community）為多，也涉及中產階級、森林居民、殖民地監獄、黨派、宗教和語言等。在重構印度人自己的印度歷史敍述的意義上，底層研究與民族主義歷史編纂學是相通的，但底層研究明確反對民族主義歷史編纂學的整體宏大敍事和精英主義，強調「人民的政治」具有非垂直動員性的、水平與橫向動員的特點。在注重下層人民的意義上，底層研究與馬克思主義也是相通的，但底層研究並沒有接受馬克思主義的階級集體意識和階級對抗性預設，也並沒有把下層人民視為具有階級自覺性的勞動者，而是將之視為自在的、社區化的生存群體。馬克思主義強調統一性，而底層研究和後殖民主義都強

---

[1] Sugata Bose: "Post-Colonial Histories of South Asia: Some Reflections", *Journal of Contemporary History*, Vol.38, No.1, Redesigning the Past, 2003.

[2] 王晴佳：《從下層研究到後殖民史學 —— 當代西方歷史思想的危機和轉機》，《中國社會科學報》，2009 年 11 月 19 日。

調文化差異性，他們雖然也談論經濟和社會處境，但並不以經濟不平等作為解釋社會差異與矛盾的根本原因。在反對以西方為模本來分析印度的現代性、資本主義和民族主義歷史的意義上，底層研究體現出明顯的後殖民主義歷史編纂學特徵。[1]

　　古哈作為早期底層研究的代表，特別強調重現底層的自治意願和自覺。1983 年，他出版《農民暴動概觀》（*Elementary Aspects of Peasant Insurgency*），提供了一種關於農民暴動的自覺性、謠言、神話視點、宗教和社群關係的頗具魅力的敍述。在古哈的敍述中，底層民眾的興起帶有與民族、階級並不重合的社會性和政治性，底層人有自治的自覺。但是，底層這個概念本身就包含着被統治的含義，與自治有所衝突。所以古哈的這種主張雖有反撥精英主義歷史敍述的意義，卻難以繼續深入展開，後來也逐漸趨於淡化。1988 年，古哈與佳亞特里·C·斯皮瓦克（Gayatri Chakravorty Spivak）合作主編出版了一本題為《底層研究選編》（*Selected Subaltern Studies*）的論文集。該集所收文章，皆從《底層研究》系列的前五卷中選出，最初發表在 1982 至 1987 年間。後殖民主義批評家薩義德為之作了前言。薩義德指出：「底層」這個詞有政治和思想的雙重含義。其內含的對立面是主導者（dominant）或者精英（elite）。古哈認為以往印度的歷史是基於殖民者和精英視角來書寫的，而事實上，大部分印度歷史卻是底層民眾活動所構成的，因而需要一種新的歷史學來重新書寫印度歷史。在這樣做的時候，不僅需要挖掘大量以往忽略的資料，還需要更高水平的理論和方法論，用以表明取代先前歷史書寫的必要和可行。印度獨立的歷程，並不是少數民族主義領袖和精英人物所指引實現的，廣大印度下層人，城市貧民、農民在整個 19 世紀都在以各種不同於精英們的方式反抗不列顛的統治。所以，重新書寫印度歷史，就

---

❶ 可能正是因為如此，Gyan Prakas 在分析後殖民主義批評與印度歷史編纂學的關係時，開篇就以底層研究為切入點。參看 Gyan Prakash, "Postcolonial Criticism and Indian Historiography", *Social Text*, No.31/32, Third World and Post-Colonial Issues, 1992, pp.8-19.

要使用與以往的精英化歷史書寫所不同的，存在於大眾記憶、口頭言說和以前未使用過的殖民管理文件中的資料。這樣，就可以提供「一種相對於由（殖民地時代）歷史學家和後解放時代那些採用先前歷史書寫規範、敍述方式，尤其是意識形態因而從精英階級和不列顛統治立場來看待歷史的印度歷史學家所作不同的歷史」。[1] 薩義德在前文中說到「不同的歷史」時，用的是「alternative history」（替代性歷史、另類歷史），隨後的評論中，薩義德也時或用「alternative discourse」（替代性論說、另類論說）來指稱底層研究，將之與關於女性、少數族裔、處劣勢人群、流亡者等的歷史歸為同類，並且指出，「無論一個人如何試圖把底層研究從精英研究剝離，這兩者不同卻又交錯，而且是相互深度依賴的領域。」[2] 這提醒我們注意，底層研究並不能構成一種「全息」的歷史研究範式，它畢竟還是對於某些特定主題的出自特定視角的研究。薩義德還指出了底層研究觀念與西方馬克思主義、後現代主義思潮等的關聯。他充分肯定底層研究的知識和思想意義，同時，也看到底層研究的一些局限。

稍後出現的對底層研究方式的質疑，主要針對其將底層概念固化和後期底層研究的後現代主義色彩。[3] 蘇米特‧薩卡爾（Sumit Sarkar）認為，底層研究是基於底層概念固化、脫離具體場合的研究方式，這可能使底層在底層研究中沉淪沒落。因為，原本意在揭示無特權人群歷史的底層研究在受到後現代主義和後殖民主義理論感染之後，就進入了對福柯—薩義德式的現代官僚國族國家（the modern bureaucratic nation-state）近乎不可抵抗的權力—知識架構的討論中。底層研究與後殖民主義及後現代主義的密切關聯提示，這種研究在很大程度上體現的是一種

---

[1] Edward W. Said, "Foreword", in Ranajit Guha and Gayatri Chakravorty Spivak, eds., *Selected Subaltern Studies*, New York: Oxford University Press, Foreword, V-VI.

[2] Edward W. Said, "Foreword", in Ranajit Guha and Gayatri Chakravorty Spivak, eds., *Selected Subaltern Studies*, New York: Oxford University Press, Foreword, VIII.

[3] 張旭鵬對此說做的概括頗可參考，見張旭鵬：《「庶民研究」與後殖民史學》，《史學理論研究》，2006 年第 4 期。

關於主導話語方式的訴求。[1] 的確，早期的底層研究關注下層社會本身，後來逐漸轉向藉助後現代批評思潮的話語來挑戰西方，更多關注對西方理論的評論。王晴佳認為，「出現這種轉變的原因是下層研究者主要在國外大學教書，比如 Chakrabarty 在芝加哥大學，Guha 在國立澳大利亞大學，Hounibaba 在哈佛大學，Steabag 在哥倫比亞大學，說明他們在西方學術界有自己的話語權。這些下層研究者並沒有大力推動印度史的研究，他們更急於和西方人對話。」[2]

現任哥倫比亞大學教授帕薩・查特吉（Partha Chatterjee）是底層研究學者中成果最為卓著的學者。他在 1993 年經普林斯頓大學出版社出版了《國族及其碎片 —— 殖民地和後殖民地史》（*The Nation and Its Fragments*: *Colonial and Postcolonial Histories*），他的另外兩部著作《被治理者的政治 —— 思索大部分世界的大眾政治》（*The Politics of the Governed*: *Reflections on Popular Politics in Most of the World*）和《民族主義思想與殖民地世界》（*Nationalist Thought and the Colonial World*: *A Derivative Discourse*?），皆於 2007 年出版了中文本。

普里婭・穆赫吉指出：「幾乎所有印度的後期底層歷史學家都分享着一種後現代主義情懷，厭惡基於西方啟蒙主義的將其他文化置於低等的、不發展地位的那種進步觀念。」[3] 他們強調資本主義的全球發展在全球各地的不同情境下造成了不同的社會狀態，主張如同承認多元文化一樣承認多元現代性，把現代歷史的進步發展觀視為啟蒙傳統和西方特有的思維方式而不是普遍真理來加以剖析。其中有的人甚至把印度思維的歷史化（the historicization of Indian thinking）看作抹殺作為自我知識的

---

❶ 關於薩卡爾對後期「底層研究」的評論，參看謝進東：《印度史家蘇米特・薩卡爾的社會史觀及其對「底層研究」轉向的批評》，《古代文明》，2014 年第 4 期。

❷ 王晴佳：《從下層研究到後殖民史學 —— 當代西方歷史思想的危機和轉機》，《中國社會科學報》，2009 年 11 月 19 日。

❸ Supriya Mukherjee, "Indian Historical Writing since 1947", in Axel Schneider and Daniel Woolf eds.,*The Oxford History of Historical Writing*: *1945 to the Present*, Vol.5, p.529.

非歷史思維的第二次殖民化（second colonization）。[1] 他們認為，現代歷史書寫本身就是伴隨着啟蒙主義的科學方法與理性主義而興起的；這種歷史書寫只承認經驗主義、科學主義的理解過去的方式，而掩蓋傳說、神話、史詩等帶有現代歷史理性所缺乏的道德維度的其他知識方式；歷史自覺傾向於把生生不息的或者依賴神話、傳說和史詩來界定的過去在文化中絕對化，造成新的暴力、剝削崇拜，並使文明、文化和民族的邊界僵硬起來。歷史的學術性已經危險地使我們這個時代提出異見的可能變小，並且在暗示印度作為一個文明的失敗，其作為一個國族國家的勝利這樣的話題不值得一提。印度的歷史學家如果以知識的多元生態為己任，就必須要投入到深層的、非歷史的民間傳說中去。底層研究已經揭示出佔主流地位的民族主義史學遮掩民族內部分野和張力以突出民族統一性的缺陷。[2]

其他還有一些學者對印度殖民主義做了批評性的思考。比如拉馬·孫達里·曼特納（Rama Sundari Mantena）在她的《現代歷史編纂學在印度的緣起》（*Origins of Modern Historiography in India, 780-1880*）中，以語文文獻（philology）和文物收藏（antiquarianism）為核心來探討殖民主義知識的生成。書中考察了不列顛印度文物、文學資料、歷史記載搜集者科林·麥肯齊（Colin Mackenzie）和他傳說中的合作者卡瓦利（Kavali）兄弟的作為，以及被用為寫作泰盧固語言和文學史的檔案資料的形成。曼特納展現大量證據來說明文物和語文知識如何充實了早期殖民地時期的資訊。她的結論是，該時期的歷史知識生產是一種控制印度次大陸南部的策略。這一結論雖然此前已經有人做出，曼特納此書做出了更深刻的闡釋並提出了新的證據。[3] 阿尼爾·西爾（Anil Seal）

❶ Supriya Mukherjee, "Indian Historical Writing since 1947", in Axel Schneider and Daniel Woolf eds.,*The Oxford History of Historical Writing*: *1945 to the Present*, Vol.5, p.529.
❷ Supriya Mukherjee, "Indian Historical Writing since 1947", in Axel Schneider and Daniel Woolf eds.,*The Oxford History of Historical Writing*: *1945 to the Present*, Vol.5, p.530.
❸ 該書由於 2012 年在紐約由 Palgrave Macmillan 公司出版。參看 Rakesh Pandey 在 *The Indian Economic and Social History Review*（2015 年第 4 期）上發表的書評。

在 1968 年發表《印度民族主義的危機 —— 19 世紀後期的競爭與合作》（*Emergence of Indian Nationalism: Competition and Collaboration in the Late Nineteenth Century*）。該書在討論反對殖民主義的鬥爭同時，把與殖民者的協作也作為殖民地時代後期的重要歷史內容。英語學術界談論殖民主義時常使用的「協作」（collaboration）一詞，可被翻譯為「偽」，帶有鮮明的不合法性和失去自我的含義，但該詞的英文原意卻比較模糊，可指通敵性協作，也可指價值中立的共同工作。故在英文語境中，與殖民者的配合關係在語言層面就比較淡化殖民地歷史的衝突性而更多指向關係狀態。印度歷史上多次發生外部民族長期統治的經歷，使得這種規避衝突性的概念在敍述印度殖民地時期歷史時有特殊的功用。1973 年，約翰·加拉赫（John Gallagher）、戈登·約翰遜（Gordon Johnson）和阿尼爾·西爾合作出版了《地方、行省與國家》（*Locality, Province and the Nation*）。[1] 這本書也把地方社會與殖民政府之間複雜的權利、利益博弈作為主題。在該書的敍述中，印度民族主義事業是由政治野心和現實利益而非僅僅由愛國主義、自由追求所驅動的。這具有促使人們重新思考舊的殖民—反殖民兩元模式的意義，比民族主義歷史學描繪的統一自由運動圖景更能展現歷史的複雜性，也解構了將印度的殖民地化視為一場突如其來的巨大斷裂的民族主義歷史敍述架構。

印度後殖民主義歷史學一定程度反省了殖民主義在印度的經歷及其歷史構建，並且深度思考了國族國家作為歷史闡釋單元的局限，從解構國族國家史學的角度對西方中心主義展開反思，試圖探索一種超越現代主義歷史觀和編纂學的途徑。從這種意義上說，印度現代歷史學包含了比亞洲其他國家的歷史編纂學更多的普遍性關照。不過，印度現代歷史家的這種自覺，是與源自西方的後殖民主義和後現代主義自省融合在一起的。

如果把抵制、解構殖民主義作為各種後殖民主義批判思潮的基點，

---

❶ John Gallagher, Gordon Johnson & Anil Seal, eds., *Locality, Province and Nation*: *Essays on Indian Politics 1870–1940*, Cambridge: Cambridge University Press, 1973.

那麼後殖民主義思潮其實比作為理論展開的後殖民主義學說發生得早得多。在這個意義上說，印度後殖民主義史學並不是後殖民主義思潮引發的歷史編纂學實踐，而是擺脫殖民統治的歷史實踐的組成部分。在印度獨立以後，這種源於社會實踐的後殖民主義歷史編纂學逐漸與晚出的後殖民主義批判思潮結合，形成了具有強大影響力和理論深度的史學觀念。在分析印度的後殖民主義歷史學時不能忘記，長期的殖民統治深刻地改變了印度社會，殖民地經驗是印度歷史的一個組成部分，後殖民時代的印度也始終處於一種從殖民地背景生長出來的現代社會的狀態，也就是一些研究者所說的具有「殖民現代性」的社會狀態中。殖民地時代留下的英語依然是現代印度歷史學家使用的語言，後殖民地時代的學術和知識精英主要是由接受過西方教育的人構成，殖民地時代開始的對印度歷史的現代學術性敘述也是當代印度歷史家憑以推進歷史知識的基礎。後殖民性（postcoloniality）是作為殖民主義的一個後果而發生的。所以，後殖民主義歷史敘述在很大程度上是一種話語權、價值編碼和概念體系修正的努力，甚至是一種話語建構的策略。與殖民地經歷無法擺脫的關係使印度的歷史學家在展開後殖民主義批判的時候，既要聲索殖民地史學掩蓋的印度本土歷史要素，尤其是其中體現印度社會文化發展性、獨特性的成分，又要承認漫長殖民統治時代發生了社會進步，並面對至今依然存在的殖民地社會解構、重組的複雜後果。可能因為如此，後殖民地時代的印度歷史編纂學並沒有膠着於對殖民侵略的抨擊，而是逐漸轉向比較冷靜的對包括殖民地經歷在內的全部歷史的重新表述。正如吉安‧普拉卡什所指出的：「晚近興起的後殖民主義批判最突出的作用之一，是推動對於經殖民主義和西方霸權所創作和定義的知識形態以及社會認同進行激進的反思和重構。」[1] 印度史家觸及了後殖民主義歷史知識重構的較深層面。但是，迄今為止的後殖民主義在試圖解構西方價值、話語的

---

[1] Gyan Prakash, "Postcolonial Criticism and Indian Historiography", *Social Text*, No.31/32, Third World and Post-Colonial Issues, 1992, p.8.

時候，仍然在資本主義發展或現代化的框架內講述歷史，也就是使用現代性邏輯來批評現代性展開的歷程，其基本策略是強調社會的異質性（heterogeneity），書寫資本主義的扭曲和不純淨，而不是直接質問資本主義、殖民主義的合理性。因而，其對殖民主義的解構並不能徹底，所實現的，主要是對資本主義或現代性複雜性或形式多樣性的展示。

殖民主義史學通常否認所述殖民地在殖民化之前已經有了真正意義上的歷史，他們把歷史敘述作為塑造隨着殖民者的目光去看歷史的人的工具。民族主義史學在反對殖民主義史學的時候，努力把本土文化、社會述說得更像一個由來已久但在晚近遭受殖民主義磨難的國族（nation），後殖民主義則傾向於把殖民者與被殖民者的界限模糊化。後殖民主義史學要實現歷史知識的重構，不僅致力於揭示殖民主義史學的扭曲，同時也對民族主義和馬克思主義史學進行批評。他們認為民族主義和馬克思主義都是以歐洲為中心並自我權威化的敘述，如果不能指出既有權威化敘述的局限，就無法重述歷史。印度底層研究在這樣的努力中，日益注重文本解析，表達出質疑既有主流知識話語自命真理姿態的訴求，並觸及了對啟蒙主義本身的反思，從而逐漸進入了後現代主義的語境之中。而後現代主義在尖銳指出後啟蒙時代主流話語的真理偏執思維局限的時候，並沒有充分辨析啟蒙思潮值得沉積下來的諸多人類思想、觀念成果與將之絕對化之間的關係，渲染了一種普遍相對主義的心態，從而使歷史研究變成了研究者思辨能力的競爭場，而把對歷史真實的追求擱置一邊。底層研究的後期轉向包含一些教訓，而印度歷史家的反省無疑顯示出其很高的理論自覺和批評意識。

印度史學的高度國際化與印度特有的長期殖民地經歷相關。從二戰以後的歷史編纂學角度看，在亞洲各國中，不是日本而是印度，多少有歐美與亞洲之間橋樑的意味。20 世紀以來的歷史學，比以往任何時候都有自省意識，亞洲各國的歷史編纂學很早就已經開始試圖掙脫歐美文化建構的西方中心主義歷史敘述範式，但反向敘述，即將西方中心變換成本土中心肯定是無效的，因為那在邏輯上是同一回事。亞洲歷史編纂

學需要在本土學術自省中進入到國際史學共同自省的語境中去，才有可能真正解構單一文化的話語霸權。同樣，包括印度史學界在內的晚近歷史學批判思潮，都多少對啟蒙理性提出質疑，但與對待西方中心主義的問題一樣，反向敘述，即非理性化的歷史敘述也是無效的。在這類問題上，觀念上需要在更普遍層面的思維，具體的途徑卻又非常複雜。印度歷史編纂學有突出的後殖民主義特徵，而後殖民主義並非印度所獨有，也並不一定是化解亞洲各國歷史編纂學一些共性糾結的萬能鑰匙。如在承認現代世界合理性、普遍性的前提下如何將本土歷史經歷以有尊嚴且不違背事實證據的方式納入同一過程來敘述，就是所有亞洲國家歷史編纂學早已存在且至今沒有解決的問題。對印度歷史編纂學推演的梳理，強化了我們在對韓朝歷史編纂學梳理時形成的印象，對殖民主義、民族主義、後殖民主義等思潮的深度考察是實現亞洲歷史編纂學基本觀念自省不能迴避的課題。現代性霸權在殖民地落實為西方對非西方的統治，這種統治的政治形態完結之後，其知識譜系依然存在。非西方並不因為終結了西方的政治統治就找到自己現實定位和道路的全部，也不因為發出了解構西方知識、話語霸權的訴求就實現了這種訴求。東方與西方，傳統與現代，原始與文明，中心與邊緣的二元思維受到衝擊是自然而然的，但新的思維究竟如何表述？這些訴求只是情感與倫理性的還是歷史、邏輯、倫理性統一的？印度歷史編纂學把我們的思考引向這些饒有趣味的方向，但並沒有給我們令人滿意的回答。德里克就曾批評，後殖民主義與現代資本主義主導的權力結構之間是「同謀關係」，這首先表現在後殖民主義規避了在考慮變化時對政治經濟結構權力加以處理的必要，其次表現在於它的文化主義。「在後殖民主義中，地方化的衝突和身份政治學並不是被用來改良結構化不平等以及針對不平等而進行的鬥爭，而是被當作了它們的替代品。更重要的是用這樣一種『方法論』對過去進行再讀，又可借此抹去記憶，忘掉為文化和身份而進行過的更為激進的鬥爭，並把地方主義融入元敘述中，而後者卻是後殖民主義聲稱要摒棄的。」此外，無論後殖民主義怎樣反對「本質主義」，「它的基礎

卻是本質化特徵的假定……通過摒棄奠基性範疇，後殖民主義還擺脫了面對階級、性別、種族等等『差異』問題，它們全都成了可以互相溝通交流的了……它本身關於文化的話語與現代化話語所認定的無空間性、無時間性的文化是很不一樣的，但是在社會和文化理論中拔高文化的重要性，使它高於一切，在這件事上它卻和後者是一致的。」[1]德里克承認後殖民主義對歐洲中心主義的認識有所貢獻，但並不認為其批評天然是正確的，「對殖民主義文化遺產的挑戰是由有着極不相同的政治原圖和動機所鼓動的，因此並不必然比它們所挑戰的對象更進步……在某些情況下，這些挑戰甚至支持了殖民主義現代性的主張，而這本來是它們要反對的。在另外一些場合中，它們只有求助於復活那些想像的歷史這個最反動的做法才能堅持反對殖民主義。」[2]周寧也指出：「後殖民主義文化批判在西方現代性思想體系中『扮演』對立面，其真正的作用不是否定西方現代性，而是以『辯證法』的方式證明或鞏固西方現代性。因為西方現代性精神結構的合法性，就建立在『包容對立面』上。在這一點上，後殖民主義文化批判與殖民主義文化霸權，實際上是『共謀』的。即使是強調跨文化翻譯，也無法擺脫這種『共謀』宿命。」[3]

五、韓朝歷史編纂學中的「殖民現代性」問題

有過全面殖民地化經歷但為時比印度短了許多的朝鮮半島的歷史學，對其殖民地經歷採取了更為激烈且充滿悲情的批判方式，但也同樣充滿糾結，其話語方式與印度的偏重底層研究的後殖民反思既有相似處也有差異，其核心話題是殖民現代性。

---

❶ 阿瑞夫‧德里克著，徐曉雯譯：《歐洲中心主義之後還有歷史嗎？全球主義、後殖民主義和對歷史的否認》，《東方叢刊》，1999 年第 1 期。
❷ 阿里夫‧德里克著，徐嬌娜譯：《我們的認知方式：全球化——普遍主義的終結？》，《馬克思主義美學研究》，2010 年第 1 期。
❸ 周寧：《又一種「反西方中心主義的西方中心主義」——由答周雲龍質疑引出的反思》，《學術月刊》，2012 年第 6 期。

朝鮮半島在亞洲現代化起步的節點淪為日本殖民地，在日本統治朝鮮半島的近半個世紀間，朝鮮半島發生了一些具有現代化性質的社會轉變，其中許多與日本統治者的政策有關。殖民統治帶來了朝鮮半島的現代性，這就是殖民現代性話語帶給朝鮮半島歷史書寫的核心性陳述。這個有一些事實基礎的陳述對於沉浸於國族主義情調中的韓朝現代歷史編纂學造成了嚴重的困擾 —— 殖民主義批判的力度在有關殖民現代性的討論中被大大削弱了。同時，與印度歷史家的底層研究相比，韓朝歷史編纂學中的殖民現代性研究話語更明顯地是從西方輸入的。

　　20世紀80年代，隨着新一代亞洲研究學者的成長和各種批判性理論，包括後現代主義、後殖民主義、歷史人類學等的跨學科彌漫，韓朝歷史研究增加了多樣化色彩。年輕的研究者如果不是抨擊也會避免陷入關於韓朝歷史的線性解釋方案，選擇體現跨文化的、多樣性、複雜性的論題來研究，把老一代韓朝歷史學家的民族主義看成昨日黃花，更多地關注晚近時期的歷史 —— 這會使歷史社會學、歷史人類學等交叉學科的方法更容易施展身手，其實，所有以國家、民族為核心詞的研究，都從中心向邊緣移動了。就在這個時期，隨着現代化（modernization）概念在很多場合被現代性（modernity）概念替換，殖民現代性（colonial modernity）這一概念開始在韓國歷史學與社會科學界，尤其是經濟史學者、人類學者中間流行。這時被關注的不再是殖民剝削之類的問題，而是殖民地時代的各種文化、社會現象如何。在這樣的逐漸推演中，關於韓朝歷史的殖民現代性論說以跨國學術的方式流轉開來。

　　1993年，木村光彥（Mitsuhiko Kimura）發表《殖民地時期朝鮮的生活標準 —— 民眾在日本統治下生活改善了還是惡化了？》。文章認為在日本統治朝鮮時期，朝鮮民眾生活標準有所提高。[1] 1999年，申起

---

❶ Kimura Mitsuhiko, "Standards of Living in Colonial Korea: Did the Masses Become Worse Off or Better Off under Japanese Rule?", *The Journal of Economic History*, Vol.53, No.3 (Sep., 1993), pp.629–652.

旭（Gi-Wook Shin）和邁克爾·魯濱遜（Michael Robinson）合作主編的論文集《朝鮮半島的殖民現代性》出版。主編者在序言中批評，韓國主流史學界關於殖民地時期歷史的看法深受反日立場影響，不能正視殖民地時期統治策略的有效性和現代性及其與現代國族國家興起之間的複雜關係。[1] 該文集中的文章一致強調，殖民霸權（colonial hegemony）必須被視為一種不斷協商、競爭、辯護、重建、改造並在內外挑戰下發生改變的歷史過程，朝鮮在複雜的篩濾機制調節下形成一種獨特的殖民現代性。有評論者稱讚該文集突破了把殖民地時期朝鮮半島歷史簡化為朝鮮抵抗—日本侵略的簡單化模式，追求用多元、包容和生態學的方式去把握殖民地時期的歷史，注重重建該領域的豐富和複雜性。[2] 該文集中一些論文的標題直接體現編者的基本主張，如：《日本統治下朝鮮的現代性、合法性和權力》（*Modernity, Legality, and Power in Korea Under Japanese Rule*）；《1924 到 1945 年間朝鮮的廣播、文化霸權與殖民現代性》（*Broadcasting, Cultural Hegemony, and Colonial Modernity in Korea, 1924-1945*）；《殖民組合 —— 1932 到 1940 年的朝鮮鄉村復興運動》（*Colonial Corporatism: The Rural Revitalization Campaign, 1932-1940*）；《文化統治的局限 —— 日本對朝鮮稻米之反應所體現的國際主義與認同》（*The Limits of Cultural Rule: Internationalism and Identity in Japanese Responses to Korean Rice*）；《殖民地工業增長與朝鮮工人階級的興起》（*Colonial Industrial Growth and the Emergence of the Korean Working Class*）等等。這些論文關涉到大量的理論，揭示了殖民地時期歷史中以往被忽視的情況，同時，其論題的擬定也顯然帶有通過討論差異性、複雜性、多樣性來呈現殖民地時期朝鮮半島人民認可殖民霸權的表現，淡化殖民地的統治性、強制性與不合理性。換言之，以殖民現代

---

[1] Gi-Wook Shin and Michael Robinson, eds., *Colonial Modernity in Korea*. Cambridge, Mass.: Harvard University Press, 1999.

[2] See the review by Koen De Ceuster in *The Journal of Asian Studies*, Vol.60, No.2 (May, 2001); and the review by Sonia Ryang in *Journal of Asian and African Studies*, 2003 38: 135.

性言說體現出來的後殖民主義史學在韓朝歷史編纂學中表現出對殖民主義歷史猶抱琵琶半遮面的重新首肯。

2002 年，希爾迪‧康（Hildi Kang）出版《在黑傘下——1910 至 1945 年間殖民地朝鮮發出的聲音》（*Under the Black Umbrella*: *Voices from Colonial Korea, 1910-1945*），被評論者認為是體現近年韓國和西方歷史學家中挑戰「日本壓迫剝削—朝鮮受害抵抗」模式潮流的一部代表作。[1] 該書作者對洛杉磯地區近 50 名朝鮮人或朝鮮裔美國人進行了採訪，把採訪獲得的資料加以整理，以之展示處於日本殖民統治下的朝鮮人經歷的複雜性，並指出，處於日本統治黑傘下的民眾生活從來不是民族主義者所說的那樣僅有一個維度，而是複雜、多面的。[2] 這樣的研究，帶有明顯的主觀選擇性和現實目的性。

2005 年，加利福尼亞大學博士生托德‧亨利（Todd A. Henry）發表《淨化帝國——日本的朝鮮他者話語與殖民地早期首爾的建構（1905-1919）》。文章指出，在過去約十年間，英語世界關於日本帝國的研究發生了引人注目的轉變。先前的研究傾向於採取東京中心的方式來研究日本帝國主義；新的研究則在後殖民主義影響下，開始認定日本的現代化思想與工程及其帶來的經驗、認同是與殖民地的變化一致的。該文研究日本在殖民地首爾進行水源淨化並重建首爾居民的衛生習俗的歷程，結果一方面凸顯出日本殖民統治者在朝鮮殖民地推進了社會現代化，同時也討論了這一過程和日本帝國意識形態與朝鮮社會既有制度、行為方式之間發生交叉、互動和衝突的情況。[3]

---

❶ Gi-Wook Shin, "Under the Black Umbrella: Voices from Colonial Korea, 1910-1945", *The Journal of Asian Studies*, Feb 2003。按該書作者 Hildi Kang 並不是一位歷史學家，其書作者介紹說她早年畢業於加利福尼亞大學伯克利分校，寫過一些關於韓朝歷史的報刊文章和歷史小說。

❷ Hildi Kang, *Under the Black Umbrella*: *Voices from Colonial Korea, 1910-1945*, Ithaca and London: Cornell University Press, 2001.

❸ Todd A. Henry, "Sanitizing Empire: Japanese Articulations of Korean Otherness and the Construction of Early Colonial Seoul, 1905-1919", *Journal of Asian Studies*, Vol.64, No.3 (Aug., 2005).

2010 年，埃弗里特・阿特金斯（Everett T. Atkins）出版《原我 ——
日本殖民者凝視下的朝鮮人（1910-1945）》（*Primitive Selves: Koreana in the Japanese Colonial Gaze, 1910-1945*）。該書以大眾文化政策為線索，考察日本殖民及後殖民時代與朝鮮的互動關係，反駁關於帝國主義日本通過鎮壓朝鮮文化表現出對朝鮮人的蔑視的觀點，認為殖民地時代日本人所關注的許多朝鮮事物，包括民間戲劇、舞蹈、薩滿、音樂以及物質遺產，都在後殖民時代成為朝鮮民族認同的符號。[1] 加利福尼亞大學托德・亨利發表述評，認為埃弗里特・阿特金斯為了證明自己的觀點而大量依賴日本帝國的文本，沒有對其自我服務的（self-serving）主張背後的預設進行任何追問，貶低了朝鮮人自己爭取主權的各種努力，在做一種使日本殖民知識重生（revalidation）的努力。[2]

後殖民主義的歷史編纂學在韓朝歷史編纂學領域的實踐，雖然呈現出了許多至少在民族主義歷史學視角下難以看到的歷史情節，但卻在很大程度上是在無視日本殖民主義歷史活動本身的大量侵略、戰爭罪惡前提下做出的。這些研究過度強調殖民時代社會的容受性、妥協性和經濟技術進步，將 20 世紀日本在亞洲的殖民統治表述成為現代化凱歌行進的事業。在此過程中，韓朝歷史學界過度偏狹的民族主義，恰好成了這些在西方學術語境中修正韓朝歷史敍述、構建與其相反的歷史圖景的藉口。

殖民現代性是一個非常複雜的論題，很多人感到辨析為難。如林熒澤說到：「圍繞殖民地問題展開的『發展論』（近代化論）和『掠奪論』的爭論本身也不過是『盲人摸象』。殖民地統治是資本主義的自然現象，正是在近代環境中實現的，它本身就是一種壓迫體制，是掠奪性

---

❶ Everett T. Atkins, *Primitive Selves: Koreana in the Japanese Colonial Gaze, 1910-1945*, Berkeley: University of California Press, 2010. 該書分 4 章，分別為：1. A Long Engagement；2. Ethnography as Self-Reflection: Japanese Anthropology in Colonial Korea；3. Curating Koreana: The Management of Culture in Colonial Korea；4. The First K-Wave: Koreaphilia in Imperial Japanese Popular Culture. 作者 E. Taylor Atkins 是北伊利諾伊大學歷史學教授。
❷ 參看 *Korean Studies*, Volume 35. 2012, University of Hawaii Press, pp.152-157.

質的。這樣，就可以把自己的殖民統治說成是對殖民地的近代開發。雖然作為殖民地被壓迫，但同時也引進並管理運行了近代方式，這一點也是不容置疑的。日本在韓國發揮了作為近代的管理者甚至西方文明的技術指導者的作用。所以說，這在某種程度上還是帶來了近代化的變化和發展。」[1] 這表明林熒澤承認殖民現代化說基本符合歷史事實。然而他馬上又指出：「殖民地近代化論者主張要同時看到侵略、掠奪和發展、開發這兩個方面。儘管如此，他們還是為了實證地闡明掠奪的有無並確保立論的根據，在學術上做了很大的努力。殖民者是否肆意實行了掠奪呢？他們似乎想從此處得出論爭的結論。因此，不管論者的主觀意圖是怎樣的，『殖民地現代化論』都是『殖民地美化論』。這樣，論證和感情只能在一種坎坷的環境中展開。」[2]「殖民地美化論」顯然並非僅僅是感情問題，而是通過片面強調殖民地時期的近代化發展，同時淡化殖民地統治的掠奪，並總體上以肯定的語境來選擇性地呈現殖民地時代某些現象的一種敘述方式。這種方式的詭異處在於，在具體層面以事實來支持論證，而在總體層面通過故意選擇強調而提供被歪曲的歷史意象。這是簡單實證主義方法可以如何被史家玩弄於股掌之間的一個生動例證。

韓國歷史學家中還是有人對殖民現代性論說做出有深度的評論。2010 年，漢陽大學歷史學教授朴贊勝（Park Chan Seung，박찬승）發表文章指出：「關於殖民現代性的研究在強調確認『現代性』的時候，一定程度上忽視了對『殖民性』的推敲。這種理論立足於強調要建立一種研究殖民時期歷史的後民族主義態度的基點上，因而傾向於忽略被另外一個民族統治的問題。更重要的是，由於這一理論的提倡者沉溺於關於話語（discourse）和文化問題的研究而不是對殖民地歷史事實的研究，他們沒有能夠令人信服地揭示殖民地朝鮮現代性的特徵。因而，關於殖民地時期朝鮮歷史的研究還需要新的視角。」在此基點上，他把殖民地

---

❶ 林熒澤著，李學堂譯：《韓國學：理論與方法》，濟南：山東大學出版社，2010 年，第 54 頁。
❷ 林熒澤著，李學堂譯：《韓國學：理論與方法》，第 54 頁。

時期的朝鮮稱之為「殖民雙重社會」(colonial dual society)。[1]他在該文中對關於朝鮮半島殖民地時期歷史認識的主要觀點進行評論。關於殖民剝削論，他指出這是主要流行於 20 世紀 60、70 年代韓國史學界的一種比較傳統的看法，其核心是認為日本帝國主義以武力強行剝削了朝鮮半島的土地、工業資源和人力資源。在梳理相關爭論之後，他認為這種觀點迄今仍然具有一定說服力。關於殖民現代化論，他指出，這是在 20 世紀 80 年代中期以後流行起來的觀點，主張者中包括韓國、美國和日本學者，其核心主張是認為殖民地時期的殖民剝削同時帶來了現代化發展。該說主張者集中着眼於經濟發展，認為殖民地時期，由於基礎設施改善和工業化進程，朝鮮半島的人均 GDP 提高了，其他諸如學校設施、醫院、教育水平、嬰兒成活率、人口總數也改善了，這些都成為戰後朝鮮半島發展的有利條件。[2]朴贊勝介紹了韓國經濟史學者許粹烈反對此種觀點的看法。後者在 1999 年發表文章指出，這是把發生在殖民地朝鮮的經濟發展等同於朝鮮人的經濟發展，朝鮮人在這種發展中並沒有獲得應得的利益份額，他們只是在其中充當勞動力，而控制了發展資本的日本人則在此種經濟發展中獲取了巨大的利益並將之用來控制朝鮮經濟。日本殖民控制下的這種發展不過是日本人為了日本人推動的發展。[3]朴贊勝認為，殖民現代性論說作為一種國際學術界的論說方式，在 20 世紀 70 年代中期就已經興起，發展到 90 年代中期，在依據後現代主義尺度批評殖民剝削論和

---

❶ Park Chan Seung, "Japanese Rule and Colonial Dual Society in Korea", *Korea Journal*, Winter 2010.

❷ 根據 Park Chan Seung 的研究，值得注意的是，殖民現代化論的提出是高度國際化甚至是引入的。較早發表相關重要論說的是日本學者松本俊郎的《侵略と開發 —— 日本資本主義と中國植民地化》，東京：御茶の水書房，1988；其後的重要著作是美國學者馬克・皮蒂（Mark Peattie）撰寫，淺野豐美翻譯為日文發表的《植民地 —— 帝國 50 年の興亡》（東京：讀賣新聞社，1996）；韓國支持這種觀點的代表作則是 Joo Ikjong 和 Kim Nak Nyeon 在 2005 年發表的若干著作。

❸ Huh, Soo-Youl（許粹烈，허수열）: "'Gaebal-gwa sutal'-ron bipan"（A Criticism of "Development and Exploitation" Theologies), *Yeoksa bipyeong*（*Critical Review of History*), 48:127–167. 按，許粹烈稍後出版專著：「개발 없는 개발：일제하 조선경제 개발의 현상과 본질」（《沒有開發的開發 —— 日帝統治下朝鮮經濟開發的景象與本質》），首爾：銀杏樹，2005。

殖民現代化論過程中逐步成為關於殖民地時期朝鮮半島歷史的主流觀點。其代表學者中，就包括前文提到的申起旭、邁克爾·魯濱遜，和卡特·埃克特。這些人批評以前的韓朝歷史觀都試圖從一種現代主義觀點出發把複雜的歷史理解為從封建主義到資本主義的、從不發達國家到發達國家的單線發展過程，沉迷於黑格爾式的將現代化視為進步和歷史發展目標的思維中，而他們自己則從後現代主義和後民族主義的視角來觀察韓朝當代歷史，認為殖民地朝鮮呈現出現代性，並從文化視角來分析，認為這種現代性是通過直接和間接參與而不是被動接受的方式實現的。他們強調，殖民地社會人民的認同不僅由國家單方面建構起來，而且是通過包括階級、性別、區域和社會身份等在內的多維度途徑建構起來的。[1]

首爾大學教授金晉均（Kim Jin-Gyun，김진균）和鄭根埴（Jung Keun Sik，정근식）採用法國哲學家福柯的理論，對殖民現代化論和殖民剝削論進行批判，認為它們都把現代性視為歷史最終必然達成的目標。在殖民化地區，殖民地特徵與現代性是糾纏在一起的，帝國主義統治在殖民地將居民降低為統治對象並以規訓強加其身。現代社會中的規訓會重塑人的認同，西方社會的現代性自由與規訓並重，而殖民地社會的現代性則強調規訓超過強調自由。日本帝國主義者在朝鮮半島致力於創造一種將他們的現代規訓內化於心的適應日本帝國臣民意識的認同感，以便在任何時候都可以動員起來。[2]

還有一些學者通過對殖民地時期日常生活方式的考察來論證殖民現代性的殖民性與現代性糾結，通過從諸如階級、性別、種族、文化、語言維度而不是民族維度的考察來探討殖民地朝鮮社會發生的變動，強調底層社會民眾的生存和話語環境。朴贊勝認為，殖民現代性論者的問題是，雖然他們對民族主義歷史學關於殖民地歷史的認識之批評具有合理

---

[1] Park Chan Seung, "Japanese Rule and Colonial Dual Society in Korea", *Korea Journal*, Winter 2010.

[2] 金晉均、鄭根埴編：《近代主體與殖民地紀律權威》（「근대주체와 식민지 규율권력」），首爾：文化科學社，1997 年。

性，但是並不能因此而無視殖民地時期的民族矛盾。注意階級、性別、社會身份等問題是必要的，但殖民地時期的朝鮮半島處於外族統治之下仍然是歷史的基本內容。其次，殖民現代性論者大多關注現代性超過關注殖民性。殖民地的現代性不可避免地不同於殖民帝國自身的現代性，所以研究殖民現代性問題的首要任務是辨識出特殊的殖民地特徵，而不是將之視為普遍現代性。此外，雖然對文化和話語的研究是重要的，但是歷史研究的根本任務並不同於文學和哲學，必須把揭示歷史真相、事實作為基本任務。[1]

結語

大約在 15 世紀開始的全球化歷史演變逐漸生成後來稱為現代化的歷史發展動能，這種動能極大地開發了人類的物質生產創造力，與人類文明文化累積中與之契合的諸種因素交相作用，在其聚集的文明社會共同體中構成強大的組織力和競爭力，伴隨殖民主義和工業資本主義的發展而造成先進與落後、發達與不發達或欠發達的巨大落差，從而把所有文明、社會共同體推到現代化或滅亡的抉擇點。亞洲各國先後經由不同路徑走向現代化。然而現代化對於亞洲各國說來，從一開始就不僅僅意味着發展，也意味着與既有傳統不同程度的斷裂，意味着較短時段實現社會組織方式和文化精神的改塑，而這種過程一定是痛苦艱難的。歷史學在亞洲各國的現代化轉變中都扮演了極其重要的角色。其實，現代化本身重塑了亞洲的歷史學。在歷史學傳統並不深厚的印度，甚至可以說在某種意義上構築了歷史研究的新傳統。因而，現代化實際上構成現代亞洲歷史學總體背景中與先前學術傳統平分秋色的組成部分。於是就難怪，現代化與現代性會一直籠罩在現代亞洲歷史學意識之上。從這一視

---

[1] Park Chan Seung, "Japanese Rule and Colonial Dual Society in Korea", *Korea Journal*, Winter 2010.

角，可以看到亞洲各國現代歷史學的共振。差別，則既來自亞洲各國歷史傳統的差異，也來自其現代化歷程的差異。就後者而言，殖民地化經歷至關重要。亞洲各國中，經歷長期殖民地化的印度，在殖民地時期所受文化改塑的程度最深，其現代史學已經高度西方化，但基於本土意識的對現代化強力改造原有文化社會傳統的外爍經驗及其代價的省思，促成在現代化中剝離出殖民主義並進行批判的思潮，而批判的武器，又必然地要大幅度藉助於「現代」思想和概念，從而形成後殖民主義觀念支配的歷史學潮流。後殖民主義歷史學的批判性，並非全面針對殖民主義，也針對「現代社會」，但因不能不藉助現代思想本身，就不僅是對他者的批判，也是自我批判。較短經歷殖民地化的朝鮮半島，並沒有展開印度式的後殖民主義反思，而是在西方學術引導下，於很少批判性的現代化觀念主導時代之後，在現代化歷史觀與殖民主義批判、後現代思潮之間，發展起殖民現代化的討論。這種殖民現代化論與現代化論的關聯比印度式的後殖民主義史學更為密切，因而也不及印度的後殖民主義批判思潮深刻，其核心是在差異、多樣性、交融、對話、妥協的語境中對殖民地時代所發生的現代化轉變比照民族主義的兩元對立話語重新進行評估。

單獨從現代化的角度看，19 世紀中期以後的日本現代化是一個快速發展的奇跡，依據現代化所推崇的自由、平等、尊重各國主權的角度看，同一歷程又包含反現代化的一系列暴行。這既與現代化本身內涵的邏輯衝突相關，也與日本自身的一些歷史文化特點有關，還與當時亞洲的國際關係格局有關。注意到這一點，日本在二戰結束，經歷一段短暫的「戰後歷史學」之後，進入現代化論主導亞洲歷史敘述的因由就會更清楚些。同時，現代化歷史敘述在日本既然提供了一種擺脫戰後歷史學自我批判尷尬的路徑，就會自然地與戰前歷史學中已然存在的歷史敘述方式接軌，現代化歷史觀為戰前歷史學的復興提供了新的支撐。日本戰前歷史學雖然是現代化觀念推動的，尤其是其中的弱肉強食的進化論、進步與落後二元論、殖民主義正當性意識的影響，但也從一開始就進行了一種同一種邏輯路徑上的對象置換，即將日本視為相對於亞洲他國而

言的西方、開化者、拯救者，把歐洲對待非歐洲的方式理所當然地作為自己對待亞洲他國的方式。從而，日本的現代化論，較多採取了以亞洲主義抗衡歐洲中心論的形態。因為歐洲中心論的謬誤不斷被揭示出來，日本的現代化論歷史學可以找到許多亞洲的應和者，但是這畢竟需要在淡化日本自身的侵略、殖民歷史的語境中才能言說，而後者在亞洲他國史學家看來，卻難以成立。這是戰後亞洲始終存在一種特殊的「歷史觀」問題的癥結。與這種情況有關，日本學者涉及後殖民主義理論的論述，大多不在殖民主義批判方向着力，而是主要沿着多樣性、差異性或者亞洲特殊性的方向展開。例如，顧琳和馬克・塞爾登在為濱下武志的一部著作所作序言中指出：「濱下很少將殖民主義和殖民關係作為他研究的中心問題。他重新詮釋亞洲和全球的殖民主義的工作的意義是深遠的，而且是頗受爭議的。形成鮮明對比的是中國的民族主義者和紅色歷史學家對殖民主義研究的貢獻，他們強調生活在殖民地、半殖民地枷鎖中的亞洲人民所遭受的統治和剝削。濱下的研究開闢了一條新的路徑：展示殖民時代種下的新的、充滿活力的因素 —— 不僅僅是民族獨立和革命運動 —— 出現在後殖民主義時代特定國家和地區。這些因素包括中國向東南亞、歐洲、美國的大規模移民，條約口岸是區域間和全球貿易的樞紐，帝國主義在控制僑匯、溝通東南亞、華南地區與其他世界經濟體之間的聯繫方面刺激了中國本土的金融網絡。在近幾十年，西方和日本的殖民主義對於亞洲人民的貧困和經濟落後的影響是什麼成為爭論的中心，有一種看法認為，殖民主義為這近半個世紀以來世界最具有活力的地區的經濟發展鋪平了道路。」[1]

---

❶ 濱下武志著，王玉茹等譯：《中國、東亞與全球經濟 —— 區域和歷史的視角》，北京：社會科學文獻出版社，2009 年，第 13 頁。按引文出自該書中文版第一章，章名為《關於中國、東亞和全球經濟的新視角》，本是該書英文版編者顧琳（Linda Grove）和馬克・塞爾登（Mark Selden）為該書所作的序言。亦請參看 Paul A. Van Dyke, China, East Asia and the Global Economy: Regional and Historical Perspectives (review), *Journal of World History*, Vol.20, No.4, December 2009.

中國雖然有局部殖民地經歷，但主體部分沒有殖民地化，最少主權沒有失卻即沒有遭遇全面政治殖民地化，且局部殖民地經歷，除了香港、澳門以外，歷時較短。就中國大陸史學界主流而言，雖然現代化論作為一種專門化的理論流行在晚近才發生，但是現代化在新史學興起時代就已經是時代的主題和參照的主要歷史線索。中國現代歷史學中的社會史論戰、亞細亞形態論爭、革命史觀、五朵金花等等，都以在歷史景深和現代世界體系中體認中國處境與變革道路為核心，而其主流，在特定的歷史條件中，選擇了馬克思主義和革命史觀。革命史觀偏重在對抗性的社會鬥爭中實現歷史發展，對經濟和文化發展本身有所忽視，因而在 20 世紀 80 年代的「改革開放」中再度調整，強調經濟發展，現代化論的引介恰逢其時，隨即成為一種頗為強勢的歷史學話語。此間，中國學者重述了現代化論，將之進一步推演，達到一種接近全息歷史觀的狀態，但對現代化歷史觀局限的省察未深。至於殖民地史學，在台灣歷史敘述和中國東北歷史敘述中有所展現，但大陸主流歷史學家基本上將之納入帝國主義侵略視角下，對殖民主義史學本身的理論性質很少直接剖析。後殖民主義思潮在 20 世紀 90 年代影響中國學術界，但與前述殖民地化經歷的局部性有關，在哲學、文學界引起的反響超過歷史學界。歷史學界主要將之作為印度史敘述的一種理論問題加以介紹和評論，許多學者將之泛化為一種反對西方中心主義的論說或者後現代思潮的分支，與中國歷史本身敘述關聯的考察很少。[1] 中國史學界對後殖民主義歷史敘述的相對淡漠，在史學理論層面可能構成某種缺陷，至少，這種理論包含對現代化的諸多批評性的審視，而中國晚近歷史學受現代化論的影響甚大，在思考後殖民地時代的殖民統治印記、帝國主義與全球話語格局等方面，該理論的參考價值也沒有在中國晚近歷史學探索中明顯體現出來。

---

❶ 較具深度的研究是王立新：《後殖民理論與基督教在華傳教史研究》，《史學理論研究》，2003年第 1 期。

第四章

歐洲中心主義

── 亞洲歷史的西方意象及其反撥

亞洲現代社會都具有後發現代性的性質，亞洲各國的現代歷史學都是其現代化轉變的組成部分，在這種轉變中，學習和借鑒西方是一種基本姿態。雖然在邏輯上並非不存在不學習西方而實現現代化的可能性，但在亞洲現代化轉變發生的時代，卻根本不存在做出這種選擇的現實條件。原因是，那時通過學習西方來實現轉變是最快而有效的選擇，而亞洲各國的現代化從一開始就是一場生死存亡、刻不容緩的競爭。然而，這幾乎帶來了亞洲歷史學的歐洲中心主義原罪，亞洲各國的歷史學家一直努力克服歐洲中心主義，在學習歐洲歷史學的同時不斷探索亞洲的或本國的歷史書寫方式和歷史解釋理論。尤其是在第二次世界大戰結束以後，歐洲思想學術界也逐漸強化了對歐洲中心主義的反省，亞洲史學界對歐洲中心主義局限的認識日益深化，但是在實際研究中，卻又依然難以徹底擺脫其影響。

一、歐洲的現代崛起與歐洲中心主義歷史觀

　　歐洲中心主義（Eurocentrism）這個詞是在 20 世紀後期作為一種被批判的、意識形態化的觀念從無數先前久已有之的思想文化現象中概括出來的。它的內涵在相關的批評中不斷豐富，其突出特點是，以歐洲經驗為思考一切人類事務的原點，將歐洲經驗，尤其是 15 世紀以來現代化的經驗作為尺度，來理解、衡量、敍述其他非歐洲源起的經驗、現象和觀念。作為一種思維定勢，歐洲中心主義傾向於把非歐洲的事物視為邊緣性、少價值、他者化的對象。這種觀念在極端情況下，可以與種族主義構成通路，將歐洲被標準化的表現視為其人種優越的結果。更多情況下，這種觀念用知識的方式來表達，形成一種歐洲話語霸權，滲透在各種各樣姿態表述的關於歷史的看法中。還有一些情況，即言說者並不認

為自己是歐洲中心主義的，甚至是反對歐洲中心主義的，但是卻默認了一些帶有歐洲中心主義含義的預設或者思維方式。20 世紀後半期開始，國際學術界對歐洲中心主義進行反思，波及到非常廣泛的領域。英國歷史學家古迪（Jack Goody）在他的《偷竊歷史》（*Theft of History*）的導言中說道，他這本書的題目指的是「西方對歷史的竊取」。也就是說，「過去（past）根據歐洲，通常是西歐某些區域範圍內所發生的事情而被理解和呈現，並強加到世界其他地方。歐洲大陸聲稱它創造了許多具有價值的規制（institution），比如民主、商業資本主義、自由、個人主義。但其實這些制度在更廣闊範圍的人類社會中都能夠被找到。」[1] 英國學者布勞特（J. M. Blaut）在介紹他的《殖民者的世界模式 —— 地理傳播主義和歐洲中心主義史觀》時指出，他寫作這樣一本書的目的就是要「破除關於當代世界歷史和世界地理的一種強而有力的信仰。這一信仰的概念是，歐洲文明 —— 即『西方』—— 具有某種獨特的歷史優越性，某種種族的、文化的、環境的、心靈上的或精神上的特質。這一特質使歐洲人群在所有歷史時代直至當今時代，永遠比其他人群優越」。[2] 這些反思和批評歐洲中心主義的說法，從不同側面反映了歐洲中心主義的基本含義。

晚近時期，歐洲中心主義所指的觀念在世界範圍內已經受到愈來愈多的批評，甚至反對歐洲中心主義逐漸成為了一種表示政治正確（politically right）的標籤，但與之同時，歐洲中心主義仍然生動地存在於許多歷史研究者的頭腦中，時時從他們的歷史書寫透露出來。這意味着，超越歐洲中心主義並不是一個單純的態度、立場問題，而是一個重構歷史學家工作意識和話語習慣的問題。超越這種意識，就需要了解歐洲中心主義的原委。而一旦這樣做，我們就會發現，其難以超

---

[1] Jack Goody, *The Theft of History*, Cambridge, etc.: Cambridge University Press, 2006, Introduction, p.1.

[2] J. M. 布勞特著，譚榮根譯：《殖民者的世界模式 —— 地理傳播主義和歐洲中心主義史觀》，北京：社會科學文獻出版社，2002 年，第 1 頁。

越的原因種種，最根本的卻正在於在亞洲思想學術界深入人心的現代化和現代性問題，在於人們所說的現代化作為一個歷史過程，的確是從歐洲開始的。

　　歐洲當然不是世界的中心，這正如中國不是世界的中心一樣明確無誤。地球是圓的，歷史是推演變化的，人文世界沒有恆定的中心，在地球範圍內和人類歷史上所指稱的中心，都是基於某種特定尺度的誇大。但有的誇大是純粹的想像，有的卻有一定的依托。歐洲中心主義是有所依托的，這其實就是從 15 世紀開始歷時 5 個世紀，依然在進行中的世界現代化歷史本身。因為當下世界還處在這個過程中 —— 很可能是這個過程的收結階段，在沒有出現內涵明確的核心概念和透徹的理論來重新說明這段世界歷史進程與歐洲角色之間的關係之前，歐洲中心主義就很難根本消除。在 15 世紀之前，無論以哪種尺度衡量，歐洲都難以稱為世界的中心。但是從 15 世紀開始以後的幾個世紀間，歐洲卻的確在若干方面引領了世界的變化。這些變化中，有一些深刻影響了世界的面貌。其中最重要的有如下幾點：1. 科技革命。所有文明都發展起了科學技術，但是科學技術不僅是具有實用功能的手段，其背後是思維和理解世界的方式。無論其他文明各自曾經創造了怎樣的科技輝煌，歷史地伸展成為現代科學技術的思維和理解世界的方式是集中地興起於歐洲的 —— 即使我們肯定地承認歐洲的科技革命也受到來自其他文明的科技知識要素的影響、同一時期的其他文明中也發生了科技進步 —— 也是如此。[1] 2. 環球航路的開通。中國更早具備了這種能力，但是並沒有進行下去，環球航路的開通畢竟是歐洲人最先實現的，而這是早期全球化的象徵性標誌 —— 現代化從一開始就具有全球含義。3. 與新航路關聯的殖民主義世界擴展。殖民不是新事物，但以往的殖民是對毗鄰地區的擴張，是區域性的現象，而自 15 世紀末以後歐洲的海外殖民，卻與大航海、全球貿

---

❶ 參看李約瑟著，張卜天譯：《文明的滴定 —— 東西方的科學與社會》，北京：商務印書館，2016 年。

易、全球傳教和大規模知識、物種傳播交織在一起，不盡不止，終於把全球聯通成為一個網絡，引發了歐洲以外地區社會、文化的深刻變化。這種包含着巨大不合理性甚至罪惡的變化，也是早期全球化的主要推進力之一。現代世界的美國、加拿大、澳大利亞、新西蘭，乃至中美洲、南美洲國家，都是這場歷時長久的殖民運動的後果。4. 啟蒙主義是歐洲發生的包括前述變革在內的諸多變革與當時已經具有的全球文化交融相互激盪所產生的思想觀念變革，這場變革事實上奠定了現代人類世界組織方式及相關倫理的大部分基礎。現代社會的理性、國家主權、法治、權利義務關係、市場、財富等等觀念以及相關的制度，都可以從啟蒙思想中找到參照系，或者直接從中推演而來。5. 基於科技革命以及其他條件而發生的工業革命。機械化、礦物燃料能源、工廠制度一起造成了巨大的新生產力，使得歐洲的工業生產力在幾個世紀間明顯超過其他地區。工業化也在幾個世紀間成為普遍模式和所有現代社會共同體無法繞過的目標。從這些情況看，在 15 世紀以來的人類歷史推演中，歐洲扮演了突出的重要角色。如果把 15 世紀以來的世界歷史從普遍關聯的角度，看作是全球化逐步發生和發展的過程，那麼，在這個過程中，歐洲的確曾經是這個過程中的中心。所謂中心是就全球而言的，在全球化過程發生之前，只有區域的中心，沒有全球的中心。這就是說，我們可以在人類經驗的具體歷程中承認某個地區在特定時期在某個特定視角下扮演了類似中心的角色，但是這與「中心主義」不是一個層面的事情。「歐洲中心主義」把大致前述情況從具體經驗提升為人類歷史的總體屬性和一種看待人類事務的方法，把歐洲視為人類整個歷史中注定、唯一且一貫處於主導地位的存在 —— 這是一種幻覺。

這種幻覺的最初形態是東方主義（Orietalism），該詞在薩義德同名著作被翻譯為「東方學」，因為該詞兼有學科和思想觀念雙重含義。作為思想觀念的東方主義是一種源於中世紀後期及殖民地發展時代到達歐洲以外地區的西方傳教士和旅行者記述而逐漸形成的相對於歐洲的「東方」意象，逐漸固化為一種意識形態。美國歷史學家柯文（Paul

A. Cohen）曾在自己的著作中引出 19 世紀美國人愛默生（Ralph Waldo Emerson）1824 年筆記中的一段話：「當我們居高臨下對這個愚昧國家觀察思考得越仔細，它就越顯得令人作嘔。中華帝國所享有的聲譽正是木乃伊的聲譽，它把世界上最醜惡的形貌一絲不變地保存了三四千年……甚至悲慘的非洲都可以說我曾經伐木、引水、推動了其他國土的文化。但是中國，她那令人敬仰的單調！她那古老的呆痴！在各國群集的會議上，她所能說的最多只是 ——『我釀製了茶葉』。」[1] 薩義德在分析這種意識形態時強調其中的統治意識和偏見，指出：歐洲人關於非洲、印度、遠東部分地區、澳大利亞和加勒比地區的著作「在我看來是歐洲對遙遠地域和民族統治企圖的一部分……令人吃驚的是，這些著作在描寫『神秘的東方』時，總是出現那些刻板的形象，如有關『非洲人（或者印度人、愛爾蘭人、牙買加人、中國人）』的心態的陳詞濫調，那些把文明帶給原始的或野蠻的民族的設想，那些令人不安的、熟悉的、有關鞭撻和死刑或者其他必要的懲罰的設想，當『他們』行為不軌或造反時，就可以加以懲罰，因為『他們』只懂得強權和暴力。『他們』和『我們』不一樣，因此就只能被統治。」[2] 從這樣的分析中，可以看到把殖民主義合理化的一種言說通路。薩義德的《東方學》是研究作為知識的東方主義的最重要著作。他在這部著作中講到：「這是一種根據東方在歐洲西方經驗中的位置而處理、協調東方的方式。」[3] 在其多重含義中，薩義德指出，其一「是其作為學術研究的一個學科的含義……任何教授東方、書寫東方或研究東方的人 —— 不管是人類學家、社會學家、歷史學家還是語言學家，無論面對的是具體的還是一般的問題 —— 都是『東方學家』

---

❶ 轉引自 [美] 柯文著，林同奇譯：《在中國發現歷史》，北京：中華書局，2002 年，第 56 頁。

❷ 愛德華・W・薩義德著，李琨譯：《文化與帝國主義》，「前言」，北京：生活・讀書・新知三聯書店，2003 年，第 1-2 頁。

❸ 愛德華・W・薩義德著，王宇根譯：《東方學》，北京：生活・讀書・新知三聯書店，1999 年，第 2 頁。

（Orientalist），他或她所做的事情就是『東方學』」。[1] 東方學的比作為一個學科更為寬泛的含義是在東方與西方二者對應區分基礎之上來思維的方式。在這個意義上，Orientalism 其實更應該被理解為「東方主義」而不是「東方學」。第三重含義在中譯本中讀來略覺窒礙，[2] 英文版行文句長且略為晦澀，其意如下：「第三重含義比前兩種定義中的任何一種都更多地從歷史和物質角度來界定。把 18 世紀後期作為一個粗略的起點，東方主義可以被作為對待東方的一種複合機制（corporate institution）來加以討論和分析 —— 這種機制做出關於東方的陳述、將關於東方的說法權威化、描述東方、講授東方、安頓東方、裁斷東方。簡而言之，東方主義是實現對東方宰制、重塑並對之擁有權威態勢的一種西方形式。」[3] 依照這樣的理解，東方主義就涉及到知識、思維方式、話語、行為、文化關係的複雜網絡和廣大領域，而其要點是西方對於東方的文化宰制。薩義德正是以第三重含義為中心來討論問題的。就此而言，Orientalism 也是翻譯為「東方主義」比「東方學」更好一些。薩義德的定義更具有學術性，與前人所指的方向一致，但更為犀利地揭示了東方主義的多重側面，尤其是其在長久歷史演變中逐漸累積的話語建構和文化宰制屬性。同時他也提醒讀者，東方主義不是一種單純的想像，而是基於現實的西方與東方之間的權力關係、支配關係和保全關係。它不僅表達了而且本身就是現代政治／學術文化的一個至關重要的組成部分。[4] 關於「東方學」的問題，薩義德指出：「在某種意義上說，東方學的局限，正如我前面所

---

❶ 愛德華・W・薩義德著，王宇根譯：《東方學》，第 3 頁。

❷ 愛德華・W・薩義德著，王宇根譯：《東方學》，第 4 頁。

❸ 原文如下："… which is something more historically and materially defined than either of the other two. Taking the late eighteenth century as a very roughly defined starting point Orientalism can be discussed and analyzed as the corporate institution for dealing with the Orient-dealing with it by making statements about it，authorizing views of it, describing it, by teaching it, settling it, ruling over it: in short，Orientalism as a Western style for dominating, restructuring, and having authority over the Orient." 參看 Edward W. Said, *Orientalism*, London: Penguin Books, 2003, "Introduction"，p.3. Vintage Books 1979 年英文版中此段相同。

❹ 愛德華・W・薩義德著，王宇根譯：《東方學》，第 8、16 頁。

言，乃伴隨棄除、抽離、剝光其他文化、民族或地區的人性這一做法而來的局限。但東方學走得更遠：它不僅認為東方乃為西方而存在，而且認為東方永遠凝固在特定的時空之中。東方學描述東方和書寫東方取得了如此巨大的成功，以至東方文化、政治和社會歷史的所有時期都僅僅被視為對西方的被動回應。西方是積極的行動者，東方則是消極的回應者。西方是東方人所有行為的目擊者和審判者。」[1]

東方主義會用一種浪漫的筆觸描寫非西方世界的異域風情，其間每每流露欣賞的情趣，同時又是以歐洲事物為衡量尺度將東方他者化。這種對異域文化的欣賞或同情的結果，通常是強化而不是消解對於非歐洲世界長久僵化的、缺乏真正歷史方向性的意象。孟德斯鳩（Montesquieu）認為，中國和印度的東方特色是由其地域的氣候與地理條件決定的，他肯定東方文化的一些優長，對儒家禮教有所欣賞，認為中國早期政體多有可取但後來成為專制主義和社會停滯的典型。他筆下的亞洲從總體上說是相對於歐洲而言的怪異世界。[2] 啟蒙時代歐洲，也有一些對中國事物由衷讚嘆或者深度了解的人。伏爾泰（Voltaire）欣賞中國的世俗政治，認為中國和印度文明在歐洲處於「野蠻」狀態時就已經發達，中國君主聽取文臣的意見，但與此同時，伏爾泰依然認為中國和印度很早就陷入了停滯。[3] 萊布尼茨（G. W. Leibnizens）鄭重研究了中國人的信仰和哲學，寫作了《論中國人的自然神學》，表現出對中國文化知識信仰多方面的深刻認識。[4] 這些擁抱中國乃至整個東方的思想雖然也有一定的影響力，但並沒有遮掩薩義德所描述的那種停滯的東方的意象，而且後者對 19、20 世紀的歷史學構成更大的影響。

18 世紀德國哲學家赫爾德（Johann Gottfried Herder）認為，「唯有在歐洲，人類的生命才是真正歷史性的，而在中國或印度或美洲的土人

---

❶ 愛德華 · W · 薩義德著，王宇根譯：《東方學》，第 142 頁。
❷ 參看孟德斯鳩著，許明龍譯：《論法的精神》，北京：商務印書館，2009 年。
❸ 參看伏爾泰著，梁守鏘譯：《風俗論》，北京：商務印書館，2000 年。
❹ 參看孟德衛著，張學智譯：《萊布尼茨和儒學》，南京：江蘇人民出版社，1998 年。

中間，就沒有真正歷史的進展，而只有一種靜止不變的文明，或者一系列的變化，其中舊的生活形式雖為新的形式所取代，但並沒有成其為歷史前進的特點的那種穩定的積累的發展。因此，歐洲是人類生活一個得天獨厚的區域，正如人在動物之中、動物在活的有機體之中和有機體在地球的存在物之中得天獨厚一樣。」[1]黑格爾也說：「……地中海是地球上四分之三面積結合的因素，也是世界歷史的中心。號稱歷史上光芒的焦點的希臘便是在這裏……所以地中海是舊世界的心臟，因為它是舊世界成立的條件，和賦予舊世界以生命的東西。沒有地中海，『世界歷史』便無從設想了：那就好像羅馬或者雅典沒有了全市生活會集的『市場』一樣。廣大的東亞是和世界歷史發展的過程隔開了的，從來沒有參加在裏邊；北歐也是一樣，它後來方才參加了世界歷史，而且在舊世界持續的時期中它沒有參加世界歷史；因為這個世界歷史完全限於地中海周圍的各國。」[2]馬克思也曾說過，「亞洲各國不斷瓦解、不斷重建和經常改朝換代，與此截然相反，亞洲的社會卻沒有變化。這種社會的基本經濟要素的結構，不為政治領域中的風暴所觸動」。[3]「在亞洲，從很古的時候起一般說來只有三個政府部門：財政部門，或對內進行掠奪的部門；軍事部門，或對外進行掠奪的部門；最後是公共工程部門」；「從遙遠的古代直到十九世紀最初十年，無論印度的政治變化多麼大，可是它的社會狀況卻始終沒有改變。」[4]「滿清王朝的聲威一遇到不列顛的槍炮就掃地以盡，天朝帝國萬世長存的迷信受到了致命的打擊，野蠻的、閉關自守的、與文明世界隔絕的狀態被打破了……」「與外界完全隔絕曾是保存舊中國的首要條件，而當這種隔絕狀態在英國的努力之下被暴力所打破的時候，接踵而來的必然是解體的過程，正如小心保存在密閉棺木

---

❶ 引文出自柯林伍德轉介的赫爾德說法，見柯林武德著，何兆武、張文杰譯：《歷史的觀念》，北京：中國社會科學出版社，1986 年，第 103 頁。

❷ 黑格爾著，王造時譯：《歷史哲學》，上海：上海書店出版社，2001 年，第 90 頁。

❸ 馬克思：《資本論》，見《馬克思恩格斯全集》第 23 卷，第 397 頁。

❹ 馬克思：《不列顛在印度的統治》，見《馬克思恩格斯全集》第 9 卷，第 145、146 頁。

裏的木乃伊一接觸新鮮空氣便必然要解體一樣。」[1] 關於東方停滯、無歷史的看法並不妨礙西方人同時讚賞東方的文化風情甚至一些政治和社會制度成就。19 世紀末的西方人初到朝鮮，將之稱為「隱士的國度」（the hermit kingdom），其中不無欣賞的意趣，但其所有文化風情都並不改變關於那是一個長久停滯在某種狀態的文化他者，一個終究要在西方人的注視下改變之地的判斷。[2]

　　前面提到的深刻影響了全球現代化面貌的歐洲啟蒙主義，就是伴隨着東方主義的逐漸清晰而影響全球的。因而，絕大多數啟蒙主義思想家，以及沿着啟蒙思潮思考的思想家，都或多或少沾染着一些東方主義的情懷。更為要緊的是，啟蒙思想奠定的進步觀是目的論式的、綫性的歷史觀。依照這種歷史觀，人類歷史本質上是不斷進步的，進步朝着一個總體的方向 —— 在黑格爾那裏被表達為「理性」的實現，在其他人那裏有各種不同但同樣體現統一的總體方向的描述，而走向這種方向的前景由歐洲最近的歷史經驗展現出來 —— 現代歐洲之前人類社會的所有發展都是現代歐洲主旋律演奏之前的序曲。於是，進步的、綫性歷史觀就與歐洲中心主義深深地糾纏到了一起。當亞洲現代歷史學迎娶西方思想來推動亞洲現代化轉變和亞洲歷史學新生的時候，歐洲中心主義如同嫁妝一樣隨着新娘登堂入室。於是，自詡客觀、科學的西方現代歷史學，秉持着把國族國家視為人類進步目標的信念，用回溯的方式去看以往，當下佔主導地位的現代歐洲就成了尺度。1945 年以後，亞非拉興起國族獨立浪潮，非歐洲地區歷史書寫日益受到注重，但是帝國主義時代盛行的把各民族歷史裝入通向歐洲模式軌道的歷史敍述範式卻並未改變。

---

❶ 馬克思：《中國革命和歐洲革命》，見《馬克思恩格斯全集》第 9 卷，第 110、111-112 頁。
❷ William Elliot Griffis（威廉斯·E. 格里菲斯），*Corea, The Hermit Nation*, New York: Charles Scribner's Sons, 1882.

二、亞洲歷史觀中的歐洲中心主義

　　歐洲中心主義既扎根於現代歷史觀的深層，把歐洲現代歷史學作為自我改造的他山之石甚至學習的模板而興起的亞洲歷史學，也就浸透着歐洲中心主義的元素，斑駁相間而無處不在。

　　在 19 世紀末、20 世紀初，非歐洲地區的歷史學家幾乎無例外地致力於在與西方比對的語境中界定自身民族的特徵，無論國族主義歷史學家還是馬克思主義歷史學家，都通過尋找類似中產階級、城市、政治權利、理性主義、資本主義生產的方式，在自身歷史中找尋歐洲因素，以求克服本民族歷史據稱的非歷史性，論證自己民族屬於歷史性的民族，並使自己的歷史敘述成為西方人能够理解的東西。

　　歐洲殖民主義和第三世界國族主義共享的一個現代歷史編纂學關鍵概念是，國族國家是普遍的和最可取、最自然的政治形態。這種思維模式把國族主義歷史與歐洲中心主義歷史以及東方主義歷史耦合起來，結果是非歐洲的國族主義歷史學在反西式東方主義形態下分享東方主義的價值和語言編碼，從而在認識論意義上與歐洲中心主義歷史成了雙胞胎。

　　日本在這個方向捷足先登，在蘭克學派影響下形成的日本現代歷史學，從一開始就懷抱着證明日本與歐洲平等對應的情懷，反襯日本與亞洲其他地區的差別。在這樣做的時候，它把中國和朝鮮視作了自己的「東方」—— 讓中國和朝鮮替代日本承擔東方的形象，其自己則可以歸入西方。所謂「東洋史」，就是日本對其鄰國的東方主義或准東方主義的體系。就是在這種語境中，中國從「中國」變為「支那」—— 從中心之國變為作為日本邊緣的充滿困境和不確定性的存在，甚至是有待日本「提携」而實現開化的地方。東洋史研究主要關注中國，日本殖民政策史則主要關注朝鮮，後者的目的是把作為文明國家的日本與作為野蠻國家的朝鮮區分開，把朝鮮作為映襯日本發展進步的鏡子，進而把日本對朝鮮的殖民合理化。從這個角度看，二戰前日本的亞洲歷史觀是歐洲東方主義的一個亞洲翻版。

韓國學者林志弦（Jie-Hyun Lim）對亞洲歷史學中的東方中心主義做過相當透徹的分析。他指出，朝鮮歷史寫作在 1895 年後發生重大轉變，政府指導下編制的小學和初中歷史教科書將對中國的稱謂從「華」改為「支那」，對日本的稱謂從「倭」改為「日本」。在日本於 1905 年將朝鮮變為保護國之後，泛亞洲主義成為朝鮮半島知識界批評日本殖民主義及冒犯亞洲團結的武器，但日本作為西方事務代表者的地位並沒有動搖。這時，韓朝歷史學家日益強調民族靈魂、本質、精神，尋求朝韓文化的特殊本質和對據稱存在了 5000 年之久的檀君始祖的認同。後來的東亞歷史編纂中還存在着一種國族主義的競賽，各國在尋找共同歷史的嘗試中發生的爭論，其實是各自以國族為中心理解歷史在匯流之後發生的不可避免的衝突。衝突背後，韓朝和日本的國族史結成了一種「敵對性合謀」（antagonistic complicity）。亞洲的馬克思主義歷史學家也並未置身這一潮流之外。馬克思將東方與西方的空間性差別變為落後與先進的線性階段對比差別，亞洲的國族主義革命者將馬克思主義看作一種現代性理論，採用馬克思主義作為邊緣「趕上」中心戰略的武器。所以，朝鮮的馬克思主義歷史學家會非常重視「資本主義萌芽」和「資本主義的內源性發展」（endogenous development of Capitalism），努力去發現鄉村人口的分化，尋找可能演變為農業資本家的大規模農場和農業無產者，尋找特殊作物的商品化生產、供應市場的手工業以及具有現代性的思想，並沿着這類線索向古代中世紀追溯去發現奴隸社會與封建社會。這樣，韓朝與日本的馬克思主義者實際都依靠歐洲中心主義的歷史敍述並且投入了「紅色東方主義」（Red Orientalism）語境中。無論韓朝還是日本歷史學家，愈接近西方就愈發現自己與西方的差別之巨大，在東方主義的話語中擺脫邊緣地位而在穩定的西方獲得自己位置的願望從來不曾實現。只要邊緣地區的歷史學家糾纏在歐洲中心主義的歷史模式中，他們就一定要使用東方和西方這種話語，中間加入線性的歷史進步階段論，他們就一定得承認東方和西方的差距。這種困境表明，歐洲中心主義的歷史學必須被解構。否則，邊緣地區國族史的歷史敍述就會不斷地

鼓勵其自己的歐洲中心主義的國族主義或者反西方的東方主義。[1]

殖民主義史學以最直率的方式體現歐洲中心主義。現代殖民主義本來就是歐洲的作品，發生於歐洲的啟蒙理性不僅沒有真正反省殖民主義的不合理性，反而通過歷史目的論，賦予殖民主義一種必然的屬性 —— 殖民主義是人類走向真正文明這一共同目標所必須經歷的過程，即便其間要付出一些代價，西方為缺乏歷史的亞洲帶來了現代文明的方向。在印度，歐洲人率先書寫了體系化的印度歷史，提供了一種把支離破碎的經驗梳理到一個故事中的敍述方式。當然這種歷史學並非僅僅宣示了歐洲在印度統治的合理性，同時也奠定了印度國族主義史學的基礎 —— 當對殖民主義開始反撥的時候，國族主義就應運而生。朝鮮的殖民地化不是歐洲直接造成的，但是日本對朝鮮的殖民，卻是藉助歐洲的殖民主義理念實現的。日本的啟蒙思想家福澤諭吉就是「征韓論」的鼓吹者。進化論、社會達爾文主義作為當時亞洲的「開化」思想把海外殖民理性化（rationalized）。於是，日本殖民者就自覺有資格來講述朝鮮的歷史，將朝鮮描述成由日本帶入文明社會的邊緣。即使在 20 世紀後期，殖民主義本身早已臭名昭著的時候，以後殖民主義面貌出現的韓朝殖民現代性論，也還在以反對「民族主義」和單線化歷史的名目下，一再講述日本殖民統治如何為朝鮮半島帶來了現代化。接近同樣的邏輯，台灣歷史經由日本殖民者的重述，也從日本佔領開端。中國東北地區的歷史，在殖民主義歷史學筆下也被描述成近乎一直在期待日本到來一樣的經歷。

國族主義在表面上看是直接針對殖民主義、反對外來侵略為主旨的，但是其內裏，卻包含着歐洲中心主義。原因是，國族主義本身就是歐洲現代化過程中發展起來的意識形態。它既不是非歐洲各地原住民由來已久的文化特色，也不是亞非拉各地非歐洲文明的歷史傳統，是在歐

---

❶ See Jie-Hyun Lim, "The Configuration of Orient and Occident in the Global Chain of National Histories: Writing National Histories in Northeast Asia", in Slegan Bergen, etc. ed., *Narrating the Nation: Representations in History, Media and the Arts*, Oxford: Berghahn Books, 2008, Chaper Fifteen.

洲現代化過程中，伴隨着世俗權力衝破教會權力以及國家之間競爭的加劇而形成的意識形態。國族主義在國家範圍的內部，推動由所有公民的權利和訴求構成的國民國家整體地位至高無上，這與啟蒙主義關於自由、民主的觀念可以形成密切通路；在國族國家的外緣，將內外之別高度清晰化，與達爾文主義結合，使得其後的國家之間競爭具有了一種天然倫理正當的意味。國族主義的完備形態要晚於現代殖民主義才形成，當其形成的時候，殖民主義還在高潮，二者在亞洲，相輔相成地推動了歐洲人在亞洲的勢力擴展。當亞洲人開始學習歐洲的時候，這兩者都曾被理解為發展的利器。然而殖民主義面對的是有限空間，19 世紀中葉，除了東亞地區之外，地球上所有有人居住的地方基本被歐洲人的殖民覆蓋，亞洲人要學歐洲人殖民，空間極小。於是具有殖民動力的日本，只能把殖民主義的拳腳用在身邊已經具有悠久文明的社會身上，結果必然遭遇強勁反抗。國族主義卻盡可以在全世界展開，只是利用這種觀念整合起來的非西方國族一旦內化了國族主義，就會將之作為反對殖民者的武器，甚至把整個西方的優越地位作為質疑的對象。這就是說，國族主義雖然在形式上是反殖民主義的，卻與殖民主義同源，所以，國族主義反對歐洲中心主義的方式，常常是加入式的，即不反對歐洲中心主義內裏的邏輯，而是借諸國族主義爭取獲得與西方國族同樣的地位。所以，亞洲各國的國族主義都有貢獻於各自國家從西方勢力手中收復權益，同時又伴隨着他們從觀念到社會制度的西化。

　　亞細亞形態、東方專制主義是東方主義和歐洲中心主義在歷史學領域的直接翻版。東方主義鋪墊了亞洲停滯落後的心理基礎，歐洲中心主義把歐洲的特殊優越性理性化，沿着二者的邏輯來看亞洲，只能看到一個格格不入的存在。歐洲中心主義具有普世傾向，自為中心就要為全人類立言，如果不能闡釋亞洲，也就無法完成其自身的整體建構。亞細亞形態本身不是理論，只是歐洲中心主義的歷史敍述中相對於歐洲歷史進程的一個另類線索，存在於諸多西方的亞洲觀察者的觀念之中。其基本認識傾向是：亞洲很早就進入文明、從來沒有發展起理性和自由精神、

政治上專制，經濟上沒有真正意義上的普遍私有制、綜合起來沒有真正意義上的歷史。馬克思曾經籠統地提到「亞細亞的」，但並沒有對之進行系統闡述，卻使後來亞洲的研究者反覆解釋，最終不得其解 —— 這多少是因為亞洲學者有一些經學習慣難以擺脫。東方專制主義則是魏特夫（Karl A. Wittfogel）對亞細亞形態做學理化闡釋的一套論說。魏特夫並不質疑前述亞細亞形態意象的基本內涵，而是致力於探尋這種意象所描述的亞洲歷史所以如此的根源。他發現的根源，用最簡單的話說，就是亞洲各國都有由統一權威組織大規模治理水患和建築水利工程的需要，由此形成強大王權傳統，所有權利都被強大的王權所吞沒。[1] 魏特夫有一些洞察力，但他的研究過程其實很粗疏，其中許多討論是從亞洲學者探究亞細亞問題的發表物中借鑒而來的。所提出的，基本上依循環境決定論、命定論的邏輯。而他的論說發表在亞洲已經擺脫殖民主義，甚至工業化正在快速發展，歐洲中心主義已經開始被反思、國族主義興盛的時代，所以從問世開始，就在亞洲學術界引起激烈的批評。

中國歷史停滯論是一種用比較淺顯的方式表達的歐洲中心主義的中國歷史觀。東方主義、亞細亞形態論、東方專制主義，都可以成為其思想來源，而其現實的參照則就是其流行時代中國本身處於落後狀態的社會實際。這個實際是真實的，但其理論卻是虛幻的。因為特定時期的相對落後根本不構成一個文明、文化社會共同體具有「停滯」本質的理由。中國歷史停滯論的問題不在於指出中國在任何一個特定時期在某種意義上落後，而在於判定中國之無歷史，在於判定中國文化性地也就是根本上說不具有發展的性能。蘇式即斯大林主義的馬克思主義表達出來的原始社會、奴隸社會、封建社會、資本主義社會、共產主義社會依次遞進普遍規律說，事實上把正在擁抱馬克思主義的中國歷史學界帶入一種困境。這種五形態依次遞進論一旦成為「普遍規律」，任何與之不吻合的

---

[1] Karl A. Wittfogel, *Oriental Despotism : A Comparative Study of Total Power*, New Haven: Yale University Press, 1957.

經驗就注定在人類歷史上被邊緣化、另類化了，其間所有的不一致都很容易被視為「停滯」。主張五種社會形態依次遞進的學者，在情感層面通常是對西方事物，尤其是西方資本主義和民主制度保持戒備心理的，但是對五種社會形態說的西方中心主義性質，包括其形成與演變的西方歷史文化淵源、其思維方式中誇大歷史統一性的思維預設，以及其將非西方歷史置於非正常地位的價值觀，卻都難得有所察覺。原因在於，對西方事物的戒備心理可能基於透徹的理論解析，也可能基於國族主義的情感立場，如果是後者，因為國族主義的價值觀和理論本是歐洲現代化歷程中的產物，以之對抗歐洲中心主義就只能用逆反的方式表達，卻不可能根本擺脫其糾纏。

前文提到的現代化論、刺激反應模式是二戰以後來自美國的配套的歐洲中心主義的亞洲歷史觀。現代化論把歐洲中心主義具體化，迴避背後複雜的思維路徑，將現代化作為一個衡量全世界各地、各國晚近時代歷史的尺度和目標，從而凸顯出歐洲刺激的歷史推動價值。這種在理論層面並不深奧的論說在亞洲史學界幾度盛行，與二戰以後亞洲的地緣政治格局和社會發展的差異性有很大關係。如前所述，這種研究方式從美國發源，在 20 世紀 60 年代傳入日本，為日本歷史學提供了一個擺脫戰後反省為基調的歷史觀的路徑，這當然與當時美國的亞洲戰略一致。大約 20 多年後，這種論調在中國流行起來，則以中國當時強烈的現代化訴求以及對「文革」時期高度意識形態化的揚棄為背景。當中國史學界以現代化論為中心進行歷史學建構的時候，美國學術界對「刺激反應」模式的反省批評也傳入中國，使得中國史學界很快與後者劃開了界限。即便如此，中國史學界對現代化論的深度思考，卻至今沒有真正完成，一些歐洲中心主義的論說也依然在中國流行。而且，有跡象表明，當中國開放的呼聲高漲的時候，歐洲中心主義更可能流行。因為對於許多人說來，開放等於加入到先前已經處於先進地位的他者中間去。

1993 年，中國出版了法國學者、法蘭西學院院士阿蘭·佩雷菲特（Alain Peyrefitte）的《停滯的帝國 —— 兩個世界的撞擊》。該書原出版

於 1989 年，作者寫作期間曾經六次訪問中國，到中國學術機構查閱檔案等文獻，得到中國學者的配合。但是，雖然作者聲稱做了深入的文獻調查，該書卻並沒有用嚴謹的文獻徵引，而是採用見聞札記的故事敍述風格來撰寫。該書的中譯本序言前引出幾段格言，其中赫然包括黑格爾那段著名的話：「中華帝國是一個神權政治專制國家。家長制政體是其基礎；為首的是父親，他也控制着個人的思想。這個暴君通過許多等級領導着一個組織成系統的政府……個人在精神上沒有個性。中國的歷史從本質上看是沒有歷史的；它只是君主覆滅的一再重複而已。任何進步都不可能從中產生。」此段文字的下面是艾蒂安・巴拉茲一句武斷的話：「要批駁黑格爾關於中國處於停滯不變狀態的觀點很容易……然而，黑格爾是對的。」[1] 聯想到 19 世紀末、20 世紀初的情況，這提示，歐洲中心主義很可能在非西方世界會成為一種推動社會變革的思想因素，然而如果缺乏對歐洲中心主義的學理、淵源辨析，這種推動變革的功用就同時伴隨着束縛。

三、歐洲中心主義的替代、反撥及爭論

第一次世界大戰是西方現代社會內在衝突的一次大爆發。就在一戰前後，施本格勒（Oswald Spengler）寫作並出版了他的《西方的沒落》。這部著作把文明看作文化發展到極致後的冷凝狀態，西方在這樣的視野下被描述成為已經進入沒落期的文化體系。從方法論角度說，這不過是一種文化有機體論的精緻表述，但是該說畢竟挑戰了啟蒙思想內在的那種對於西方現代性的樂觀主義情懷，其心理衝擊是巨大的。因而，雖然施本格勒並沒有明確的批判歐洲中心主義的理論訴求，但是從歷史解釋的角度對歐洲中心主義的剝蝕卻已經開始了。大致同一時期，從歷史認

---

❶ 佩雷菲特著，王國卿等譯：《停滯的帝國 —— 兩個世界的撞擊》，北京：生活・讀書・新知三聯書店，1995 年（第二版），扉頁。

識論的角度重新思考歷史學性質的研究也在展開。歷史學在 19 世紀的歐洲學界主流，被理解為類似自然科學的學問，歷史學家的工作也儘量模仿自然科學家，把尋找證據、發現法則作為歷史學的核心事業，國族國家在這種歷史研究的範式中，也自然而然地佔據基本線索地位。世紀轉折之交，悄然興起了把歷史學視為藝術、倫理為中心的學術，強調歷史記述者主觀作用滲透到被傳統史學作為證據的歷史文獻中的論說。經過 20 世紀前半期被稱為「分析的歷史哲學」的更具有系統化的論述，啟蒙理性發展期所建構的線性的歷史觀和實證主義的歷史研究方式在新潮歷史哲學家那裏已經千瘡百孔。只是，這種歷史哲學對亞洲歷史學界產生實質性的影響卻要到 20 世紀後半期，在那以前，線性的、實證主義的歷史觀藉助於種種社會思潮、理論在後發現代性的亞洲大行其道。

第二次世界大戰結束以後，亞非拉國家興起了如火如荼的反殖民主義浪潮，大批殖民地實現獨立，亞洲的日本殖民地、半殖民地也相繼脫離殖民地處境。大批新的國族國家興起，事實上改變了世界政治版圖，歐洲中心的現實格局已經打破，歐洲中心主義也就再也不是天經地義的真理了。冷戰，在其沒有結束的時代，不僅意味着這個世界分化為兩大陣營，而且也意味着人類社會發展存在不同道路的選擇，這對於一元化的思維，也構成嚴重的衝擊。毛澤東的「三個世界」的觀點，在當時的亞非拉世界，也有廣泛的影響。這種觀點雖然是用發達程度來區化世界的，因而在歷史觀層面依然是一元單線思維，但與此同時明確地反對非歐洲國家缺乏歷史發展內在動力這個歐洲中心主義的核心主張，提示着非西方國家實現發展的不同於西方道路的合理性與可能。

20 世紀 60 年代，從非西方世界，主要是拉美國家，興起了依附論。這種理論主張，西方發達國家構成的「中心」之興起是通過一種不平等地盤剝作為「邊緣」的非西方國家的方式實現的，西方發達國家以非西方國家的不發達狀態為條件。在歐洲進行世界範圍殖民之前，亞洲已經存在超國家的巨大貿易體系。這就尖銳地挑戰了西方發達狀態本身的合倫理性，不是非西方的不發達而是西方的發達成了一種「原罪」。

依附論是具有深刻理論性的論說，從對歷史上世界中心所在的認識角度，對傳統的歐洲中心主義形成有力衝擊。德裔加拿大學者貢德‧弗蘭克（Andre Gunder Frank）的《白銀資本 —— 重視經濟全球化中的東方》體現依附論的核心主張且具有解構歐洲中心主義的含義。弗蘭克在《白銀資本》中文版前言中指出，「直到 19 世紀之前『中央之國』實際上是世界經濟的某種中心」。「直到 1800 年，具體到中國史直到 19 世紀 40 年代的鴉片戰爭，東方才衰落，西方才上升到支配地位 —— 而這顯然也是暫時的，從歷史角度看，這僅僅是很近的事情。因為世界現在已經再次『調整方向』（re-orienting，重新面向東方），中國正再次準備佔據它直到 1800 年以後一段時間為止『歷來』在世界經濟中佔據的支配地位，即使不是『中心』地位。」因而，研究者也應該相應地調整觀察世界的方向。[1] 他認為，現代社會賴以形成的世界經濟體系由來已久，亞洲長期在世界經濟體系中處於中心地位，「自 1500 年以來就有一個全球世界經濟及其世界範圍的勞動分工和多邊貿易。這種世界經濟具有可以認定的體系特徵和動力，它在非洲 —— 歐亞的根源可以上溯一千年。」[2] 歐洲用在美洲獲得的金錢與亞洲貿易，獲得財富，「從亞洲的背上往上爬，然後，暫時站在了亞洲的肩膀上」。[3]

亞洲歷史學家對這種論說反應是差異的。有的給予高度評價，也有的表示異議。中國知名學者林甘泉就不認同弗蘭克的論說。他認為：在歐洲工業革命和美洲被發現之前，是否存在一個以分工和貿易為基礎的「世界經濟體系」是一個有爭論的問題。中國秦漢以後與周邊國家間的經濟文化交流和貿易關係，以及從漢唐到明清亞洲一些國家對中國王朝的納貢貿易體系並不構成真正意義上的世界經濟體系。「如果說在歐洲工業革命之前，已經存在一個包括中國在內的『世界經濟體系』的話，那麼

---

❶ 弗蘭克著，劉北成譯：《白銀資本 —— 重視經濟全球化中的東方》，中文版前言，北京：中央編譯出版社，2000 年，第 20-21 頁。

❷ 弗蘭克著，劉北成譯：《白銀資本 —— 重視經濟全球化中的東方》，第 90 頁。

❸ 弗蘭克著，劉北成譯：《白銀資本 —— 重視經濟全球化中的東方》，第 26 頁。

這個『世界經濟體系』的形成，只能上溯到世界新航路和美洲發現之後，亦即 16 世紀中葉以後。即便是這樣，也談不上這個『世界經濟體系』是以中國為中心。」當時的海上貿易主導權先後掌握在西班牙、葡萄牙、荷蘭、英國手中。而且，「清初因鄭成功佔據台灣，實行禁海，海外貿易停頓，對中國的國計民生產生了重大的消極影響，而對世界經濟的發展並無大妨，這也可以說明『中國中心論』之站不住腳。」「1600 年是風雨飄搖的明王朝滅亡的前夜，也是英國資產階級革命的前夜，美國東印度公司就在這一年成立。1800 年則是英國殖民者發動鴉片戰爭的前夜，是中國淪為半封建半殖民地的前夜。侈談這個時期的中國經濟是『世界經濟體系』的中心，不免讓我們有啼笑皆非的感覺。明清經濟不是沒有發展變化，康雍乾時期中國的綜合國力也曾迴光返照，但是相對於歐洲一些資本主義國家的經濟，中國是落後了。」[1] 在尖銳抨擊歐洲中心主義同時，弗蘭克的理論與現代化論之間存在內在的糾結，過度偏重於從經濟發達問題角度來看歷史而沒有充分考慮文化與制度，而且帶有很突出的卡爾・波普爾（Karl R. Popper）曾批評過的那種整體主義（Holism）的色彩。[2] 從這種意義上說，歐洲中心主義的一些要素依然保留其中。

美國紐約州立大學教授沃勒斯坦（Immanuel Wallerstein）在 1974 年出版《現代世界體系》第一卷，稍後完成多卷本的「世界體系」學說，成為西方學術在現代化論之後推出的又一種對歷史學產生深入影響並具有理論性的研究體系。這種理論與依附論有所交叉，也有差異。二者實際上都在嘗試為解析現代世界體系的結構性特徵提出新的認識。依附論與馬克思主義有更深層的關聯，強調現代世界體系中包含的中心對邊緣的剝削及其不合理性，認為在歐洲主導的現代社會之前已經存在世界體系，有明確的反對歐洲中心主義的傾向。沃勒斯坦的世界體系學說與馬

---

❶ 林甘泉：《從「歐洲中心論」到「中國中心論」──對西方學者中國經濟史研究新趨向的思考》，《中國經濟史研究》，2006 年第 2 期。

❷ 關於整體主義的方法論及批評，參看卡爾・波普著，杜汝楫、邱仁宗譯：《歷史決定論的貧困》，北京：華夏出版社，1987 年，第 13-15 頁；第 66-73 頁。

克思主義也有關聯，同時與年鑑學派主張整體史的觀念聲息相通。這種論說突出地針對以單一國家為單位的研究方式，主張現代世界必須在世界作為一個結構體系和長時段、大範圍的視角下加以認識。在 16 世紀前雖有遠距離的貿易，但 16 世紀歐洲資本主義世界經濟才是真正意義上的世界體系。這種世界體系的經濟支撐是資本主義生產方式，通過中心與邊緣、半邊緣區的不等價交換關係和地理擴張覆蓋整個世界。其政治特徵是形成了多國家構成的國家體系之間的世界關係和帝國主義霸權。其文明層面的特徵是通過社會科學和意識形態把西歐文明普遍化，使之被認為是體現人類文明普遍性質的文明，而非諸多文明中的一種特殊樣式。一些世界體系論者試圖在前述理論框架中解讀亞洲歷史，包括 20 世紀後半期亞洲一些國家和地區的經濟崛起。中國學者王正毅在 20 世紀 90 年代中葉在沃倫斯坦指導下做以世界體系學說為主題的博士後研究，對該學說做了系統性的介紹和評論。[1] 沃勒斯坦的主要著作也被翻譯為中文。這一學說至少在以下方面具有反撥歐洲中心主義的含義。其一，提出超越單一國家為單位思考世界歷史的新方案；其二，判定現代歐洲文明只是一種特殊的文明，即人類歷史上諸多文明中的一種，其普遍性是被建構起來的；其三，拒絕了作為歐洲中心主義強硬表述的現代化論。不過，如前文所說，現代化論提出後滯後大約 20 年才傳入中國，與世界體系學說提出並傳入中國前後相繼，中國學術界普遍擁抱了現代化論，世界體系學說與依附論類似，只形成了邊緣性的影響。

周寧分析了沃勒斯坦和弗蘭克之間的分歧。他指出：「20 世紀末，西方學術界發生了一場著名的論爭，伊曼紐爾・沃勒斯坦的巨著《現代世界體系》出版，弗蘭克質疑沃勒斯坦的『現代世界體系論』完全是虛構，是『歐洲中心論』的神話。弗蘭克試圖以『亞洲世界體系論』或某種『亞洲中心論』挑戰沃勒斯坦歐洲中心的『現代世界體系論』，顛覆

---

❶ 王正毅：《世界體系論與中國》，北京：商務印書館，2000 年。

『歐洲中心論』的歷史學和社會理論。沃勒斯坦反駁弗蘭克的『亞洲世界體系論』不過是『反歐洲中心論』的『歐洲中心論』。沃勒斯坦並不否認在歷史上絕大多數時間亞洲相對於歐洲具有一定的文明優勢，歐洲只是世界的邊緣，但問題是現代歐洲的確成功建構了歐洲中心的資本主義世界體系。不承認歐洲中心是錯誤的，而不承認『歐洲中心論』，則無法認識到以歐洲為中心的全球化所帶來的灾難性後果，從而就不能從根本上批判『歐洲中心論』，引導世界走出歐洲中心的世界體系。弗蘭克與沃勒斯坦的學術觀點表面上看相互對立，實質上卻內在統一。弗蘭克用一種外在的『全球學的視野』試圖顛覆『歐洲中心論』，沃勒斯坦則從『歐洲中心論』內部出發，批判『歐洲中心論』。兩者同樣否定『歐洲式資本主義』創造的『歐洲中心論』，但兩者同樣無法否定『歐洲式資本主義』創造的『歐洲中心』。這個事實前提是強大的，而試圖動搖這個前提的學理批判卻顯得新奇而脆弱。兩者實際上都是『反歐洲中心』的『歐洲中心論』。」[1] 依附論的另一位主要論證者薩米爾·阿明（Samir Amin）從資本主義體系中心——邊緣結構批判和文化批判等多重角度，對歐洲中心主義進行了剖析。他的主要著作《歐洲中心主義，現代性，宗教與民主——對歐洲中心主義和文化主義的批判》（*L'eurocentrisme: Critique d'une ideologie*）在 1988 年出版於巴黎，次年在美國出版英文版，但在亞洲歷史學界偶有人提及卻沒有引起大的反響。[2]

　　20 世紀 70 年代末，美國一些學者在對越南戰爭進行深度反思的基礎上重新思考美國的亞洲歷史觀念。其中，出身於哈佛學派的柯文撰寫的《在中國發現歷史——中國中心觀在美國的興起》對其先流行美國中國史學界的「刺激反應模式」或稱「衝擊—回應模式」（impact-

---

❶ 周寧：《又一種「反西方中心的西方中心主義」——由答周雲龍質疑引出的反思》，《學術月刊》，2012 年第 6 期。並請參看伊曼紐爾·沃勒斯坦著，馬萬利譯：《「歐洲中心論」及其表現：社會科學的困境》，見《史學理論與史學史學刊·2002 年卷》，北京：社會科學文獻出版社，2003 年。

❷ See Samir Amin, *Eurocentrism, Modernity, Religion, and Democracy, A Critique of Eurocentrism and Culturalism*, New York: Monthly Review Press, 2009.

response model) 以及「傳統 ─ 近代模式」(tradition ─ modernity model)、「帝國主義模式」(imperialism model)，進行批評。他指出：「本書考察的三種模式不足為怪都帶有濃厚的西方中心性質。這種性質剝奪了中國歷史的自主性使它最後淪為西方的思想附屬物。不過，每種模式採取的做法各不相同。衝擊 ─ 回應模式主要通過中國對西方衝擊的（肯定的或否定的）回應來描繪中國現實……近代化或傳統 ─ 近代模式，基本是衝擊 ─ 回應模式的放大。它給後者提供了遠為複雜的理論框架，但卻滲透着同樣的關於中國與西方的某些基本假設。衝擊 ─ 回應模式把中國描繪成消極的，把西方描繪成積極的，近代化取向（特別是五十年代和六十年代所採取的形式）則把中國描繪成停滯不前的『傳統』社會，有待精力充沛的『近代』西方賦予生命，把它從永恒的沉睡中喚醒……帝國主義取向像其他兩個取向一樣，也把作為工業化的近代化描繪成一件真正的好事，而且和它們一樣也認為中國社會缺乏必要的歷史先決條件，無法獨立產生工業革命，因此得直接或間接地依靠西方入侵提供這些條件……這樣，就排除了真正以中國為中心，從中國內部觀察中國近世史的一切可能。」[1] 柯文的書名主標題「在中國發現歷史」不僅鮮明地表達了反對歐洲中心主義的中國觀立場，而且提示着一種替代方案，因而比其他反省歐洲中心主義的著作更具有感染力，在中國大陸和台灣學者中引起巨大反響。不過，柯文在自己的書中雖然也嘗試提出如何在中國發現歷史的研究進路，其方案卻偏於模糊，遠不如他對美國學界中國觀的批判更為有力。

美國加州大學原以社會經濟史研究著稱。其重要學者之一黃宗智對長江三角洲和華北地區經濟的研究在 20 世紀 80 年代以後享譽史壇，對中國大陸學者的影響也甚顯著。黃宗智研究中影響最廣泛的概念是「內捲化」，大致認為明後期以降中國江南地區農業單位面積產量因勞動力

---

❶ 柯文著，林同奇譯：《在中國發現歷史 ── 中國中心觀在美國的興起》，第 133-134 頁。

密集投入而提升，但人均產量沒有明顯提升，構成「沒有發展的增長」，是為「內捲」。這項論說可以構成對 16 世紀以後中國農業生產力水平演變狀況的一種很有意義的分析，但放在歷史觀的梳理角度下，可以看到這是關於中國農業發展水平相對停滯原因的一種解答，其問題意識與先前流行的中國歷史停滯判斷藕斷絲連。90 年代，加州學派的另一位學者彭慕蘭出版《大分流 —— 歐洲、中國及現代世界經濟的發展》，歐洲中心主義就成了該書批判的軸心。[1] 該書認為，1800 年以前的世界是多元的，沒有一個經濟中心，西方並沒有任何明顯且獨有的內生優勢，只是到 19 世紀歐洲工業化充分發展以後，一個佔支配地位的西歐中心才具有了實際意義。歐洲現代性的發生在這項研究中，被解釋為很大程度上偶然的變化，而不是基於歐洲固有的獨特性。該書借鑒另一位加州學派學者王國斌的主張，認為以往人們提出問題的方式是「為什麼中國不是歐洲」—— 這樣的問題把非西方當作有問題的一方，而更合理的問題是「為什麼歐洲不是中國」—— 這至少可以把歐洲中心主義安置到縮小的範圍。這一流行深遠的說法折射出美國學術界在反撥亞洲歷史觀中的歐洲中心主義方向上做出了強勁努力，但是帶有明顯的對歐洲中心說做機械逆反的色彩。具體些說，加州學派對歐洲中心主義的批評的確揭示了傳統歐洲中心主義的一些偏差，但是其自己的研究方式也存在諸多問題。其一，反對歐洲中心主義目標是預設的，沒有充分論證歐洲中心主義的問題究竟在哪裏，其展開方式顯示，似乎是從倫理意義上着眼於其對非歐洲的歧視，對歐洲歷史過度推崇。但是歷史是過去的事情，永恒的中心論可以從倫理和邏輯的角度推翻，但特定時期的中心表現，卻不能如此，需要依托具體證據做出嚴謹論證。其二，工業革命被解釋為純粹偶然發生的，而且其契機是礦物能源。這迴避了歐洲工業革命發生起源的歷史性分析，也徹底忽視了工業革命前社會文化，尤其是科技轉變與工

---

❶ 參看彭慕蘭著，史建雲譯：《大分流 —— 歐洲、中國及現代世界經濟的發展》，南京：江蘇人民出版社，2003 年。

業革命的關係。其三，把問題縮小，問題是中歐現代性發生的比較，而不是經濟水平的比較。故加州學派不能解釋中國現代性沒有發生的真正原因。其四，把現代性問題，乃至經濟水平問題，轉換成國家功能問題，同功能的國家性質差別變為沒有意義。其五，沒有看到中西文明的異質性，等於假定是同質的，在此基點上討論發展水平。

西方學術界關於歐洲中心主義的看法遠非一致。以中國現代歷史為專業的美國馬克思主義歷史學家阿里夫·德里克就主張：「對歐洲中心主義進行徹底的批判，其基礎必然是對現代性整體進行徹底的批判，這個現代性是從生活世界的角度加以理解的，而生活世界既是文化的，同時又是物質的。我們今天的現代性已經不僅僅是歐美的，而且還被散播到了全球，雖然散播得並不均衡一致，它存在於形形色色的跨國結構中，存在於發展的思想體系中，存在於日常生活的實踐中。它未必只是來自地理意義上的歐美，其代理人也未必是出身歐美。換言之，對歐洲中心主義進行徹底批判就必須面對當今全球主義和後殖民主義的問題，必須把分析還原到當今關於生活世界的鬥爭的位置上去……有時，似乎是不管怎樣，如果我們能擺脫歐洲中心主義，那麼世界上的所有問題便都會迎刃而解。這當然是很愚蠢的想法。這種想法不僅與歐洲中心主義相去甚遠，對世界的其他部分忽略得就更多。尤其未被注意到的是，過去位於歐美的代表機構也許是歐洲中心主義的推動者，但現在它們已經不再是唯一的推動者，也許可能也不再是最重要的推動者。歐洲中心主義也許並非是全球的歸宿，但是它卻是在認真考慮全球歸宿時必需面對的一個問題。」[1] 他似乎是把歐洲中心主義看作現代性本身，並在此意義上把歐洲中心主義視為一個深刻改變了世界的歷史過程，既是文化的也是物質的事實。在這樣的視角下，將歐洲中心主義僅僅當作一種觀念來批評就是一種「文化主義」的曲解，它忽略了現代性乃至現代世界體系，

---

❶ 阿瑞夫·德里克著，徐曉雯譯：《歐洲中心主義之後還有歷史嗎？全球主義、後殖民主義和對歷史的否認》，《東方叢刊》，1999 年第 1 期。按「阿瑞夫·德里克」、「阿里夫·德里克」為同名異譯。

包括在過去幾百年間源自歐洲但已經伸展到世界各地並被以形形色色方式內化的制度和權力關係。[1] 正是因為歐洲中心主義與現代性權力關係的不可分離，許多旨在反對歐洲中心主義的作為，其實是在基於歐洲中心主義帶來的事物來推動歐洲中心主義的後果。歐洲中心主義與現代性的內在關聯的確在大多數關於歐洲中心主義的批評中都被割裂開來或者視而不見，因而德里克這裏戳到了那些批評的一個要害，即把歐洲中心主義作為一個單純的觀念與其得以展開的歷史過程與後果中過濾出來單獨評價，從而把論證的基點過度地安置在由現代性帶來的平等、自由等觀念啟示的對現代世界權力結構體系的倫理性弊端和話語邏輯的解構上。但是，德里克把歐洲中心主義與現代性基本同構化的主張也有問題。歐洲中心主義雖與歐洲現代性展開的歷史過程與後果密不可分，但二者並不相等，歐洲中心主義還是那種把歐洲現代性展開的歷史過程意識形態化，使之成為一種帶有地域和種族專屬性質並恒定化的意識。德里克泛化了歐洲中心主義，正如為反對歐洲中心主義而在非歐洲世界找尋更早時期的現代性者常常依賴於把現代性加以泛化一樣。而且，在德里克的論述中，似乎批評者如果不能提供現代性的整體的更佳替代方案，那麼對歐洲中心主義的批評就是缺乏實際意義的。即便如此，德里克的回應仍然是富有啟發意義的。歐洲中心主義體現結構性的霸權和話語與文化性的霸權，對之僅僅從文化主義和倫理的基點進行批判就會迴避批判者自身的思想工具與這些霸權的歷史關聯，從而難以徹底。在過去幾百年間，產生於歐洲的權力結構把資本主義推向全球，深刻改變了財產關係、市場結構、生產方式、國家形式，帶動產生了重組後的世界秩序與相應的組織和法律形式，改變了關於個人、階級、性別、種族、宗教的意識及與之相關的實際社會關係和態度。這在人類歷史上史無前例。對歐洲中心主義的批判如果拋開這些而專注於話語，最後就會歸結為在歐

---

[1] 阿瑞夫・德里克著，徐曉雯譯：《歐洲中心主義之後還有歷史嗎？全球主義、後殖民主義和對歷史的否認》，《東方叢刊》，1999 年第 1 期。

洲中心主義推進中形成的世界體系中尋求栖身之所的卑微訴求。

亞洲歷史學家對於歐洲中心主義，原本有基於地域和文化立場的抵觸，只是危亡求存之際，對於任何提示發展強大的觀念，皆如大旱而望雲霓，或不及辨識，或辨識了也無以替代，便不可避免地要沾染歐洲中心主義的觀念，即使偶有批評，也難成主流。到了 20 世紀後期，無論在西方還是在中國，歐洲中心主義都成了注重理論溯源的學者努力避免的論調。尤其是在 20 世紀 80 年代以後，所有人文、社會科學、藝術界都受到被統稱為後現代主義的思潮的衝擊，而且無論是否贊同，所有前述學術領域都事實上被這種思潮塗上了一層新色調。這種色調就是對啟蒙理性的絕對化加以質疑，在一切領域重新探尋主觀性和不確定性。在這種氛圍中，前述線性、進步的歷史思維遭到嚴厲的批評，多元性、多樣性、相對性、語言策略等等，成為歷史思維中愈來愈流行的要素。於是，歐洲中心連同一切中心從歷史學話語中被移動到了邊緣 —— 如果歷史在很大程度上不過是歷史學家想要告訴你的東西，是歷史學家詩性的建構，那麼歷史敍述中的中心也只能是虛幻的，歐洲中心如此，其他中心也是如此。這樣，包括歐洲中心主義在內的各種社會理論所提供的旨在提出某種統一性的歷史闡釋模式的學說，都自然而然地在新話語的伴唱中，從中心向邊緣漂移。

日本明清史專家岸本美緒指出，在戰後亞洲歷史學中，一直存在與歐洲中心論意識形態針鋒相對的觀點。一般是抓住亞洲社會特質與歐洲完全異質的傾向，在其中發現前進的「歷史」，或者對把歐洲當作典型的「世界史基本法則」的方法進行批評，強調亞洲國家自身有獨特的「型」與「個性」。晚近時期，日本的中國史研究會主張在世界史的「多元性發展」中定位中國史；溝口雄三提出「基體展開論」，拒絕把歐洲作為比較基準，主張在中國固有的「基體」展開中來把握中國史。[1]

---

❶ 岸本美緒著，欒成顯譯：《20 世紀 80 年代以來中國古代史研究 —— 以宋至清中期為中心》，《中國史研究動態》，2005 年第 1 期。

中國馬克思主義歷史學家吳于廑在 20 世紀 60 年代就指出當時所能看到的世界史都不是真正的世界史：「一部名副其實的世界史，無疑必須體現世界的觀點。所謂世界觀點，是針對地區或種族的觀點而言的。它應當排除地區或種族觀點的偏見，全面而如實地考察世界各地區、各國家、民族的歷史。但是直到現在，一部完好的、真正用世界觀點寫成的世界史，似乎還不曾出現。」導致這種情況的主要原因就是歐洲中心論：「歐洲中心論者是以歐洲為世界歷史發展中心的。他們用歐洲的價值觀念衡量世界一切。在歐洲文明發生以前，所有其它文明都只是它的準備；在它發生以後，全世界的歷史又必然受它支配和推動，是它的從屬品。他們把世界分為文明的歐洲和落後的非歐洲。雖然後者是前者在經濟上爭奪的對象，資本主義國家為此不知發動多少次的戰爭，但在世界歷史上，這一大片落後的非歐洲，卻是可有可無，即使被寫進歷史，也不過是聊備一目，用以反襯歐洲的進步和文明。只有歐洲歷史才具有推動全人類進步的意義 —— 這種觀點支配着近代西方資產階級的歷史思想和世界史的編纂，也支配了那些向西方鸚鵡學舌的史家。」[1] 邢科撰文回顧了晚清、民國時期中國世界史書寫中從中國中心主義到歐洲中心主義，再到反歐洲中心主義的視角轉換，其中提到，當時被用來反對歐洲中心論的思想，主要是國際主義、民族主義和馬克思主義。[2]

在美國芝加哥大學任教的印度裔學者迪佩什 · 查克拉巴蒂曾與沙希德 · 阿明（Shahid Amin）聯合主編《底層研究》第 9 卷（1996 年），並在次年由古哈主編的紀念庶民研究十周年的選集中重刊了自己的舊文《後殖民性與歷史的詭計：誰為「印度」的過去說話？》。張旭鵬評論說：「在這篇文章中，查克拉巴蒂開始系統地運用後殖民理論來剖析歐洲的現代性以及歐洲現代史學對作為文化他者的印度的想像與虛構，他主張打

❶ 吳于廑：《時代和世界歷史 —— 試論不同時代關於世界歷史中心的不同觀點》，《江漢學報》，1964 年第 7 期。
❷ 邢科：《晚清至民國時期中國「世界史」書寫的視角轉換》，《學術研究》，2015 年第 8 期。

破現代歐洲史學的那種綫性的時間觀和發展觀，反對將印度的歷史納入被歐洲劃定的發展階段中，進而看到印度乃至非西方世界與西方在歷史上的差異。」[1] 2000 年，查克拉巴蒂出版了他的《地方化歐洲：後殖民思想與歷史差異》，該書很快成為全球範圍公認的以後殖民主義史學立場解構歐洲中心主義的重要著作。該書認為，歐洲中心主義是殖民主義推動產生的將歐洲作為人類歷史中心的觀念，體現着歐洲與非歐洲之間的不平等權力關係，歐洲並非普遍性的象徵，應該將之還原為與其他地方一樣的特殊存在。非歐洲地方的歷史在歐洲史學觀念支配的歷史書寫中被西方話語所宰制，不能發出自己的聲音而只能充當被描述的對象，並以為這種關係是自然合理的，西方人在這種描述中實際上踐踏了啟蒙理性。在歐洲中心主義影響下，非西方社會也認為自己的社會是落後的，需要藉助歐洲的思想、觀念加以改造從而走入「現代」。人類歷史的多樣性被處理成為從歐洲到世界的單綫的、帶有目的性的普遍過程。查克拉巴蒂申明，將歐洲「地方化」並非否認啟蒙理性、現代性和歐洲在現代世界優勢地位的合歷史性，而是在揭示歐洲中心的觀念是如何藉助歷史進程和強制性的策略而逐漸被人們視為不言自明的，從而提示對以歷史之名而實施的普遍主義保持審慎態度，並從「邊緣」思考對現代的觀念和現實如何予以更新。[2]

張旭鵬在分析後殖民主義對歐洲中心主義的衝擊時指出，歐洲中心主義很難由於遭遇批評而輕易消失，第三世界對自我歷史的再現可能在走出歐洲中心主義表象之後陷入某種隱蔽的歐洲中心主義：「如果在批評歐洲中心主義的同時仍然在使用歐洲中心主義的前提，那麼新的歷史寫作就不但不能消解中心，反而會鞏固它在歷史編纂學中的陣地。儘管在拆散、分解和重構迄今由東方主義、歷史主義和所謂的實在論的普遍性

---

❶ 張旭鵬：《迪佩什·查克拉巴蒂的「地方化歐洲」觀念》，《全球史評論》第 13 輯，第 38 頁。
❷ 參看張旭鵬：《迪佩什·查克拉巴蒂的「地方化歐洲」觀念》，《全球史評論》，第 13 輯，第 34-49 頁。

所統治的一元領域的的過程中，第三世界的歷史編纂已經取得了總體進展，但替代性的方案有時卻是一種經過改頭換面的、依然處在舊的殖民主義或啟蒙歷史格局之內的民族主義歷史敍述模式。」[1]

夏明方對 20 世紀 90 年代以來中國、美國史學界關於中國歷史，尤其是社會史的研究進行梳理，認為存在一個可以稱為對 18 世紀中國現代性「發現之旅」的研究傾向。這種因反撥歐洲中心主義而興起的由「中國中心觀」主導的研究趨勢採取與歐洲中心主義針鋒相對的邏輯，通過把現代性寬泛化來在中國發現現代性，從而走上一條「泛近代化」的道路，結果「一方面難免滑向『中國中心主義』的老路，另一方面又為西方中心論的延續提供了合法的外衣，故而屬於一種典型的『反歐洲中心論的歐洲中心意識』。就國內學者而言，這樣一種力求在中國本土尋找現代性的努力，使用的卻是地地道道的美國中國學理論，結果在衝擊以往的馬克思主義教條的同時，又逐漸走上了一條新教條主義的道路。」[2]夏明方的評論具有一種強大的整合、透視力和在中國近年學術界久違了的犀利批判風格。他把晚近中國史研究中風頭最勁的幾種研究取徑，包括加州學派、華南學派、「阿爾泰學派」——約略相當於稍後以「新清史」知名的學者群、反「五四」模式的新式女性及性別關係研究、「早期工業化」論說、魏特夫、何懷宏等人的國家功能研究、縉紳與地方自治論、「天下體系」論、朝貢體制論、清帝國殖民論等等，在「泛近代化論」和「反歐洲中心主義的歐洲中心意識」視角下聯通為一個共鳴的網絡，並認為其正在成為一種新的教條。

---

❶ 張旭鵬：《後殖民主義與歷史研究》，《世界歷史》，2006 年第 4 期。按引文中所說的「歷史主義」指用理性和進步的歷史觀來概括的以理性為社會發展終極原因並堅信歷史不斷進步以臻完美的歷史觀。「歷史主義」有其他更為複雜的定義。
❷ 夏明方：《十八世紀中國的「現代性建構」——「中國中心觀」主導下的清史研究反思》，《史林》，2006 年第 6 期。

四、重述地方史與全球史的興起

　　歐洲中心主義雖然沒有消失，但是其根基卻已經晃動，進入游離狀態。與此相應，國家政治作為傳統的歷史研究核心話題也向學術話語的邊緣移動。代之而起來填補其空白的，先是地方史和社會文化史，然後是全球史。二者從兩極對歐洲中心主義形成夾擊。

　　當啟蒙理性受到質疑的時候，所有試圖從一貫的普遍性意義上解析歷史的研究都被冠上了「宏大敍事」的頭銜，被迫重新思考其合法性。在沒有重新確立這種合法性之前，許多研究者，尤其是受狹義社會科學影響的研究者，擱棄對宏觀、連續性問題的研究，轉向對空間相對狹小範圍問題的研究。這種研究，規避任何形式的「宏大敍事」，但又不可能不對研究的問題做出解釋，就去更多地藉助於社會學、人類學的理論、模式和方法。歷史包容人類以往一切經歷，從偏重國家、制度、精英以及普遍法則的研究調整到更均衡的研究，應該加重所謂「從下而上」去看歷史的研究，各種歷史片段的詳細考察都有認識的意義。地方史研究，無論在中國、日本、印度、韓國，在經歷一段成果斐然的發展之後，都走到與宏觀歷史研究握手言和的方向。原因是，局部相加不等於整體，而人類之所以需要歷史學，既是因為需要認識局部，也是因為需要認識整體，既需要認識社會的底層，也不能無視社會的上層，既需要了解日常生活的面貌與流變，也需要探討其背後演變的機制和紋理。

　　如果說地方史的興起與反撥歐洲中心主義的關聯還有些朦朧，全球史就有了更明確的非歐洲中心主義指向。這種指向不僅由於學理自身的進展，而強大的動力是來自 20 世紀後期以來全球化本身的高速發展以及同樣高速發展的關於這種發展的普遍認知。威廉・麥克尼爾（William H. McNeill）早期的著作如《西方的興起》，雖然已經努力追求對全球歷史的整體敍述，把世界歷史的發展主要歸功於各文明、文化之間的交流和相互影響，但由於強調歐美文明的先進性和對西方文

明突出的頌揚，還保持着歐洲中心主義的色調。其後則不斷改進，在突破歐洲中心主義方向多所貢獻。[1] 其後出版的全球史著作反撥歐洲中心主義的傾向則更為鮮明。全球史的主要學者之一斯塔夫里阿諾斯在他流行廣泛的著作中告訴讀者，「我們自己這一代人是在西方主導的歷史觀中成長的，我們也生活在一個西方主導的世界裏。」但是，「我們漸漸不情願地認識到，在今天這個世界上傳統的西方導向的歷史觀是落後於時代潮流並有誤導性的。為了理解變化了的情況，我們需要一個新的全球視角。」他認為 20 世紀 60 年代的殖民地革命浪潮已經結束了西方霸權，使一種新的全球史成為必需，而 20 世紀 90 年代以後的新世界既受到科技神奇發展的影響，也面臨着環境惡化、物種滅絕、社會狀況惡化等對於人類命運的共同威脅。要應對 21 世紀的新局面，就需要新的全球視角的歷史。[2] 斯塔夫里阿諾斯（L. S. Stavrianos）的《全球通史：從史前史到 21 世紀》立意回應人類當下面臨的共同挑戰，尤其是環境惡化的挑戰。皮特·斯特恩斯（Peter N. Stearns）等主編的《全球文明史》則更注重把主導社會的演進與全球範圍內不同人民之間的互動作為敍述的基本主題。所有這些在 20 世紀中葉以後出版的以全球史或者世界史為題名的著作，都從不同角度嘗試超越歐洲中心主義。德國學者于爾根·奧斯特哈默曾撰文指出：「全球史最初的理論基礎，尤其體現在後殖民理論當中，是它的反歐洲中心主義。」「如今，西方最好的全球史和世界史已經在很大程度上克服了歐洲或者西方中心主義的偏見。自從彭慕蘭（Kenneth Pomeranz）等人論述的『大分流』問題被重新表述為英國和中國東部地區之間的微小和或有差別議題以來，再也沒有人用勝利者的口吻談論『西方的崛起』，反倒是討論『中國的崛起』……世界各地任何一個嚴肅的歷史學家，都不再否認或者

---

[1] 參看馬克垚：《困境與反思：「歐洲中心論」的破除與世界史的創立》，《歷史研究》，2006 年第 3 期。

[2] 斯塔夫里阿諾斯著，董書慧等譯：《全球通史 —— 從史前史到 21 世紀》，北京：北京大學出版社，2005 年，《致讀者》，第 17-21 頁。

淡化大西洋奴隸貿易的恐怖。還有明朝的鄭和已經成為全球史學家青睞的人物，如今世界史教科書中論述他的篇幅，至少和哥倫布與達‧伽馬一樣多。不再需要以中國為中心的世界史來樹立鄭和的聲譽。」[1]他把歐洲中心主義主要理解為一種研究的方式，認為歐洲學者歷史敘述中的歐洲中心樣貌主要是由於知識局限，如果具備關於其他地方歷史的資料和解讀能力，大家都能够寫出其他中心的或者去中心的歷史來。歐洲中心主義問題，不應被身份政治意識拖累，歐洲中心主義和其他各種中心主義都應該去道德化，在平等的層面上作為不同視角來運用。全球史本身，就是美國、英國和印度的學者研究最多且最具權威性的。[2]

中國學者在 20 世紀 80 年代後期開始了解全球史，進入 21 世紀後廣泛流行。大量西方學者所撰寫的全球史著作被翻譯介紹給中國讀者，首都師範大學甚至成立了全球史研究中心，把全球史設立為獨立的學科分支，出版了大量研究和譯介著作。該校全球史研究的主導學者劉新成在評介全球史在中國興起情況時，回顧了 19 世紀歷史學在歐洲的發展如何衍生出歐洲中心主義歷史觀的大致歷程，進而指出，20 世紀以後的世界巨變顛覆了歐洲霸權並驚醒了歐洲人，反思歐洲中心論的主要路徑就是「全球視野」，而在中國學者看來，「全球史觀的基本理論特徵是對『歐洲中心論』的批判」。與此同時，「『全球史觀』最能打動中國世界史學家之處，在於某些論點與馬克思主義的世界歷史觀相合。」除此以外，「『全球史觀』還迎合了當前中國提倡的學術創新口號」。[3] 這些對於正在探求如何在世界史領域突破前蘇聯世界史體系的中國歷史學家說來，都有巨大的吸引力。裔昭印、石建國也提議，「用全球史觀取代歐洲中心論

---

❶ ［德］于爾根‧奧斯特哈默：《關於全球史的時間問題》，《復旦學報》，2018 年第 1 期。
❷ ［德］于爾根‧奧斯特哈默：《關於全球史的時間問題》，《復旦學報》，2018 年第 1 期。
❸ 劉新成：《全球史觀在中國》，《歷史研究》，2011 年第 6 期。

（東方主義）的研究視角」。[1]

　　如果拿具有全球史觀題旨的著作與更早時期的歷史書寫比較，差異畢竟是巨大且深刻的，歐洲中心主義正在歷史學家的筆下悄然隱去。然而，史學理論永遠是吹毛求疵的，它必須在批判的審視中才能發展。在史學理論的審視中，歐洲中心主義並沒有那樣容易消褪。

　　任東波撰文指出，「即使是享有盛譽的、反映全球史觀的代表作品，如斯塔夫里阿諾斯的《全球通史》和威廉‧麥克尼爾的《世界史》也被認為尚未脫離『歐洲中心論』的窠臼。同樣主張全球史觀的巴勒克拉夫就指出，斯塔夫里阿諾斯依然是以西方為中心的。而威廉‧麥克尼爾直至今日還認為：通過考察和對比通訊和運輸網絡，歐洲尤其是西歐處於一個得天獨厚的位置。」以人類中心史觀或者多中心主義來替代歐洲中心論的主張，也沒有論者所期待的那樣有效的超越歐洲中心主義的作用。[2] 馬克垚指出，「世界歷史上有諸多的國家、民族、文明，在發展的長河中，有時某個國家或某幾個國家走在前面，有時另外的國家、民族走在前面，而走在前面的一定也會是一個中心，對周邊地區產生影響，傳播自己的先進的東西。這是客觀事實。工業革命以來，西歐的歷史發展，是走在世界的前列，對世界其他地區產生重大影響，這也是客觀事實，反映這種情況的世界史並不是歐洲中心論。歐洲中心論是一種認識世界歷史的理論，也是一種認識世界歷史的方法論。它產生於歷史學科學化之初，經歷了曲折的道路，形成為一種體系。這也就是我們編寫世界史時所使用的體系。我們現在編寫世界歷史，大體上使用的是進化論的線性發展模式，即相信歷史是進步的，人類是由低級向高級發展的，而這一模式是歐洲人發現的。經濟上我們使用的還是古典經濟學及由之派生的理論，商品貨幣關係、市場經濟、資本主義等，政治上則是啟蒙

---

❶ 裔昭印、石建國：《如何在歷史研究中超越「東方主義」——從魏特夫的〈東方專制主義〉談起》，《史學理論研究》，2008 年第 3 期。

❷ 任東波：《「歐洲中心論」與世界史研究 —— 兼論世界史研究的「中國學派」問題》，《史學理論研究》，2006 年第 1 期。

運動建立的對民主、自由的追求。這些都是西歐的產物。我們歷史科學使用的概念、範疇、模式、理論、規律，都可以說是出自西歐的，是當時西歐人主要根據西歐的歷史經驗得出的，是西歐的規律。而對於非歐洲人，西歐人起初並沒有多少認識，所以認為這些人是沒有歷史的，是停滯不動的，其命運只能受制於西方人。事實上，全球史對於亞洲歷史學家說來，一半是瓦解歐洲中心主義的視角，一半是歐洲吹來的又一種新風，學習全球史，仍然在一定意義上意味着學習西方，而亞洲歷史學家所撰寫的全球史不僅沒有明顯超出西方歷史學家的著作，也沒有在其本國之外產生全球性的影響。」[1] 根據這樣的思考，用機械的反向思維來去除歐洲中心主義是難以真正奏效的，梳理歐洲中心主義歷史書寫背後的理論觀念，探索更具有闡釋力的新理論是不能迴避的事情。馬克垚就此進一步指出：「直到現在，我們還只有一種歷史理論，這一理論是來源於西方的，我們亞、非、拉國家，雖然有悠久的歷史，可是並沒有發展出來屬於自己的歷史理論。西方的理論有其真理性，可是只是從西方出發來看世界的。所以同時也有它的局限性。這個局限性，有不少就是我們所一再想超越的歐洲中心論，可是因為我們第三世界國家沒有自己的歷史理論，所以直到今天，我們也實現不了這個超越。第三世界的歷史科學，是學習西方先進的歷史科學而後建立的，我們使用的是出自西歐的理論與方法，大而言之，像公元紀元、把歷史分為古代（古典）、中古、近代這樣的分期，使用的就是歐洲標準。其他更是如此……直到現在，我們既缺乏從本土資源出發、從自己的歷史出發建立的歷史理論，也缺乏從本身出發看世界而建立的世界史理論、世界史發展模式。」「我們是沒有和西方抗衡的理論，所以建立不起自己的世界歷史觀，所以寫不出自己的非歐洲中心論的歷史，在工業化、現代化的道路上，我們並不能說明在向西方學習之前，什麼是我們的有別於西方的工業化道

---

❶ 馬克垚：《困境與反思：「歐洲中心論」的破除與世界史的創立》，《歷史研究》，2006 年第 3 期。

路。所以我們無法徹底擺脫歷史中的歐洲中心論。也無法寫出真正的世界歷史。」「所以現在說什麼世界史上出現非洲中心論、中國中心論等等，可能是言之還早。想要按照這樣的中心論寫出世界史來事實上是不可能的。」[1] 總而言之，要想真正克服歐洲中心主義，必須創建非歐洲中心的歷史觀和史學理論。無論就中國史學理論現狀而言，還是將亞洲各國史學理論狀況考慮在內，這都是遠未達到的目標。韓震認為，歐洲中心主義盛行並非全部基於西方歷史學家的偏見和狹隘性，西方中心論是歐美史學家的視角，正如亞洲史學家也有自己的視角、價值觀和歷史觀一樣。任何人都不可能有無限的視域，各自的特殊視角必然使歷史事實在解釋中發生變形。在這種認識基礎上，他認為追求無局限的歷史解釋是不現實的，對歐洲中心主義的歷史觀也應該是通過提出新的歷史解釋而使之被「沖淡」，而不是用其他中心觀來替代。具體的建議是，首先要承認歷史解釋的相對性和多元性，在此基礎上建立對歷史的平等解釋權，打破歐洲中心主義的話語霸權，而不是企圖建立中國中心論的歷史觀。其次是推進視野融合，在多元解釋、相互對話的基礎上實現不同視角的互補和不同視野的融合，盡可能同情地理解過去的和別人的歷史經驗。最後，「既然事實證明根本不存在價值中立的歷史視野，為了不斷形成更加公正、合理和客觀的歷史解釋，我們必須主動參與歷史解釋，進入話語競爭的陣地。不能指望西方人替我們破除其西方中心論，因為西方中心論是他們歷史視野的界限。只有我們進行積極主動的歷史解釋，參與歷史話語之間的對話和討論，才能逐步沖淡西方歷史學家的西方中心論色彩。」[2] 相對於大多數以反向論證嘗試突破歐洲中心主義的努力，這些建議實際上是從更根本也更合理的層面提出的，且具有較大的可實踐性。唯一的問題是，歷史學家的思考是不是完全受其民族、國家和種族歸屬的限制，歷史學家是否可能很大程度上採取人類的視角，或者至

---

❶ 馬克垚：《困境與反思：「歐洲中心論」的破除與世界史的創立》，《歷史研究》，2006 年第 3 期。

❷ 韓震：《歷史解釋與話語霸權的消解》，《哲學動態》，2002 年第 5 期。

少是，超越國族的視角？

結語

　　歐洲中心主義是一種伴隨歐洲現代崛起而逐步發展起來的頗為複雜的觀念和思維方式。其中包含對於歐洲優越性的誇張以及對於非歐洲世界的他者化、固化的蔑視、曲解和偏見，這很早就已經被察覺，而且並非沒有反對或差異的主張。然而這種主義，依然在西方高速發展的幾個世紀間，不斷地變換身姿、自我豐富，推出種種花樣翻新說法，迫使非西方採用來自西方的方式來看待自己乃至整個世界。

　　從學術和思想史的角度看，19世紀末以來的亞洲歷史學家，其實是懷着矛盾的心情擁抱了歐洲中心主義，其中最意味深長的方式是，一方面強烈地抨擊歐洲、西方對於亞洲事物的種種偏見，一方面懇切真誠地學習歐洲、西方的思維方式、概念、理論，來重述自己的歷史以及世界的歷史。這種努力遠遠早於任何一種理論化的歐洲中心主義批判思潮。20世紀前期源自日本而波及中國、朝鮮的亞洲主義以及與之伴生的種種歷史闡釋就是頗具規模並影響深遠的表現。然而亞洲主義背後的社會歷史觀念和思維方式，都是歐洲中心主義，只是在別建中心而已，其難以在理論上達到通透，在亞洲以外的學術界難以贏得共鳴，在實踐上難以行通，根本皆在於此。20世紀中葉以後，歐洲中心地位事實上遭遇民族獨立浪潮和非西方世界逐步發展的挑戰，西方世界啟蒙理性內在包含的自我批判理性也推動各種新思想的湧現。於是，歐洲中心主義無論在現實意義上、倫理的意義上還是學理的意義上，都受到深入的批評。即便如此，回顧二戰以後最初20、30年間的史學理論可以看到，歐洲中心主義在歷史學界依然公然流行，歷史學竟然成了歐洲中心主義的頑固堡壘。稍後，來自拉丁美洲和歐美學術界對歐洲中心主義的批評形成極大的理論化的衝擊力，而亞洲歷史學則勉強瞠乎其後。

　　歐洲中心主義有多方面問題，其中最明顯的無過於其或從種族，或

從文化，或從地域的意義上把歐洲視為本質上的優越者。這類主張所以能够被一眼看出不當，其實是由於人們認同了平等的觀念，把世上所有種族、文化、地域看作是平等的，不再認為任何一個根本地超乎他者之上。在平等的觀念流行之前，不平等卻是被當作理所當然事情的。就拿亞洲來說，印度長期存在種姓制度，把社會中的人分作固化的等級。殖民地時代，殖民者與被殖民者的不平等也被長期容忍。中國傳統文化中區分「華夷」，常在指稱「夷狄」的名稱用字中加「犬」旁部首。日本、朝鮮也各有其「夷狄」，而且社會身份等級也曾長期固化。所以，歐洲中心主義，其實是由來已久且普遍存在的種族、文化、社會不平等觀念的現代西式翻版。這種現代西式翻版的時代背景就是早期現代化和早期全球化。這場歷時長久的大變遷，借諸達爾文主義而把種群競爭自然合理化，借諸線性的、進步的歷史觀把歐洲樹立成為衡量優劣的標尺。正因為如此，日本用亞洲主義抗擊歐洲主導格局，實踐的結果卻是更慘烈的殖民擴張和侵略戰爭。以區域或地方視角來反撥歐洲中心主義之所以從來沒有真正的成果，之所以根本不可能實現最終的目標，僅此就可得知。同理，用「中心」點置換的方式以及各種國族主義基點的理論來反撥歐洲中心主義，也不過是出狼窩入虎口的事情而已。

那麼，諸如文化多元論之類的論說是否可以解決問題呢？關鍵在於，這是一種價值立場還是一種基於經驗事實的合理判斷。作為一種價值立場，多元論是與普遍平等觀念相向而行的一種可愛的主張，但卻不具有堅實的歷史經驗基礎。比如，當麥克尼爾用多個主要文明而不是歐洲一個文明作為基本線索來敍述世界歷史的時候，他看上去規避了歐洲中心主義的主要缺陷，但是卻仍然忽略了幾大主要文明之外的許多悠久的社會文化共同體的歷史經驗，非洲和美洲以及歐亞大陸腹裏的草原文化依然處於邊緣甚至被忽略。人類歷史肯定不是從來就有一個恒定中心的，但也從來沒有處於所有有人類行蹤的地方都處於同樣文明、文化發展水平的處境中。文化多元主義無法進行到底，永遠會有一些文化被置於邊緣，就是因為這個原因。即使到了今天，歐洲中心主義已經在理論

上被唾棄，自由平等的觀念深入人心，聯合國卻只有五個常任理事國，與其他國家話語權不同。這些國家居於比其他國家更大話語權位置上的理由是什麼？只能是它們在某個時期在世界事務的處理中發揮了比其他國家更突出的作用。這就是說，文化價值立場上的平等並不等於經驗事實中個體作用、地位、表現的相同。價值原則應該訴諸平等，經驗事實卻從來沒有平等、均一。歷史學至今不能展現一種把所有那些差異性徹底平等對待的書寫和闡釋方式。

後現代主義如何？作為對工業化社會進行批評性思考的思潮，後現代主義質疑啟蒙理性，尖銳且深刻地批判了線性歷史觀，質疑知識內涵的確定性而強調話語表述，在各種可能的領域倡導多樣性和相對性。在這種意義上說，後現代主義與歐洲中心主義格格不入。但是，我們不能過度誇大這種思潮超越歐洲中心主義的意義。因為，後現代主義是從啟蒙理性的基礎上發展起來的，沒有啟蒙理性就不會有後現代主義，因而後現代主義在工業社會最發達的地方發生，而不是在沒有進入現代社會的地區或者現代化落後的地區發生。這種歐洲思想的自我反省只是在被工業社會意識形態化的地方解構其絕對化，使之獲得調整，達成新的均衡，卻不是在提供足以替代啟蒙理性的東西。僅從起源的意義上一看便知，後現代主義如果被視為一種替代歐洲中心主義的思想方案，就會立即造成一種新的歐洲中心主義。而且，後現代主義解構中心、確定性的傾向，雖然就其所解構的具體對象而言常常是犀利而有效的，但是這大多是在迴避中心或確定性的情況下實現的。比如印度的底層研究，其對底層的注重完全可取，但是卻沒有也無法去論證底層在印度歷史上一直在發揮比精英、國家更重要的作用。整個後殖民主義批判思潮都並不否定現代性，而是在為曾經被殖民主義宰制的非西方社會謀求現代性話語中的一份空間。增加對亞非拉地區歷史的書寫也是同樣，只能在編纂學佈局的意義上糾正偏重歐洲的歷史書寫方式，卻並不直接意味着歐洲不曾在人類歷史的任何時刻構成任何意義上的中心，也未必觸及歐洲中心主義更深層的那些東西。

我們所討論的滲透於亞洲歷史學中的歐洲中心主義是一種現代的觀念。在藉助於各種各樣的主觀建構之外，它基於歐洲在 15、16 世紀以後幾個世紀間主導了世界歷史演變的大致方向這個基本事實。對歐洲中心主義進行反撥的所有困難，其實都植根於歐洲與現代社會基本面貌及其起源的密切關聯。無論通過哪一本世界歷史著作，我們都可以看到差異和不平衡，無論以哪種尺度來衡量，都無法將人類歷史過程看作空間或者單元間均質的對象。人類歷史在不同時代的不同過程中的確是會出現「中心」的，比如上古時代的四大文明，比如中古時代包括中國在內的幾個龐大帝國，比如早期全球化時期的歐洲，都曾經是該時期至少某一龐大區域的中心，甚至是世界歷史演變的主要推動方。所以，反撥歐洲中心主義的要點不在於否認任何中心在人類經驗中的存在。林甘泉就曾指出：「當我們說某一個國家或地區是歷史的『中心』時，意味着它處於歷史領先或主導的地位。眾所周知，人類文明的發展是多元的，世界歷史在不同的時空環境中曾形成過若干具有巨大影響力的中心。世界的幾個文明古國，如西亞的巴比倫，北非的埃及，南亞的印度，東亞的中國，歐洲的希臘、羅馬，都曾經是該地區一定時段的經濟、政治和文化中心，並且對其他地區有過程度不同的影響。承認這種地區的歷史中心，並沒有什麼不妥。歐洲是否扮演過世界歷史中心的角色呢？就近代歷史而言，回答是肯定的。」[1] 那麼，在不同的視角下，如果我們在人類歷史上的不同時代捕捉演變的基本線索，一定會看到一些過程比其他過程對於後來的演進產生了更大的作用，一定會看到一些區域比其他一些區域的變動更積極、提供更強勁的變動勢能。在這種意義上，人類歷史上是有「中心」的。但是，不存在恒定的中心，不存在任何一個文化、文明、區域命裏注定地永遠主導着人類歷史的運動。歐洲中心主義的真正問題在於，把歐洲在現代化過程中的中心地位誇大成為一種文化性質上注定

---

❶ 林甘泉：《從「歐洲中心論」到「中國中心論」——對西方學者中國經濟史研究新趨向的思考》，《中國經濟史研究》，2006 年第 2 期。

主導的人類中心，把歐洲在現代化發展時代相對發達、主動的角色通過某種普遍哲學轉化為人類歷史的目標，進而映襯出非歐洲社會的全面停滯，並將這種停滯歸因於其文化根基甚至環境，同時又把現代性本身理想化，把現代價值固化，把現代性發生經驗過程中的非歐洲因素極大淡化。關於現代性本身的理想化，是指現代性是人類歷史的晚近階段呈現的比較突出的狀態特性，其發生的過程就伴隨着殖民主義、資本主義原始積累中的剝削、環境損傷、加劇的國際衝突乃至世界大戰等等，人類為這種狀態付出慘痛代價。在現代化發展到高度全球化的今天，人類社會的不平等並沒有消除，戰爭沒有走遠，毀滅人類的能量被這個現代世界創造出來，權力和資本在各個地方依然支配着社會，現代社會興起時代曾經構成普遍理念和價值的理性精神處於殘破的狀態，個人尊嚴和權利受到現代社會發展本身所推到崇高地位的各種權威的摧殘。總之，現代化是不能不實現的一種狀態，但是已經發生的現代化卻並不是一個理想的狀態，人類並沒有因為現代化而擺脫危險和不平等。因而，現代性並不是歷史的終點，人類還要繼續探索，因而，曾經比較有力地推動了現代化發生的歐洲不可以被認定為人類歷史的中心 —— 除非歷史到此為止。

東方主義和歐洲中心論是籠罩在全球範圍內的現代歷史學身上一種由濃轉淡但迄今沒有徹底清除的色調。這種色調的基礎，一是早期歐洲人非歐洲知識的局限，二是歐洲理性主義思潮興起以後過度的真理自信和東西方兩元思維。東方主義描繪了一個專制、停滯、缺乏理性和自由的亞洲；歐洲中心主義以普遍歷史規律的名義把歐洲歷史作為衡量他者歷史的尺度。沾染這些觀念和思維方式的學術言說，在亞洲現代化歷程中深度滲透到諸多亞洲歷史學家的歷史敍述中，而反思日益增多，卻從來沒有徹底。其最突出的難點，在於現代性這種普遍認同的價值與西方歷史經驗的一致性超過其與亞洲歷史經驗的一致性。因而，真正超越歐洲中心主義，需要對現代歷史的發生和性質做通體的重新審視。

張仲民借鑒阿里夫・德里克的觀點指出：「即或『我們』有意識地否定或排斥歐洲中心主義（或歐美中心主義）的立場和觀點，不再使用源

於歐洲或西方的『概念工具』，有意識地把歐洲非中心化，把歷史上的『他者』考慮在內，甚至把由歐洲發源的現代性邊緣化，可這個非中心化或把歐洲邊緣化的努力，其實也是受惠於現代性與歐洲中心主義的遺產，現代性和歐洲中心主義在其中依然發揮着巨大作用 ——『我們』仍是在繼續使用着歐洲中心式的建構過去的方式，現代性和歐洲經驗依然是有意無意的參照，這幾乎為非西方社會和知識分子司空見慣的做法。此問題，不管是後現代主義者或是後殖民主義者，大概都不能倖免……對於深受革命與現代化語境熏陶的中國學者而言，可能尤其如此。」[1] 這種看法值得深思。

---

❶ 張仲民：《解構中國民族歷史敍述的嘗試 —— 讀杜贊奇 *Rescuing History from the Nation*》，《歷史研究》，2006 年第 5 期。

第五章

亞洲歷史學對科學性的迎拒

整個現代社會是藉諸科學革命的推動發展起來的，現代歷史學也是在自然科學大奏凱歌時代乘勢整形亮相的，於是崇尚科學成了早期現代歷史學的宿命。仿照自然科學，通過對證據的搜集和研究，發現人類以往經驗真相的證據，將之連貫起來，揭示出歷史現象背後的普遍法則，這是現代歷史學早期發展時代的基本目標和信念。在這樣的氛圍中，歷史學逐漸獲得了在現代知識體系中合法的獨立學科地位。依照科學主義歷史學的邏輯，歷史學家將能夠在對於真相與真理的追求中，寫出終極意義的歷史 —— 就像自然科學最終能夠認識自然界的一切事物一樣。然而，啟蒙理性從一開始就包容着懷疑的精神，在科學主義歷史學風光無限的時代只能在學術的邊緣地帶喃喃低語的對歷史學科學屬性的質疑，到 20 世紀開始逐漸響亮起來，在 20 世紀後期達到了迫使整個歷史學界調整其對於歷史學基本性質看法的程度。這時候，許多歷史哲學家主張，歷史學家所從事的，不過是根據自己的思想，運用自己的語言和藝術方式，把關於過去的紀錄整理起來，加以解釋，這些解釋不僅不能用「真實」作為尺度來衡量，就是歷史學家作為證據的那些記載，也在其形成的時候就滲入了記述者的選擇和意願。歷史學的客觀性既然成為問題，歷史學的科學性也就不斷被質疑。對於西方工業社會代表的現代社會的樂觀主義本身，也在 20 世紀不斷消磨 —— 可能除了弗蘭西斯·福山（Francis Fukuyama）在蘇聯解體之後一度宣稱「歷史終結」是一個例外。其背後的邏輯是，現代西方既然前程未卜，就不能作為人類歷史確定的目標，與西方現代社會一起發展起來並一直在支撐對現代西方社會信心的科學歷史學大廈，自然也要動搖。歷史知識不是真實或者真理的集合，歷史認識具有相對性，這在晚近歷史學家中成為共識。然而，如果因為這些就判定歷史知識不再包含任何確定性，或者認為歷史認識不能以任何標準來評價，認為歷史學家提出的任何說法都具有同樣的知識

價值，也就取消了歷史學作為合法知識的意義。歷史學在這樣的節點陷入分歧，但尚未走到否認自身合法性和獨立性的地步。亞洲現代歷史學本是伴隨對科學歷史學的仰慕而興起的 —— 這一過程的另一面是對西方歷史學的追隨，到了西方史學界對科學歷史學進行重塑的時候，亞洲歷史學無法冷漠旁觀，但是如何參與，卻又躊躇。

一、唯科學主義與現代亞洲歷史學的實證底色

17、18 世紀，自然科學突飛猛進，哥白尼、科普勒、伽利略、哈維、牛頓等科學巨人從根本上推翻了中世紀的宇宙觀和世界秩序觀。美國學者郭穎頤指出：「19 世紀後半期的世界觀主要是由牛頓的宇宙和達爾文的人類世界組成的。像一架機器一樣，世界是由在運動中的物質實體組成，服從於質量和引力定律。人類如同粒子，只是自然力的一個產物；他的發生、發展及特性都用這些術語來解釋。只有科學方法才能得到宇宙和人類的這些知識。正是這種對科學及其方法的信仰在西方產生了現代文明的主要方面。許多 20 世紀的中國知識分子歡欣鼓舞地接受了這一點。」[1] 對於科學力量、科學精神、科學方法的信心與理性主義對於事實的尊重相輔相成，形成了將歷史學和人文學科自然科學化的潮流。他們傾向於將社會看作某種特殊的物理組織，可以通過要素、規律、法則來嚴格地加以描述、解釋和操作。科學主義的歷史觀念大大推動了對於史料的挖掘、整理和考據，整個地中海地區，曾經到處是考古挖掘的現場。19 世紀，法國人孔德（August Comte）出版 *Course on Positive Philosophy*，後來的中文譯本稱為《實證哲學教程》，被視為社會學和實證主義哲學的創始人。他倡導用自然科學依據對經驗事實的觀察求取法則的方法考察人類社會，建設類似自然科學那樣可以精確化的社會科

---

❶ 郭穎頤著，雷頤譯：《中國現代思想中的唯科學主義》，南京：江蘇人民出版社，1998 年，第 24-25 頁。

學。他認為人類認識經歷了三個階段，最初是神學階段，用上帝和神靈解釋事物；二是形而上學階段，用抽象概念解釋事物；最後是實證的階段，用科學解釋事物，他甚至想要把這種主張發展成為一種新的宗教。德國柏林大學的蘭克在歷史研究領域倡導以追求客觀性為原則的科學態度和研究方法——即使他本人並未能完全實現這種主張。他在近半個世紀的教學和研究中，培養了大批專業歷史研究者，一生著作宏富，其中的《羅曼和日耳曼民族史》、《十六、十七世紀南歐各民族史》、《塞爾維亞革命史》、《宗教改革時期德意志史》、《十六、十七世紀法國史》等歐洲各個民族、國家的歷史蜚聲遐邇。蘭克歷史學的核心特點，被認為就是如實直書的客觀精神。不評判過去，不教導現在，不考慮未來，擺脫實用社會價值的左右，僅僅追求過去的真實。他雖不試圖把歷史學擴大成為可以解釋一切的普遍知識，但他的客觀、嚴謹考察證據的原則與那個時代普遍的科學精神一致。他強調原始檔案的價值，對違背史料依據原則的著作進行史料學批判，並創造了用討論班進行教學的方法。正是在蘭克史學鼎盛的時代，歐洲各個主要大學把歷史學確立為一個專門的學科領域，學院化的歷史研究開始成為制度化和連續性的事業。

蘭克倡導的歷史學，一般稱為「客觀」（objective）歷史學，孔德 positive 哲學則被稱為「實證主義」。雖然 positive 從語言意義上並非與中文中的「實證」嚴格對應，但以實證主義指稱孔德的哲學卻已經約定俗成。孔德強調社會研究中的法則，蘭克強調歷史經驗中的具體事實，二者有諸多不同。但是，20 世紀前期亞洲的新史學着眼於二者共享的以接近自然科學方式研究人類社會的傾向，並因為蘭克學派的研究方式與中國傳統的考據學有很大的共容性，把蘭克的歷史學實踐作為科學化的強調實證的新歷史學的樣板，中國與日本、朝鮮半島歷史學界都是如此，對孔德的哲學則只做浮光掠影的了解而已，只有社會學家、哲學家和少數討究史學理論的學者才真正會關注孔德。即使當時在中國頗有影響的法國歷史學家朗格諾瓦（Charles victor Langlois）和瑟諾博斯（Charles Seigniobos）合著並得中譯的《史學原論》所述的歷史研究方

法，也與蘭克的主張相近，對孔德的注重定律反而有所批評。就亞洲史學實踐和語義而言，實證主義歷史學的所指其實是蘭克學派與中國傳統考據學結合而形成的史學研究方式。

1887年，日本帝國大學（東京大學）之內的文科大學聘請蘭克的弟子路德維希‧里斯作為外國教師講授歐洲近代史學方法，不久設立「史學科」，並在里斯指導下成立「史學會」。蘭克歷史學傳入日本後，成為日本實證主義歷史學的奠基要素之一。史學會第一任會長重野安繹主張，「史學家之心尤須公正，努力不介入偏見私心」，「古來雖有將歷史與教化合為一體者，但歷史研究應摒棄教化，若使之與歷史合併，則大失歷史之本意。」[1] 曾經留學德國的坪井九馬三於1903年在早稻田大學出版《史學研究法》，採用蘭克史學觀念，把歷史研究劃分為史料階段、考證階段、史論階段。該書部分內容很快被選譯成中文，對中國史學界形成影響。[2] 永原慶二後來指出：「明治20年到30年之間形成的以政治史為中心的實證主義歷史學以國家修史事業為基礎，同時受到中國『正史』編撰、考據學派研究方法以及里斯指導下的蘭克學派歐洲近代歷史學的強烈影響，因而其發展具有很大局限性……遠離現實政治、以搜集與考證史料為歷史研究主題的風氣變得越來越強。」[3] 東京大學、京都大學匯集了日本學院派實證主義史學的大批學者。其最突出的領導人物白鳥庫吉、內藤湖南的研究，自覺服務於當時日本的亞洲擴張，但其研究技術層面的實證主張和研究實踐，還是奠定了後來日本亞洲歷史研究比較注重文獻、證據的傳統。朝鮮半島現代歷史學興起正逢日本吞併朝鮮的時代，陷入殖民地境況的朝鮮歷史學家，在現實政治領域難以發出獨到的聲音，實證性的研究實際上成為大多數歷史研究者的主要選擇。這一傳統，延續下來，成為韓朝歷史學演變中的一條重要線索。

---

❶ 見永原慶二：《20世紀日本歷史學》，第29頁。
❷ 參看李長林、倪學德：《蘭克史學在中國的早期流傳》，《史學理論研究》，2006年第1期。
❸ 永原慶二：《20世紀日本歷史學》，第60頁。

20 世紀初，這種歷史學從日本和歐洲兩條渠道會師於中國，與中國舊歷史學中注重文獻、目錄、音韻、考據學基礎的傳統一拍即合，推動歐洲歷史學方法論與中國傳統史學接軌，一起成為中國現代歷史學的基石。而中國傳統歷史學中的注重道德訓誡、統治借鑒的取向，乃至歷史編纂的諸多具體心法，成為昨日黃花。王學典指出：「自從 20 世紀初文、史、哲諸人文學科從傳統學術框架中獨立出來之後，人文研究就受到來自『科學主義』的影響與衝擊。不過，稍為留意即可看出，在眾多人文學科中，數歷史學的科學化衝動最為強烈，『科學焦慮』最為深重。譬如，在學壇上，『文學科學』或『文藝科學』與『哲學科學』等提法甚為罕見，而『歷史科學』一詞則成為流行的對歷史學的尊稱。歷史學在整個 20 世紀，可以說都處在科學主義與人文主義的緊張之中。」[1] 胡逢祥等指出：「從中國現代史學建設的整個過程看，『科學化』無疑是最早並最具有感召力的一種趨勢。」[2] 侯雲灝認為，中國 20 世紀歷史學經歷了四次各有特點和現實針對性的實證史學思潮，而學科化建設和科學化道路則是貫穿 20 世紀中國史學始終的兩大主題。[3] 張秀麗認為：「清末民初是中國傳統史學向現代轉型的重要階段，在這一時期，史學擺脫傳統經學的束縛，開始邁出了獨立發展的第一步。與此同時，『科學』取代『經學』而獲得了至高無上的地位。在科學的外在導引下，中國現代史學很快走上了科學化的道路，史學的自然科學化和社會科學化分別是中國現代史學發展過程中先後佔據史學主流的兩種科學化史學，而進入史家視野的也分別是這兩種類型的科學化史學。」[4]

　　中國新史學的主要推動者之一胡適不僅把科學視為一種知識和方

---

❶ 王學典：《「歷史」與「科學」》，《文史哲》，2000 年第 3 期。
❷ 胡逢祥等著：《中國近現代史學思潮與流派》，中冊，北京：商務印書館，2019 年，第 365 頁。
❸ 侯雲灝：《20 世紀中國的四次實證史學思潮》，《史學月刊》，2004 年第 7 期。
❹ 張秀麗：《反科學主義思潮下中國現代史學的人文指向 —— 以「東南學派」為中心》，中文提要，山東大學 2009 年博士論文。按張秀麗該文研究的核心是反科學主義的東南學派，有關內容將在後文討論。

法，而且看作總體的人生態度。他說：「這三十年來，有一個名詞在國內幾乎做到了無上尊嚴的地位；無論懂與不懂的人，無論守舊和維新的人，都不敢公然對它表示輕視或戲侮的態度。那個名詞就是『科學』。這樣幾乎全國一致的崇信，究竟有無價值，那是另一個問題。我們至少可以說，自從中國講變法維新以來，沒有一個自命為新人物的人敢公然毀謗『科學』的。」[1] 他對自己的思想路徑也做科學化的歸納：「我的思想受兩個人的影響最大：一個是赫胥黎，一個是杜威先生。赫胥黎教我怎樣懷疑，教我不信任一切沒有充分證據的東西。杜威先生教我怎樣思想，教我處處顧到當前的問題，教我把一切學說理想都看作待證的假設，教我處處顧到思想的結果。這兩個人使我明了科學方法的性質與功用。」[2] 曾經前往德國學習的傅斯年任教北京大學時的講義後以《史學方法導論》為題收入全集，但僅存第四講「史料略論」，內中提出三個結論：「一、史的觀念之進步，在於由主觀的哲學及倫理價值論變做客觀的史料學。二、著史的事業之進步，在於由人文的手段，變做如生物學地質學等一般的事業。三、史學的對象是史料，不是文詞，不是倫理，不是神學，並且不是社會學。史學的工作是整理史料，不是做藝術的建設，不是做疏通的事業，不是去扶持或推倒這個運動，或那個主義。」[3] 在中央研究院歷史語言研究所創立之際，他再次對歷史學做了以科學、實證原則為軸心的定義：「近代的歷史只是史料學，利用自然科學供給我們的一切工具，整理一切可逢着的史料，所以近代史學所達到的範域，自地質學以至目下新聞紙，而史學外的達爾文論正是歷史方法之大成。」[4]「凡能直接研究材料，便進步，凡間接的研究前人所研究或前人所創造之系統，

---

❶ 胡適：《科學與人生觀序》，季羨林主編：《胡適全集》第 2 卷，第 196 頁。按胡適此文就當時「科學與玄學」論戰而發，文中頗涉及當時對科學主義的質疑。

❷ 胡適：《介紹我自己的思想》，季羨林主編：《胡適全集》，第 4 卷，第 658 頁。

❸ 傅斯年：《史學方法導論》，傅斯年著，歐陽哲生主編：《傅斯年全集》第 2 卷，長沙：湖南教育出版社，2000 年，第 308 頁。

❹ 傅斯年：《歷史語言研究所工作之旨趣》，傅斯年著，歐陽哲生主編：《傅斯年全集》第 3 卷，第 3 頁。

而不繁豐細密的參照所包含的事實，便退步……凡一種學問能擴張他所研究的材料便進步，不能的便退步……凡一種學問能擴充他作研究時應用的工具的，則進步，不能的，則退步。」[1]他提出：「我們反對疏通，我們只是要把材料整理好，則事實自然顯明了。一分材料出一分貨，十分材料出十分貨，沒有材料便不出貨……我們證而不疏，這是我們處置材料的手段。材料之內要使他發見無遺，材料之外我們一點也不越過去說。」[2]他宣佈：「要把歷史學語言學建設得和生物學地質學等同樣，乃是我們的同志！我們要科學的東方學之正統在中國！」[3]傅斯年提到達爾文的理論，意味着他並非把歷史學視為單純的文獻史料搜集和整理事業，他同時接納進化論作為歷史觀念的源泉。但是進化論不過是 20 世紀前期從西方進入中國的種種社會理論中的一種，其背後有更大更複雜的潮流，而科學主義在影響較大的各種思潮中都有重要地位。對中國新史學進行過系統研究的香港學者許冠三曾把傅斯年和郭沫若等人的史學主張分別稱為史料派和史觀派，並認為這兩大史學流派都主張歷史學是科學：「史觀派與史料學派，從表面看貌似南北兩極，實則均因國人的科學迷戀而興，並齊以『科學的史學』相標榜。」史料派認為科學之為科學不在對象而在方法，用科學的方法（歸納演繹）研究歷史材料，撇開成見和感情，遵從證據，歷史學就和地質學、生物學一樣，也是科學。史觀派則認為歷史學成為科學的關鍵在於能否從對象中發現「規律」，要發現規律，必須使用科學的理論即唯物史觀。[4]許冠三在《新史學九十年》自序中還曾指出：「從新會梁氏朦朧的『歷史科學』和『科學的歷史』觀念起，新史學發展的主流始終在『科學化』，歷來的鉅子，莫不以提高歷史學

---

❶ 傅斯年：《歷史語言研究所工作之旨趣》，傅斯年著，歐陽哲生主編：《傅斯年全集》第 3 卷，第 5-7 頁。

❷ 傅斯年：《歷史語言研究所工作之旨趣》，傅斯年著，歐陽哲生主編：《傅斯年全集》第 3 卷，第 9-10 頁。

❸ 傅斯年：《歷史語言研究所工作之旨趣》，傅斯年著，歐陽哲生主編：《傅斯年全集》第 3 卷，第 12 頁。

❹ 參看黃敏蘭：《20 世紀中國史學界對歷史學性質的理論思考》，《史學理論研究》，2002 年第 2 期。

的『科學』質素為職志，儘管『科學化』的內容和準則恆因派別而易，且與時俱變。就新史學的元祖梁任公言，『科學化』的捷徑，莫若引各種公理公例以觀察並解說歷史；長遠之計，則在擴充史學家的修養及於社會科學甚至自然科學領域，鼓勵並引導歷史研究者採用包括統計法在內的科學方法。」[1] 余英時也指出：「1919 年五四運動以來，隨着科學主義的興起，實證主義更加緊緊抓住中國歷史的心……1919 和 1949 年間，中國史學主流的主要影響力，是由胡適和傅斯年大力提倡所謂『科學的歷史』。而 1949 年起，中國歷史研究就已經完全地受馬克思主義模式的支配。」[2]

中國傳統史學有突出的獎善罰惡的道德化特徵，而 20 世紀卻是一個弱肉強食的時代，在這個時代，與進化論鼓吹的物競天擇、適者生存論携手並肩的科學主義，把道德史學的重道德、重正統、少別裁的缺點映襯為缺乏現實功用的空談，競爭生存發展進步的法則才是歷史學要闡述的東西，遠道德而求法則，以科學自詡，是早期新史學的一個主要傾向。梁啟超說：「歷史者敍述人群進化之現象而求得其公理公例者也。」[3] 此處之「公理、公例」，即今人所稱「規律」。認識規律，則能與時俱進，否則難以生存，認識規律無異於認識真理。李大釗也說：「今日的歷史學，即是歷史科學，亦可稱為歷史理論。史學的主要目的，本在專取歷史的事實而整理之，記述之，嗣又更進一步，而為一般關於史的事實之理論的研究，於已有的記述歷史之外，建立歷史的一般理論。嚴正一點說，就是建立歷史科學。」「史學之當為一種科學，在今日已無疑義，不過其發達尚在幼稚罷了。」「史學既與其他科學在性質上全無二致，那

---

❶ 許冠三：《新史學九十年》自序，長沙：岳麓書社，2003 年，第 2 頁。
❷ 余英時：《歷史女神的新文化動向與亞洲傳統的再發現》，《余英時文集》第 8 卷《文化評論與中國情懷》下，桂林：廣西師範大學出版社，2006 年，第 62 頁。
❸ 梁啟超：《新史學》，載《飲冰室合集》第 1 冊，《飲冰室文集之九》，第 10 頁。

麼歷史科學當然可以成立。」[1]中國現代新史學的前驅，多以追求事實、真理為旨歸，觀念近於科學的史學觀。

學兼文史哲三界、貫通中西的王國維卻不主張歷史學為科學。他在為《國學叢刊》所作序言中說道：「學之義廣矣。古人所謂學，兼知行言之，今專以知言，則學有三大類：曰科學也，史學也，文學也。凡記述事物而求其原因，定其理法者謂之科學；求事物變遷之跡而明其因果者謂之史學；至出入二者間而兼有玩物適情之效者謂之文學。然各科學有各科學之沿革，而史學又有史學之科學（如劉知幾《史通》之類）。若夫文學則有文學之學（如《文心雕龍》之類）焉，有文學之史（如各史《文苑傳》）焉。而科學、史學之傑作，亦即文學之傑作。故三者非斷然有疆界，而學術之蕃變，書籍之浩瀚，得以此三者括之焉。凡事物必盡其真，而道理必求其是，此科學之所有事也。而欲求知識之真與道理之是者，不可不知事物道理之所以存在之由與其變遷之故，此史學之所有事也。若夫知識、道理之不能表以議論，而但可表以情感者，與夫不能求諸實地而但可求諸想像者，此則文學之所有事。古今東西之為學，均不能出此三者……然為一學，無不有待於一切他學，亦無不有造於一切他學。故是丹而非素，主入而奴出，昔之學者或有之，今日之真知學、真為學者，可信其無是也。」他也不認為區分「中學」、「西學」確乎必要，認為科學、史學、文學皆為中西所共有，彼此差異只在廣狹疏密，不可以中西斷其優劣，「中、西二學，盛則俱盛，衰則俱衰，風氣既開，互相推助。且居今日之世，講今日之學，未有西學不興而中學能興者，亦未有中學不興而西學能興者。」[2]許冠三認為，王國維不僅對科學、史學、文學關係做相異而相成看待，且其著作「常具三者之長，在往迹之

---

❶ 李大釗：《史學要論》，中國李大釗研究會編注：《李大釗全集》（修訂本）第 4 卷，第 528、530、531 頁。

❷ 王國維：《國學叢刊序》，謝維揚、房鑫亮主編：《王國維全集》第 14 卷，杭州：浙江教育出版社，2009 年，第 129-131 頁。

實外，兼得科學之真和文學之美。」[1] 在對歷史學與科學之關聯與差異具有深入見解前提下，在歷史研究具體方法領域，王國維卻是強調實證的，主要體現在兩個方面。一是提出「二重證據法」。他於 1925 年在清華國學院講課時針對當時學術界研究古史的紛爭指出，古史傳說與史實混而不分，中外皆同，後人有信古太過、疑古太過者，而晚近疑古者雖「懷疑之態度及批評之精神，不無可取」，但其實往往對於古代史料並未充分處理。「吾輩生於今日，幸於紙上之材料外，更得地下之新材料。由此種材料，我輩固得據以補正紙上之材料，亦得證明古書之某部分全為實錄，即百家不雅馴之言亦不無表示一面之事實。此二重證據法，惟在今日始得為之。」[2] 他的古史研究，即充分利用出土實物與傳世文獻互證，成就斐然，一時無兩。王國維在做此番論說時，明確指出古人並非全然以書上記載為真實，孔子、司馬遷皆是如此，疑信之間抉擇，取決證據。他的目標非常清晰，是於種種繁複、疑難之間，憑藉理性和證據，察知真相。在這種意義上，王國維的方法論具有科學實證的性質。後來，陳寅恪將王國維研究的「學術內容及治學方法」概括為三點：「一曰取地下之實物與紙上之遺文互相釋證……二曰取異族之故書與吾國之舊籍互相補正……三曰取外來之觀念與固有之材料互相參證。」[3] 後學每每以此為王國維二重證據法的具體說明。二是提出「三無」論：「學之義不明於天下久矣。今之言學者，有新舊之爭，有中西之爭，有有用之學與無用之學之爭。余正告天下曰：學無新舊也，無中西也，無有用無用也。凡立此名者，均不學之徒，即學焉而未嘗知學者也。」[4] 無新舊、中

❶ 許冠三：《新史學九十年》，第 85 頁。
❷ 王國維：《古史新證》，謝維揚、房鑫亮主編：《王國維全集》第 11 卷，第 241-242 頁。按王國維在 1913 年曾說到以晚出之彝鼎甲骨文與晚周秦漢之書參酌的「二重證明法」，與此處所說二重證據法有同有異，要在皆以多重證據參酌而求真實。參看侯書勇：《「二重證明法」的提出與王國維學術思想的轉變》，《鄭州大學學報》，2008 年第 2 期。
❸ 陳寅恪：《王靜安先生遺書序》，《王國維遺書》第 1 冊，上海：上海古籍書店，1983 年（影印商務印書館 1940 年版），序一。
❹ 王國維：《國學叢刊序》，謝維揚、房鑫亮主編：《王國維全集》第 14 卷，第 129 頁。

西之說，前文已提及大要，不再贅述，有用無用之說，尚可略加補充。他認為，「凡學皆無用也，皆有用也」，學者當不避深湛幽渺之思，不辭迂遠繁瑣之譏，「事無大小、無遠近，苟思之得其真，紀之得其實，極其會歸，皆有裨於人類之生存福祉。己不竟其緒，他人當能竟之；今不獲其用，後世當能用之。」[1] 這些見解，皆浸透着科學的公允和超然精神兼有擺脫現實功利的意境，也滲透着科學知識累積進步的觀念。這樣的觀念也是近於科學實證主義而遠於「明道」、「經世」傳統的。[2]

　　胡適將美國哲學家杜威（John Dewey）的實驗主義，也稱實用主義的哲學與歷史學的實證方法混合起來，在思維方式角度提倡自然科學式的、中西方法結合的實證主義，主張「大膽假設，小心求證」。研究的步驟是：細心搜求事實，大膽提出假設，再細心求證。從實證的原則出發，中國歷史上的許多成見是缺乏切實根據的，所以胡適的方法論常常表現為疑古。他主張對待古史，必須運用歷史的眼光，分析其構造的過程。古史中的記錄，在時間中如滾雪球一樣越滾越大，原本平常的事情，後人添枝加葉，遂為奇事，堯、舜、禹、湯、伊尹、文王、太公望、周公故事，無不經過這種人為的添飾。要認識其真相，需要整理，方法是：1. 把每一件史事的種種傳說，依先後次序排列起來；2. 研究這個事件在每個時代各有怎樣的傳說；3. 研究這件史事的漸漸演進，看它如何由簡單變為複雜，由野陋變為雅訓，由寓言變成事實；4. 如果可能，解釋每一次演變的原因。胡適本人的歷史研究，並無特別大的成績，雖標榜科學，但主觀假設過於大膽，求證卻不小心，尚不如王國維更得中道，但他所主張的假設與求證方法在史學界產生了重大影響。

　　受胡適影響的顧頡剛在 1923 年提出了層累地造成的中國古史說。他認為傳統時代的中國古史，是後人一代一代累積造成的，多非事實。1926 年，他出版《古史辨》第一冊，宣告形成古史辨派，民國時期相繼

---

❶ 王國維：《國學叢刊序》，謝維揚、房鑫亮主編：《王國維全集》第 14 卷，第 132 頁。
❷ 參看許冠三：《新史學九十年》，第 81-117 頁。

出版七冊，收入 350 篇文章，325 萬字，成為現代中國史學中實證主義學派中最有影響的一脈。1922 年，顧頡剛在《最早的上古史的傳說》一文中，把《詩》、《書》、《論語》三書中的古史觀念比較，發現禹的傳說，在西周時已有，堯舜的傳說，則到春秋末才產生，孔子言堯禹而不言伏羲、神農，後者出於更晚時代。所以他推論，「古史是層累地造成的，發生的次序和排列的系統恰是一個反背。」[1] 後來，他不斷充實他的疑古思想，歸納為三個要點。一，「時代愈後，傳說的古史期愈長」。周人心目中最古的人是禹，孔子時有堯舜，戰國時有黃帝、神農，至秦有三皇，漢以後有盤古。二，「時代愈後，傳說中的中心人物愈放愈大」。舜在孔子時代只是無為而治的聖君，到《堯典》就成了家齊而後國治的聖人，到孟子時代成了孝子模範。三，今人「即不能知道某一件事的真確的狀況，但可以知道某一件事在傳說中的最早的狀況。如我們即使不能知道東周時的東周史，也至少能知道戰國時的東周史；即使不能知道夏商時的夏商史，也能知道東周時的夏商史。[2] 他深信後世流傳的古史系統是經漢人整理、寫定的，原為當年各學派強古人以就我的訛誤累積。即使顧頡剛同時代的人，多認為他疑古太過，經書本與史書不同，所記不可以全當歷史來看。但他在史料批判上的勇氣和具體工作，都代表着現代中國史學的科學精神。顧頡剛本人就說：「我的心目中沒有一個偶像，由得我用了活潑的理性作公平的裁斷，這是使我極高興的。我固然有許多佩服的人，但我所以佩服他們，原為他們有許多長處，我的理性指導我去效法；並不是願把我的靈魂送給他們，隨他們去擺佈。對今人如此，對古人亦然。惟其沒有偶像，所以也不會用了勢利的眼光去看不佔勢力的人物。我在學問上不肯加入任何一家派，不肯用了習慣上的毀譽去壓抑許多說良心話的分子，就是為此。」「我知道學問是只應問然否而不應問善惡的，所以我要竭力破除功利的成見，用平等的眼光去觀察

---

❶ 顧頡剛：《古史辨第一冊自序》，《顧頡剛全集》第 1 卷，北京：中華書局，2010 年，第 45 頁。
❷ 顧頡剛：《與錢玄同先生論古史書》，《顧頡剛全集》第 1 卷，第 181 頁。

一切的好東西和壞東西。我知道我所發表的主張大部分是沒有證實的臆測，所以只要以後發見的證據足以變更我的臆測時，我便肯把先前的主張加以修改或推翻，決不勉強回護。」**1** 顧頡剛的疑古留下諸多中國上古史研究中難以解決的課題。20 世紀末，李學勤等學者提出「走出疑古時代」，得政府資助實施「夏商周斷代工程」，對一些上古史重大問題做出結論。從具體主張看，先前強調「疑」，後來追求「信」，但就研究的意識而言，都在努力通過證據求得歷史真相，並非斷然針鋒相對。

就強調歷史的普遍規律性、追求歷史現象背後的公理、公例、法則而言，20 世紀前期興起的亞洲馬克思主義史學與實證史學共享歷史學科學性的共同信念。所以二者在史學研究者的工作中並存互補。前文所引李大釗關於歷史為科學的主張，與此一致，其《史學要論》中尚有更細緻的論證。稍後的馬克思主義史學家郭沫若、呂振羽、范文瀾、侯外廬、翦伯贊等人，在歷史文獻和實證研究中也都各有可觀建樹。如郭沫若在 30 年代旅居日本期間發表的《甲骨文字研究》、《卜辭通纂》、《兩周金文辭大系考釋》等著作，都是實證史學的研究。即使中國 50、60 年代偏重於歷史觀的「五朵金花」——中國古史分期、中國古代土地制度、中國封建社會農民戰爭、中國資本主義萌芽、漢民族形成諸問題討論，也是在把歷史學視為科學的氛圍中展開的，幸乎如此，才可能在理論高度教條化的情勢下仍然在關於中國古代歷史具體問題的研究中推出諸多堅實的成果。

在 19、20 世紀之交，西方史學界已經在關於歷史學基本性質的探索中，出現了些對誇大歷史學與自然科學共性，誇大歷史家處理證據與進行闡釋、敍述時可能達到的客觀性程度的一些批評性論說，但其影響並不足以改變大多數職業歷史研究者沿着科學化的方向繼續推進。在這種時代潮流中，歷史學大量吸收社會科學概念、方法和知識，呈現出社

---

❶ 顧頡剛：《古史辨第一冊自序》，《顧頡剛全集》第 1 卷，第 71、72 頁。

會科學化的長期趨勢。整個亞洲歷史學在這一趨勢中表現不俗。

二、社會科學化的歷史學

在普遍的科學主義歷史觀與馬克思主義理論傳播影響下，日本在第一次世界大戰前後就出現了「社會經濟史」學派。其倡導者內田銀藏強調從經濟事實的研究中考察國民經歷和社會變遷，從經濟角度來說明歷史。該學派注重社會階級分析，認為不同國家的歷史發展有共同規律。與此同時，現代歷史學帶來亞洲傳統上主要關注國家權力運行的歷史學視野大為擴展，經濟、社會發展在歷史研究中的地位大大提高，從而帶來歷史研究資料範圍的擴大。以往被粗略對待的經濟社會發展數據，受到更多注重。在這樣的研究中，社會科學與歷史學的結合就成為必然的趨勢。現代化發展過程中日益被注重的諸如人口、價格、經濟增長等數據，也推進經濟史研究與科學方法結合的可能性和必要性。二戰以後現代化和經濟發展問題的凸顯，也促進了亞洲歷史研究對經濟史的持續注重。

早期日本經濟史研究形成了一度佔主流地位的觀點，認為西方勢力到來之前的日本經濟陷於停滯。在野村兼太郎的《日本經濟史》、兒玉幸多的《近世農民生活史》、高橋龜吉的《日本近代經濟形成史》，以及其他許多論著中，「『停滯』似乎成了最常見的用語。不僅經濟史學家，理論經濟學家也是這樣看待日本前工業化社會的經濟的。」[1] 美國耶魯大學經濟學教授理查德·納爾遜在分析德川經濟發展模式時，承認其在最初一個世紀實現繁榮，但到 17 世紀末陷入了「低水平均衡陷阱」，直到 1867 年才得以打破。[2] 1988 年，岩波書店陸續出版梅樹又次等人合作編

---

[1] 厲以平：《新經濟史學在日本》，《經濟學動態》，1997 年第 10 期。

[2] 理查德·納爾遜：《不發達經濟中的低水平均衡陷阱》，《美國經濟評論》，1956 年，12 月號；理查德·納爾遜：《增長模型和擺脫低水平均衡陷阱：日本的範例》，《經濟發展與文化變遷》，第 8 卷，第 2 號，1960 年。轉引自厲以平：《新經濟史學在日本》，《經濟學動態》，1997 年第 10 期。

寫的 8 卷本《日本經濟史》，被認為是日本新經濟史學成熟的標誌。該書考察日本「近世」以來約四百年的經濟發展歷程。藉諸西方經濟學理論尤其是不發達社會經濟學、新經濟史學理論、制度經濟學、數量經濟史、歷史人口學等注重長期經濟現象的理論與研究成果，強調日本現代經濟發展的歷史連續性，把明治以前的德川幕府時期看作一個發展的時代，而不是停滯時期，把日本史中特有的「近世」與「近代」敘述成為一個連貫過程的兩個階段。速水融在《日本經濟史上從中世到近世的轉換》和《日本經濟社會的展開》中提出「經濟社會論」，主張中世末期存在相對程度的商品貨幣流通，有活躍的市場，土地被買賣，金融業滲入農村，有些地方社會已經進入到基於經濟價值觀以最小成本獲得最大效益的活動狀態，即進入「經濟社會」狀態。這種狀態的發展，為近代工業化準備了條件。[1] 在這個視角下看，新經濟史學派提出了與先前的日本本土經濟停滯論大相徑庭的說法。這種說法與前文提到的日本戰後歷史學的轉變、西方歷史學乃至戰後亞洲地緣政治格局都有關係。而且，這段學術史背後，有美國學術界與日本學術界的交融，而稍後美國加州學派對中國的研究理念和方法，與前述日本新經濟史甚為相似。

在新經濟史推進的過程中，經濟史研究中的量化方法運用，也不斷發展。日本的人口史量化研究是與新經濟史研究在同一氛圍中發展起來的，二者都受到歐洲，尤其是法國史學新動態的影響。人口史一直是一種經濟學、人口學與歷史學交叉研究的領域。第二次世界大戰後，與經濟興衰密切相關的人口史研究成為歐美學術界的一個熱點。1956 年，法國《國立人口學研究所叢書》出版，採用「家族復原法」——一種基於對家庭單位人口變化數據進行統計處理為基礎的方法，研究日內瓦上層市民人口動態。稍後，同一機構的研究者與他人合作，利用法國北部諾曼底某教區記載受洗、結婚、死亡的檔冊進行人口研究，形成了對教區

---

[1] 屬以平：《新經濟史學在日本》，《經濟學動態》，1997 年第 10 期；沈仁安、宋成有：《日本史學新流派析》，《歷史研究》，1983 年第 1 期。

人口可信資料系統的構建。1960 年，國際歷史人口學會在斯德哥爾摩成立，1964 年以後每年發行年報。日本在 20 世紀 20 年代初開始包括人口在內的國情調查，形成比較系統的相關資料。1965 年，日本學者梅村又次發表《德川時代的人口趨勢與制約因素》，將地方人口趨勢與其他經濟數據結合分析，利用宗門改賬資料，偏重人口增長問題，提出了德川後期是具有潛在人口增長力社會的觀點。在速水融的研究中，家族復原法得到運用。[1] 20 世紀 70 年代，日本經濟史受美國數量經濟史的影響，出現一波快速發展，成立了數量經濟史研究會，出版了諸多重要著作，如《數量經濟史入門 —— 日本的前工業化社會》、《數量經濟史論集》、《日本經濟的發展 —— 從近世到近代》、《歷史中的江戶時代》等等。新保博《近世的物價與經濟發展 —— 對前工業化社會的數量分析》、速水融《近世農村的歷史人口學 —— 信州諏訪地方宗門改賬分析》、西川俊作《十九世紀中葉防長兩國的農業生產係數》等也是數量經濟史方面的重要著作。[2] 數量經濟史運用系統數量分析的方法對經濟、社會趨勢進行判斷，很容易給人「精確」、「科學」的印象，但是這種分析所能利用的數據本身的可靠性和系統性非常重要。基督教社會的人口統計系統性與這種宗教的信仰、行為方式有關，具有特殊性，亞洲前現代社會很難獲得同樣系統化且比較準確的數據，因而同樣的方法所能獲得判斷的合理性並不相同。此外，量化研究的數據性質與研究目標需要對稱，量化經濟史研究中經常出現以局部數據推測更大範圍整體的情況，這在各國的量化研究，尤其是與經濟趨勢有關的研究中都有表現。日本學者中有人指出數量經濟史的缺陷，如可能輕視生產本身的情況和政治變革的作用、複雜的社會因素難以量化等等。沈仁安、宋成有對此做過簡要的評價，他們認為，新保博關於物價波動的數量分析帶有物價決定論傾向，「物價波動是流通領域的現象。流通領域與生產領域既有聯繫又有區別。

---

❶ 參看厲以平：《日本新經濟史學的人口史研究》，《經濟學動態》，1995 年第 7 期。
❷ 參看沈仁安、宋成有：《日本史學新流派析》，《歷史研究》，1983 年第 1 期。

生產領域的變化決定流通領域的變動，流通領域的變動則未必能完全反映生產領域的變化。」[1]

經濟史是所有受科學化觀念影響的歷史學，包括實證主義史學、借鑒社會科學的歷史學與馬克思主義歷史學共同耕耘的土地，也是中國與歐美、日本史學界易於對話交融的領域，在中國現代史學中一直佔據特殊地位。王學典甚至認為，「20世紀畢竟是史學上的社會經濟史學的世紀」。[2] 這種情況由來已久，直到20世紀90年代以後，歷史學與科學的有效交融還是在經濟史領域最為明顯，其突出表現是量化分析和模式分析。

現代經濟學與新史學在同一時代引入中國，經濟史本來就被視為經濟學與歷史學交叉的學問，借鑒經濟學理論、盡可能運用數字計量分析，是經濟史研究的應有之義，經濟史也成為歷史學中與社會科學關係最為密切的分支，或者說，經濟史是歷史學內部社會科學化成色最為明顯的領域。[3] 相關的表現可以大致分為兩類，一是借鑒、運用經濟學理論研究歷史問題，二是採取量化方法研究歷史問題即所謂計量史學。很大程度上藉助於經濟學和計量方法，經濟史研究成為亞洲歷史學各領域中國際化最突出的領域，也是亞洲歷史學成果卓著的領域。在這個領域中，李劍農、何炳棣、梁方仲、全漢升、施堅雅（G. William Skinner）、傅衣凌、吳承明、珀金斯（Dwight H. Perkins）、加藤繁、寺田隆信、黃宗智、唐力行、李伯重、范金民、陳春聲、萬明、許檀等許多學者做出了影響深遠的研究。

對於計量史學並非沒有批評，其中頗具理論方法深度的論說來自青年學者朱富強的一系列論文。朱富強在《計量重構歷史中潛含的歷史虛

---

❶ 沈仁安、宋成有：《日本史學新流派析》，《歷史研究》，1983年第1期。

❷ 王學典、孫延杰：《實證追求與闡釋取向之間的百年史學 —— 兼論歷史學的性質問題》，《文史哲》，1997年第6期。

❸ 彼得·伯克曾指出，計量史在歐洲的興起首先在經濟領域，尤其是價格史領域，隨後擴散到社會史，特別是人口史，最後滲入到宗教史與心態史。參見彼得·伯克著，劉永華譯：《法國史學革命：年鑒學派，1929-1989》，北京：北京大學出版社，2006年，第48頁。

無主義：主流計量史學的邏輯缺陷及其批判》中，把批評指向整個計量史學。據他研究，計量史學萌芽於 20 世紀 30 年代，受當時經濟大蕭條影響，經濟理論更加注重長期經濟發展和周期理論研究，歷史學與經濟學關係得以加強。到 20 世紀中葉，新經濟史學興起，其突出貢獻就是採用量化方法並構造經濟數據庫，運用現代經濟理論和計量、統計分析透視經濟發展歷史、成敗原因。這些變動使得經濟史具有了更強的「科學」意味，並進而推出了對一些重大歷史事件的顛覆性解釋，包括福格爾（Robert William Fogel）關於奴隸制和鐵路的新說法。但是，計量史學得出的結論卻未必是更為客觀和嚴謹的。朱富強引用諾斯（Douglass C. North）的看法指出，計量史學之前的經濟史是圍繞制度建立的，試圖提供連貫的制度變遷，提供一個演化的故事，但其依據是缺乏整體結構的零散的理論和數據，所以無法形成一般性結論。計量史學則能夠把系統的理論運用到史學研究中，用精巧的計量方法說明並檢驗歷史模型。但這種研究都是取特定時間特定事例數據的，其解釋對於隨着時間推移來考察變遷的歷史學家說來是有嚴重局限性的。他還注意到，著名經濟史家吳承明早就指出，計量分析所設的模型變量有限，許多相關條件也都只能假定不變，從而把歷史現象看作了函數關係，用「時間變量」代替「歷史思考」，由於這類局限，美國學術界計量史學在 80 年代就轉為低沉了。朱富強指出，福格爾在對 19 世紀美國鐵路在美國經濟增長中作用的分析中提出的鐵路貢獻微不足道的看法就是一種「非常短視的」主張，鐵路帶來的經濟影響不能僅在短期經濟視野下分析，也不應僅在簡單計量意義上看待。哈耶克（Friedrich August von Hayek）等關於「圈地運動」的顛覆性論說也包含類似的問題。他認為目前計量史學的缺陷主要表現設計計量模型時對變量的選擇、分析變量關係時的數據選擇都是主觀的，而且純粹計量分析往往是描述性而非理論性的，如果沒有廣泛知識和相應理論指導，計量分析本身可能只是對文獻資料的整理。在後一意義上，計量史學與傳統經濟史研究其實是屬於同一研究路徑。因為歷史事件都是不同的，「影響社會經濟現象的人類偏好、意志、知識以及價

值觀等都在不斷變化，社會環境也在不斷演進，因而計量經濟學根本無法在人類歷史中找出一個不變關係。」「由於計量分析本身存在着強烈主觀性，因而得出的結論幾乎都有待結合其他知識進行審視。」[1]

朱富強評論的計量史學局限在計量經濟史領域，而且假定所研究的問題是長時段經濟趨勢類問題。這還不足以構成對計量方法在史學中運用局限的全面分析。計量方法在心態史、文化史、閱讀史、政治史研究中也有一些有效運用的範例。[2] 不過有效運用並不等於全面適用，彼得·伯克（Peter Burke）指出：「普通歷史學中運用的計量研究法，尤其是文化史這一領域中運用的計量研究法，都難以逃過明顯的化約論的批評。總的來說，能够加以定量的東西，未必就是關鍵的東西……某些歷史學家利用其他類型的證據，來賦予他們的統計以意義，而另一些沒有。某些歷史學家相信，他們處理的是實實在在的人，而另一些看來已將之拋諸九霄雲外。對這一運動的任何評價，必須區分對這一方法的要求是適度還是過度的，也必須區分人們運用它的方式是粗略的還是富有技巧的。」[3] 計量方法在歷史學中可以運用在廣泛領域，但是這畢竟是一種方法，方法本身並不直接決定研究結果是否成立，如同使用精密機械未必加工出來的都是完美的產品，況且，歷史研究中的大量對象並不適合量化。

亞洲歷史學中追求科學化的最激進訴求出現在文化大革命之後的中國。如果說，此前的亞洲現代歷史學始終包含着一種向自然科學靠近，與社會科學融合的傾向，那麼到 20 世紀 80 年代，中國史學界則是興起了一輪歷史學徹底科學化的浪潮。中國學術界長期以來把歷史學直接歸入「社會科學」，這固然與中國學術界自 20 世紀中葉以後以馬克思主義

---

❶ 朱富強：《計量重構歷史中潛含的歷史虛無主義：主流計量史學的邏輯缺陷及其批判》，《學術研究》，2019 年第 7 期。按此文標題中使用了「歷史虛無主義」一語，但文章中並未解釋計量史學的局限何以構成「歷史虛無主義」。

❷ 參看彼得·伯克著，劉永華譯：《法國史學革命：年鑒學派，1929-1989》，北京：北京大學出版社，2006 年，第 48-59、69-73 頁。

❸ 彼得·伯克著，劉永華譯：《法國史學革命：年鑒學派，1929-1989》，北京：北京大學出版社，2006 年，第 73 頁。

指導歷史學並將歷史唯物主義看作科學歷史觀有關，同時也與整個現代亞洲歷史學從一開始就有的科學主義傾向有關。在區別的意義上看，現代亞洲歷史學與社會科學中的經濟學的結合最為密切而且持久。但是最激進的歷史學科學化潮流卻並未發生在狹義經濟史領域，而是以全面重塑歷史學的姿態來臨的。當時處於對於「文革」史學的「撥亂反正」和反對教條化、開放時期，「科技也是生產力」的觀念在反撥文革後期的壓制科學語境中確立，實現「四個現代化」的現實訴求深入人心。在這種背景中，史學界關注新技術革命的信息，受一些知名自然科學家、哲學和方法論研究者的影響，出現了直接引進自然科學方法改造「傳統史學」的主張。1983 年，青年學者霍俊江發表《數學方法在歷史研究中的作用和地位》，主張歷史學更多汲取數學方法，以跟上現代思想學術的步伐。[1] 1986 年，他又連續發表論文，推薦運用「灰色系統理論」來研究歷史學。[2] 歷史學者吳廷嘉發表《系統論在史學選題、結構及方法上的運用》，主張運用系統論研究歷史學。[3] 不久，吳廷嘉又與著名科學家錢學森及歷史學者沈大德合作撰寫《用系統科學方法使歷史科學定量化》的論文，基本主張如題。[4] 錢學森作為一流科學家的聲望無疑大大強化了歷史學全面科學化主張的影響力。歷史學界引入了當時前沿的控制論、系統論、信息論，簡稱「三論」來研究歷史，其他如統計學、耗散結構理論、突變論、協同論、模糊數學等等也都帶着革新良方的姿態，進入一些人的歷史學討論中。其中最成系統的著作，是金觀濤、劉青峰合作的：《興盛與危機：論中國封建社會的超穩定結構》。[5] 金觀濤在 1981 年

❶ 霍俊江：《數學方法在歷史研究中的作用和地位》，《學習與探索》，1983 年第 3 期。
❷ 霍俊江：《試論灰色系統理論與方法在歷史研究中的應用》，《社會科學》，1986 年第 10 期；霍俊江：《灰色系統方法與考證》，《求索》，1986 年第 4 期。
❸ 吳廷嘉：《系統論在史學選題、結構及方法上的運用》，《社會科學》，1985 年第 6 期。
❹ 錢學森、吳廷嘉、沈大德：《用系統科學方法使歷史科學定量化》，《歷史研究》，1986 年第 4 期。
❺ 金觀濤、劉青峰：《興盛與危機：論中國封建社會的超穩定結構》，長沙：湖南人民出版社，1984 年。

就提出：「系統論、控制論可以成為歷史研究者的工具」。[1] 在這部影響頗為深遠的著作中，兩位作者用控制論中的概念，將中國社會看作一個通過周期性振盪調節實現長期結構穩定的「超穩定系統」，以此解釋中國「封建社會長期延續」的機制。這種研究的最主要意義，在於在長期教條主義和盲從政治領袖言語的氛圍消散之際，重申了科學、開放的學術研究立場，對於中國歷史上的治亂循環現象背後的一些長期、反覆出現的關係，也提供了不乏啟發性的解釋。其主要問題則在於將人類歷史完全看作自然科學的對象，結構和法則吞沒了所有具體的人格、偶然性、個人、文化差異。在全書中，除了老子、孔子之類偶像化的人物之外，普通的個人基本消失，社會成了機器。機械唯物論、科學主義和黑格爾哲學色彩的宏大敘事在這部著作中密切結合，成為整個亞洲現代歷史學歷程中科學主義歷史學的巔峰體現。其他如吳廷嘉、霍俊江等人倡導歷史學自然科學化的著述也頗有影響力。[2] 放在 20 世紀 80 年代中國歷史背景中看，這種主張具有明確的改革推動意味，是在長期政治意識形態支配歷史學學術研究之後嘗試突破的努力。但是從歷史學本身而言，這類研究雖然能夠反襯出先前的實證方法加社會科學理論套用式研究注意定性而忽視定量分析以及追求線性因果關係而忽視結構功能分析的缺點，其自身對歷史研究「精確化」的追求極度誇大了人類社會歷史作為自然歷史過程的性質，把歷史作為有自覺意識的人的自主性發展過程的性質極度忽略，歷史被機械化，在宏觀歷史分析中也難以避免命定論的傾向。

直接套用系統論、控制論、信息論代表的科學迷思色彩的歷史學改革潮流基本徘徊在方法論層面。到 20 世紀 90 年代後，中國歷史學界日益具體地了解了世界史學各方面的新發展，開始用更沉實的方式探索歷

---

❶ 金觀濤：《系統論、控制論可以成為歷史研究者的工具》，《讀書》，1981 年第 11 期。

❷ 參看霍俊江：《歷史科學的現代化問題》，《求索》，1983 年第 2 期；霍俊江：《數學方法在歷史研究中的作用和地位》，《學習與探索》，1983 年第 3 期；吳廷嘉：《馬克思主義史學研究與當代自然科學的最新成果》，《社會科學研究》，1983 年第 4 期；何曉明：《系統論與歷史科學》，《江漢論壇》，1983 年第 10 期等。

史學的理論方法，極端自然科學熱悄然降溫，同一時期的日本、韓國和印度史學，也沒有出現同樣的潮流。這段經歷並不提供關於自然科學與歷史學關係的最終結論，更不表示自然科學與歷史學之間存在一道永遠無法連通的鴻溝 —— 無論自然科學還是歷史學都在繼續發展 —— 但這段經歷提示，歷史研究者在借鑒其他學科理論與方法的時候，永遠不能忘了關照歷史學區別於其他學科的獨特性。

三、年鑒學派、社會史與歷史人類學

20 世紀 30 年代，以《經濟與社會史年鑒》創刊為節點，法國學術界興起的年鑒學派（Annales School）逐漸發展，在戰後形成了強大的世界性影響。該學派的形成，多少有一些在德國蘭克學派的國族國家與歷史事實考證、敘述為中心的歷史研究方式籠罩歷史學界的情況下，別尋路徑的意向。其探尋的方向，是在偏重政治史的現實背景下，擴展歷史研究的視野，推動歷史學與社會科學乃至自然科學更廣泛、密切的結合，倡導跨學科研究。[1] 彼得・伯克曾把年鑒學派的理念概括如下：「首先，是以問題導向的分析史學，取代傳統的事件敘述。其次，是以人類活動整體的歷史，取代以政治為主題的歷史。再次，為達成上述兩個目標，與其他學科進行合作：與地理學、社會學、心理學、經濟學、語言學、社會人類學等等合作。」[2] 年鑒學派看到研究國家政治史、國際關係的局限，要把社會各個方面的演變情狀納入歷史學，提出歷史學要研究「總體史」的主張。因而，年鑒學派相對於蘭克學派的強調客觀、直書，以考證與敘述為主要呈現方式，更注重歷史學的闡釋，注重藉助各

---

[1] 作為年鑒學派標誌的期刊名字頗能體現其學術傾向：《經濟社會史年鑒》（1929-1939），《社會史年鑒》（1939-1942，1945），《經濟、社會與文明年鑒》（1946-1994），《歷史與社會科學年鑒》（1994- ）。參見彼得・伯克著，劉永華譯：《法國史學革命：年鑒學派，1929-1989》，北京：北京大學出版社，2006 年，第 1 頁。

[2] 彼得・伯克著，劉永華譯：《法國史學革命：年鑒學派，1929-1989》，「導論」，第 2 頁。

種社會科學的專門知識研究歷史。從質疑歷史研究局限於證據表明的經驗事實和國家政治的意義上說，年鑒學派有超越蘭克史學範式的傾向；就其進一步增進了歷史學與科學的關係而言，又與蘭克學派有異曲同工之處；從強調理論、闡釋、綜合的意義上說，年鑒學派則繼承了法國啟蒙理性從根本層面思考整個人類事務的精神，有把歷史學擴展成為包羅萬象的學問，用歷史學統一人文社會研究的傾向，與各種文化闡釋理論也都有聯通的渠道。因而，年鑒學派從一開始就意味着一種新的學術理念，並不能用特定的觀點或者固化的研究方式加以界定，它帶來的是歷史研究的多種可能性。其中有一些看去是相互矛盾的，例如「整體史」既要研究宏觀結構，又要把觸角深入細節，極度宏闊與非常微細的問題取向，都出現在年鑒學派或與年鑒學派研究關係密切學者的研究中，以至於後來學術界頗加詬病的「宏大敍事」和「碎片化」這種趨於宏微兩極的問題，也都與年鑒學派有關。然而這種表面的矛盾，在年鑒學派的早期的邏輯和後來的演進過程中看，又都有理路可尋。因此，與其把年鑒學派看作對蘭克學派或者實證史學、客觀主義史學的反動，不如將之視為西方學術理念整合昇華的又一歷程。彼得·伯克就曾說過：「假如說與年鑒派關係密切的單個的創新都有先例的或同時代的例子，那麼，融匯這些創新的做法則是前無古人的。」[1]

二戰以後，年鑒學派風靡歐美各國學術界，80年代以後，在亞洲史學界也成為最具影響力的國際史學流派。[2] 直至當下，世界範圍的歷史學研究雖然已經出現反思年鑒學派範式的著作，但在一定程度上依然籠

---

❶ 彼得·伯克著，劉永華譯：《法國史學革命：年鑒學派，1929-1989》，第100頁。

❷ 彼得·伯克對年鑒學派在歐洲以外區域史學界的反響評估不高，尤其是認為年鑒學派在日本、印度、中國的反應幾近於無，在韓國的情況甚至無一言提及。這可以因該書所考察的情況止於1989年而得到解釋，但是該書英文版在1999年出版，當時亞洲各國皆已非常重視年鑒學派的研究。這可能是因為伯克對於亞洲歷史學的動態了解得不及時，也可能因為在伯克看來當時亞洲效法年鑒學派的那些努力還未得年鑒學派的真髓。參看彼得·伯克著，劉永華譯：《法國史學革命：年鑒學派，1929-1989》，第93-96頁。

罩在年鑒學派的影響之下。[1] 僅就本節所討論的角度而言，年鑒學派強力推進了歷史學與社會科學的結合，亞洲史學晚近時期的經濟史、計量史學、歷史地理、心態史學、歷史社會學、歷史人類學進展都與年鑒學派的影響密切相關。

年鑒學派提倡對特定地域範圍內較長時段的歷史狀況與變動進行研究，為此注重環境、制度、物質文化、日常生活、社會習俗、文化樣式、大眾心理，也注重社會表層背後結構的研究，這就需要在研究中關聯社會學、經濟學、人類學、地理學、民俗學、民族學、心理學、語言學等各種可能的社會科學及相關學科的方法，擴展史料範圍，擴展闡釋的概念工具。雖然年鑒學派最初形成至今已經接近一個世紀，亞洲學術界卻是在 20 世紀後期開始特別關注其研究理念的。20 世紀 70 年代末，年鑒學派的主要著作被紛紛翻譯為日文出版，日本《史學雜誌》、《歷史評論》、《歷史學研究》、《社會經濟史學》等期刊大量介紹其學術。中國學者沈仁安、宋成有把日本學者對社會史的態度區分為完全贊同並積極鼓吹、有條件地吸收、否定和反對三種。贊同者認為日本歷史學應該轉向當時被視為「新史學」的社會史。其主要着眼點在於，現代社會與近代社會相比，已經發生基本意識和價值觀的變化，關注的核心從明天到當下、從時間到空間、從整體到部分、從理性到情感、從革新到日常，歷史學也應該相應地從關注政治、經濟轉向關注社會和生活，從闡明整個社會結構轉到弄清具體小世界面貌，從理論分析轉向事實敘述；戰後日本注重發展研究的歷史學有目的論、決定論色彩，不能了解歷史「深層」的奧秘，已經破產，社會史則可提供一種「深層」的具體研究人的歷史學，並有助於超越歐洲中心主義。有條件吸收說主張，社會史開拓了歷史研究的視野，可以深化對生產方式、社會形態研究的認識，使有關經濟基礎的研究與日常性概念銜接起來，使對於發展因果的研究與對

---

❶ 關於這種反思，參看劉永華：《費雷、夏蒂埃、雷維爾：「超越年鑒派」》，該文為作者為彼得‧伯克著，劉永華譯：《法國史學革命：年鑒學派，1929–1989》所作「代譯序」。

於靜態結構和文化狀態的研究結合起來，使社會底層民衆的生活和心理狀態更多進入歷史學視野，並可以帶動歷史學與社會學等其他學科結合，恢復歷史學的浪漫色彩。此說同時帶來的主要質疑是，社會史偏重微觀、日常，缺乏從整個時代、整個社會對民衆的宏觀把握，並不可能達成「全面的歷史學」；社會史不能正視政治、經濟、文化、生活各種現象之間存在的制約和被制約關係；社會史提倡「空間」性研究，喪失了對時間關係應有的注重，勢必與文化人類學合流；社會史受史料限制，會落入用想像描述民衆日常生活和心理的陷阱；歷史學向社會學、人類學靠近可能意味着歷史學的解體。反對說的主要理由是，社會史否定社會變革，否定歷史學家的社會責任，用自然史的方式認識社會。持此類看法的人並不多。[1]日本學術界關於社會史的三類說法，各有各的問題，但是就這種討論本身的氛圍而言，卻能體現出學術環境中不可缺少的批評精神。與之相比，中國學術界對年鑒學派和社會史的認識更集中於借鑒這一個方向。

　　中國學術界集中關注年鑒學派略晚於日本學術界，在 20 世紀 80 年代開始。不過，年鑒學派所倡導的歷史學觀念和研究取向，與其說是這個學派的發明，毋寧說是其在先前學術基礎上新的綜合與選擇。彼得·伯克甚至在講述這種研究取徑原委的時候，回溯到了 18 世紀歐洲的歷史學。就亞洲而言，20 世紀初傳入中國的魯濱遜「新史學」傳播甚廣，也提倡歷史學與社會科學結合，提倡擴展歷史學的社會視野。與此相關，社會史和社會學研究在 20 世紀前期的亞洲史學界都已經開始，對於家庭、氏族、婚姻、婦女、娼妓、奴婢、秘密會社、民間信仰、服飾、風俗、灾害等的研究也都有重要的著作。不過，20 世紀 50 年代中國高校院系調整，人類學、社會學科系被取消，遂有約 30 年間無社會學的時期。在此期間，社會史沒有獨特的社會科學理論分支來支撐，只能在經

---

[1] 沈仁安、宋成有：《日本史學新流派析》，《歷史研究》，1983 年第 1 期。

濟學與經濟史以及社會發展理論與社會發展史中分享理論要素，研究的對象是社會，而其概念與方法與社會發展史所用並無明顯不同。其實，馬克思主義的社會發展史強調人民群眾推動歷史發展，本來也注重社會底層，只是對分析壓迫和剝削關係的特殊興趣，沖淡了對社會底層其他方面問題的關注，但卻絕非忽視底層。此外我們不可忘記，中國有一個歷史更為悠久的地方志編纂傳統，實際上等於有一個地方史研究的傳統，這一傳統即使在民國戰亂不停的時代，也沒有停止，在 20 世紀 50 年代以後的所謂「十七年」時期，地方史研究也有聲有色。地方史並不天然地是社會史，完全可以被做成地方政治主線的歷史，但是在把研究範圍限定在國家體制內部的一個有限地域情況下，即使沒有其他獨特的方法論，也會帶來眼光向下，帶來文獻資料的深度發掘，也帶來中央政府意義上的國家角色被推為遠景。這實際上構成中國史學界擁抱年鑒學派推動的更具理論新意的社會史研究的獨特而深厚的基礎。同時也提示，把社會史視為年鑒學派倡導以後興起的研究取徑是不妥當的，即使年鑒學派的社會史別有心法。

南開大學歷史系中國社會史研究室在 1987 年發表綜述，把辛亥革命到 20 世紀 80 年代的社會史研究成果統計出專著三四百種，論文萬餘篇。[1] 在這種泛化的社會史統計中，凡研究的直接對象不是國家政治和精英思想的課題，或凡具地域意識的課題，都被容納到社會史範圍，其中一些雖然研究對象指向非政治、非精英的領域，分析的思想方式卻與研究經濟、政治、法律、思想或者社會發展史的並無根本不同。其實，歷史學所研究的政治，無非社會的政治，所研究的思想，也無非關於社會的思想，上層有政治，下層也有政治，所以各種方式的歷史研究，都繞不開社會二字，也脫離不開政治的影子，故社會史的概念一旦泛化，就會彌散而失去確定性。80 年代以後，在原有的社會史和以歷史學為科學

---

❶ 參看南開大學歷史系中國社會史研究室：《中國社會史研究綜述》，《歷史研究》，1987 年第 1 期。

的觀念基礎上，同時得益於年鑑學派與馬克思主義有較密切的關聯以及中國史學界渴望新方法理念的心態，年鑑學派理論方法與中國的社會史研究在中國史學界出現高潮，中國的社會史在這次高潮中實現了理論方法意義上向專門化方向的升級。

中國史學界在 1986 年 10 月召開首屆中國社會史學術研討會。1987年，《歷史研究》發表署名為「本刊評論員」的文章，題為《把歷史的內容還給歷史》，以馬克思主義史學的名義，呼籲復興和加強關於社會生活史的研究，「突破流行半個多世紀的經濟、政治、文化三足鼎立的通史、斷代史等著述格局，從研究社會生活的角度着手，開拓和填補鼎足之下的邊緣地帶和空白區域，同時再以社會生活的歷史演變為中介，連接和溝通鼎立的『三足』，復原歷史的本來面貌，使之血肉豐滿，容光煥發，改變以往史學那種蒼白乾癟的形象，使它更加充實和完善。」[1]該刊同期發表了幾篇討論社會史觀念與方法的文章，共同的特點是將社會史納入歷史唯物主義指導下的歷史研究、寄望於社會史來實現歷史學視野的拓展，但學者們對社會史的定義並不完全一致。其中，杜震的文章在分析四種不同的社會史概念後指出：「顯然，我們要建立的社會史學科，我們所說的社會史，正是作為社會史學科創始者的年鑑學派所提出和堅持的那種社會史。我們也由此認為，倘要在其他涵義上使用社會史的概念，在歷史上和邏輯上都還缺少足夠的理由。」[2]這明確反映出 80 年代中國社會史興起與年鑑學派影響的關聯。馮爾康對社會史的定義、特點、意義做了詳細的論說。關於定義，他說：「中國社會史以人們的群體生活與生活方式為研究對象，以社會結構、社會組織、人口、社區、物質與精神生活習俗為研究範疇，揭示它本身在歷史上的發展變化及其在歷史進程中的作用和地位；它是歷史學的一門專史，可以開拓歷史研究領域，促進歷史學全面系統地說明歷史進程和發展規律；它與社會學、

---

[1] 本刊評論員：《把歷史的內容還給歷史》，《歷史研究》，1987 年第 1 期。

[2] 杜震：《關於社會史研究的學科對象諸問題》，《歷史研究》，1987 年第 1 期。

民俗學、民族學、人口學等學科有交叉的內容，具有邊緣學科的性質。」關於特點和範圍，他指出，社會史研究的內容包含物質與精神兩個方面，涉及政治、經濟與文化各個領域，只是其研究是從社會生活的角度來考察問題，其所研究的諸客體內部是以社會性聯繫起來的，人際關係貫穿全部社會史之中。關於社會史研究的意義，他認為，首先是擴大了史學研究的領域，如對等級制度、宗教、家庭、婚姻、習尚、文娛。其次是恢復歷史研究對象的完整性，把以往忽視的歷史內容收回到歷史學中，從而有利於對歷史整體的認識。再次是能給歷史學以有血有肉的闡述，不因僅僅注重階級鬥爭而致歷史學單調。「總而言之，歷史學有了社會史，才能使歷史真正成為立體式的、形象化的，才能恢復其原貌，從而使歷史學臻於完善，成為不斷發展的真正的科學。」[1] 後來中國社會史研究的範疇意識和實踐樣貌，與馮爾康這時的主張是基本一致的。趙世瑜關於社會史的定位更接近於關涉歷史學總體方向的新範式。他提出，「社會史根本不是歷史學中的一個分支，而是一種運用新方法、從新角度加以解釋的新面孔史學。」稍後，趙世瑜又提出，「社會史絕不僅僅是歷史學的一個分支學科，而是一個史學新範式，一個取代傳統史學的政治史範式的新範式。」[2] 他認為「持這派觀點的學者應打破研究領域的局限，使得任何史學課題在新的研究範式的觀照下，都可以被做成社會史研究的作品。」[3] 他「並不把社會史視為歷史學與社會學的交叉學科」，而是「把社會史在觀念和概念以至方法上受惠的學科從社會學擴展到整個社會科學。我希望社會史（social history）的修飾詞「社會」是來自「社會科學」（social sciences），而不是或不僅是社會學（sociology）。」「相當一部分學者認為，社會史是歷史學的一門分支學科，與政治史、經濟史、思想史、軍事史、法制史等等並列，具體來說就是社會生活史、生活方式

---

[1] 馮爾康：《開展社會史研究》，《歷史研究》，1987 年第 1 期。

[2] 趙世瑜：《中國社會史研究筆談．社會史研究呼喚理論》，《歷史研究》，1993 年第 2 期；趙世瑜：《再論社會史的概念問題》，《歷史研究》，1999 年第 2 期。

[3] 趙世瑜、鄧慶平：《二十世紀中國社會史研究的回顧與思考》，《歷史研究》，2001 年第 6 期。

史、社會行為史，也有一些學者認為社會史是一門綜合史、通史和總體史，另外則有少數人指出，社會史是一種新的研究方法、新的研究態度和新的研究視角。我個人的看法是，社會史首先應是一種新的歷史研究範式，是一種總體的綜合的歷史研究。」[1] 在多數較早倡導社會史研究的學者的思考中，社會史的興起代表了歷史學的革命性的新動向，其基本含義是取代政治史範式，政治史在這種範式中要被「自下而上」地考察，從而也成為社會史。運用人類學方法的歷史研究或「歷史人類學」研究在這種概念框架下，自然也是社會史。這樣的在研究範圍和方法論方面都闊度極寬的社會史，也與年鑒學派的影響關聯密切。趙世瑜等指出：「20 世紀初，社會史就是在廣泛吸納西方的新史學和其他社會科學的理論方法的基礎上興起的，而 80 年代以來的社會史的復興也是在大量引進西方 20 世紀新史學，尤其是以法國年鑒學派為代表的社會史研究理念和西方各種新興的社會科學，如社會學、人類學、地理學、經濟學等學科理論及研究方法的背景下完成的。中國社會史的興衰與吸收國外的新史學及其他人文社會科學的理論方法關係密切。」這樣的社會史興起，使得整個 20 世紀中國歷史學進入近代人文社會科學的範疇：「在 20 世紀，中國歷史學經歷了巨大的變化，完成了從純粹的傳統國學向具有嚴格學術規範的近代人文社會科學的嬗替，而社會史則走在中國史學變革的最前端。它所倡導的拓寬研究領域、運用多學科的理論方法等研究理念，成為中國史學百年變革的核心內容。因此，我們可以說，社會史的興起和發展歷程在很大程度上也就代表了中國歷史學在 20 世紀的發展演進過程。」[2] 常建華也認為，「20 世紀歷史學的進步，很大程度上體現在歷史學向其他人文社會科學的借鑒並與之融合上。法國年鑒學派標新立異的新史學正體現了歷史學與人文社會科學的結合，特別是歷史學與人類學的結合，構成了年鑒學派顯著的學術特色。如今歷史人類學及與其密切

---

❶ 趙世瑜：《社會史：歷史學與社會科學的對話》，《社會學研究》，1998 年第 5 期。
❷ 趙世瑜、鄧慶平：《二十世紀中國社會史研究的回顧與思考》，《歷史研究》，2001 年第 6 期。

相關的微觀史學正流行世界，體現着學術研究的新潮流。」[1] 顯而易見，20 世紀 80 年代以後中國興起的新一輪社會史熱潮，具有自覺擁抱社會科學的明確取向，並以年鑒學派作為最突出的前行典範。在這種語境中，積極面對社會科學是歷史學變化的一大樞機。

在普遍興起的社會史研究中，在理論方法方面做出比較系統性探索的學者集中在南開大學，那裏在 1999 年組建了教育部人文社會科學重點研究基地社會史研究中心，並創辦了《中國社會歷史評論》年刊，其宗族研究、日常生活研究、疫病應對研究皆有新意。1990 年，南開大學教授馮爾康和常建華合作出版了《清人社會生活》，不再取泛化的大社會概念，以民間日常方式為中心書寫斷代社會史。[2] 其後，他們將研究的焦點集中在宗族問題上。宗族問題的研究在中國由來已久，20 世紀前期就已經作為早期社會史研究的一部分而頗受關注。而且，宗族在中國傳統社會中位置一向凸顯，早就被置於中國傳統社會基本構成的視域思考。常建華就指出：「19 世紀末 20 世紀初，正是中國社會劇烈動盪的歷史大變動時期，在民權觀念、民族主義的影響下，學習西方、反思傳統、尋求自強之路成為時代的強音。20 世紀對宗族問題的認識首先是與給傳統社會定性和解決現實社會革命道路的問題密切聯繫在一起的。」[3] 當時的主導性看法是，宗族作為中國歷史上基層社會關係的重要組織方式，體現家族作為細胞的社會結構。在這種結構中，個人受家族及家族的擴展形態宗族的制約，個人自由精神為宗族精神所籠罩，國家精神則因宗族精神而削弱，這對於中國社會組成合理、有效的競爭、發展體系是必須變革的。在稍後把中國歷史上漫長時代都視為封建社會的語境中，宗族和宗法關係又成為封建社會的基本特徵，成為反封建革命的主要對象之一。其地位如此，宗族的研究便持續未斷。常建華在回顧中特別提到林

---

❶ 常建華：《歷史人類學的理論及其在中國的實踐》，《人文論叢》，2002 年卷。
❷ 馮爾康、常建華：《清人社會生活》，天津：天津人民出版社，1990 年。
❸ 常建華：《二十世紀的中國宗族研究》，《歷史研究》，1999 年第 5 期。

耀華的《從人類學的觀點考察中國宗族鄉村》(《社會學界》第九卷，1937 年)、呂思勉的《中國宗族制度小史》(中山書局，1929 年)、陶希聖的《婚姻與家族》(商務印書館，1934 年)、高達觀的《中國家族社會之演變》(正中書局，1944 年)等等頗為重要的著作。此外，還有大量關於宗族的研究是包容在對於社會一般制度、禮制、豪門巨室、械鬥、家譜、階級關係的研究中的。80 年代中期以後宗族研究的主流，不再預設宗族是中國歷史的負面包袱 —— 這與宗族作為基層社會的組織方式在 20 世紀中葉的社會變革中已然被解構有關，同時也與重新興起的社會史研究拋棄了社會發展史那種強烈的發展觀念有關，宗族在這一時期，主要是被作為人類學意義上的對象或者基層社會單元對象來研究的。也有一些研究者注意農村宗族重新活躍的情況，開始思考宗族與現代社會深度契合的可能性、角色甚至「復興」的問題。[1] 不過，已經提出的此類思考主要還是從功能角度分析問題，即從宗族在現代社會可能發生怎樣的社會作用角度進行推測，討論方式也比較謹慎，沒有提出足夠透徹的關於宗族與現代社會關係的理論性論說。到 2016 年前後，關於宗族的個案研究已經覆蓋了中國各個區域，並繼續作為中國社會史研究的最重要課題領域吸引着大批研究者耕耘其間。在學者們推出的大量關於宗族的研究中，影響較大的專著包括：朱鳳瀚《商周家族形態研究》(天津古籍出版社，1990 年)、徐揚杰《中國家族制度史》(人民出版社，1992 年)、馮爾康等合著《中國宗族社會》(浙江人民出版社，1994 年)、錢杭《中國宗族制度新探》(香港中華書局，1994 年)、孔永松、李小平《客家宗族社會》(福建教育出版社，1995 年)、馮爾康《中國古代的宗族和祠堂》(商務印書館，1996 年)、常建華《中國文化通志·宗族志》(上海人民出版社，1998 年)、馮爾康《中國社會史概論》(高等教育出版社，2004 年)、陳支平《近 500 年來福建的宗族社會與文化》(上海三

---

❶ 參看常建華：《二十世紀的中國宗族研究》，《歷史研究》，1999 年第 5 期；常建華：《近十年晚清民國以來宗族研究綜述》，《安徽史學》，2009 年第 3 期。

聯書店，1991年）、鄭振滿《明清福建宗族組織與社會變遷》（湖南教育出版社，1992年）、郭松義《倫理與生活——清代的婚姻關係》（商務印書館，2000年）等等。以社會史為主題的多種新學術期刊、集刊也體現社會史研究的繁榮，其中南開大學中國社會史研究中心自1999年開始編輯的《中國社會歷史評論》年刊，天津師範大學2005年開始編輯出版的《經濟—社會史評論》都形成了廣泛的學術影響。圍繞徽州文獻的整理、出版以及相關研究開始很早，其背景中既有傳統地方史、文獻學、社會經濟史的因素，也得益於較晚「新社會史」甚至「新文化史」風潮的推動。因為文獻系統的地域特徵比較突出，徽州研究被稱為「徽學」，置於社會史範圍較為合理，但就其成果而言，實際上以文獻整理公佈貢獻最為突出。如劉伯山編《徽州文書》自2005年開始作為歸戶文獻系列出版，每輯10卷，已經出版5輯。黃山學院編《中國徽州文書（民國編）》、李琳琦主編《安徽師範大學館藏千年徽州契約文書集萃》、黃志繁等編《清至民國婺源縣村落契約文書輯錄》皆為較大規模的文獻彙編。

　　疫病是社會生活的一個重要側面，中國以往的相關研究，主要是醫學界人士從醫學史角度所做的探討，關注點在醫療技術和病理，資料主要來源於醫書，並未以社會為主體。據余新忠的說法，中外史學界嚴格意義上從社會史角度探討明清疾疫史的發端，應始自鄧海倫（Helen Dunstan）在1975年發表的《明末時疫初探》。[1] 這種研究所關注的不是疫病的醫學角度的認識，而是疫病造成的社會影響與應對。中國史學界大致在20世紀90年代以後開始意識比較明確的疫病和醫療社會史研究。1998年，張劍光出版《三千年疫情》（江西高校出版社，1998年），是最早的中國疫病史通論性著作。台灣學者梁其姿為《劍橋世界疾病史》所撰寫的《中國前近代時期的疾病》部分在1993年以英文刊出，對中國宋元明清時期的疾疫史作了概略性的論述。到世紀轉折之交，這種研

---

[1] Helen Dunstan, "The Late Ming Epidemics: A Preliminary Survey", Ch'ing Shih Wen-ti, Vov.3.3, 1975.

究已經成果累累。余新忠《清代江南的瘟疫與社會：一項醫療社會史的研究》（中國人民大學出版社，2003 年）和《清代衛生防疫機制及其近代演變》（北京師範大學出版社，2016 年），人民大學楊念群的《再造「病人」—— 中西醫衝突下的空間政治（1835 — 1985）》（中國人民大學出版社，2006 年），路彩霞《清末京津公共衛生機制演進研究（1900 — 1911）》（湖北人民出版社，2010 年）、李長莉等《中國近代社會生活史》（中國社會科學出版社，2015 年）、王先明《走向社會的歷史學》（河南大學出版社，2010 年），以及台灣學者梁其姿《施善與教化》（台灣聯經出版事業公司，1997 年）和《從癩風到麻風：一種疾病的社會文化史》（以英文由哥倫比亞大學出版社 2009 年出版）等等，都是重要成果。根據余新忠的研究，到此時期，中國史學界的疫病醫療史研究與美國等西方國家同一方向的研究是基本同步的。[1]

在新一輪社會史熱潮中，中國與日本學者在許多方面分享論題，密切互動。日本學者在 80 年代突出地關注「地域社會」，提出了「地域社會論」。較早倡導地域社會論的名古屋大學森正夫教授此前主要研究中國明清時代的土地制度和民眾反亂，這時把研究的焦點指向從橫向和結構視角解讀包括鄉紳在內的地方社會共同體。其後的地域社會研究，涉及鄉紳支配形態的形成、鄉紳的權勢狀況、鄉紳與地方經濟的關係、鄉紳財富經營、地方輿論、日常生活、信仰活動、官紳關係、地方秩序、社會救助、市鎮與市場、宗族、戶籍、賦役形態、國家與地方社會關係等等。[2] 中國史學界相當緊密地關注日本學界的這些研究，每年進行綜述、評論，兩國學者間的直接交流也非常頻繁。不過，日本學者的社會史研究雖然提出諸多的看法，卻並沒有類似歐洲史學家們的理論熱情，這在處於理論飢渴中的中國史學研究者看來，畢竟不及歐洲史學潮流更

---

❶ 參看余新忠：《20 世紀以來明清疾疫史研究述評》，《中國史研究動態》，2002 年第 10 期。
❷ 參看常建華：《日本八十年代以來的明清地域社會研究述評》，《中國社會經濟史研究》，1998 年第 2 期。

值得追隨。因而在稍後的演變中，日本的社會史研究只構成偶一觀之的參照，韓國、印度對中國社會史的研究難得一見，中國社會史研究的主要學者集中在中國。同時，中國歷史學界關注日本、朝鮮半島、印度的社會史極少或根本沒有展開。這意味着一個很少有人注意到但卻意味深長的情況：當社會史成為歷史研究主要領域和研究範式的時候，亞洲各國歷史研究的相互連通萎縮到了理論方法層面，共享課題大幅度減少。究其緣由，應該主要與社會史研究的空間單元縮小而文獻的地方性要求提高相關，同時也與所謂「宏大敘事」追求的退縮相關。

社會史研究的理論方法先是來自社會學，其次來自人類學。二者作為伴隨且關聯的取向在後來的發展中略呈分殊。以人類學為主要理論方法的社會史研究帶有更強的文化符號解釋的欲望，也與歷史學的「文化轉向」關係更為密切，進而與後現代批評思潮關係更為緊密。

自 20 世紀 70 年代後期開始，耶魯大學的蕭鳳霞教授就在珠江三角洲進行人類學田野調查。80 年代，在香港中文大學任教的科大衛（David Faure）教授也開始在華南地區進行人類學研究。中山大學湯明檖教授在 80 年代前期與法國年鑒學派有密切聯繫，提倡借鑒人類學的歷史研究。1993 年，年鑒學派代表人物勒高夫（de Jacques le Goff）到中山大學發表演講，提倡歷史學與人類學結合的研究，同時提出：「人種學在變成人類學，即關於人的科學，而不是關於種族的科學。這樣的研究方向對我們十分重要，因為我們得以更好地理解人們日常生活的歷史，一切人的歷史，而不單純是理解社會上層的歷史。然而，人類學主要是從功能主義（le fonctionnalisme）和結構主義（le structuralisme）兩個學派內部發展起來的。可是，功能主義和結構主義並不重視時間，也不考慮歷史。所以，有意成為人類學家的史學家應當創立一門歷史人類學。」[1] 中山大學在 20 世紀前期就有楊成志主持的人類學研究，中期停止運行。到

---

❶ ［法］雅克・勒高夫著，劉文立譯：《〈年鑒〉運動及西方史學的回歸》，《史學理論研究》，1999 年第 1 期。

80 年代，中山大學和廈門大學梁方仲、傅衣凌等先生培養的以社會經濟史為基本研究領域的學者與研究華南地區的西方、香港人類學者展開了合作，探索人類學與歷史學結合研究華南區域社會史的方法，逐漸形成以倡導「歷史人類學」為標誌的「華南學派」。2001 年，中山大學歷史人類學研究中心成立，稍後成為教育部人文社會科學重點研究基地，並編輯出版《歷史人類學》，組織編寫「歷史‧田野叢書」，出版《清水江文書》。廈門大學在經濟社會史基礎上轉向歷史人類學研究的學者們也在田野調查、民間文獻發掘與研究方面做出積極貢獻，出版了《民間歷史文獻論叢》、《族譜研究》、《碑銘研究》、《儀式文獻研究》、《福建民間文書》等。科大衛的著作《中國鄉村社會的結構：新界東部的宗族與鄉村》、《皇帝和祖宗：華南的國家與宗族》、《明清社會和禮儀》通常也被列為華南學派的代表性成果。[1] 華南學派早期研究受弗里德曼（Maurice Freedman）的功能主義的人類學研究方式影響較大，稍後更多注重社會文化結構網絡關係中文化權力的象徵性符號及其對社會文化權力的再塑造性質與過程。[2] 因此他們注重祠堂在建構和運行社會權力中的角色，注意民間信仰活動與權力網絡的關係，考察各種意義上的社會身份、認同和策略問題，也愈來愈注意將區域社會文化權力網絡置於與國家體制和政策的關係背景中。在研究路徑方面，華南學派強調通過田野調查獲取民間文獻，因而挖掘整理了大量傳統史籍甚至檔案中沒有的研究資料。華南學派做出的貢獻舉世矚目，與此同時，歷史人類學注重模式建構與論證傾向也帶來一些質疑。比如科大衛、劉志偉認為明清時期的華南宗族「並不是中國歷史上從來就有的制度，也不是所有中國人的社會共有

---

[1] David Faure, *The Structure of Chinese Rural Society*: *Lineage and Village in the Eastern New Territories*, Oxford: Oxford University Press, 1986；*Emperor and Ancestor*: *State and Lineage in Sough China*（《皇帝與祖宗：華南的國家與宗族》），2007；科大衛著，曾憲冠譯：《明清社會和禮儀》，北京：北京師範大學出版社，2016 年。

[2] 弗里德曼對華南學派影響較大的著作是其 *Lineage Organization in Southeastern China*, London: Athlone Press, 1958; *Chinese Lineage and Society*: *Fukien and Kwangtung*, London : Athlone Press, 1966。

的制度。這種『宗族』，不是一般人類學家所謂的『血緣群體』，宗族的意識形態，也不是一般意義上的祖先及血脈的觀念。明清華南宗族的發展，是明代以後國家政治變化和經濟發展的一種表現，是國家禮儀改變並向地方社會滲透過程在實踐和空間上的擴展。」[1] 專門研究漢人宗族的杜靖則指出，這種來自弗里德曼研究方式的將宗族放在國家與社會關係框架考慮的主張，在把宗族視為「國家與地方社會交流的平台」同時，「也遮蔽了作為親屬制度意義上的宗族之文化內涵⋯⋯回歸文化的角度理解宗族，是今後超越『國家與地方社會』關係中的宗族範式的一條可嘗試的路徑。」[2] 後來，在對運用人類學研究華南區域社會的經歷進行反省的時候，劉志偉強調了社會經濟史方法與人類學方法共同的社會科學基礎：「在這些課題上，社會經濟史學家與人類學學家的出發點、問題視角和研究方法可能有諸多差異，但基本的關懷卻是一致的。而且，中國的社會經濟史研究採用的分析概念和方法，本來就來自社會科學各個學科，從來都是在與包括人類學在內的社會科學對話中發展的。早期的人類學研究所建立的一套比較規範的、普遍的研究話語，曾經為歷史學提供了審視社會現象的框架和結構，近年的人類學家注意到社會和文化結構的形成本身是一個歷史過程，為歷史學與人類學之間展開對話開闢了更寬廣的舞台。」[3] 華南學派在方法論方面的探索具有普遍性，雖然主要研究者大多研究華南地區，但在理論方法意義上與華南學者一致並與之長期合作的北京大學教授趙世瑜研究的地理方位主要在華北，後來又向西南方向推進。在這個意義上說，華南學派確如科大衛在某篇關於「走出華南」的論文中所提示的那樣，形成了全國性的影響。

❶ 科大衛、劉志偉：《宗族與地方社會的國家認同 —— 明清華南地區宗族發展的意識形態基礎》，《歷史研究》，2000 年第 3 期。
❷ 杜靖：《「國家與地方社會」關係中的宗族研究範式及其存在的問題》，《青海民族研究》，2013 年第 2 期。
❸ 劉志偉：《地域社會與文化的結構過程 —— 珠江三角洲研究的歷史學與人類學對話》，《歷史研究》，2003 年第 1 期。

歷史學因為與人類學結合而提出了大量新問題，也引進了新的方法，同時賦予人類學考察歷時性問題的視角和工具，因而，歷史人類學的貢獻是顯著的。與此同時，它特定的認知取向和方法論也界定了其局限。法國年鑒學派代表人物之一安德烈·比爾吉埃爾（André Burguière）曾指出：人類學家「知道應當繞過一個社會自己所宣稱的東西才能理解這一社會。相反，史學家卻難以擺脫這種官方神話的束縛，尤其因為他們自己也常常致力於創造和傳播這些神話……歷史人類學並不具有特殊的領域，它相當於一種研究方式，這就是始終將作為考察對象的演進和對這種演進的反應聯繫起來，和由這種演進產生或改變的人類行為聯繫起來。」[1] 他把歷史人類學視為「研究各種習慣的歷史學」，包括生理、行為、飲食、感情、心態的習慣，而所有習慣都有心態的屬性。他接下來簡要開列的歷史人類學的研究途徑中包括了飲食史、體質體格史、性行為史、家庭史，而注重特定時代的「心態機制」和從文化生活的底層即從民俗着眼來考察歷史，是其共同的特徵。[2] 顯然，歷史人類學適宜研究的領域比歷史學本身要狹小得多，歷史人類學並不是作為整體的歷史學的一個升級版，它代替不了歷史學。歷史人類學研究的對象主要在於社會底層的習俗和近乎原生態的結構與功能，其對歷時性的考量並不具備特殊的理解穿透力。歷史人類學賴以立足的田野調查所獲得的證據的可靠性在很大程度上要依賴調查者的倫理和水平，因而只在調查者自己的研究中會被充分論證，他人難以用同樣的方式加以利用。人類學對建構無意識結構、行為模式的熱情，使得歷史人類學所關注的每一事件、行為的特殊情境成為無關緊要的東西。從上往下看的歷史不能看到從下往上看的歷史所看到的東西，反過來也是一樣。中國現代史學發展一直以來存在一種集體潛意識，以為歷史學與社會本身一

---

❶ 安德烈·比爾吉埃爾：《歷史人類學》，載勒高夫等主編，姚蒙編譯：《新史學》，上海：上海譯文出版社，1989 年，第 238 頁。

❷ 安德烈·比爾吉埃爾：《歷史人類學》，載勒高夫等主編，姚蒙編譯：《新史學》，第 239-256 頁。

樣，存在一個整體的正確方向，總會存在一個比其他方式更合理合法的代表前沿和趨勢的學派或者思想，為尋找這個思想疲於奔命，結果是不斷「轉向」。無論中外，人類學對相對單一靜止社會的興趣高過對歷史變遷問題的關注。歐洲史學一度輕視政治史和敘述史，輕視事實，推崇解釋，在微觀和日常中找尋文化象徵含義，這與歐洲彌漫的政治底定的潛意識有關，和悠久的哲學熱情有關，而亞洲卻從來沒有那樣的政治現實，也沒有同樣的哲學經歷。人類學不可能在不經過對宏大對象的研究情況下從微觀直接達到對整體更全面透徹的認識，如果什麼人宣稱如此，就會在研究效能衰減中遭受日益增多的質疑。當然，只要對歷史人類學的認識功能與局限加以兼顧，歷史人類學的缺陷就是可以把控的了，更應該考慮的是歷史學在被稱為「歷史人類學」的研究方向中能夠獲取什麼。

李長莉曾經歸納中國社會史研究的路徑，歸納的義項共有七條。其一為因目光向下而大力開掘以往被忽略的民間史料。中國社會史研究重新興起後，大量譜牒、書信、賬冊、契約、碑刻、圖像等資料得到發掘、整理和研究，的確帶來巨大進展。其二為借鑒社會科學尤其是社會學、人類學以及相關的各種論說來進行研究。這一點也是社會史在世界各國研究中的共同特色，中國的社會史研究與「歷史人類學」研究關係密切，難以斷然分剖。其三為社會（田野）調查方法。這是社會學和人類學的基本工作方式，有效擴展了歷史研究的資料範圍，尤其是突破了中國傳統史學主要運用傳世文字資料的局限。其四為個案研究與微觀研究。這是社會史與人類學研究的主要研究路徑，但即使傳統歷史學也並不排斥個案和微觀研究，只是社會史的目光向下無疑使個案研究和微觀研究的意義更為凸顯，具體工作方式也更精細，但如局限於此種取向就會遭致「碎片化」的詬病。其五為社會心理分析和心態史研究。這作為歷史學與心理學結合的工作取徑，其實也是歷史學與社會科學貼近的表現，歷史上的心態研究，可以眼光向下，也可以眼光向上，因而並不是社會史獨特的方法。其六為運用詞語分析的概念史研究。這種取徑既可

以用於下層，也可以用於精英階層、知識階層，是社會史與政治史、文化史等共享的方法。其七為文化建構方法。[1] 借鑒關於知識建構的各種理論來研究社會文化現象，在更多情況下被視為新文化史的特點，所以此點突出提示以人類學研究社會史的方法與新文化史趨於匯流，或者說，社會史由此呈現出向社會文化史轉變的跡象。在高度評價 1986 年以後的社會史研究成績前提下，李長莉指出社會史研究也出現一些問題。她指出，「在研究實踐中也出現了一些簡單套用社會科學概念、名詞或理論框架，因而使社會史的歷史學特色有所減弱的現象，即過度『社會科學化』」，成了所套用的社會科學理論方法的「歷史注腳」。「社會史作為歷史學的分支領域，仍然具有史學學科的根本特性，即是一種着重考察歷史發展與變遷過程的研究，是一種『歷時性』、縱向性的經驗性研究。與此相比，社會學則是一種『共時性』觀察性研究，是對當下社會狀況的研究，注重其橫斷面的結構狀態。與歷史學注重經驗性研究不同，人類學則注重符號性研究。各個社會科學學科最主要的特徵是對於當下社會現實的研究，是一種即時性、現存性的研究，研究對象真實存在，能夠被當今人所看到和感知。而歷史學研究對象則是已經過去了的歷史，是已經消失的人與事物，因而首先需要還原歷史，並以歷史變遷的視角進行經驗性研究。」關於利用人類學來研究歷史，李長莉也指出應當注意人類學偏重對異民族、早期文明族群及鄉村等具體區域性的調查及體驗，與歷史學有所不同。[2] 李長莉的分析，比較公允地指出了中國晚近一波社會史研究的成就與特點，包括其與年鑒學派推動的歷史學擁抱社會科學潮流的關聯，所指出的關於社會史與社會學、人類學區別的看法，對於社會史保持歷史學的自我，也是重要的。

其實，年鑒學派自身的發展歷程也伴隨着不斷的反思和調整。可能正是因為年鑒學派在漫長的發展歷程中包容了太多的主張，伯克將之稱

---

[1] 參看李長莉：《近三十年來中國社會史研究方法的探索》，《南京社會科學》，2015 年第 1 期。
[2] 李長莉：《近三十年來中國社會史研究方法的探索》，《南京社會科學》，2015 年第 1 期。

為一個「運動」，而不是一個「學派」或者「主義」之類的東西。他認為年鑒學派經歷了三個階段。「第一階段從 20 世紀 20 年代到 1945 年。這是小規模的、激進的、顛覆性的運動，對傳統史學、政治史和事件史發動游擊戰。二戰以後，這些造反者掌握了史學權力機構。在這個運動的第二階段，它更為名副其實地像是個『學派』，擁有與眾不同的概念（尤其是『結構』和『局勢』）和與眾不同的方法（尤其是長時段變遷的『系列史』），這是由費爾南・布羅代爾主導的一個時期。」「這一運動史上的第三階段發端於 1968 年前後。其特徵是零碎化（émiettement）。至此，這一運動的影響聲勢如此浩大，以致它一度擁有的許多獨特性已不復存在，在法國尤為如此。只是在國外的仰慕者和國內的批評者看來，它還是一個統一的『學派』。這些批評者一直責怪這一運動低估了政治史和事件史的重要性。近二十年來，這一群體的若干成員從社會經濟史轉向社會文化史，而另一些人重新發現了政治史乃至敘事。」[1] 從伯克的總結中可以看到，作為「運動」的第一階段年鑒學派有突出的「革命」性，對既有史學進行改造是突出的，而用什麼來替代它，雖然也有一些主張，卻不及革命訴求本身那樣明確。80 年代中國的史學界，其實籠罩着類似的氛圍——如何變革並未明確，但必須變革。第二階段的年鑒運動因為布羅代爾等人卓有成效的研究、領導力和集體研究，推出了成系統的研究理念和典範著作，足以稱為學派。第三階段的年鑒運動，卻以「零碎化」也就是中國社會史發展一段時間之後遭遇的「碎片化」為特徵，而「碎片化」所背離的卻是「整體史」。20 世紀 70 年代法國的年鑒學派已經沿着早期年鑒學派提示的多種可能性向不同的方向輻射開去，而法國以外的追隨者卻依然將這一切都視為一個「學派」的事情。中國史學界對年鑒運動的借鑒，是在第三階段之後，是把三個階段所呈現的所有表現糅合到一起來吸納的。因此，中國的社會史在沒有推出同樣有

---

❶ 彼得・伯克著，劉永華譯：《法國史學革命：年鑒學派，1929-1989》，「導論」，第 2-3 頁。

力的典範著作之前進入了多方向輻射的狀態,「碎片化」的批評也就來得更快一些。年鑒運動在近百年的歷程中發生了至少是局部性的循環 —— 政治史和歷史敘事是其早期「革命」的對象,也是其晚近時期回歸的目標。第一、第二期年鑒學派學者都強調物質和經濟基礎,第三期的年鑒學派卻是精神文化研究的有力推動者 —— 用伯克的話說,叫做「從地窖到頂樓」。[1] 沒有什麼能夠保證,上了頂樓之後會向哪裏去。那麼,年鑒學派雖然在自己方向變動的歷程中用卓有成效的研究展現了其旨趣能夠帶來怎樣可觀的果實,卻從來也沒有去做最後界定歷史學究竟應該研究什麼、怎樣研究的事情 —— 它自身就是過程。那些人才輩出的歷史學家們在針對自身思想文化社會所面臨的問題,不斷地追求更為有效的歷史學。這可能是借鑒年鑒學派的人們最應該注意的東西。伯克所說的「運動」,每個時期都有方向,連貫起來卻不是一個方向。借鑒年鑒學派,可能除了直接學習他們的方法,引用他們的具體主張,還要思考他們的歷程。其實伯克還曾說過,「費弗爾和布羅代爾兩人都是令人望而生畏的學術政客」。[2] 他沒有解釋「學術政客」究竟是何含義,但其中應該含有這樣一重意味:他們是非常現實地面對自己的具體處境的。亞洲史學借鑒年鑒學派,也需有一種現實地面對自己的具體處境的態度。亞洲史學乃至亞洲各國各自的歷史學,都有自己獨特的處境和問題。

對於社會史的「文化轉向」,美國學者伊格斯爾斯在 20 世紀 80 年代初就曾做出評論。他說:「目前,幾乎所有的歷史都是社會史,但現在其社會科學基礎是放在諸如人類學和符號學這類探索集體意識、價值和意義,並將人視為歷史局勢中的積極因素的學科之上,而不是放在地理學、經濟學或人口統計學這些對人類自由加上了外部限制的科學之上。然而,新社會史在方法上同舊意識之間存在根本的差異,社會歷史學家現在並不強調個人所具有的清晰明辨的思想,而是探察社會集團的

---

❶ 彼得·伯克著,劉永華譯:《法國史學革命:年鑒學派,1929-1989》,第 62 頁。

❷ 彼得·伯克著,劉永華譯:《法國史學革命:年鑒學派,1929-1989》,「導論」,第 4 頁。

集體觀點。他們將文化視為不能用精確的語彙加以解釋，而要求使用符號的一種價值和意義的複合體。對於 20 世紀 60 年代的經濟—人口統計學派來說曾是極其重要的、確鑿的經驗數據不再能滿足文化研究的需要了。」[1] 社會史研究本來就有「從下而上」考察歷史的意蘊，是在不滿足於政治精英為主的上層佔據歷史中心的傳統而求變革的氛圍中形成潮流的，但是早期的社會史帶着從外部限制人類自由的那些學科的框架，「文化轉向」的新社會史的突出意義，是更加從內部考察人，因而賦予歷史學更充沛的自由精神。那麼，如果把較早的社會史與經過文化轉向的新社會史的內在精神連成一個線索，就是歷史學的目光向下、找尋社會下層人以往經驗中展現的人的自由以及歷史學自身的自由。如此，我們就看到了歷史學演變背後那種新自由主義的價值追求。在這種意義上，從較早社會史到文化轉向的新社會史演變，實際行走在啟蒙理性向自由主義方向伸展的延長線上。劉北成就曾說到：「後現代主義主張『破權威』、『去中心』、『拆結構』，其出發點乃是個人的更徹底的自由。後現代主義與社會抗議運動大大擴展了自由的論域，揭示了第一期現代性在規範化下所實施的壓抑，主張了更大範圍和更深層面的權利（少數族裔的權利、女性的權利、同性戀的權利等）。在這個意義上，後現代主義不是對啟蒙思想的根本否定，而是啟蒙思想的延伸。」[2] 但是這裏也存在悖論。「文化轉向」後的新社會史比先前的社會史更傾向於從群體無意識的意義上解讀社會，而這樣來看的社會都是板塊或類型式的，所謂目光向下，發現的卻不是個人，而是類型化的人群、符號，解讀之後，會直接通向理論，也就是普遍性的建構，從而與科學性思維構成迴路。到此地步，眼光向下的抱負也就流產了。如果歷史學在考察「上層」的文化時要看思想、藝術，「下層」的文化卻更多規約為符號和無意識的模式性

---

[1] 伊格爾斯著，趙世玲、趙世瑜譯：《歐洲史學新方向》，北京：華夏出版社，1989 年，第 206-207 頁。

[2] 劉北成：《後現代主義與歷史學》，《史學理論研究》，2004 年第 2 期。

行為，那麼投向上層和下層的目光本就是不同的。

　　俞金堯也曾討論年鑑學派代表的「新社會史」發展中的轉變。他指出：「『二戰』後興起的新社會史秉承了年鑑學派的總體史追求，它傾向於從經濟基礎和社會結構尋找社會變遷的終極原因，以建立宏大的歷史敍事。然而，新社會史經濟社會決定論的弊病，引發了社會史學的『文化／語言轉向』，從而催生了新文化史。但是，新文化史強調文化、符號、話語的首要性，最終走向文化／語言決定論的另一個極端。對新文化史激進傾向的強烈不滿，使得西方史學界 20 世紀 90 年代中期之後出現了『超越文化轉向』的趨勢，這種趨勢體現在學者們越發重視實踐的作用，社會史學正在進行一種可稱為『實踐的歷史』的新探索。」[1] 看來，社會史研究真的具有一種「運動」性質，因此才會不斷「轉向」，每次轉向都以某種批判的、先鋒思潮的姿態出現，而俞金堯所說的「實踐的歷史」究竟如何，還需拭目以待。

　　歷史學研究人類社會的經歷，與社會科學共享對象，在與社會科學結合的情況下，歷史學擴大視野，把社會科學所涉及的所有問題都納入歷史學考察的範圍，這在帶來歷史學擴展的同時，也使歷史學與社會科學的界限模糊起來，歷史學家帶着社會科學家的心態從事研究，歷史學獨特的認知價值變得模糊不清。如果歷史學的獨特認知能力不過是一種過往習慣帶來的錯覺，那麼盡可以任歷史學融化在社會科學中，然而並非如此──這個問題要到本書最後一章再加討論。只要承認歷史學還有必要作為一個獨立的學科存在下去，無論與什麼學科結合，都要把握自己獨特的認知能力究竟立足何處，也要追問立足於歷史學而去結合的那種社會科學認知的獨到基礎究竟是什麼，然後才能把握結合的分寸。即便夫妻長相厮守，靠的既是同，也是異。

---

❶ 俞金堯：《書寫人民大衆的歷史：社會史學的研究傳統及其範式轉換》，《中國社會科學》，2011 年第 3 期。

四、歷史學是不是科學 —— 一個老問題

　　亞洲現代歷史學牽挽着科學的手臂走過了一個世紀的歷程，前文所討論的大量歷史學情狀，顯示出亞洲歷史學借諸科學的精神、方法、理論而發展的大致面貌。不過，同一時期一直存在反對歷史學科學化的意見。

　　以中國新史學的倡導者梁啟超為例來看，他的觀點曾有根本轉變，皆受西方思想影響。1901 年，他主張歷史學研究事實、因果：「史也者，記述人間過去之事實者也。雖然，自世界學術日進，故近世史家之本分，與前者史家有異。前者史家，不過記載事實。近世史家，必說明其事實之關係，與其原因結果。前者史家，不過記述人間一二有權力者興亡隆替之事，雖名為史，實不過一人一家之譜牒。近世史家，必探察人間全體之運動進步，即國民全部之經歷，及其相互之關係。以此論之，雖謂中國前者未嘗有史，殆非為過。」[1]1902 年，他又在《新史學》中做史學界說，先將宇宙間一切現象分為循環、進化兩類，研究循環現象於空間者為天然之學，研究進化現象於時間者為歷史學，進而將歷史學做如下界定：「歷史者敍述人群進化之現象而求得其公理公例者也。」[2] 梁啟超還曾說過：「……所有政治學經濟學社會學……等等只要够得上一門學問的，沒有不是科學。我們若不拿科學精神去研究，便做那一門子學問也做不成。」[3] 但是後來梁啟超改變了前述主張：「原來因果律是自然科學的命脈，從前只有自然科學得稱為科學，所以治科學離不開因果律，幾成為天經地義。談學問者往往以『能否從該門學問中求出所含因果公例』為『該門學問能否成為科學』之標準。史學向來並沒有被認為科學，於是治史學的人因為想令自己所愛的學問取得科學資格，便努力要發明

---

❶ 梁啟超：《中國史敍論》，載《飲冰室合集》第 1 冊《飲冰室文集之六》，北京：中華書局，1989 年，第 1 頁。

❷ 梁啟超：《新史學》，載《飲冰室合集》第 1 冊《飲冰室文集之九》，第 10 頁。

❸ 梁啟超：《科學精神與東西文化》，載《飲冰室合集》第 3 冊，《飲冰室文集之三十九》，第 3 頁。

史中因果。我就是這裏頭的一個人。我去年著的《中國歷史研究法》內中所下歷史定義，便有『求得其因果關係』一語，我近來細讀立卡兒特著作，加以自己深入反覆研究，已經發覺這句話完全錯了。」[1] 他把「因果律」釋為「必然的法則」，認為歷史中有人類自由意志作用，而「人類自由意志最是不可捉摸的」，所以歷史現象「最多只能說是『互緣』，不能說是因果⋯⋯我們做史學的人，只要專從這方面看出歷史的『動相』和『不共相』。倘若那『靜』的『共』的因果律來鑿四方眼，那可糟了。」然而他又不認為歷史中完全沒有因果律：「文化總量中含有文化種文化果兩大部門。文化種是創造活力，純屬自由意志的領域，當然一點也不受因果律束縛。文化果是創造力的結晶。換句話說，是過去的『心能』，現在變為『環境化』。成了環境化之後，便和自然系事物同類，入到因果律的領域了。這部分史料，我們盡可以拿因果律駕馭他。」[2]

從梁啟超的前述言說中可以看出，第一，他先前主張歷史學研究因果、公理公例到其後主張歷史學研究「互緣」、「不共相」，都因西方思想的啟示，印證中國現代歷史學與西方思想的因應。第二，梁啟超意識到歷史學與「天然之學」有重要差別，「自由意志」為其中之樞機，但並未對歷史學與科學之關係達成透徹解說。如「因果」可以指「必然如此」關係，也可指概然如此的關係，歷史學研究的目標不能盡數歸於對「必然如此」現象的認識，但歷史研究以往人類經驗，其中如何就全無因果關係？他並未加以考慮。自由意志與因果並非斷然衝突，故人類可以計劃某些事情，經過努力而實現，如春種秋收，如社會革命等等，這些他都未納入考慮。第三，「共相」固非歷史學的全部目標，然而歷史現象中如何就全無「共相」，如何就應專門研究「非共相」？其理由並非天經地義，不做闡釋，如何就能知其必然成立？第四，「天然」世界有演化，生

---

[1] 梁啟超：《研究文化史的幾個重要問題》，載《飲冰室合集》第 3 冊，《飲冰室文集之四十》，第 2 頁。

[2] 梁啟超：《研究文化史的幾個重要問題》，載《飲冰室合集》第 3 冊，《飲冰室文集之四十》，第 4、5 頁。

物有進化，用空間、靜態來定義自然世界有違常識，以此為基點來將歷史歸結為與自然世界對應而別的時間、進化世界極為粗糙。

　　胡適多次說到自己的方法是「科學方法」。他說：「科學的方法，說來其實很簡單，只不過『尊重事實，尊重證據』。在應用上，只不過『大膽的假設，小心的求證』。」[1] 運用科學的方法，要有科學家的「科學實驗室的態度」，其具體節目就是「懷疑」、「假設」、「求證」。胡適倡導的「整理國故」，也是用他所說的科學的方法來整理中國歷史文獻和文化。在這裏，科學方法成為學習西方與尊重傳統之間的紐帶。主張「生命史觀」的朱謙之反對「歷史只是史料學」，也不贊成把歷史學徑直定義為科學。他指出：「中國『七七』抗戰以前的史學界，無疑乎均受蘭克和瑟諾博斯（Seignobos）等考證學派的影響，所以竟有人主張『近代的歷史學只是史料學』……歷史似乎只有辨別古籍古物的真偽就完了』」；「現代中國史學界的最大病痛，正是『任是天崩地陷，他也不管，只管考古耳』。因認史學只是考古，所以讀史只要蠻記事跡，而不能『執古之道，以御今之有』，歷史學當然只好是史料學了。」[2] 他並不反對歷史學有科學的屬性，但認為不可以科學一言以蔽之：「還有以科學說歷史的一派……當然我對於這個定義，亦深表贊意，不過人類歷史不一定只有理性的發展，相反地許多事實都是由於感情之發展的。尼采說得好：歷史上的大事業，什九皆不合理性的法則。呂邦（Le Bon）在《意見及信仰》一書，很探析於歷史最重要的原動力，如信仰的發生及傳播，現在還很少有人知道。倭伊鏗（Eucken）亦見到歷史以來精神生活的能力，那麼我們還能說歷史只是研究理性發展的科學嗎？並且如 Flint 所極力告訴我們似的，歷史非但有歷史的科學，又有歷史的藝術和歷史的哲學，

---

❶ 胡適：《治學的方法與材料》，季羨林主編：《胡適全集》第 3 卷，第 132 頁。
❷ 朱謙之：《考今》，黎紅雷編：《朱謙之文集》，廣州：中山大學出版社，2004 年，第 54、55 頁。

那麼，我們還能說歷史只是一種科學，就完事了嗎？」[1]新儒家代表者熊十力也批評當時的史家考據忽略本心修養：「弟以為今日考史者，皆以科學方法相標榜，不悟科學方法須有辨。自然科學可資實測，以救主觀之偏弊；社會科學則非能先去其主觀之偏弊者（先字是着重的意思，非時間義），必不能選擇適當之材料以為證據，而將任意取材，以成其偏執之論。今人疑古，其不挾私心曲見以取材者幾何？真考據家亦須有治心一段工夫，特難為今人言耳。」[2]錢穆也將主張以科學方法整理國故的「考訂派」歸入「科學派」，認為這一派「震於『科學方法』之美名，往往割裂史實，為局部窄狹之追究。以活的人事，換為死的材料……既無以見前人整段之活動，亦於先民文化精神，漠然無所用其情。彼惟尚實證，誇創獲，號客觀，既無意於成體之全史，亦不論自己國族國家之文化成績也。」[3]魯濱遜《新史學》最早的中譯者何炳松也不贊同歷史為科學。他認為，歷史學是「研究人群活動特異演化之學」，在「已往人群之活動」中考察「變化情形」而非靜止狀態，故特別注重「非重複之事實」。人類特異生活日新月異，變化無窮，此往彼來，新陳代謝，故歷史上不能有定律。「定律以通概為本，通概以重複為基。以往人事，既無復現之情，古今狀況，又無一轍之理。通概難施，何來定律乎？」現代自然科學及社會學發達以來，「世之習史者，不諳史學之性質及其困難，妄欲以自然科學之方法施諸史學，以求人群活動之因果，或欲以社會學之方法施諸史學，以求人群活動之常規。其言似是，其理實非。」自然科學用「通概」的眼光研究實質，追求獲得因果定律；歷史學則以「求異」的眼光研究以往人事之「互異」。自然科學在多種實物中專究某一種單純原質，歷史學在同一史料中求知複雜情況與性質。歷史學研究範

---

❶ 朱謙之：《現代史學概論》附錄《關於歷史定義之批判的研究》，載黃夏年編：《朱謙之文集》第 6 卷，福州：福建教育出版社，2002 年，第 16 頁。

❷ 熊十力：《十力語要》卷 2，《覆張東蓀》，蕭篁父主編：《熊十力全集》第四卷，武漢：湖北教育出版社，2001 年，第 170 頁。

❸ 錢穆：《國史大綱》引論，第 24 頁。

圍廣狹不一，自然科學則自繁至簡、自異至同。歷史事實有一定時間地點，時地失真即屬謬誤，自然科學則研究一般知識，不限定古今中外。歷史事實有實有虛，可信可疑，自然科學則概以求真為止境。自然科學的定律純粹從觀察、實驗而來，同樣條件同樣結果，可以重複，其所能够預斷的乃「實質之所同，而非實質之特異」；史家所根據的史料卻斷然不能應用實驗功夫，史事不可重演，「史家只能於事實殘跡之中，求其全部之真相。」與自然科學有天淵之別。往事已往，史家所見並非本真，僅屬心靈、主觀印象或臆度，不是直接觀察所得，故「史之為學，純屬主觀，殆無疑義。世之以自然科學視史學者，觀此亦可以自反矣。」「史家抉擇事實，旨在求異；所取方法，重在溯源」。只有在「有條理之智識」意義上，歷史學「亦正與其他科學之精神無異」，「不失為科學之一種」。[1] 何炳松所論，其實已經涉及到約半個世紀以後中國學術界再度討論同一問題時反對歷史學為科學者所提到的幾乎全部理由。

山東大學張秀麗研究了民國時期反對歷史學科學化思潮的基本脈絡。她指出，章太炎代表的國粹派是較早表達這種思潮的主要人群，他們既接受西學影響，同時「從傳統史學裏發掘出反思科學化史學的資源」。他們不贊同顧頡剛為首的疑古主張，也不贊同梁啟超代表的進化史觀對傳統史學的否定。稍後的《學衡》派學者受美國新人文主義哲學家白璧德（Irving Babbitt）思想的影響，主張用價值理性制衡工具理性帶來的道德失衡和人文精神異化與失範，柳詒徵、吳宓等是其健將。稍後的錢穆復受法國柏格森（Henri Bergson）生命哲學影響，在傳統經學中探討心性、義理，強調歷史的人文屬性，主張史學既要求真，也要致用。張秀麗把這種批評科學主義的思潮稱為「人文主義史學」，歸納其特點如下：「人文主義史學雖然在某些方面與唯物史觀派史學的主張有契合之處，如對經世的強調，對史家主體的重視及對主觀、哲學的注重

---

❶ 何炳松：《歷史研究法》緒論，見劉寅生、房鑫亮編：《何炳松文集》第 4 卷，北京：商務印書館，1997 年，第 12-15 頁。

等；但人文主義史學畢竟存在這樣那樣的局限和缺點，相對於社會科學化史學而言，它反對歷史規律的普遍性；相對於自然科學化史學而言，雙方有通與專、義理與考據、求真與致用、哲學主觀的重視與否的區別。人文史家主張史貴博通，強調史學的整體性和系統性；主張考據基礎上對義理的發揮和闡釋，強調微言大義，因而更加注重史家主體的作用；主張從傳統文化中發掘史學崛起的內在因素，強調發揚中國的人文傳統和人文精神。」[1] 與此相區別的「科學主義」則有如下表現：「科學主義堅信科學真理的絕對性、科學方法的普適性、科學價值的無限擴張性，從而形成了價值層面對『科學萬能』的信仰和情感體認。堅持科學方法萬能導致了人們對科學價值的自信心，堅持科學方法的普適性使人們將科學方法無條件地移植到其它領域的研究地帶，由此科學迅速變成了可以解決人類面臨的所有一切問題（包括精神層面、人生觀問題）的制勝法寶。」[2] 這些梳理和分析，呈現出民國時代中國史學界權衡歷史學與科學的群體心路。不過，雖有「人文史學」的主張，科學史學仍然據主流地位，尤其是在 50 年代以後，對歷史學性質做屬於科學的理解，是絕對的主流思維。

黃敏蘭曾指出：「大體來說，認為歷史學是科學的觀點長期佔主導地位，然而對科學主義的崇拜也曾受到衝擊。在 20 年代，梁啟超從歐戰後的歐洲歸國後，大力抨擊『科學萬能論』。他認為科學帶來的高度物質文明並沒有給人類帶來和平和幸福，反而帶來了災難。他主張要以中國的精神文明拯救西方的弊病。梁啟超由此拋棄了過去對科學的崇拜，而對歷史學的科學性提出疑問。然而在建國後的前幾十年裏，沒有人敢於對歷史學的科學性提出質疑，不僅不可能出現像上世紀前半葉的那種公然反對歷史學是科學的觀點，即使是主張歷史學具有兩重性也是離經

❶ 張秀麗：《反科學主義思潮下中國現代史學的人文指向 —— 以「東南學派」為中心》，《中文摘要》，山東大學 2009 年博士論文，第 3 頁。
❷ 張秀麗：《反科學主義思潮下中國現代史學的人文指向 —— 以「東南學派」為中心》，山東大學 2009 年博士論文，第 32 頁。

叛道的。直到改革開放後，隨着思想解放，禁區被打破，才有學者對盲目的科學崇拜傾向提出批評。」[1] 其實，在 20 世紀 80 年代，曾有若干史學研究者討論歷史學的藝術屬性，主張歷史學實現科學與藝術的統一。不過，這類主張提出者之多數，是在堅持歷史學為科學的前提下強調歷史研究的呈現需以藝術為之，這與中國傳統史學的「史家三長」早就注意歷史著述需以「才」表現異曲同工，並非直指歷史學的性質。只有少數研究者主張，歷史學是科學與藝術的統一。當時出版的一些西方歷史哲學的譯著中，包含直接認為歷史學不是科學而是藝術或倫理的論說，但中國學者雖加介紹，並未經意。直接論證歷史學科學以外的屬性，主要還是 90 年代以後的事情。

　　1996 年，何兆武發表文章指出，「歷史學是一種人文知識，而不是自然科學意義上的那種科學。」[2] 他認為，雖然歷史學與科學有共同的規範、紀律或準則，但對於歷史現象的認識、理解和表達是歷史學家心靈勞動的結果。歷史既是自然世界的一部分，又是人的創造，因而歷史學包含對史實的認知和對史實的理解和詮釋兩個層次。前一層次屬於自然世界，是科學的，後一層次屬於人文世界，是人文的。他說：「歷史學是科學嗎？大概這個問題在很多人看來會顯得是多餘的。因為多年以來人們已經形成了一種根深蒂固的思維定勢，也許可以稱之為唯科學觀點，即一切都應該以科學性為其唯一的準則，一切論斷都須從科學出發，並且以科學為唯一歸宿。只要一旦被宣佈為『不科學』，這條罪狀就足以把一切理論打翻在地，永世不得翻身。歷史學仿佛理所當然地就應該是科學 …… 然而，實際情形卻是，歷史學比科學既多了點什麼，又少了

<hr>

❶ 黃敏蘭：《20 世紀中國史學界對歷史學性質的理論思考》，《史學理論研究》，2002 年第 2 期。
❷ 何兆武：《對歷史學的若干反思》，《史學理論研究》，1996 年第 2 期。

點什麼。」[1] 該文中，何兆武先生還提出，歷史學包含兩個層次，第一層次是對史實或史料的認知或認定；第二層次是對第一層次的理解或詮釋——該層次又包含理性思維和體驗能力兩個部分，二者綜合為歷史理性，「理性思維是使它認同於科學的東西；體驗能力是使它認同於藝術、從而有別於科學的東西」。對歷史學的第一層次，人們可以形成一致的認識，「可以認為是客觀的和不變的」——因而具有科學性質；第二層次中所包含的理性思維是「認同於科學的東西」，而第二層次中的體驗能力——這種體驗能力涉及價值觀、對人性的探微，就認同於藝術，從而有別於科學。[2]

　　王學典、孫延杰的看法與何兆武先生接近，他們認為，歷史學既不是科學，也不是解釋學，「它是一門兼有科學與解釋學雙重素質的學問，更進一步地說：歷史學是一門帶有科學（實證）屬性的解釋學。」「歷史學只要想保持自己的固有性質就絕不可能把自己還原為一門科學。因為如同康德所言，『科學』這個詞就其本義而言，它只適用於確定性是無可置疑的那一部分知識。歷史學顯然不具備這一特徵。但是，這並不妨礙歷史學家也像科學家那樣受制於同樣嚴格的規則。也就是說，絕不能因為歷史學本質上的不確定性而在任何意義上輕視歷史學的實證性。」其實，自量子物理學「測不準」原理發現以來，「確定性」已經不再成為科學的標誌，但是這並不妨礙讀者理解前述引文中的主張：歷史學雖然不是具有不可置疑的「確定性」的知識，但仍然需要通過實證來建構其知識。作者認為實證性恰是歷史學科學性之所在：「經驗表明，一個研究者的實證功力越深厚，實證手段掌握得越完備，他從歷史資料中獲得的

---

❶ 何兆武：《對歷史學的若干反思》，《史學理論研究》，1996 年第 2 期。何先生此文明確指出歷史學不同於科學，同時也說到，「能夠理性地正視非理性的成分，這才是真正科學的理性主義者」；「科學地對待歷史學，就必須承認歷史學中的非科學成分，只有科學地承認這些非科學的成分，才配得上稱為真正科學的態度。以『不科學』的罪名把科學以外的一切成分一筆抹殺，這不是一種科學的態度，而是一種唯科學的態度。」這似乎是在與「正確」相同的意義上使用「科學」這個概念，但也可能是一種反諷。

❷ 何兆武：《對歷史學的若干反思》，《史學理論研究》，1996 年第 2 期。

歷史信息就越多，他對對象的認識就越近真。歷史學家在這裏的工作規範、操作程序、推理方式，完全與科學家無異，他所做的純粹是科學所要求的工作。而且在這裏，歷史學家也完全可以像科學家一樣做到『價值中立』、『公正客觀』。歷史學認同於自然科學的地方大概就在這裏。」但是，如果再進一步，說「史學本是史料學」就錯了。「歷史不等於事實，尤其不等於資料。歷史存在於事實的背後、資料的背後。研究一個歷史人物，不是將有關這個人物的資料彙集攏來，排列補綴成篇就告完成，而是要透過資料深入到歷史人物的心靈深處，看到人性裏面所隱藏的許多幽微的丘壑和陰影。可以說，真正的研究開始於歷史資料全部準備停當之後。把史料學等同於歷史學，就是把手段等同於目的，把前提等同於派生物……」他們把歷史學剖分為史實認知和史實闡釋兩個層面，前者「是科學的天下」，後者「是解釋學的領域」，在解釋學的領域，「現代史學已無共識可言。歷史學之所以成其為歷史學，全有待於解釋給它以生命，而歷史解釋由以進行的主要資源首先是歷史學家的人文價值理想。科學不能自行給出人文價值理想，科學無法解決人生的價值問題。」[1] 這樣的論證，從針對先前普遍的將歷史學徑直視為科學的基點上看，體現思想的深化，體現對歷史學因涉及人的「心靈」和人文價值而難以通體納入科學範圍的認識。不過，這裏所做的歷史學兩層次區分，意味着歷史家的實證可以脫離價值並實現純粹客觀中立，這卻未必盡然。歷史學的實證工作，也並非只是資料的搜集和排比。在大量情況下，歷史家的實證與闡釋在同一過程中，甚至在歷史家擬定一個課題的時候，闡釋就已經發生。

何兆武在 1998 年再度發文討論歷史的兩重性，批評絕對化的科學主義。他指出，「18 世紀對於啟蒙和理性的天真信仰，今天已經成為往事了；19 世紀科學主義和實證主義的進步信念，今天也已經式微。」「推

---

❶ 王學典、孫延杰：《實證追求與闡釋取向之間的百年史學 —— 兼論歷史學的性質問題》，《文史哲》，1997 年第 6 期。

動人類歷史前進的，大抵要靠兩種東西，一種是科學思想（思辨理性），一種是人文思想（非思辨理性）。前者是和人類物質文明的面貌緊密聯繫着的，後者則繫於人類精神文明的面貌，但兩者間沒有一條截然的分界線，它們是互為條件、互相制約的一個綜合體。」自然史本身沒有目的，研究自然不能有目的論，「人文史沒有一樁事件是沒有目的的」，研究歷史必須有目的論，「目的是歷史中的人的因素，沒有這個因素，物本身是不會創造歷史的。所謂歷史是人製造的，亦即是由人的目的所驅動的。人通過物的手段，努力要達到人的目的，這就成其為歷史……也可以說作為歷史主人的人所追求的，乃是物（科學技術作為手段）與人文價值（目的）二者相結合的最佳值。一切人文價值……都不是也不可能是從科學裏面推導出來的結論，它們是信念、是理想，而不是客觀給定的事實和規律。但是沒有這樣最本質的一點，人就不成其為人，也就沒有人文的歷史而只有和其他一切物種一樣的自然史了。因此要理解歷史，我們就需要還有科學之外，以至之上的某些東西：價值、目的、理想、信念。它們不屬於科學實證的範疇之內，是科學所不能證實或證偽的，卻又是人生和人的歷史所非有不可的東西。我們需要它們，絲毫不亞於我們之需要科學。」[1] 龐卓恒不同意何兆武的觀點，他撰文提出：要回答歷史學是不是科學這個問題，先要弄清什麼是科學。科學就是「從特殊現象求出一般規律（儘管什麼是一般規律，理解上還有很大歧異）的學問或知識體系」。何兆武先生所說的對史實的認知未必就「屬於自然世界」，未必「受自然世界的必然律所支配」，考據和對史實的考訂也會滲入價值觀。說「對史實的理解和詮釋」才是史學的生命所在不錯，但說歷史學的生命或主題只能是「人文的」而不是「科學的」就成問題了。[2] 龐卓恒主張雖然歷史中有自由意志和價值觀的作用，但歷史學仍能揭示必然性或必然律，他所指的主要是馬克思主義論著所闡釋的社會形

❶ 何兆武：《歷史兩重性片論》，《學術月刊》，1998 年第 2 期。
❷ 龐卓恒：《歷史學是不是科學 —— 與何兆武先生商榷》，《史學理論研究》，1997 年第 3 期。

態發展規律:「自從唯物史觀揭示了社會基本矛盾運動推動人類社會從低級向高級發展的普遍規律後,這一發現已經歷了一個半世紀的檢驗和挑戰,既經受了來自現實歷史進程的檢驗,也經受了來自理論和歷史研究的挑戰。可是,至今我們還沒有發現任何一樁歷史事實,或任何一項經得住事實檢驗的理論或歷史研究的結論足以否定這一歷史發展的普遍規律。」而且,精神(自由意志和價值觀)由社會存在所決定:「唯物史觀揭示的存在決定意識和經濟基礎決定上層建築的原理,早已指出了科學的方向,指引研究者從人們的物質生活實踐過程中去探尋精神因素從何而來 …… 」「人性是隨着生產力的發展和生產生活方式的改變而改變的,是有其發展演變規律的。既然如此,為什麼人性的研究不能成為科學呢?」他認為「人文學科」其實與「社會科學」難以區分,強調人文學科與科學不相容的「人文主義性質」,不僅是從馬克思主義的科學觀倒退,也是從當代西方學術的社會科學化方向倒退。[1]何兆武沒有對龐卓恒的商榷做直接答覆,但在 2005 年發表的《歷史學是科學嗎?》一文,實際上做了回應。該文討論了科學的定義,指出他在討論歷史學性質的時候,並非用廣義科學概念,而是專指近代科學,這種科學的要件,一是必須能夠定性,二是必須能夠定量,三是必須是普遍規律,四是必須能夠實驗或實證。歷史比自然科學多了一個人文的因素,即人類的思想意識活動因素,「所以決定人類歷史變化的就不僅僅是不以人的意志為轉移的規律,而是還有一部分是以人的意志為轉移,是受人的意志的影響的。」「人類的歷史乃是自由人所創造的自由的事業,而不是某種先天注

---

❶ 龐卓恒:《歷史學是不是科學 —— 與何兆武先生商榷》,《史學理論研究》,1997 年第 3 期。龐卓恒在其他文章中對科學做過定義:「馬克思主義的『科學』概念,指的是根據客觀事實揭示客觀規律並在實踐中檢驗其規律的正確性的知識,劃分科學與非科學的界限的標準,就是看它揭示的規律是否經得住實踐檢驗。」見龐卓恒:《「人文學科」是一個模糊概念》,《高校理論戰線》,1996 年第 4 期。「科學指的是揭示了客觀事物存在和變化的因果必然性規律並經過實踐檢驗證明對那些規律的認識確實是真理的知識體系。」見龐卓恒、吳英、劉芳現:《唯物史觀及其指引的歷史學的科學品格》,《歷史研究》,2008 年第 1 期。依照這些解釋,科學意味着規律、正確的知識或認識。

定的必然。」因而，「歷史既是科學，又不是科學。它有兩重性。」「自然科學知道的事實，可以實驗或實證，可是歷史無法再做實驗也無以實證。歷史既然不能夠重複，是一次性的，我們怎麼樣才能找到它的規律呢？」「歷史沒有必然的客觀的規律。因為我們所知道的歷史，都是歷史學家所寫出來的東西，而他所寫出來的東西在某種意義上來說，乃是一件藝術品，是過去的事情在他腦子裏面的再現。」「歷史乃是徹頭徹尾目的論的。歷史是被有意識地在朝向一個目的而行動的，而自然本身卻是無目的的並且無意識地在運動的。」[1]

不難看出，龐卓恒與何兆武對歷史學科學性問題的思考並不完全在同一層面上。何兆武偏重思考歷史認識中含有非科學性的因素，龐卓恒強調歷史認識具有科學性，兩人在何為科學、何為人文、何為真理等問題上，着眼點都有不同。何兆武受康德哲學影響，龐卓恒引據馬克思主義，強調捍衛歷史唯物主義的科學屬性。[2]要釐清這些分歧顯然並非易事，其間也可能有一些話題可以另做討論。比如，科學的根本點是不是在於揭示規律？如果歷史學是科學的陳述要通過確認歷史學揭示規律來界定，歷史研究的對象中包含非規律的經驗、現象、情狀，那麼不探討規律的對於人類以往經驗研究都不能算作歷史學嗎？歷史學可以研究人性，但哲學、心理學、人類學、文學等等也要研究人性，那麼研究人性就不是歷史學作為一門學科的獨特屬性，從研究人性的角度來界定歷史學的性質是否能夠徹底？歷史學研究人性與其他學科研究人性有何不同？雖然一般地說存在決定意識而不是相反，但意識、價值、自由意志現象都能夠以科學的方法還原到存在層面去解釋嗎？兩位學者各自表達觀點以後，不再相互詰難，這些問題也只能留與他人思考。

其他學者的相關探索其實也一直在進行。2004 年，《歷史研究》編

---

❶ 何兆武、張麗艷：《歷史學是科學嗎？》，《山東社會科學》，2005 年第 9 期。
❷ 關於何兆武對康德哲學的理解，參看何兆武：《歷史理性批判論集》，北京：清華大學出版社，2001 年；何兆武：《一條通向康德體系的新路 —— 讀〈論優美感與崇高感〉》，《學術月刊》，1995 年第 1 期等。

輯部組織一些知名學者專門討論歷史學與社會科學的關係。《歷史研究》能夠提出這樣的問題本身意味深長，表示中國史學界的主流開始嚴肅正視歷史學與社會科學之間的區別。參與討論的一些學者提出了一些值得注意的看法。

張國剛強調，歷史知識和歷史學在人類社會中具有永恒的獨立性，歷史學並不依賴任何理論而存在。歷史學與社會科學都以人的活動為研究對象，但「社會科學處理的是橫切面的問題，縱切面的問題留給歷史學處理」。與社會學相比，歷史研究強調的是知識和事件，社會學則強調以特定的方法和理論來規範某一類的事件和活動。就研究的方法而言，社會學針對某種社會現象提出假設，然後搜集例子來證明或證偽這一假設，證明了則假設可以上升為理論，證偽了則又提出新的假設，如此循環，從理論到理論，一定要藉助特定的方法和規則。歷史學則只要能夠描述正確事件，並不規定必須採用哪種方式來描述。因而，「歷史學的根本使命是敍事性的」，「歷史學作品如果不是敍事的，那麼它只能算半成品，或者中間產品」。敍事與解釋並非對立，它需要基於特定的角度，需要對所回顧的歷史做出解釋和說明，或者對前人的解釋做出辯駁。在這種解釋中，社會科學的概念和範疇得以發揮作用。所以，歷史學受益於社會科學，但作為一個基本知識領域可以獨立存在，不藉助任何社會科學的方法和視角也可以完成其傳遞人類活動記憶的使命。敍述方法可以有多種，而歷史學並不依賴於任何一種敍述方法而存在。[1] 歷史學可以藉助於社會科學而得到發展但根本上並非依賴社會科學而存在，歷史學的根本使命是保持對過往的記憶，這是張國剛此番論說中最有價值的要點。

楊念群看到政治史在文化史和社會史興起中的相對衰落，主張重提政治史。他認為這種衰落主要體現在政治史的碎片化達到了似乎任何政治現象如果不能涵化到地方史框架裏就不能得到精細與合理解釋的程

---

❶ 張國剛：《獨立與包容：歷史學與社會科學的關係略說》，《歷史研究》，2004 年第 4 期。

度。這在表面看「是西方知識話語霸權制約下的無奈結果」——社會史和文化史是西方史學動向所帶動的潮流，但無論社會史研究有怎樣的魅力，畢竟不能替代政治史研究對跨地區整合現象的認識意義，政治史還是需要在與包括社會史在內的其他取向對話並獲取新的靈感情況下，被「當作一種相對獨立的運行機制」來研究。他認為關於中國近代歷史的研究尤其不能忽略政治的獨特地位。近代以來的中國歷史既在地方層面展開，也在整體層面展開。中國在建構「民族—國家」的過程中採取了「全能形式的非常規政治治理手段」來強化對地方社會的索取、動員和滲透，也摧毀地方文化運行的網絡，從而政治「在近代中國人的生活中被賦予了空前的敏感性和實際地位。」近年對「地方史」研究的注重隱含着對近代以來不斷加強的政治規訓現象的反抗意味，蘊涵着與「現代化敍事」逆向的關懷。這雖具有合理性，但是「近代中國的歷史在很大程度上是國家如何以政治力量支配地方社會的歷史，所謂『地方性知識』也只能在如此的背景下才能得到準確理解。」「地方性知識」不應該成為新的教條，如果沒有對上層政治運作的突破性解釋，地方史研究後所得的結論仍是值得懷疑的，對「市民社會」和「公共領域」的探尋也是如此。地方史可以回答政治如何在普通人具體行為中發生作用的問題，但難以回答政治為什麼會在超地區範圍形成空前社會改造力的問題。[1] 這裏最重要的觀點是，政治史所能揭示的歷史內容並不能完全包容於社會史中，社會史存在和發展的合理性並不意味着其具有遮掩政治史的合理性，政治史與社會史的重要性不是一個概念和方法論分析就能做出結論的問題，是要在具體研究對象語境中具體判斷的問題。

桑兵偏重從中國歷史學根基的角度強調歷史學的獨立性。他指出，近代以來中國學問一直在求變的努力中變動不居，學習西學和跨學科成為目標，歷史學的社會科學化也是這種努力的表現。這種努力雖然理所

---

❶ 楊念群：《為什麼要重提「政治史」研究》，《歷史研究》，2004 年第 4 期。

應當，但是如果用力過度，就可能失去「中學」的根本。中國「新史學」在其百餘年的歷程中，不斷與各式各樣的「國際」接軌，受「翻來倒去的跨學科取向的影響」，史學面貌不斷更改，以至於「知稗販而不知深研」，「總是在趨時與過時的循環之中捨本逐末」，並沒有建構出大體得到各方認可的「新史學」作品，反而使歷史學「有融化在一切學科之中的危險」。中國學者極難果真通曉西學，略知一端就急於貢獻於國人，不免偏重新奇、觀念先行、肢解材料，仿佛拆散亭台樓閣而依西式重新組裝，面目韻味似是而非。應對的重要路徑就是「重塑史學的獨立性而減少對別科的依賴程度」。「中國史學的本與根，一為中國，一為史學，必須這兩方面的基礎牢固，才有可能學習外國，借鑒別科。中國的歷史文化弄不懂，奢望瞄準國際前沿，只能道聽途說，誤以人云亦云為與國際對話；史學的本分做不好，欲靠跨學科來彌補，未免輕視別科的深淺，而有糊弄外行與後進之嫌。」[1] 這一論說提示，中國歷史悠久的歷史學自有根基，並不應因西方史學有其所長而忘記此一根基實為中國史學研究者欲有大成績所不可或缺，歷史學之要義，並非盡在西方新史學中，中國現代歷史學百餘年演變之中，在追隨西方新潮流及與其他學科結合方面「用力過度」，頗有教訓。

結語

現代歷史學的發展一直伴隨着與科學的糾結。藉助於與社會科學的結合，現代歷史學無論在亞洲各國還是在歐洲、美洲的歷史學界，都展現出與前現代歷史學全然不同的面貌。沒有與社會科學的結合，就不會有與前現代歷史學構成鮮明分野的現代歷史學，世界各地史學的演變皆是如此。亞洲歷史學通過這種聯盟而融入並同時推動了社會的現代化發

---

❶ 桑兵：《萬變不離其宗》，《歷史研究》，2004 年第 4 期。

展，也與社會科學一道進入了學術範式快速轉變與多元化的軌道。這一強大的潮流使得歷史學不時面臨在自然科學與社會科學的發展中喪失其獨立性的跡象，而此種跡象一旦顯明，又必有反彈。歷史學已經與社會科學結成不解之緣，但並沒有整齊列隊融化到社會科學中，在現代學術世界堅守其作為一個合法且不可替代的獨立學科的地位的努力一直不斷。這種努力，不能用一些歷史學家留戀舊我或者持有反對科學立場來解釋，其根基畢竟還是在於歷史學作為知識探索和文化承載方式具有不可替代的價值。

歷史學是不是科學或者歷史學在何種意義上具有科學性是現代歷史學興起以來一直在討論的問題。梁啟超就已經注意到了相關的探討，但是在後來科學等於真理，等於正確與合理的普遍話語環境中，對那些探討的思考難以表述出來，所以直到 20 世紀後期，中國史學界方才認真梳理相關的思想歷程。然而那時，關於歷史學具有非科學性質的觀點，已經再度成為一種發自遙遠西方的聲音，要與已經在長期的歷史學屬於科學的語境中形成專業概念的歷史學研究者既有話語、觀念做一輪頗為艱難的交融了。復因 20 世紀 80 年代中國歷史學界剛剛出現一波歷史學科學化熱潮，可想而知這種交融會牽動許多糾結。80 年代以後，歷史學性質的討論時斷時續，並沒有形成徹底共識。隨之而來的如飢似渴地開放、求新的普遍社會浪潮中，各種西方史學著作譯介到中國，其中包含大量有關歷史學性質的言論，但這一問題本身卻並沒有引起專門的注意。到了 90 年代末，中國史學界的知識景觀已經發生深刻變化。將歷史學徑直視為科學的觀念不是被任何人的論證推翻，而是在波濤洶湧的新思潮中成為一股少數人堅持的細流。新思潮對歷史學科學屬性構成最大衝擊力的，是各種後現代主義論說。這種論說似乎根本不屑於去論證歷史學是不是科學這樣的問題，而是直接去質疑歷史認識的確定性和可靠性，將歷史學一把拉入藝術圈子中。而一向堅持歷史學為科學的歷史學家，自然拒絕這種論說，卻罕見對後現代主義的此類言說做出直接、系統的學理抗辯。於是，中國歷史學界對於歷史學基本屬性的看法，就分道揚鑣了，相互既不認同，也基本不相辯駁。

第六章

後現代批評思潮的亞洲迴響

亞洲歷史學在現代化發展帶來的幾度社會大變革中經歷了深刻的轉變，每一步轉變，都曾矚目於西方，包括西方各種社會思潮和各種歷史學動向。這似乎成為了一種心理慣性，而且亞洲各國概莫能外。所以如此，首先還是由於亞洲國家自 19 世紀中葉以後必須自我改造以適應新世界格局的現實，歷史的連續性和結構關係的長時段作用可見一斑。其次，也由於亞洲傳統歷史學的哲學貧困。世界範圍的現代歷史學在 20 世紀以來的幾次重大演變，在思想和學術層面而言，主要從哲學領域發動。因此，當從歐洲興起後現代主義批判思潮並帶動歷史學的後現代風潮來臨的時候，亞洲歷史學也跟着身姿搖曳起來。了解後現代史學的亞洲迴響，要首先梳理亞洲歷史學回應西方歷史哲學方式的一貫特徵。

一、凝視西方的亞洲歷史哲學

　　亞洲各國唯中國有悠久的歷史學傳統，日本、韓朝的傳統歷史學受中國史學影響而發達程度遜之。在現代之前的漫長時代，歷史學在中華文化中處於所有思想學術根基地位，成就了注重從往事記錄、記憶，通過對歷史經驗的思索來理解人生意義、倫理、當下乃至未來事務的傳統，在沒有濃厚宗教氛圍的環境中，甚至生者對於死亡的解脫也托付於歷史評價和記憶。在歷史意識和歷史思維發達的傳統中，對抽象事物和看不到當下有用性的純粹知識的研究，成為極少數人的事情，而且即便是形而上學層面的問題，也要借諸有形之象來思考，用喻指的方式來闡釋，於是中國傳統哲學 —— 有人甚至認為中國沒有哲學 —— 沒有沿着邏輯理性的方向充分發展。日本、韓朝類似，而印度的哲學則因極度思辨而對時間偏於漠視，缺乏對歷史深度思考的傳統。與此不同，歐洲在軸心期時代就形成偏重邏輯理性的思維取向，形而上學思維充分展開並

成為傳統，歷史學雖居僕從之位，但亦相沿不絕，二者在啟蒙時代結合而形成歷史哲學，並迅速形成體系、流派。所以歐洲現代史學的優勢，主要得益於歷史學與哲學的緊密結合，即得益於歷史哲學的發展。歷史哲學賦予西方歷史學更強的普世意識，與科學的關聯，以及對歷史作為知識之本質和特徵的深度追問與闡釋。中國歷史學的發達主要體現在其對一般文化的影響、歷史編纂學方面，對歷史的哲學性思考過於樸素。到現代史學興起的時代，亞洲世界先已確認歐洲為強，以中國傳統史學與歐洲史學比較，頓見哲學性思考的貧乏。中國歷史學既早已成為一切文化之淵藪，承擔了解釋一切人文事物的期待，此時向歐洲歷史學的借鑒，核心其實正是對其關於歷史與歷史學的哲學性思考的借鑒，故亞洲現代歷史學的興起，在很大程度上就是傳統歷史學與西方歷史哲學的對接。就其變化而言，也是歷史哲學暨歷史觀方面最為顯著，歷史家的具體工作方法實際上保留了大量先前的傳統，比如目錄學、文獻學、譜牒學、姓氏學等等。

　　亞洲現代歷史學後來演變的每一步驟，凝視西方歷史哲學的走向，成為一個新傳統。直至今日，亞洲學者對於歷史的哲學性思考，基本是用西式概念來重新表述亞洲自身可用哲學思考的知識內容，叫做「現代詮釋」，一直要對着西方哲學和歷史哲學說話，包括所謂本體論的思考和認識論的思考 —— 這種區分也是西方哲學的內容。依照王國維所說，學不論中西，但是這裏卻有一個表面為中學與西學關係而本質上是哲學的周延性的問題：無論西方歷史哲學具有怎樣高超的認識效能，作為一種關於全人類歷史和歷史知識的普遍性認知體系，它並不曾足够真切地體認亞洲的歷史，所有典範著作也都不曾足够真切地體認或關照亞洲歷史學的理論和實踐。西方歷史哲學，尤其是其認識論和歷史書寫理論都忽略了亞洲歷史學傳統，卻在現代化的推進中成為指導全球歷史學的深奧學問。在這個意義上，西方歷史哲學有體系性局限，而遠不是自足完備的。亞洲歷史學傳統究竟承載着怎樣的可供歷史哲學豐富其自身的要素問題暫且不論，對歷史哲學的這種局限，不當視而不見，然而回顧亞

洲現代歷史學的歷程，卻基本如此。

梁啟超、胡適、顧頡剛所用以警醒時人的歷史觀，一是歷史進化論，二是科學實證論，三是「民史」和國族史建構的主張。這些主張都與中國傳統史學構成鮮明差異，因而一旦引進，就帶來巨大的衝擊力。20世紀中前期的社會史論戰，本質上是用思辨歷史哲學宏大敘事理解歷史、把中國歷史納入歷史哲學解釋範圍的一次專業群體運動，是用西方的概念、話語、歷史和社會觀念認識和闡釋中國歷史的討論，其結果也是思辨歷史哲學思維方式深入人心。馬克思主義的歷史觀，是馬克思、恩格斯在德國古典思辨歷史哲學基礎上偏重唯物主義和辯證法的新闡釋，當其成為中國歷史學唯一正統歷史觀的時候，也是西方思辨歷史哲學與唯物主義和辯證法在中國史學界實現大一統的時候。同一時期的日本、韓國、印度都沒有發生來自西方的單一歷史觀一統的局面，但在其學術版圖上活躍着的，同樣是西方思辨的歷史哲學和各種各樣的西方理論。第二次世界大戰既改變了世界權力格局，也確定了亞洲各國各自作為國族國家發展的歷史方向，伴隨而來的是國族主義的新一輪普及和亞洲歷史哲學觀念的重新定向。這時，歷史哲學在亞洲依然沒有根基單獨發展，而凝望西方已經成為慣性，籠罩亞洲的歷史哲學思潮，是各種各樣的西方新舊歷史哲學思想與各自國族本體意識的融合。於是，我們就看到了前面各章所呈現的圖景。

直到20世紀80年代，亞洲歷史學雖然包容了多種多樣的思潮、理論，但因其社會基本趨勢同為現代化轉變，前述各章所涉史學潮流，除了後殖民主義之外，都在「現代歷史學」範疇。80年代前後，西方多種社會和理論批判思潮交織湧動，把「後現代主義」推送到了前台，而汲汲乎追求實現現代化而事業未竟的亞洲各國習慣凝視西方歷史哲學的歷史學家們，驟然發現自己面對了在現代和後現代兩個潮流中分辨取捨的更複雜境地。

「現代」世界是全球化的世界，是人類社會緊密且日常化地聯繫為一體的時代。這個過程自15世紀開始，至今仍在進行中 —— 世界上還有

許多地區根本沒有實現現代化，許多領域還籠罩在前現代的規則或氛圍中。所謂後現代主義，則是關於現代社會局限的剖析論說體現出來的現代社會自我批判思潮。這種思潮有力地揭示了現代社會的內在缺失，其中包括對人類構成巨大威脅的潛質，但是從來不曾提供任何使得現代社會作為一種組織體制和觀念系統整體提升到更合理、有效狀態的藍圖。這種藍圖本身，或許就是後現代主義的邏輯所不允許的 —— 整體性本身就是後現代主義解構的對象。這意味着，相對於已經被制度化的「現代」而言，後現代不僅還沒有找到制度化的路徑，而且並不以制度化為目標。所以，無論後現代主義能夠提供多少深刻有力的批評，它必須以思想的形式存在，也必須以存在着一個可供批判、解構的現代社會為前提。對現代社會制度、觀念的反思性理論畢竟需在現代性充分展開的條件下才能發生，所以，後現代主義有鮮明的西方屬性。亞洲歷史學的後現代主義論說，則再次表現出「接受史」的特徵。

後現代主義在西方興起的時候，亞洲各國還在為實現現代化而苦苦探索。中國和印度的現代化過程雖然早已開始，但是即使僅僅從經濟體制和發達水平的角度而言，也要到世紀之交才接近現代化的水平。日本和韓國雖然稍早出現經濟騰飛，但是在 90 年代又經歷了金融危機和經濟衰退，需要再度實現經濟發展，而此後中國的經濟崛起，享受現代化成果的意興正酣，日本、韓國先前享有的一些特殊條件不復存在，而中國的崛起勢必使日、韓降低其在區域乃至全球範圍的相對經濟地位，亞洲各國的現代化發展訴求和競爭進入了空前複雜激烈的境地。並且，後現代主義沒有解決經濟發展問題的工具，也不存在一種後現代主義的經濟學。現代化發展在 20 世紀末期亞洲的現實生活中繼續佔據主導地位，就注定了現代歷史學的基本觀念會長期保持。光臨亞洲的後現代主義可以形成較大影響的領域，除了哲學和藝術，就是歷史學，亞洲歷史學與後現代主義的親近，也只能是半心半意的，很多情況下是各取所需的。

如前所述，二戰以後的韓國歷史學界一直籠罩着國族主義的氛圍，同時保持着實證史學的工作傳統，引入後現代批判思潮的主要是在美國

接受培訓後回到韓國或者逗留西方工作的年輕一代歷史學家。他們在後現代批評思潮中汲取的主要是與韓國現實社會問題關係最密切的後殖民主義，以及與之相關的各種研究取向，包括解構宏大敘事、注重差異性、注重底層與個人記憶等等。研究的問題方向，也以殖民地時代歷史最為突出。一定程度上，後現代主義成為韓國史學新潮學者與歐美學者實現緊密關聯的重要渠道。不過，實證主義史學始終是韓國實踐歷史學家工作的主要方式。日本史學界一向自詡有實證史學的傳統，在 20 世紀中期以後從美國引進的現代化論 —— 現代主義歷史學的一種頗具典型性的論說，二者長期並不直接衝突。但是同時，現代化論提供了日本幕末以來歷史，尤其是明治到日本戰敗時期歷史的一種更便於撫慰日本大眾「正常化」心理的歷史敘述框架，是在學理並未通明暢達情況下很大程度上因應現實需求而流行起來的，這就伴隨着實證主義的一些妥協。後現代主義大幅度將歷史認識藝術化、相對化，這對於一直試圖淡化日本侵略擴張歷史的史學家說來，提供了一種國際化、理論化的言說技巧，從而為歷史修正主義提供了論辯方法要素。不過，日本學界從來沒有統歸一個主義，保持差異爭鳴的傳統，這使得無論現代主義還是後現代批評思潮，都既有展開的空間，也會遭遇尖銳的批評。竹內好等學者在這方面有引人注目的表現。

印度文化在亞洲是最注重抽象思維的文化，與西方哲學易於融匯，在長期殖民地經歷中改造了的語言系統為印度與歐美知識界的融合提供便利。這樣，20 世紀後期的印度歷史學自然還是要因應現代化發展的訴求而保持着現代性，同時也相當及時地引進了後現代主義思潮，並結合印度社會歷史實際，在後殖民主義方向大放異彩。這是一個奇異的景觀：二戰以來亞洲歷史學在理論性建構方面形成最大國際性影響的後殖民主義史學是由一批本土歷史學根基薄弱的印度學者推出的，而這批印度學者又大多是在西方國家接受歷史學專業教育並擔任教研職位的。長期殖民地經歷早已經使印度社會與西方社會以不平等方式對接，而其獨立以後的現代化發展長期滯後的重要根源正是資本主義世界體系的中

心——邊緣結構，這與殖民主義歷史密切相關。所以，印度社會始終需要一種在現代世界體系中確立自身合法而又獨到地位的論說。這種論說不能推翻現代世界體系的一般合理性，否則就否定了其現代化的目標，又要在現代理性中為印度暨前殖民地社會的過往獲取一片記憶的天地。後現代主義為這種訴求提供了諸多思想資源。而且，印度歷史學發生於殖民地時期，獨立以後的歷史學一定要清理他者敘述的印度歷史。最晚獨立之後時代的印度歷史書寫就已經具有了一些後殖民主義的意味，初不顯明，到 20 世紀 80 年代以後，就全面展開了。

中國歷史學傳統最為悠久，後現代主義在中國史學的傳播運行軌跡也比在亞洲其他國家更為複雜。中國在追求現代化的過程中，從來沒有放棄找尋非歐美式現代化的替代方案以及西方歷史道路並非唯一合理可行道路的闡釋，而這需要新的歷史觀，後現代主義對歐美現代社會以及對現代主義歷史觀的批評仿佛暗示着提供新思路的可能性。後現代主義強調差異性、多樣性、相對性，這對於不久前飽受教條主義和歷史學意識形態化之苦的中國學者而言，是一種去意識形態化的言說路徑。20 世紀末融入世界的潮流和凝望西方歷史哲學的慣性，也會強化通過及時引入西方新思潮而佔據歷史學最前沿話語權的心理。因此，處於兼收並蓄狀態的中國歷史學總體上是包容甚至歡迎後現代歷史學的。當現代化論——典型的現代主義歷史學論說——在中國大行其道的時候，西方歷史哲學從思辨到分析的歷程也被中國史學理論研究者梳理介紹，一霎時中國史學界都知道了克羅齊（Benedetto Croce）、柯林伍德（R. G. Collingwood），都知道「一切歷史都是當代史」、「一切歷史都是思想史」。雖然這兩位「新黑格爾」主義的學者還強調歷史的統一性，基本屬於現代歷史哲學範圍，但中國史學家從中獲得的啟示卻偏重於其關於歷史學的當下性和解釋性這個單一方向，這就準備了引入後現代主義歷史學的心理氛圍。對年鑑學派的引入與之同時，許多人從其與馬克思主義史學共享原理的角度予以歡迎——整體史、社會史、眼光向下等等都與馬克思主義歷史觀吻合。到第三、第四代年鑑學者轉變觀念的時候，

先前對年鑒學派的熱情則成了擁抱微觀史、文化史等與後現代主義共振潮流的鋪墊。彭剛在 2009 年發表文章指出：「如果說，上個世紀的最後十年，後現代的思潮還只是一個徘徊在中國史學界門外的幽靈的話，而今，這個幽靈已經登堂入室了，對國內史學界的理論與實踐都產生了不容忽視的衝擊。」**1** 這道出了後現代主義思潮在中國史學界的影響在 21 世紀初大為擴展的實際情況。

二、亞洲歷史學的「後現代」拓展

後現代主義思潮在日本、韓國、印度的影響相對平和，原因是這些國家在後現代主義興起的時候並沒有經歷巨大的社會文化轉折。中國情況不同。80 年代的中國歷史學界在「文化大革命」的教訓之後，需要清掃運動期間被弄得顛三倒四的歷史神壇，而最初的歷史學「撥亂反正」很快被證明是無效的，因為從史學理論的角度看，那個「正」實際上蘊含了「亂」的幾乎所有要素，只差一個「文化大革命」的極端環境。隨即，便是關於「史學危機」的討論 —— 實質上是「亂」後歷史學理論方法自我評估和重新定位的討論。那是一種理論飢渴的狀態，因而討論並行着對於西方史學的大量翻譯和介紹。在 90 年代，後現代主義歷史學夾雜在各種西方著述與思潮中被介紹到中國，還有一些與後現代主義思潮具有可融通性的概念為後現代主義歷史觀念的流行做了鋪墊。歐洲分析的歷史哲學在一定意義上發揮了引領作用，年鑒學派歷史學中較為新潮的著作也構成了一些實踐方面的提示。到海登·懷特等人的著作被翻譯為中文的時候，後現代史學在中國的影響就成蔚然大觀了。

那是世紀之交的事情。趙世瑜回顧：「自從 1999 年以後，學界有了關於《懷柔遠人》、關於《白銀資本》的爭論以後，中國的歷史學領域

---

❶ 彭剛：《被漫畫化的後現代史學》，《書城》，2009 年 10 月號。

開始出現一些與過去不同的思路、方法和實踐，一系列後現代的歷史書翻譯過來，一系列具有後現代意味的歷史著作也開始出版。2001 年，在香山召開了『我們需要什麼樣的新史學』會議，特意請了很多非歷史學家參加，而且在會上批評歷史學界的故步自封，也有這種『更化』的意思在內，所以主題雖然是紀念《新史學》發表百年，但是意思好像是說，在梁任公的《新史學》的百年以後，要『新新史學』，這當然是受了當代西方學術的刺激和影響。這次在上海開會，由於邀請著名的後現代歷史學理論家海登·懷特（Hayden White）出席，所以，這一話題也就成了中心之一。後現代和現代歷史學的立場差異或者說爭論焦點，大體上有以下三個：歷史等同於散文或小說嗎，歷史敍述的可能是事實還是只能是虛構？歷史敍述的多元與一元，歷史敍述還會有主流嗎？歷史是否遮蔽了什麼，如何看待『非常規歷史』？坦率地說，我並不全同意後現代歷史學，這是因為中國社會也好，學術也好，文化也好，並不存在一個像西方那樣的、直線的、乾乾淨淨的『現代』，也無所謂有一個針對籠罩性的『現代』進行批判和挑戰的『後現代』，完全照搬西方的『後現代史學』來批判『現代史學』有一點像『郢書燕說』，把中國放在和西方一樣的歷史脈絡中了。但是，話又說回來，如果『郢書燕說』真的像古代那個故事一樣，能夠刺激歷史學的變化，那麼，我們怎樣去接受和理解他們的一些洞見？或者，我們是不是可以站在現代和後現代之間，『任憑弱水三千，我只取一瓢飲』」。[1] 從中可以看出，中國史學界在世紀之交在努力從梁啟超開啟的現代歷史學範式基礎上尋求新的發展，而後現代主義恰逢其時地提供了思想觀念啟示。趙世瑜敏銳地看到了並未經歷全面現代化歷程的中國與「後現代」思維之間存在社會背景的落差，未必適宜與西方同樣談論後現代主義，提議保持自我，取其所需。這種方式的問題是，對後現代主義歷史學的學理如果不做徹底討究，就可能

---

❶ 葛兆光：《歷史學四題》，《歷史研究》，2004 年第 4 期。

長期看不到其隱含的缺陷。

　　由於存在社會背景的巨大差異，也由於亞洲歷史學的悠久傳統帶來慣性，加之後現代主義在中國史學界並非以非常清晰的後現代主義學派出現，而是彌漫性地傳播，受到後現代主義歷史學影響的主要是青年史學研究者和史學理論研究者，大多數實踐歷史學家的工作方式並無風潮式的改變。總體來看，這一學術思潮為史學界帶來了兩方面具有顯著積極意義的變化。其一，有助於深度揭示意識形態化宏大敘事的局限。後現代主義批評思潮最具有先鋒意義之處在於破除自啟蒙理性逐步被絕對化、符號化的現代迷思。在這種迷思中，現代性、理性成為絕對、自律的存在和衡量一切的尺度，世界在其度量中展現統一性。體現在歷史學中，最突出的就是持定人類歷史沿着統一線索向同一目標不斷發展的宏大敘事。黑格爾以「絕對理性」為軸心展開的思辨歷史哲學就是這種宏大敘事最著名的代表，它深遠地滲透到了 19、20 世紀的歷史思維中。直到 20 世紀末，弗蘭西斯・福山在蘇聯解體之後用濃厚的新黑格爾主義思維寫作的《歷史的終結》還引發了世界性的共鳴。西方中心主義歷史觀，也藉助於這種宏大敘事式的思維方式而流行世界，並且在包括亞洲在內的地方，引發了將本土歷史納入那個統一宏大敘事的種種艱難努力。西方歷史在這種宏大敘事中，自然成為標尺；非西方的歷史則只能各自去拾取自己的非典型性，並把靠近西方的歷史軌跡作為闡釋自身歷史的主要理想與目標。在西方歷史領域，這種宏大敘事支撐了各種統攝性的言說，包括國族國家與政治為中心的歷史敘述，也包括歷史哲學化或者社會科學化的對於種種歷史宏觀因果的分析。其實，對現代性，尤其是以工業資本主義為基本特徵的現代性的批評在工業化興起時代就已經發生了。馬克思主義就在對資本主義生產關係與社會制度的審視中提出了推翻這一社會的理想，只不過馬克思主義未能突破那種高度推崇統一性的宏大敘事。啟蒙理性關於一切判斷訴諸理性而非任何外在權威的信念，使得它具有自我批判的內在邏輯。所以，當現代社會逐漸顯露出多種弊端或者達到某種發展瓶頸的時候，自我批判的邏輯就會催生各種批判性

言說，並逐漸從思想話語的邊緣向中心移動。但一種宏大敍事無法全面揭示另一種宏大敍事的缺陷。關於現代社會、現代性的反思一定會衍生出針對絕對化宏大敍事本身的概念系統來。後現代主義的主要貢獻就在於此。後現代主義的切入點既然是從各種意義上消解統一性，其對啟蒙理性的批評就要着眼於其絕對性，對歷史學宏大敍事的批評要強調差異性、多樣性、相對性、不確定性。在這種語境中，可以看到現代社會層出不窮的弊端，看到歷史學宏大敍事總是忽略、無視了許多重要的歷史內容。相關的剖析常常非常犀利而且有無窮無盡的證據來支持——多樣性的證據本質上就是無窮無盡的。從而，到了 21 世紀初年的時候，無論東西，現代性和任何形式的歷史學宏大敍事都已經百孔千瘡。

這既是一個有益且必要的進展，也帶來新的困惑。意識形態化的宏大敍事弊端百出並不等於宏大敍事本身在歷史敍述中可以或者應該根除；絕對化的歷史統一性敍述的弊端也不等於歷史上從來不曾存在統一性；指出宏大敍事的、誇大歷史統一性的歷史書寫之缺陷，也不等於提出了更好的書寫方案。後現代主義可以指出啟蒙理性及其制度和文化、思想表現的種種問題，卻不能提出替代啟蒙理性的方案，因為那一定是又一種宏大敍事。多樣性、差異性、相對性、注重各種意義上的邊緣等等是重要的，但在這一切之外的那些統一性、趨同性、肯定性、各種意義上的中心卻存在於歷史和現實世界中，因而也需要歷史敍述有以表達，如何去書寫？後現代主義卻沒有回答。比如法律，無論如何關照差異性，都不能不尋求統一性；比如國家政治和政治「精英」——其歷史書寫遭受的詬病最多——卻依然是歷史和現實中的真實，是歷史學家遲早要書寫的對象；再如被視為後現代主義史學旗手的海登・懷特把歷史書寫方式規約成了僅僅四種策略——浪漫、喜劇、悲劇、反諷，而如此這般的每一種策略都還是一種宏大敍事，都要尋求某種敍述的色調並貫徹某種思想旋律，都不能覆蓋一切差異性和邊緣。任何思想、觀念、理論一旦被奉為神聖，進入絕對化狀態，都會成為擁有權勢者的工具，成為一種霸權。理性主義和宏大敍事如此，後現代主義和微觀敍事也是如

此。所以後現代主義批判思潮是一種治病的可用藥物，卻不能當飯吃。它需要與其所批評的東西形成新的綜合。就西方社會而言，現代性霸權觸發了啟蒙理性的自我反省機制，以後現代主義形式展開批判，從而使得現代社會的思想世界得以調適而不至於僵化。就亞洲而言，後現代主義提供了批評歐洲中心主義的新工具，更明確地診斷出了那種將本土歷史融入世界統一宏大敍事思路的癥結，也增加了創新歷史書寫方式的一種新希望。對於純粹史學理論而言，後現代主義把分析的歷史哲學已經開啟的對歷史學家主體性的分析做了升級，使之從一般強調歷史研究與書寫的當下性、思想性，向更深層探究歷史認知非絕對性的方向拉動。除此之外還需看到，後現代思潮對現代性的反思在亞洲史學界實際上迄今還沒有充分發力，其重要標誌就是現代化論的歷史觀在亞洲仍然影響着諸多歷史學家的觀念，意識形態化的歷史學依然存在，國族主義仍然盤旋在歷史家思想的天空。在這種意義上，後現代主義歷史學還有未竟之事。趙世瑜就指出：「後現代史學的意義也許並不在於它關於歷史認識論的驚人之語，而在於它對近（現）代以來主導性歷史話語的批判意識。在這方面，如果它竟成中國史學界的匆匆過客，那就不得不承認是我們的悲哀。」[1]

其二，拓展歷史學的視野。高度崇尚統一性的宏大敍事依賴各種意義的決定論展開。無論是經濟決定論、環境決定論、政治決定論、信仰或意識形態決定論，總之要選擇某種足以提領歷史統一性的要素和相應的因果關係，來把歷史的內容納入自洽的闡釋和敍述體系中。這類體系，一定要犧牲大量歷史信息，在考慮單一歷史著作文本的時候尤其如此。如此書寫的歷史普遍忽略地方社會、文化、個人和大眾的思想與心理，即使意識到這是缺失，由於編纂學方面的考慮，也難以詳細述說。而這些被忽略的內容，恰好是後現代主義史學歷史書寫的主要園地。如

---

❶ 趙世瑜：《後現代史學 —— 匆匆過客還是餘音繞樑》，《學術研究》，2008 年第 3 期。

果把年鑒學派第三代、第四代學者的研究也作為後現代主義史學的表現會看到許多例證 —— 這樣做實際有些突兀，因為其中許多人雖然與後現代批判思潮共享很多觀念，但卻不願意帶上後現代主義者的標籤。新社會史和新文化史這兩個部分疊壓的研究取向在拓展歷史學視野方面也與後現代主義思潮關係密切，並且顯出突出的研究創新力和建設性。[1]余新忠指出：「文化史的重新出發，是 20 世紀 70 年代以後國際史學界的大事，伴隨着後現代史學的衝擊，這一名之為『新文化史』或『社會文化史』的新史學流派迅速崛起，其影響所及，也絕不限於西方，而是很快擴展至整個國際史學界。就華人學界而言，中國台灣地區自 20 世紀八九十年代引入以來，其早已成為主流學術的重要組成部分，大陸則起步稍晚，不過 21 世紀以降，其也日益成為最受矚目的新史學思潮之一。」[2] 與前文對於社會史、文化史晚近發展情況參照，這樣的觀察是符合實際的。

還有學者從策略意義上看待後現代主義在非西方國家的傳播，比如張旭鵬認為：「當一種西方理論進入不同的語境中時，在經過了早期被簡單複製和模仿的階段後，必然會被這一語境裏的文化和傳統加以調整或修正，有時甚至會偏離其本來的含義。比如，後現代主義在西方出現時，主要是對現代性的批判，它藉助的是一種解構的策略。但當它進入第三世界的語境時，卻可以被當作一種積極的因素加以利用，甚至會起到某種建設性作用。中國的後現代主義者就是一方面利用後現代主義反

---

[1] 常建華曾指出，文化史與社會史是交織在一起的，「特別是當大眾文化研究興起後，作為大眾的社會與文化合流，而歷史人類學、新文化史都是以作為社會構成的人為依托的，所以『新文化史』包括社會與文化，相當大的程度上也可用社會文化史代替。早在 1999 年彼得‧伯克訪問我國華東師大歷史系，演講題目是《西方新社會文化史》，指出『新文化史』或『社會文化史』的興起，它常被視為更廣義的『文化轉向』的一部分，即將『新文化史』與『社會文化史』等同，或者乾脆稱之為『新社會文化史』。」見常建華：《日常生活與社會文化史 —— 新文化史關照下的中國社會文化史研究》，《史學理論研究》，2012 年第 1 期。
[2] 余新忠：《新文化史視野下的史料探論》，《歷史研究》，2014 年第 6 期。

對西方的現代性，另一方面又用它來尋求西方現代性的替代方式。」[1]

三、後現代主義歷史學的得失

彭剛評論後現代主義史學思潮在中國反響的一篇文章採用了這樣一個標題：《被漫畫化的後現代歷史學》。這反映 21 世紀初的中國史學界對後現代史學的理解是含有歧義的。該文嘗試化解那種「漫畫式」的理解。文章將「後現代思潮影響下的史學觀念」分為「廣義的『後現代史學』」和「狹義的『後現代史學』」兩種。廣義的後現代史學指後現代思潮在史學界造成的衝擊和效應，也就是「身處後現代主義的時代氛圍之中，歷史學『與時俱進』，觀念與方法發生變化」，主要表現包括「宏大敘事」的終結、以「進步」、「自由」、「階級衝突」為主線的歷史學敘述模式的動搖、知識考古學和微觀權力分析突出了歷史的非連續性和權力關係在歷史建構中的作用、體現於後殖民主義和女性主義歷史中的對以「白的、男的、死的」為中心的歷史書寫的批評。狹義的後現代史學，「則是指植根於史學內部來進行理論闡發、帶有明顯的後現代主義立場的史學理論範式」，其標誌是海登・懷特《元史學：十九世紀歐洲的歷史想像》問世。其後，以「歷史學的文本化」為顯著特徵的敘事主義歷史哲學成為後現代思潮在史學理論領域的主要表現形態。彭剛強調這種哲學有三層含義。第一，歷史學家工作對象是各種最終「以語言形式」進入史家研究的各種史料，而史家的最終產品也都以語言製品形式出現，「就此而論，歷史學家永遠無法真正直接接觸到過去本身，而只能藉助於各種歷史文本而對過去有所言說，因而，文本性就是歷史學家的全部工作所無法脫離的樊籬」。第二，歷史學家沒有自己的專業語言，使用「日常有教養的語言」，由於這種語言的「不透明性」，「歷史文本並不

---

❶ 張旭鵬：《西方話語與中國史學理論》，《史學理論研究》，2008 年第 3 期。

可能真實地再現過去，它不可能毫無扭曲和不加損益地將歷史的本來面目傳遞給讀者」，具體而言，同樣詞彙在不同場合、對象那裏會引起不同聯想，表面客觀中立的陳述，依然包含解釋因素。第三，歷史學家將自己的研究寫成文本時必然將自己的思維模式、意識形態立場、審美傾向注入其中，歷史文本在陳述事實表象下「蘊涵了虛構、想像、創造的因素。」[1] 彭剛認為，對於後現代主義的誤解之一是以為後現代主義否認過去的真實存在，而後現代主義者其實不否認存在一個過去，「而只是強調，由於文本性的限制，我們無法直接觸知過去，而任何通過文本來對過去有所感知的努力，就都已經注定了要包含主觀的、解釋的因素在內。」[2] 如果可以這樣來理解的話，後現代主義史學的挑戰性就微不足道了。因為，不僅後現代主義之前的分析的歷史哲學對此已有清晰認識，連實證歷史家也曾討論歷史文獻帶有著作者的主觀性，討論過歷史家的思考和書寫必然帶有主觀性，他們對「會通」、「辯偽」、「史德」、「別裁」、「疑古」等等的思考鄭重其事，絲毫不曾怠慢，這都是關於歷史家主觀性及其控制的思考。後現代主義史學如果僅僅指出歷史學文本中都包含主觀性，那麼其新穎性也就消散了。然而問題顯然並非這樣簡單。後現代主義歷史學之所以應該被視為一種挑戰，關鍵在於它的確在撼動歷史學追求和書寫真實的合理性與可能性。這是關於歷史學本質的，關乎一切歷史學家工作意識的歷史學的元問題。這個問題如此巨大，所以在後面要重新討論。反對後現代主義歷史學的理查德·埃文斯（Richard J. Evans）在其《捍衛歷史》的跋語中提到林·亨特的話：「對於歷史學家而言，後現代主義一般來說意味着這樣一種觀點：歷史學家不能洞穿語言給歷史事實蒙上的面紗，換言之，歷史學家僅能書寫文學文本，而

---

❶ 彭剛：《被漫畫化的後現代史學》，《書城》，2009 年 10 月號。
❷ 參見彭剛：《敘事主義史學理論概說》，《歷史研究》，2013 年第 5 期。

非真相」。[1] 僅就埃文斯轉述的林‧亨特說法而言，輕易苟同畢竟草率，應該稍做追問。比如：歷史學家是不是真的因為其使用的語言具有不透明性而在任何情況下都不能書寫真相？即使歷史學書寫真相會遭遇困難，歷史學家還要不要追求真相？如果不要追求真相，歷史學為人類提供什麼知識？歷史學為什麼還要成為一個獨立的學科？為什麼人們在日常生活中至今能夠也需要澄清過去的真相，即使不是親身經歷的 —— 比如確定自己三代以前的家鄉在哪裏，歷史學卻不能？如果要追求真相，卻不能書寫出來，怎樣確知求得了真相？後現代主義是不是在斷言古往今來的歷史學家著作都與真相無關？我們是對歷史真相從來一無所知，還是人類所知的真相都不是歷史學提供的？彭剛所說對後現代史學的誤解之二，是認為「後現代史學抹煞了歷史與文學的分別，將歷史等同於文學」。彭剛對這一「誤解」的解釋，主要是說後現代主義並沒有走得這樣遠。後現代主義史學理論的確「強調歷史文本具有和文學作品相通的諸多特徵，並且引入文學理論來分析歷史文本」，歷史學與文學的相通既在審美方面，也在認識方面，且皆要運用想像、創造、建構因素，但「倘若把這種論點看作將文學和歷史完全等同，也未免走得太遠了一點」。這裏似乎依然還需要進一步說明，在後現代主義史學理論看來，歷史學與文學的區別究竟應該怎樣來界定。其實，提出文學與史學相互融通絲毫不會引起爭議。南朝宋劉勰《文心雕龍》、清章學誠《文史通義》都是文史並論的，引起爭議的要點如彭剛所示，在於程度。既然要在文學與史學的關係角度提出創新性理論，就不能僅僅指出二者具有相通之處，也要指出在將二者拉近之後如何看待二者的區別。但後現代主義史學理論家沒有說清楚。第三個誤解是認為後現代史學把歷史視作虛構而與小說並無分別。彭剛解釋，這大概出於對虛構一詞的誤解，英語中的虛構是 fiction，該詞並非憑空想像，「而更多帶有人為、創造、想像、建

---

❶ 轉引自理查德‧艾文斯著，張仲民等譯：《捍衛歷史》，桂林：廣西師範大學出版社，2009 年，第 284 頁。

構的蘊涵」，類似法學用語中的「擬制」。後現代史家的著作並沒有擺脫史料束縛而徑直發揮天馬行空的想像力。[1] 這樣來解釋似乎沒有正面消除前述「誤解」。就是在英語中，fiction 所允許的虛構遠大於歷史學中那種難以避免的虛構。這個問題要通過說明後現代主義史學理論如何界定歷史著作與小說的區別來化解。在嘗試化解前述誤解之後彭剛說道：「敘事主義史學理論也在很大程度上，改變了人們對於歷史學家工作性質的認識，動搖了真實、客觀等歷史學的傳統價值」。[2] 這就回到了問題的要點。後現代主義史學理論動搖了歷史學追求真實、客觀的價值意識，這既然不是誤解，就還需要討論。後現代主義歷史學通過提供一種分析科學化、客觀主義歷史學的犀利話語、揭示歷史書寫形式與內容的內在關係，以及對先前歷史學所忽略的歷史內容的研究，加上書寫的靈動風格，為自己的存在價值做了頗為可觀的注腳，但是挑戰歷史學求真的傳統，是在根本上改造歷史學，這就不是說明其自身在歷史學中作為一種可選擇性存在的合理性，而是在聲稱整個歷史學誤入歧途之後再將之收入旗下。既然如此，後現代歷史學就要從解構的話語方式回轉過來，回答關於放棄求真、客觀價值的歷史學究竟是一種什麼樣的學問的一系列問題，並且要提供新的升級的歷史書寫 —— 不僅是被忽略的，還包括真實過去垓心處內容的典範文本，並且證明這種依然被稱為歷史學的觀念和作品何以優於後現代主義歷史學之前那些誤以求真為價值的所有歷史學作品了。畢竟，要讓無數實踐歷史學家放棄歷史學求真的價值觀，需要證明其求真的努力都是徒勞或者無意義的 —— 這不是歷史學需要推陳出新之類理由就能令人信服的。迄今後現代主義的論說無論如何雄辯，

---

❶ 這裏舉了史景遷和娜塔莉·戴維斯為例，但史景遷不當被列為後現代主義史學家，戴維斯本人也不認同自己被列為後現代主義史學家。

❷ 彭剛：《被漫畫化的後現代史學》，《書城》，2009 年 10 月號。案，注意這是彭剛對敘事主義史學特徵的概括，不是彭剛本人的主張，他曾明確指出：「歷史學總是要以求真為依歸的」，見彭剛：《歷史記憶與歷史書寫 —— 史學理論視野下的「記憶的轉向」》，《史學史研究》，2014 年第 2 期。

都還沒有達到這樣的程度。這樣來看時，相對於後現代歷史學的勃勃雄心，其已經成就的東西，還是貧乏的。其實，彭剛並非對後現代史學理論的局限缺乏認識，他曾指出：「作為史學理論家中以最為鮮明不過的立場將自己標舉為後現代主義者的安克斯密特」關於「歷史經驗」的論說包含內在的矛盾，「實在過於含混」。[1] 後現代主義史學理論始終是在西方歷史學語境中展開的，而當亞洲歷史學嘗試接引這種理論到亞洲史學界的時候，必須要使之與亞洲史學傳統、概念與理論進行深度對話，而一旦這樣做，後現代主義史學要面對的問題要比已經發生爭論的問題還要多得多。

陳新在介紹後現代史學理論的時候，強調後現代主義相對於客觀主義歷史學的差別。他指出：「構成後現代主義思潮的一些主要元素是多元解釋、反權威、分散話語權力。在歷史學領域裏，以海登・懷特和安克斯密特為代表的後現代史學理論研究者希望帶給史學界的是，他們要令歷史學家們清醒地認識到，語言、文本不可避免地會隱含着主觀的、倫理的和意識形態的要素，這就是說，理論預設或歷史哲學是任何一種歷史文本的內在核心，因而，傳統意義上那種不以人的意志為轉移的客觀歷史只能作為一個理論假設來協助我們的歷史研究，我們可以將它視為歷史學家在學術研究中一直抱有懷疑精神的思想來源，卻不能借它來限制多元化的歷史表現，更不能自認為已經達到了所謂的客觀歷史而對他人的研究採取盲目拒斥的態度。」[2] 這一看法是很中肯的，通過指出後現代主義歷史學傾向於解構的特定對象而申明了後現代史學思潮的現實意義。不過，後現代史學理論似乎比前述評論

---

❶ 彭剛：《從「敘事實體」到「歷史經驗」——由安克斯密特看當代西方史學理論的新趨向》，《歷史研究》，2009 年第 1 期；並參看彭剛：《當代西方史學理論中的安克斯密特》，《史學理論研究》，2011 年第 3 期。案，安克斯密特不是實踐歷史家，他的研究主要是在分析被視為歷史學家的他人工作的某些特性，落實其主張提示的取向後的歷史書寫究竟會如何，則因為其論說本身帶有的模糊性而難以評論。他的理論主張幾度變化，也當與其模糊性有關。

❷ 陳新：《從後現代主義史學到公眾史學》，《史學理論研究》，2010 年第 1 期。

所見走得要遠一些。或者說，它在為自身在歷史學廣大範圍中謀取一個局部立足點的時候，呈現出或者在評論者的重述中呈現出一種兜底改造歷史學的氣勢。

從實踐方面看，學者們一般將與後現代史學關聯緊密的新文化史歸結為兩點。「一是強調歷史的建構性和意義的破解與詮釋而不是因果解釋，二是較多引入人類學的深描法和後現代的敘事理論，力圖通過細節刻畫和敘事來重現文化現象及其意義。」[1]作為個體學者、個別流派研究的具體方案，這兩個特色取向清晰而新穎，具有明顯的開拓意義，也會帶來具有新意的研究結果。但是如果有讀者習慣了凝視西方來把脈歷史學的動向，或者尚未徹底擺脫線性發展的歷史意識，這些特色就會被理解成不僅是新文化史家的選擇，也提示歷史學的基本方向。而一旦在歷史學整體方向的語境中來看，也就是如果追問這兩個特色是不是構成歷史學的基本方向，那麼就需要回答一些反向的問題：在承認建構性在歷史學中的角色前提下，建構性有沒有極限，極限在哪裏？意義的破解與詮釋極大程度上取決於破解與詮釋者的知識、立場、視角、目標、工作方式、預設，如何判定同一歷史內容的不同破解與詮釋何者更為可取？歷史現象中到底有沒有因果關係？歷史研究還要不要處理因果關係？如果不要，是因為歷史中沒有因果關係，還是歷史中的因果都已經被說明，還是歷史學根本無法揭示因果？還是歷史中雖有因果關係但並不重要？人類學的深描法適用於處理歷史學的哪些問題，還是適用於處理歷史學的所有問題？深描到何等成色還依然是歷史學的書寫方式？後現代敘事理論——如海登・懷特的理論——是不是嚴謹有效的歷史敘事理論？細節刻畫自然有益於呈現細節，歷史中的大關節又怎樣處理？等等。倡導新文化史的學者自己並未提出這樣的問題，當然也不曾正面來解釋這樣的問題。

---

❶ 余新忠：《新文化史視野下的史料探論》，《歷史研究》，2014 年第 6 期。

歷史學家的工作總會涉及歷史的進步、發展之類概念，也無法迴避對於「宏大」問題的理解，而進步和宏大敍事都是後現代主義史學理論着力解構的對象。歷史進步論在啟蒙理性發展過程中出現的一些思潮中被僵化為意識形態，從而成為一種絕對化的思想束縛。歐洲思想界在 20 世紀中葉以後就有人對這種意識形態展開批評。其中，英國學者約翰・伯瑞（John Bagnell Bury）的《進步的觀念》系統闡述了進步觀念作為對歷史的一種闡釋和一種現實的行為哲學的歷程和含義。[1] 雖然進步的觀念不斷受到新思潮的衝擊，但歷史學畢竟還是要面對人類以往經驗中實現的各種各樣的進展情況。比如，農業的發生相對於先前的採集生產和生活方式帶來生存能力的提高，通過科學認識到早先的關於地球處於宇宙中心的看法並不成立，盤尼西林發現並用於醫藥，電子計算機比算盤及任何先期就有的計算器具計算速度更快，裝備電燈、空調的房屋比「山頂洞人」遺址更有利於人的存活，等等。「進步」作為一個用來描述人類社會的一些升級現象的詞彙並非毫無經驗基礎。進步歷史觀的問題在於其絕對化 —— 進步在一種將人類歷史視為具有高度統一性路徑的單線歷程的恒定本質，證明這種絕對化的問題並不等於否證人類歷史上確有進步現象。一些可以被用「進步」來指稱的現象無論如何是歷史研究的對象。反對任何一種具體的歷史進步論都可能具有合理性，取決於那種論說的邏輯如何，但考察人類歷史上的進步現象依然是歷史研究的應有之義。

所謂「宏大敍事」問題與此類似。敍事作為一種歷史書寫的手段，無論宏大還是細微，都不帶有原罪，其有效性取決於所敍述問題的性質和書寫的目標。只有在特指某些宏大敍事方式的缺陷時，如在分析單線發展的歷史進程觀念時 —— 這種觀念的問題不在於「宏大」而在於「絕對」即把一切歷史現象納入一個囊括一切的必然發展歷程中，相關的批

---

❶ 約翰・伯瑞著，范祥濤譯：《進步的觀念》，上海：上海三聯書店，2005 年。

評才是富有成效的。正是因為後現代主義批評疏於分辨，有意或無意間營造了「宏大敍事」的原罪，刻意反其道而為之的歷史研究才會遭遇「碎片化」的質疑。充分肯定後現代主義史學理論貢獻但亦保持對後現代主義史學理論審視態度的伊格爾斯曾經說過：「如果一個人希望使那些無名氏免於湮沒無聞，就需要一種從概念上和方法論上對歷史的新探究，以便不再把歷史視為一個統一的過程、一個許多個人都湮沒不彰的宏大敍事，而將其視為一個伴隨着許多個人中心的多側面的流動。現在所關注的不是一個歷史（history），而是多個歷史（histories），或者多個故事（stories）則更好。」[1] 伊格爾斯在這裏提出的是關於補償宏大敍事缺陷的新的書寫策略，所以歷史不能由一個統一的文本來書寫完成，需要有多個書寫文本。其中卻並不包含宏大敍事本身應該根本被禁絕的主張，也不包含唯有細節的書寫才能構成合理的歷史書寫方式的主張。其實，宏大敍事並不是現代史學獨有的，也並不是唯有啟蒙理性會帶來宏大敍事。歷史上主題、視野較大的史書，都會因為主導線索和文本統一性與文字規模的權衡，以及敍事理念的一致性而成為具有宏大敍事性質的文本，撰著者特定的歷史和社會觀念都會貫徹始終。中國史籍書寫中的獎善罰惡、通天人之際、以史為鑒、展現治亂興衰之跡等等，都是宏大敍事的骨架，《春秋》、《史記》、《資治通鑒》無一例外。西方歷史學中，比如愛德華·吉本（Edward Gibbon）的《羅馬帝國衰亡史》，也是宏大敍事。以後來的觀念衡量，這些宏大敍事都帶有偏見、遺漏，甚至謬誤，但都是不朽的歷史學著作。在任何尺度下衡量都周至的史書是不可能書寫出來的，宏大敍事作為一種書寫方式或者策略，不是沒有缺陷，但有其價值。美國學者阿里夫·德里克在評論20世紀後期美國中國史研究的各種範式的時候曾指出後殖民主義和後現代主義研究範式的缺陷：「後殖民和後現代範式因其十足的偶然性、

---

[1] G. G. Iggers, *Historiography in Twentieth Century*: *From Scientific Objectivity to the Postmodern Challenge*, Wesleyan University Press, 1997, p.103.

強調地方性，以及面對方法論上的個人主義和歷史經驗主義時的脆弱性而缺乏連貫性。」[1] 這些缺陷正是後殖民主義和後現代主義批評現代主義史學時憑藉的武器。宏大有宏大的價值，精微有精微的價值，都可以成為寫作的策略，只要不聲稱一部史書就體現出了歷史書寫的全部可能性，就不是大問題。現代史學的「宏大敘事」之問題不在於宏大，而在於其所呈現的具體歷史中貫徹的那些觀念具有局限性，在於其往往以唯一真理的方式來呈現那種宏大。

被後殖民主義、後現代主義論者經常引用的薩義德關於「東方主義」的論說也在追求理解的一致性。例如他說：「我研究東方學的目的主要不是為了考察東方學與東方之間的對應關係，而是為了考察東方學的內在一致性以及它對東方的看法……」[2] 他在就後現代主義和後殖民主義的差別提出看法時還講到，後現代主義有歐洲中心論、輕視歷史、碎片化的傾向，而後殖民主義的基本問題則是宏大的：「首先，前者中存在着更嚴重的歐洲中心論傾向，其理論和審美重心嚴重地向局部和偶發問題傾斜，認為歷史只不過是無足輕重的裝飾物，強調碎片的拼貼和消費主義。最早關注後殖民的是像安沃爾‧阿卜德爾‧馬勒克、薩米爾‧阿民（Samir Amin）和詹姆斯（C. L. James）這樣的著名思想家，幾乎所有的人都將其理論建立在對霸權和控制進行研究的基礎之上，其出發點要麼是已經實現的政治獨立或者是仍然沒有完成的民族解放計劃。然而，儘管後現代主義在其最著名的提綱挈領式的陳述（比如讓 - 弗朗索瓦‧利奧塔 [Jean-Francois Lyotard] 的）中強調的是解放和啟蒙這類宏偉敘事的消失，但第一代後殖民主義藝術家和學者卻大多強調的是與此相反的東西：那些宏偉敘事仍然存在，儘管其執行和實現目前受到了懸擱、推延或阻遏。後殖民主義急迫的政治歷史要求與後現代主義對此類問題的相對漠視之間的重大差異使二者採

---

❶ 阿里夫‧德里克：《歐洲中心霸權和民族主義之間的中國歷史》，《近代史研究》，2007 年第 2 期。

❷ 愛德華‧W‧薩義德著，王宇根譯：《東方學》，第 7 頁。

用了截然不同的方法，產生了截然不同的結果，儘管二者之間實際上存在着一定程度的疊合……」[1]

無論在歐洲還是亞洲，後現代歷史學都引發了其導致歷史學「碎片化」的批評。但所謂「碎片化」連同對「碎片化」的批評一起，常常是被簡單化地提出和理解的。那種意識形態化的宏大敍事的根本問題是在理解歷史總體觀念層面機械地將歷史設定為高度統一化、規律化並通常是綫性的發展過程，並不在於單一歷史學家或單一歷史著作敍事方式採取了宏大的選題和概括性的敍述方式。如前所說，選題規模和敍述方式取決於具體著作文本的目標，而任何一個實踐歷史學家都不會誤以為某個單一文本可以完美地體現整個歷史。歷史學家，尤其是中國的傳統歷史學家，為了不同方式的歷史書寫文本並存互補而發展起了複雜的史書體裁體例系統，可惜西方歷史哲學家們從來沒有真正了解這一系統。所以，通過迴避宏大選題和概括性的敍述方式來克服意識形態化的宏大敍事始終是不得要領的。就單一歷史學家或單一歷史書寫文本來說，除非完全不考慮文本的規模，宏大與充分的細節可以實現較好的平衡但卻難以完美兼顧，前者宜於揭示透視的要點，後者宜於展現具體的情境。即使意識形態化的宏大敍事作為一種歷史觀念，也並不禁絕對於細節的書寫，歷史書寫中的細節從來是被選擇的，可以用來烘托任何書寫者擬定要表達的思想，包括意識形態化的思想，也可以包括後現代思潮所要表達的思想。後現代主義歷史學興起之前的歷史學，尤其是極度科學化的歷史學，固然偏重於論證普遍性的法則，但是也並非全然否定細節書寫的意義，這個問題是被批評者誇大了的。歷史的細節與歷史的經驗中的結構性關係都是歷史研究的合法內容，強調書寫細節，只能實現對以往歷史思考和書寫偏重的一種有意義的均衡，卻不能完成對意識形態化歷史觀的批判，更沒有允當地指示出歷史學的基本方向。在這個意義上，

---

❶ 愛德華・W・薩義德著，王宇根譯：《東方學》，第 450 頁。

歷史學的「碎片化」也只有達到某種「主義」程度的時候才值得全力批評，否則根本不足過慮。只有在歷史哲學的層面認為歷史學就是要僅僅關注細節而可以否定或者無視宏觀的結構與關係的主張才是對於歷史學的威脅，任何歷史研究者去關注細節都不是問題，碎片可以被連綴起來，沒有哪個歷史學家無需細節就可以真正了解宏大的結構與關係，歷史研究從來不是一個人的事情。所以，研究細節者不可菲薄研究宏觀結構與關係者，反之亦是。

後現代史學理論在申明自己主張的時候，高頻率使用「轉向」（turn）這個詞彙。歷史學從來沒有像在 20 世紀後期以來那樣被頻繁宣佈發生「轉向」。從由上而下的歷史轉向成為由下而上的歷史；科學歷史學轉向為藝術甚至語言學的歷史學；政治史轉向社會史；社會史轉向新文化史；結構與因果的研究轉向情節敘事的回歸；實存歷史的研究轉向歷史學家自己所使用的概念與話語的研究；從閣樓轉向底層，再從底層轉向閣樓。雖然這不停的轉向並非全部都由後現代主義所推動，但後現代歷史學是這種高頻率使用「轉向」話語的主要推手，並且借諸這種「轉向」話語帶來的新異感而吸引了大批求新心切的讀者。社會史轉向、人類學轉向、語言學轉向、文化轉向、記憶轉向、敘事轉向……這些朗朗上口的判斷不斷被公佈出來，歷史學的畫風像時尚發佈會一般不斷改變，而大量實踐歷史學家卻不為所動，公佈發生了轉向的人們也不屑去說明，那些不肯轉向的歷史研究者們的工作是否還具有任何意義。如果那些轉向是部分歷史學家或者歷史學理論家的選擇而其他歷史學家的工作依然具有合理性和必要，「轉向」就並不是「歷史學」的，而是轉向者自己的。歷史學不是一匹奔馳的馬，在特定時刻只能有一個方向，而是無數學者分頭從事的研究活動。除了研究的都是「歷史」以外，這些歷史學家們從來沒有走在同一個方向上。即使是具有最大影響力的所謂「現代歷史學」，雖然共享一些觀念，無論在研究的問題指向意義上，在工作方法上，在評價尺度上，也從來是極大差異化的。在亞洲四國的歷史學中就可以看到諸多差異，如果在世界各國

歷史學的視域來看，差異無疑更加顯著。在這種情況下，沒有哪個人或者學術群體代表歷史學的方向，那種旁若無人地宣佈歷史學發生了「XX 轉向」的做法，反映的從來不是歷史學的事實，是言說者自己的誇張，甚至可能是一種傲慢。

所謂「記憶的轉向」可以作為一個例子。[1] 在 20 世紀較早時期就曾研究集體記憶的法國社會學家莫里斯·哈布瓦赫（Maurice Halbwachs）認為，「歷史通常始於傳統中止的那一刻 —— 始於社會記憶淡化和分崩離析的那一刻。只要回憶還存在，就沒有必要以文字的形式將其確立下來，甚至根本沒有確立的必要。同樣，只有當一段時期的歷史、一個社會的歷史乃至於某個人的歷史處於太遙遠的過去，以至於人們不能指望在他們的生活環境裏還能找出許多對那些歷史至少還有一點回憶的見證人時，我們才需要將這些歷史寫下來。」[2] 這樣來理解的記憶是狹義的作為心理現象的記憶，這樣的記憶看去可以與歷史 —— 其實是歷史書寫 —— 分開來談論，但是即使心理中的記憶與防止其消失的努力也在歷史書寫開始之前就開始了。人類很早就發現了當下清楚的記憶會隨着時間流逝而淡化乃至消失，即遺忘，所以會用類似結繩記事、做出路標等等各種方式將其固化或者方便追溯。到人們需要將非常複雜的經驗記憶下來並且文字等其他條件也具備的時候，就漸漸形成了人類歷史的書寫。這時，記憶成為了一種理性行為而不是簡單的心理過程。人們會在社會活動、事件發生的時候，也就是記憶沒有消失的時候，就開始以文字乃至其他方式將之記錄下來以防遺忘。檔案可能比規範的歷史書寫發生得要早，體現的就是保存記憶的自覺性。記憶作為心理現象，自然發生；歷史書寫是社會行為，不能自然發生，是人故意將心理活動延伸與確定化、可查核化、擴展容量的活動。歷史書寫具有保持記憶的功能，

---

❶ 參看彭剛：《歷史記憶與歷史書寫 —— 史學理論視野下的「記憶的轉向」》，《史學史研究》，2014 年第 2 期。

❷ 莫里斯·哈布瓦赫：《集體記憶》，載阿斯特莉特·埃爾、馮亞琳主編，余傳玲等譯：《文化記憶理論讀本》，北京：北京大學出版社，2012 年，第 87 頁。

因而也是社會化的記憶的一種理性方式。因此，將記憶放置到心理現象的一角而將歷史當作與之對立的活動，是不妥當的。這樣的分析其實是假定歷史家的工作永遠是單個人的行為，而歷史家的工作卻是社會性的，人類對於經驗記取的實踐也是連續的。在歷史學已經成為傳統的時代，人們更懂得要為未來的人們保留信息，並沒有什麼確定的東西決定歷史學家的工作永遠無法超越個人直接經驗的局限。而且，歷史記憶不僅是歷史家的書寫所獨佔的事情，所有的碑刻和紀念性建築都在營建記憶，關注的都是後人的知識和評價，是在想像中試圖在同類中進入意義永恆的努力，是一種塑造時人與後人精神及其關聯性的行為，也是一種超越個體死亡的努力。哈布瓦赫所說的與歷史書寫分離的心理性記憶，在過去的歷史學中可能不受重視，但並沒有被完全否認，比如司馬遷書寫歷史的時候就曾網羅放失舊聞，並沒有限於採擇被書寫的關於過去的信息。人類學家、社會學家的田野工作，發展起專門化的搜集心理性記憶的工作方式，從而使得歷史資訊的來源可以大規模地擴展，這是一個貢獻，尤其是對於當代史的研究是一種貢獻。但即便對心理記憶的高度注重的確是有意義的，也不至於認為相關的認識根本改變了歷史學的性質。而且，心理記憶具有難以避免的不穩定性和難以覆核性，在歷史研究中是一種需要非常謹慎把握的資訊。

在所有「轉向」中，「語言學轉向」表述帶有最強的哲學色彩，也帶來對於歷史學而言最實質性的挑戰。這種說法的依據之一經常被表述為來自瑞士語言學家索緒爾（Ferdinand De Saussure）的說法。索緒爾是當今世界語言學理論的主要奠基人，並因為其所含符號學思想而對結構主義人類學、社會學、文藝批評也產生了頗深的影響。他一生發表著作極少，思想主要體現在根據其學生聆聽他在20世紀初年的授課所做筆記整理彙編而成的《一般語言學教程》或稱《普通語言學教程》中。趙世瑜曾把索緒爾的主要主張做這樣的概括：「語言構成了一個封閉的、具有語法結構的自組織系統；語言不是連接意義的手段和意義的單元，相反，意義是語言的功能。或者說，人無法用語言來傳達他的思想，而是語言

決定了人之所想。」[1] 趙世瑜分析指出：「從此角度出發，文本與外部的真實沒有關係，而是包含在它自身之中，所以巴爾特認為，由於文本並無涉真實，所以真實與虛構之間就沒有差別。此外，文本看起來不僅獨立於外部世界，而且獨立於它的作者。」[2] 對於這樣具有衝擊力的說法，離開了言說者的問題和語境，很難判斷其確切的含義，但已見談論索緒爾該說法的歷史學家都沒有提供具體的引述信息，在《一般語言學教程》的中英文本中找尋，也並沒有確定的結果 —— 這裏並不能絕對排除遺漏未見的可能性。不過，在美國學者 J. 卡勒（Jonathan Culler）1975 年完成的關於索緒爾的研究著作中能看到可能相關的說法。他將索緒爾思想判定為是「現代主義」的，並稱這種現代主義的特點，是放棄尋求一種絕對的或權威的看法，選擇一種角度通過所研究對象之間的關係而不是其各自的本質來考察貌似混亂的現代世界現象。[3] 注意，這與現在流行的關於「現代主義」的理解不同。他在介紹索緒爾語言學理論時說到：「語言是形式，不是物質。語言是由互相聯繫着的價值構成的系統。分析語言就是揭示出構成語言現狀的價值異同。言語是從正面用聲音表達意義的延續行為。與此相反，語言系統是由對立或差別構成的。分析者的任務就是發現這些功能性的差別。」[4]「語言中最重要的，是在社會中表示意義的差別和關係。」[5]「語言學家研究的不是大量的聲音序列，而是由社會慣例構成的系統。」[6] 從這些轉述的說法看，索緒爾是認為語言本是由價值構成的系統，當然是承載意義的，而且表示意義是其最重要的性質。卡勒書中轉引了索緒爾的這樣一段話：「可以斷言，沒有任何東西可以永

❶ 趙世瑜：《傳說·歷史·歷史記憶 —— 從 20 世紀的新史學到後現代史學》，《中國社會科學》，2003 年第 2 期。
❷ 參看趙世瑜：《傳說·歷史·歷史記憶 —— 從 20 世紀的新史學到後現代史學》，《中國社會科學》，2003 年第 2 期。
❸ J·卡勒著，張景智譯：《索緒爾》序言，北京：中國社會科學出版社，1989 年，第 3 頁。
❹ J·卡勒著，張景智譯：《索緒爾》，第 57 頁。
❺ J·卡勒著，張景智譯：《索緒爾》，第 65 頁。
❻ J·卡勒著，張景智譯：《索緒爾》，第 66 頁。

遠存在於任何一個語言成分之中。這是語言的根本規律。其直接的原因在於，語言符號與所表示的東西沒有聯繫。因此，如果沒有 b 的幫助，a 就不能表示任何東西，反過來也是如此。換句話說，只有通過 a 和 b 的差別才能體現他們的價值。如果沒有這種由反面的差別構成的關係網，不管 a 和 b 的組成成分是什麼，也不會產生價值。」[1] 就這一段與前述後現代主義史學論說轉述的索緒爾觀點比照，形似而實非。索緒爾這裏的本意是講語言的意義必須在關係中體現出來，絕不是否定語言承載意義。在索緒爾的教程裏，可以更清晰看到關於語言承載意義的表述，如稱語言「是一種符號系統；在這系統裏，只有意義和音響形象的結合是主要的……」[2]「語言是一種社會制度」；「語言是一種表達觀念的符號系統」；[3]「語言是一個純粹的價值系統……它在任何時候都要取決於同時代的價值系統。」[4] 此外，我們還需要注意索緒爾對於語言和言語（parole）的區分。前者是符號系統而後者是表達行為，「語言不是說話者的一種功能，它是個人被動地記錄下來的產物；它從來不需要什麼深思熟慮，思考也只是為了分類的活動才插進手來……」「相反，言語卻是個人的一致和智能的行為，其中應該區別開：（1）說話者賴以運用語言規則表達他的個人思想的組合；（2）使他有可能把這些組合表露出來的心理·物理機構。」[5]「語言既是言語的工具，又是言語的產物。」[6] 也就是說，語言是由形式構成的系統，而言語是實際的話，是依賴於語言形態的表達思想的行為，「在言語行為中，講話者選擇語言系統的成分，並且把它們結

---

❶ J·卡勒著，張景智譯：《索緒爾》，第 66-67 頁。原注該段引文「引自《費·德·索緒爾未發表的筆記》刊於《費迪南·德·索緒爾研究集刊》（*Cahiers Ferdinand de Saussure*）第 12 輯（1954），第 63 頁」。

❷ 費爾迪南·德·索緒爾著，高名凱譯：《普通語言學教程》，北京：商務印書館，1999 年，第 36 頁。

❸ 費爾迪南·德·索緒爾著，高名凱譯：《普通語言學教程》，第 37 頁。

❹ 費爾迪南·德·索緒爾著，高名凱譯：《普通語言學教程》，第 118 頁。

❺ 費爾迪南·德·索緒爾著，高名凱譯：《普通語言學教程》，第 35 頁。

❻ 費爾迪南·德·索緒爾著，高名凱譯：《普通語言學教程》，第 41 頁。

合起來，賦予這些形式以具體的聲音和心理作用，即語音和語義。」[1] 所以，句子不屬於語言系統而是言語現象。[2] 語言通過言語行為傳達意義。後現代史學家在這裏似乎沒有介意這一區別 —— 他們所說的所謂「語言學轉向」即使是成立的，也應該稱為「言語的轉向」，而在索緒爾那裏，言語卻又顯然是承載和傳達意義的。而且，索緒爾的語言學以研究口語為主，並非以書面語為主：「語言學的對象不是書寫的詞和口說的詞的結合，而是由後者單獨構成的」[3] —— 這意味着即使索緒爾的確表達過前文提到的後現代主義史學家提到的那個意思，他關於語言性質的理論也還不是關於「文本」性質的判斷。而且他在談到文字的時候指出，只有兩種文字體系，一種是表意體系，另一種是表音體系。前者以漢字為典範，在這種文字中，一個詞用一個符號表示，「這個符號和整個詞發生關係，因此也就間接地和它所表達的觀念發生關係。」[4] 那麼表意文字無疑是承載意義的。「對漢人來說，表意字和口說的詞都是觀念的符號。」[5] 而且，前文提到的那個極有可能被曲解了的索緒爾說法在歷史學意義上來說其實非常模糊，並不構成一種自洽的邏輯。因為，即使在「意義是語言的功能」這樣一個陳述基礎上，也並不能導出人無法用語言來傳達思想的結論。自語言產生以來，人就在使用語言來傳達思想，而不僅是用語言來傳達語言本身，也使用語言之外的手段來傳達思想。按照引述者的說法，索緒爾理論的對象是語言和思想的關係，並不限於語言和歷史思想的關係，因而其理論如果成立，就不僅「解構」了歷史學中的意義，同樣解構了自然科學、哲學、文學中的意義。如果所有使用語言的學科

---

❶ J・卡勒著，張景智譯：《索緒爾》，第 33-34 頁。
❷ 費爾迪南・德・索緒爾著，高名凱譯：《普通語言學教程》，第 172 頁；J・卡勒著，張景智譯：《索緒爾》，第 113 頁。
❸ 費爾迪南・德・索緒爾著，高名凱譯：《普通語言學教程》，第 47-48 頁。
❹ 費爾迪南・德・索緒爾著，高名凱譯：《普通語言學教程》，第 50-51 頁。
❺ 費爾迪南・德・索緒爾著，高名凱譯：《普通語言學教程》，第 51 頁。索緒爾在同節說到「我們研究的將只限於表音體系，特別是只限於今天使用的以希臘字母為原始型的體系。」因為漢字作為表意體系比表音體系更明確地承載意義，這一點便是一個提示，即使索緒爾思想果真可以支持後現代史學的前述論説，也不能涵蓋以漢字書寫的歷史著作。

領域都承認了這種理論，人類知識系統已然全面顛覆，而事實顯然不是如此。從索緒爾到歷史學，還有很多環節沒有打通，在這種情況下歷史哲學家們捷足先登，毋乃操之過急？況且，語言和思想的關係如此，後現代主義的表達也就同樣不再是思想，而是早就已經形成了的語言，至多是語言的重構而已，又意味着怎樣的必要性或者創見，又何必以新思想自居呢？即使按照後現代主義歷史學所主張的那樣，把歷史學家的寫作視為「文學虛構」，那也滿足不了索緒爾理論的解構目的，因為文學也在用語言表達思想，只不過是用「虛構」的方式來表達思想而已，「虛構」的是情節，並不是思想。敍述離不開語言，也離不開思想，難道是語言自己在為人類呈現出繽紛多彩的文學嗎？哪一個文學家曾經宣稱自己用語言所完成的創作不是在表達思想呢？哪一個文學家宣稱自己的創作只是語言自身支配着自己來完成的呢？其實，歷史學家並非沒有從索緒爾啟發的語言解構思路獲得啟示，關於歷史學的所有觀念都經歷過語言構建的作用，所有歷史學的文本都可以解讀出比表層更複雜的含義，以及所有歷史學的話語裏都包含廣義政治性意圖等看法，都藉助於這種思路而被闡述得更尖銳了。但是所有這些看法，因為都在用語言表達思想，所以按照前述索緒爾關於語言和思想的關係理論都是不可能的事情。因此，歷史學家即使去解構文本也還是不解決索緒爾難題。趙世瑜在這裏看出了問題，他引用伊格爾斯的話表示，並沒有許多人認同福柯「真實並不存在，存在只是語言」的極端說法，多數人還是同意說「語言的差異構成了社會，同時社會的差異也構成了語言」。[1] 所以，所謂「語言學轉向」是一種遠未自圓其說的說法。

在海登・懷特那裏，這種誇張獲得了更直接的歷史學意味。關於海登・懷特對於歷史真實的態度，陳新指出：「懷特沒有太多地糾纏於史實的真實性，這並不意味着他不在意歷史學家辛勤考證而尋求的具體歷史

---

[1] 趙世瑜：《傳說・歷史・歷史記憶——從 20 世紀的新史學到後現代史學》，《中國社會科學》，2003 年第 2 期。

細節的真實性，或者說要將內容的真實從此排除在歷史哲學討論之外，而是因為他認為傳統認識論的真理觀能夠恰當地說明史實的真實性問題，因此無須過多重複；相反，作為整體的歷史文本的真實性卻被人們忽略已久。」[1] 這是說，懷特無意於顛覆傳統認識論的真理觀，他所做的不過是在傳統認識論真理觀的基礎上補充關於作為整體的歷史文本的真實性的分析。這看去是一種很溫和的態度，但是如果歷史學家通過研究所產出的文本一定要被「作為整體」來看其真實性，那麼其實根本用不着如懷特那樣複雜的哲學，可以從邏輯和概率的意義上直接判定：沒有一個文本是真實的。因為首先，這意味着，任何一個文本如果包含了哪怕僅僅一個不真實之處，判定整體文本為真實的就是錯誤的了 —— 一隻黑天鵝就足以否證「凡天鵝皆白」這樣的全稱肯定判斷。在這種要麼徹底為真，要麼徹底為假的處境下，所有文本都只能面對真實退避三舍。其次，「文本」根本不應該用「真實」與否來衡量，文本是作者的產物且作為作者的產物文本永遠是真實的，只有其內容相對於事實的時候，才產生真實與否的問題，其實是文本是否符合事實的問題。後現代主義者在關於「事實」的問題上經常閃爍其詞。如果歷史學家所使用的語言 —— 其實是任何研究人文和社會的學者的語言 —— 包含了隱喻等帶有主觀、價值色彩的成分就會消解用這種語言所構成的文本的真實性，那麼任何文本的真實性都要被否決。也就是說，懷特的結論，已經包含在他的方法論裏面了 —— 只要接受他關於文本整體性的預設，關於真實性的回答就一定走向他的結論。這是一種循環論證。進一步說，歷史研究的意義果真要在把文本當作整體的前提下審視其真偽嗎？古往今來，所有歷史學家產生的文本都包含部分真實而又同時包含部分不真實，哲學家的文本又何嘗不是如此？歷史學家的文本的確是可以作為整體來審視的，但那時審視的不是真實與否，而是文本形式與結構表達思想的

---

❶ 陳新：《歷史·比喻·想像》，《史學理論研究》，2005 年第 2 期。

有效性和藝術性。任何有規模的文本之真實性，必須在分析的視角下審視。其實，懷特雖然把重心指向文本的整體性，但是其審視的方式，也還是要分析，不過是把分析指向了修辭方式而已。

王晴佳筆下的海登·懷特對歷史學內容的真實性持更否定的態度。他指出：「懷特寫作《元史學：19世紀歐洲的歷史想像》，讓他得以進一步闡述他在《歷史的解釋》等論文中提出的歷史敍述等於歷史解釋的觀點。」「在《元史學：19世紀歐洲的歷史想像》中，他借用了弗萊的論點，指出歷史書寫其實就是一種『言語結構』，但弗萊說的是小說，而懷特則指歷史著作，完全將史學與文學相等同……」「懷特將歷史書寫與歷史解釋完全等同，並重申一種敍述形式和另一種敍述形式之間沒有好壞之差，也即歷史著述並無真假，只是語言結構的表現形式不同……」「懷特指出，對於歷史書寫而言，反映歷史真相其實沒有那麼重要；一部歷史著作敍述的故事，往往讓人更注意其描寫的風格而不是其描寫的內容。」[1] 簡要地說，歷史敍述一定包含解釋，卻不等於解釋。因為在不能分辨歷史真實的情況下，歷史解釋是完全隨意的，隨意的解釋雖然是解釋卻不是歷史解釋。歷史書寫是否反映歷史真相是至關重要的，讀者更容易注意書寫的風格這一點，絲毫不證明歷史書寫反映歷史真實是不重要的。因為那只是一種市場營銷的邏輯，這種邏輯如果成立，歷史學家們就不要爭論了，銷售統計是更容易獲得結論的。

彭剛在評論海登·懷特《元史學：十九世紀歐洲的歷史想像》所代表的後現代敍事主義思想內涵的時候指出，所謂歷史學的「語言學轉向」、「敍事的轉向」、「修辭的轉向」雖然各有側重，但內涵大同小異，根本的理論特徵，「就在於它將歷史學徹底地文本化」。其基本理由已見於前文，主要是歷史學家研究過去時只能依賴文本，「文本性」是歷史學家全部工作無法逾越的藩籬；歷史學家使用的語言具有不透明性，無法

---

[1] 王晴佳：《歷史等於歷史學：海登·懷特治史主旨簡述》，《北方論叢》，2020年第2期。

避免將自己的價值判斷、倫理立場、政治傾向、審美偏好滲透在自己的文本中。在做了這樣的概括之後，彭剛指出，「可是，一旦將歷史學文本化，就難免會將歷史實在放入括號中，存而不論。典型的情形就是，安克斯密特雖然沒有否認『過去』的存在，卻認為那『在認識論上而言是一個無用的概念』。倘若在理論上放棄了歷史實在對歷史文本的約束作用，歷史研究的客觀性就喪失了根基，相對主義就成了必然的宿命。」[1] 這一分析是切中要害的。我們還可以略做補充。首先，懷特指出歷史學與文本之間的密切關係是有意義的，但是將歷史學「徹底地文本化」否定了歷史學在文本以外獲取資訊的任何可能性，也在一定程度上歪曲了歷史學的性質。僅在懷特思路方向而言，歷史學研究的過去在表面看對於歷史學家是「缺席」的，但在深層意義上卻又是「在場」的。這種在場根本上說體現在歷史家研究的過去與其置身其中的現實之間的關聯，如果沒有這種關聯，歷史學本身就無需存在，所謂「一切歷史都是當代史」、「一切歷史都是思想史」也成為空話。這種在場的直接表現，是歷史後果，過去發生的事情對於後來的情況產生影響。比如啟蒙運動、第二次世界大戰、「冷戰」等等，深刻影響着當下人的生活。海登・懷特自己的思想方式和傾向，也與他「過去」經歷所造成的影響密切相關，這在他自己的回溯中可以看得非常清楚。心態史學用童年期經歷來解釋成年人行為的方式也隱含着對過去以非文本方式在場的肯定。距今久遠的「過去」對於當下的影響一般而言會是遞減的，但也並非不存在。這個問題以及「過去」在場的其他表現比較複雜，留待後面再加討論。總之歷史家研究的「過去」絕對不在場的說法，是一種表面化的看法。用歷史家語言的不透明性來將歷史學徹底地文本化也是一種含糊其詞的說法，這在前面關於「語言學轉向」的討論中已經說明。可以比以往更多地注

---

[1] 參見彭剛：《敘事主義史學理論概說》，《歷史研究》，2013 年第 5 期。彭文內引安克斯密特語出自 Frank Ankersmit, "Reply to Professor Zagorin", in Brian Fay, Philip Pomper and Richard T. Vann, eds., *History and Theory, Contemporary Readings*, Malden: Blackwell Publishers, 1998, p.212.

意歷史家工作中文本的角色，但歷史學不應該也不可能被拘禁在徹底文本化的思維中。突破牢籠，不應以陷入新的牢籠為代價。

懷特的「元史學」主要包含下述主張：「沒有什麼確定無疑的理論基礎能夠讓人們有理由聲稱，［歷史學的］這些模式中的任何一種具有比其他模式更加『實在』的權威性……其結果就是，我們在致力於反思一般歷史時，注定了要在相互競爭的解釋策略之間作出選擇……由此得出的推論是，選擇某種歷史圖景而非另外一種的最好的理由，歸根結底乃是審美的或道德的，而非認識論的。」[1]彭剛就此評論道：「懷特否定了有任何實在和認知的基礎，來在對於同一對象的不同歷史敘事之間作出評判和選擇，他在『解構所謂歷史科學的神話』的同時，也否定了歷史學的客觀性。」[2]這一評價恰中要害。

懷特將歷史學徹底文本化的邏輯後果之一，是歷史研究的徹底形式化，歷史家對於其所研究的「過去」的認知如何被視為完全不相干，評價的尺度因而全部落入美學和倫理學範圍。就此而言，批評懷特把歷史學與文學混淆在了一起，懷特無以推辭。彭剛對懷特的主張做出過進一步的評論：「敘事主義從考察歷史文本的特性出發，深化了我們對於歷史學家工作性質的認識。只要歷史學還是如同懷特所認可的那樣是一門技藝性（craft-like）的學科，我們就得承認：歷史實在雖然無從直接碰觸，它卻無處不在地通過歷史證據，制約着歷史學家對過去的理解和建構。只要還認可歷史學通過長期的發展過程而積累起來的學術規則和研究程式，還承認歷史學有其特殊的『技藝』，只要『真實不偽依然被歷史學家普遍視作一項基本的約束法則』，求真和客觀，就依然是歷史學所無法放棄的工作準則和價值追求。畢竟，歷史學家的工作，從始至終都要受到通過歷史證據而呈現出來的歷史實在的束縛；歷史學家針對特定的

---

❶ 海登·懷特：《元史學：19 世紀歐洲的歷史想像》（Hayden White. *Metahistory, The Historical Imagination in Nineteenth-Century Europe*, Baltimore: The Johns Hopkins University Press, 1973, p.xii.

❷ 彭剛：《相對主義、敘事主義與歷史學客觀性問題》，《清華大學學報》，2008 年第 6 期。

論題，在史實的選擇上雖有着自由空間、卻也有着不能逾越的限制；歷史學家針對同一論題雖能够提供諸多不同的歷史圖景，但歷史學家的學術共同體對於其間的高下優劣卻也往往能够達成共識。就此而論，雖然在經歷敍事主義的衝擊之後，『真理（相）』和『客觀性』等概念，在史學理論中所可能具備的內涵要比過去更為複雜，但卻不是輕易就能被取消或排斥到邊緣的。」[1] 這種回應，體現了對於歷史學本質和底線的堅守。

海登・懷特的敍事主義史學理論啟發了弗蘭克・安克斯密特（Franklin R. Ankersmit），後者在懷特的基礎上進一步發揮，提出歷史表現說。雖然該說看去高深，德國歷史哲學家約恩・呂森（Jorn Rüsen）卻並不贊同。他說：「我與我的朋友弗蘭克・安克斯密特曾長時間地討論這個問題，他認為歷史僅僅是表現，而我認為還不止這一點，歷史同時也是解釋。可以說，它是通過解釋來敍述。區別在於，表現是一種方法上的過程，解釋是論證的過程，你可以使用論據和理論方法，事實上歷史學家與概念甚至是某種理論打交道。這種表現的因素是不可能在藝術中找到的，否則，藝術就成了一種科學。歷史既是科學又是藝術，蘭克也曾清楚地說過這一點。這兩重性質構成了歷史的特徵。」[2] 在呂森看來，歷史文本中的解釋是通過論證來實現的，而論證不是藝術的事情。即使敍事主義者們把「解釋」訴諸文本形式有自己的理路，但畢竟不能否定歷史學中的論證並不能僅僅依靠敍述的文本形式來實現。論證是現代歷史學無法迴避的事情，認識論也是歷史學無法迴避的。

呂森在接受陳新一次採訪的時候簡要分析了海登・懷特思想的淵源，指出懷特繼承了尼采的思想，而呂森自己則受德羅伊森（Johann Gustav Droysen）影響，這二人的思想有多方面的衝突：「比如，德羅伊森主張歷史的真實性，他說歷史思維中的決定性成分是真實性要求。而

---

❶ 彭剛：《敍事主義史學理論概説》，《歷史研究》，2013 年第 5 期。
❷ 陳新：《對歷史與歷史研究的思考——約恩・呂森教授訪談錄》，《史學理論研究》，2004 年第 3 期。

尼采認為，歷史與真實無關。在尼采看來，歷史只是人們藉助於過去的記憶來使他們現在的生活舒適的一種方式。對於歷史思維，德羅伊森運用的是一種強大的認識論方法；而尼采實踐的是一種藝術方法……尼采說歷史是一種藝術；德羅伊森說歷史是一種科學……但是，尼采破壞了作為學科的歷史思維中方法論上理性的決定性成分。他認為方法，這個以學科形式出現的認識的核心成分，並不是接受人類過去的正確途徑。尼采在 19 世紀下半期對歷史研究方法的批評是十分明顯的。他說這一方法是知識自身的產物，它無任何實際用途。人們已經把自己時代歷史定位這些問題拋在腦後了。這種批判說中了一點，但它卻忽略了 19 世紀歷史研究常常具有十分有意義的現實功能，對人類生活是有用的一面。」「歷史思考的邏輯是什麼？它是詩的邏輯還是認識的邏輯，還是思考的邏輯？對我而言，這是毫無疑問的。歷史有一種思維法則，它包括強烈且必要的表現成分以及語言程序的成分，這一點與文學相近，但儘管如此，它不僅僅是文學，它是有明確的真實性要求的認識。這就是我對於關於海登·懷特問題的回答。」[1] 呂森的見解是深刻的。破壞作為學科的歷史學方法論中理性的決定性成分、消解歷史思維對於真實性的要求，這是顛覆歷史學作為一門學科之根本的事情，也是理解懷特敍述主義歷史學的根本。尼采的相關看法曾被薩義德引用，說法是，語言表達的真理不過是「一組靈活變換的隱喻、轉喻和擬人 —— 簡言之，一個人類關係的集合，這些關係以詩性的方式和修辭的方式得到加強、轉置和美飾，並且，在經過長期使用後，對某一民族而言似乎成了牢不可破的、經典性的、不可或缺的東西：真理本質上只是幻象，不過人們經常忘記它的這一幻象本質。」[2] 作為後殖民主義批判思想者的薩義德是在援引支

---

❶ 陳新：《對歷史與歷史研究的思考 —— 約恩·呂森教授訪談錄》，《史學理論研究》，2004 年第 3 期。

❷ 轉引自愛德華·W·薩義德著，王宇根譯：《東方學》，第 259 頁。英文版見 Friedrich Nietzsche, "On Truth and Lie in an Extra-Moral Sense", in *The Portable Nietzsche*, ed. and trans. Walter Kaufmann, New York: Viking Press, 1954, pp.46-7.

撐的意義上引用尼采這段話的，但這並不妨礙我們指出兩點。第一，真理的屬性和意義不能用「幻象」一言而決；第二，歷史學所追求的首先是真相，而不是真理——歷史學的所有其他訴求都不能超越盡一切可能了解真相這一前提。前者還是留給哲學家去討論，後者會在下文中再度討論。這裏只是說明，呂森關於懷特思想淵源於尼采——可能還有其他人——這一看法是確有根據的。

最後，誰是後現代歷史學家？這裏，我們必須區分後現代主義批判思潮與後現代主義歷史學。前者是一種極具穿透力同時又有所偏頗的現實與思想批判，後者則是帶有後現代主義批判思潮的一些特徵而在史學理論領域發生的一些論說。後現代主義史學理論已經影響廣泛，在評論中被列為後現代史學實踐的成果頗為可觀。不過，略微仔細一些推究，會發現被高頻率作為後現代史學典範著作提及的一些作者迴避以後現代主義者或者後現代主義歷史學家自稱。《蒙塔尤》作者勒華拉杜里（Emmanuel LeRoy Ladurie）、《奶酪與蛆蟲》作者金茲堡（Carlo Ginzburg）、《馬丁·蓋爾歸來》作者娜塔莉·戴維斯（Natalie Zemon Davis）都是這樣。年鑑學派的領袖人物之一勒華拉杜里（Emmanuel Le Roy Ladurie）在 1979 年時說過：「不能被量化的歷史學，就不能稱其為科學」；「以後的歷史學家必須學會電腦編程才能生存。」[1] 這種說法是科學歷史學的主張。金茲堡對海登·懷特的敍事主義理論持否定態度，他對一些人把他看作後現代主義史學家感到奇怪並堅決否認。[2] 海登·懷特自己也說：「金茲堡就憎恨《元史學》，他認為我是法西斯主義者。他在很多方面也很天真。他認為我的歷史觀有似於克羅齊，是主觀主義的，並且以為我的觀點是可以為着某種審美效果而操縱事實。我認為人們可

---

❶ 見理查德·艾文斯著，張仲民等譯：《捍衛歷史》，第 39 頁。
❷ 參看李根：《卡羅·金茲堡文化史研究的理論與方法》，東北師範大學博士論文，2013 年，第 155 頁。

以這樣做，而且儘管金茲堡認為不應當這樣做……」[1] 娜塔莉‧戴維斯在參與製作了以馬丁‧蓋爾歸來故事為題的電影之後，感到電影忽略和扭曲了真實故事發生時代當地的許多實況，才決定去披閱原始檔案文獻，力求「運用過去留給我的每一片紙上的信息，給這個故事第一次全面的歷史學的敍述。」[2] 她是注重歷史事實和證據並運用證據來判斷並展開敍述的。然而安克斯密特卻把娜塔莉‧戴維斯說成後現代主義者，但是她本人「激烈地否認這一點」。[3] 這幾位歷史學家的歷史學理念中，都有與後現代主義史學相矛盾的重要內容。但是還是有許多人通過把後現代主義泛化為對線性歷史觀支配的宏大敍事的批評來給所有不贊成者都貼上後現代歷史學的標籤。而即使在典型的客觀主義史學處於頂峰時代，不贊成那種宏大敍事的人也比比皆是，當下時代，既不贊成那種宏大敍事也不贊成相對主義和過度碎片化、歷史學語言學化的人也比比皆是。那種泛化論為歷史學畫出了僅僅兩條道路，那是武斷的，尤其是完全不理會本人的聲明時更是如此。不過泛化是有收益的，後現代主義歷史學於是碩果累累。比如，美國亞洲學會把 1997 年的列文森最佳著作獎頒給了何偉亞（James L. Hevia），認為他的《懷柔遠人：馬戛爾尼使華的中英禮儀衝突》熟練地將「後現代式解釋與新的檔案材料」結合起來，呈現為「全新的詮釋」，該書「作為後現代主義的批判性的產物，它也必將令漢學領域裏最傳統的學者感到滿意」。然而著名美國中國近代史學家周錫瑞（Joseph W. Esherick）在該書中指出了大量低級錯誤。[4]

更加意味深長的是，海登‧懷特也曾明確表示自己不是後現代主義

❶ 埃娃‧多曼斯卡編，彭剛譯：《邂逅：後現代主義之後的歷史哲學》，北京：北京大學出版社，2007 年，第 19 頁。

❷ Natalie Zemon Davis, *The Return of Martin Guerre*, Cambridge, Massachusetts & London, England, Harvard University Press, 1983, Preface ix.

❸ 參看李根：《卡羅‧金茲堡文化史研究的理論與方法》，東北師範大學博士論文，2013 年，第 157 頁。

❹ 參看周錫瑞：《後現代式研究：望文生義，方為妥善》，見黃宗智主編：《中國研究的範式問題討論》，北京：社會科學文獻出版社，2003 年，第 43-72 頁。

者。在 1992 年接受採訪時，他表示自己「拘泥於現代主義」，說：「我將自己的研究綱領看作是現代主義的。我全部的思想形成、我自身的發展都是在現代主義內部發生的……比之更加時髦的後現代主義，我的歷史觀與源自浪漫主義的崇高美學有着多得多的相通之處。」他在該訪談中還提到，自己是形式主義的和結構主義的。[1] 評論者在將懷特作為後現代主義歷史學的旗手時，對他如此鄭重申明的主觀立場應該給予足够尊重，對其背後的思想含義也應探究。他最少在主觀立場意義上，在對於現代思想、知識的社會學理解意義上，與帶着標籤的「後現代主義」存在分歧，而不肯與後現代主義思潮所批判的某些深刻的東西切割。懷特申明的背後，有亞洲思考者尚未認真對待的更深邃的對於西方思想、文化、哲學內在邏輯的理解。在這個意義上應該考慮到，後現代史學在評論中被一定程度地泛化了。同樣的泛化，可能也出現在對新文化史的評論中。

後現代主義作為一種對於現代社會局限和被意識形態化的所謂現代思維方式與價值觀的深刻反省，具有強大的解構力，因而在非常廣泛的領域激發了新的思考，其中包括歷史學領域。但是，我們生活於其中的這個現代，也是思想者由以思想的現代，基於現代社會生活經驗而被提出的後現代主義，從來沒有達到成為現代思想替代物的程度 —— 那也不符合後現代思潮解構中心的意旨。所以，邏輯上說，後現代批評思潮可以引發所有領域發生變化，卻不可能在各個領域都提供取替現代範式的戲劇性轉變。後現代主義深刻影響了歷史學，而歷史學並未因此而變成後現代的。至少，海登·懷特無意於此，金茲堡也無意於此。

四、舊話重提：歷史是什麼？

關於後現代史學理論的言說通常被置於後現代主義批判思潮的語境

---

❶ 海登·懷特、埃娃·多曼斯卡著，彭剛譯：《過去是一個神奇之地 —— 海登·懷特訪談錄》，《學術研究》，2007 年第 8 期。

中展開，這使其一直帶着後現代主義批判思潮批判力的加權。但是，後現代主義批判思潮並不提供特定學科的具體方法論，那必須由各個學科的學者來闡述。後現代史學理論的論說，有自己的進路，其關鍵之處，是那個如今說來已經顯得非常陳舊的話題：歷史是什麼？

　　陳新曾提到：「自公元前二世紀歷史學家波利比阿時代開始，歷史逐漸既指關於過去事件的敍述，又指這些事件本身。歷史一詞於是具有雙重含義，基本與現代觀念相同，也可以說，現代『歷史』一詞的歧義，一為歷史事實，二為對歷史事實的敍述（歷史編纂），便從此產生。」[1] 這是在西方歷史學語境中看到的情況 —— 關於什麼是歷史，在西方歷史學初步興起的時代就形成了兩解的傳統，「歷史」在西方語言傳統中是多義詞。因為這個多義詞所指的兩個義項都是清晰的，所以只要需要，使用這種語言的人們就可以表達其所指具體為何，而不至於陷入兩難，或者，通過語境就可以將所指表達清晰。如前所述，歷史學雖然在希羅多德時代就已經在西方文明中形成典範著作，其後綿延不絕，但是直至 19 世紀初期以前，歷史學在西方知識體系中卻沒有專門的地位，是 19 世紀的歷史學家在現代學科體系的框架中為之爭得了作為一個獨立學科的合法地位，然後對這一學科的理論化定義與闡釋也就興盛起來。19 世紀的歷史學與該時代其他學科一樣，彌漫在啟蒙理性對於整體性、規則性、普遍性熱情的普遍氛圍中，科學、客觀、實證作為一個時代的文化提供了歷史學的基本觀念。當這種觀念推動的歷史學實踐達到某種巔峰狀態，社會實際不斷地提示人們進行反省，而哲學也變得日益內向和細膩的時候，對這個學科的定義就被重新推敲。從歷史學開端以來，從來沒有另外一個時代的人們像在 20 世紀那樣密集地追問歷史是什麼這樣的問題。而一個令人費解的現象是，人們似乎是在對一個長期兩解的名詞通過複雜的論證來做單項的解釋，一定要把兩個義項納入一個名詞而求其

---

❶ 陳新：《論歷史、歷史學與歷史意識》，《學術研究》，1998 年第 8 期。

涵蓋嚴密，卻不肯通過更簡捷的辦法，用兩個名詞去各指其所指。[1]

19 世紀末，負責編寫《劍橋近代史》的英國歷史學家阿克頓勛爵曾表示雖然自己這一代人還不可能寫出「終極的歷史」，但通過逐步解決每一個問題，將來是可能形成這種歷史的。[2] 到 20 世紀 60 年代初英國歷史學家愛德華‧卡爾（Edward Hallett Carr）做出他稱為《歷史是什麼？》的講演之際，這種對於歷史學可以累積確定的知識從而進至完美的「終極」狀態的觀念已經根本動搖。除了久已有之的對於歷史知識實證累積的質疑之外，被稱為「分析的歷史哲學」的思潮大大強化了對於歷史知識主觀性的探索。卡爾則作為實踐歷史學家把相關的思索推向更複雜的境地。他譏諷蘭克那句著名的關於歷史學家要「如實地說明歷史」的話被德國、英國、法國三代歷史學家當作「咒文」那樣高唱；實證主義者把歷史看作科學，因而崇拜事實，其首先確定事實，然後從事實中得出結論的工作方式，包含着關於主體與客體之間完全分離的意識。[3] 他強調不是所有關於過去的事實都是歷史事實，歷史學家「敍述準確」只是其進行工作的必要條件，「卻不是主要職能」。弄清那些「所謂基本事實」只是歷史學家整理素材範圍內的事情，「不屬於歷史本身的範疇」。那些事實本身並不說話，「只有當歷史學家要它們說，它們才能說；讓哪些事實登上講壇說話，按什麼次第講什麼內容，這都是由歷史學家決定的……歷史學家當然是要選擇的。相信歷史事實的硬核客觀地、獨立地存在於歷史學家的解釋之外，這是一種可笑的謬論，然而這也是一種不易根除的謬論。」[4] 他是在歷史家工作過程這個特定環節的意義上來討論「歷史事實」的。在這個環節，歷史家所採用的關於過去歷史的資訊

---

[1] 在允許推測的前提下，我把這種現象理解為語言學興盛帶來的傾向，即在既有文本表述中分析概念的含義的思維傾向。

[2] 參看愛德華‧霍烈特‧卡爾著，吳柱存譯：《歷史是什麼？》，北京：商務印書館，1981 年，第 1 頁。

[3] 參看愛德華‧烈特‧卡爾著，吳柱存譯：《歷史是什麼？》，第 3 頁。

[4] 愛德華‧霍烈特‧卡爾著，吳柱存譯：《歷史是什麼？》，第 5-7 頁。

被稱為「歷史事實」，歷史學家選擇一些資訊，將之作為可信的「事實」寫入自己的文本，而將其他資訊忽略——被忽略的未必是不可信的，也可能是因為與這位歷史學家書寫的主題缺乏足夠的關聯性。在這個意義上，前引卡爾說法的前半部分完全可以理解。但是我們不能不注意，卡爾關於歷史事實的這些說法有一個預設，即歷史即歷史學家書寫出來的東西，在此基點上，他關於「歷史事實」是歷史學家選擇出來並令其按照自己的要求說話的論證才符合邏輯。

然而，這只是對歷史的一種片面的定義。其重要的弊病最少有兩點。其一是將沒有經歷史學家記述或解釋即書寫過的往事都從歷史事實中排除——不知道的就不存在。果真如此，往事影響後人，就只有通過號稱歷史學家的那些人的書寫，而這根本不是事實。卡爾本是知道在歷史學家知識之外依然有過去的事實的，但他的這種將不經歷史學家選擇入書就不是歷史事實的說法，通向對歷史的嚴重狹窄化和純粹知識化。看到卡爾定義和邏輯的特點，可以幫助我們了解後來的後現代主義史學論說的思維線索。其二，將歷史學家根據自己的意義觀念從以往記述中選擇出來的資料當作「歷史事實」——那些東西即使經過卡爾所說具有歷史研究者素質的人的分析判斷，也不等於真相，因而不等於事實，不等於事實如何可以等於「歷史事實」？[1] 回到卡爾的基本觀點，歷史學家所選擇的「歷史事實」只是被採擇的歷史資訊，那麼這只是歷史學家主觀判斷中擬稱的事實。這種擬稱的所謂「歷史事實」當然並非「客觀地獨立地存在於歷史學家的解釋之外」，但是非擬稱的歷史事實即卡爾所說的「有關過去的非歷史事實」卻在歷史學家的主觀世界之外，正如愷撒和阿克頓勛爵都非生活於卡爾的頭腦中一樣，而這些被卡爾排除到

---

❶ 卡爾在同節論述中，就在這樣意識支配下，說到他在大學裏念書的時候搜集到的關於波斯戰爭時期希臘的「十五冊或者二十冊的書籍」叫做「事實」、「精選的事實」。見愛德華・霍烈特・卡爾著，吳柱存譯：《歷史是什麼？》，第 8 頁。

「歷史事實」之外的事實肯定是歷史的內容。[1] 於是，當我們看到卡爾說「歷史是以歷史學家對事實加以選擇排列，使其成為歷史事實開始的」;[2]「歷史就是根據歷史重要性所作的選擇過程」，[3]「歷史是過去跟現在之間的對話」，是「過去的事件跟前進中出現的將來的目標之間的對話」的時候，[4] 我們能够知道他所說的「歷史」就是歷史學家主觀世界裏的歷史，是他研究和書寫歷史著作過程中選擇採信的那些東西，而那些東西並不是真正的事實。卡爾自己也並不能將這樣的歷史定義貫徹始終，他不僅多次提到「歷史事實」之外還有事實，還說到「歷史是人運用自己的理智以了解他的環境並影響他的環境的長期鬥爭」這樣在超出歷史家工作範圍的意義上使用「歷史」概念這類的話。[5] 他本無意否定歷史事實本身的客觀性，他也以肯定的口吻提到「客觀的歷史學家」，[6] 他甚至對於歷史的進步性充滿信心，但是在批評 19 世紀的各種生硬的客觀主義歷史觀、歷史決定論並強調歷史家的工作是滲透着主觀性的複雜過程時，他過度混淆了歷史與歷史學，而這種混淆顯然與英語中使用歷史這一詞彙的長久習慣有關。卡爾的論說作為對於歷史學某種特性的討論是有意義的，但如上所示，他的概念和邏輯都有問題。

因為卡爾的問題帶有普遍性，在分析了卡爾的說法之後，再看其他類似的說法就簡便一些了。

漢斯・凱爾納（Hans Kellner）非常明確地主張並論證了一個命題：

---

① 愛德華・霍烈特・卡爾著，吳柱存譯：《歷史是什麼？》，第 8 頁。按杜維運在談論「史識」的時候也曾說到，「史學家的觀察力，亦即史學家選擇事實的能力」。在他看來，「史學家要有眼光選擇極具意義的一般事實使其變成歷史事實，並揚棄無意義的事實，大史學家與一般史學家的分野在此。」見杜維運：《史學方法論》，北京：北京大學出版社，2006 年，第 21 頁。從表面看，杜維運採用了與卡爾同樣的說法，但是杜維運只是在這樣的行文中沒有對「事實」概念細加分辨，他從來不否認客觀歷史本身。
② 愛德華・霍烈特・卡爾著，吳柱存譯：《歷史是什麼？》，第 111 頁。
③ 愛德華・霍烈特・卡爾著，吳柱存譯：《歷史是什麼？》，第 114 頁。
④ 愛德華・霍烈特・卡爾著，吳柱存譯：《歷史是什麼？》，第 135 頁。
⑤ 愛德華・霍烈特・卡爾著，吳柱存譯：《歷史是什麼？》，第 147 頁。
⑥ 愛德華・霍烈特・卡爾著，吳柱存譯：《歷史是什麼？》，第 142-143 頁。

「歷史就是人們寫作並稱之為歷史的書籍」。[1] 這顯然也是把「歷史」局限在歷史學家工作過程中的文本的說法。只要有人書寫為書，那就是歷史了。除了無視沒有被書寫的人類歷史經驗以外，這種說法還忽略了「人們寫作並稱之為歷史的書籍」品類的差別，被書寫並標示為歷史的書籍高下可成天壤，其低劣者，連能不能被看作歷史書籍尚且難說，如何就成了「歷史」？而這些忽略的原因，就是將歷史局限在歷史家的文本中。這也正是後現代主義所主張並被評論者視為重大創見的所謂歷史的文本化。

布萊德雷（Francis Herbert Bradley）說：「一切事實都是根據推論而得出的結論或理論」。[2] 這句話常被單獨引出 —— 人們似乎對有格言意味的話特別偏愛，但是如果這樣來理解事實，就意味着「一切事實」都僅僅存在於判斷或知識的範圍內，人類不曾做出結論或提出理論的地方就無所謂事實，或者竟而，人類所未知的都不是事實。如此，「事實」就被徹底圈養在了人類知識的樊籬之內，但果真如此，人類為何還要去探討未知？難道是為了反覆體驗已知為已知的愉悅嗎？一旦將布萊德雷前面的話放到他的語境中，就會發現他的本意遠非如此。他說道：「對於批判的歷史學而言，所存在的事實乃是種種事件和被記錄下來的事件。」這句話包含兩重與前相關的含義。第一，前面的說法是有條件的，即「對於批判的歷史學而言」；第二，「種種事件」和「被記錄下來的事件」都是「事實」。依據第二項，則前面邏輯地從前引「格言」推導出來的結果並非布萊德雷的本意，至於第一項，布萊德雷說過：「世界上沒有一個人想把或者是能夠把全部流傳下來的事件，都恰好像它們所流傳下來的那種樣子嵌入到一部世界史裏面去。但是如果沒有做到這一點，如果我們在最微小的限度之內排除了它們或改動了它們，或者加以合理化，那麼我們馬上也就做出了批判，而且我們也就應該知道批判意味着什麼

---

[1] 這是多曼斯卡採訪凱爾納的主題，見 [波蘭] 埃娃・多曼斯卡編，彭剛譯：《邂逅：後現代主義之後的歷史哲學》，第 45-79 頁。

[2] 布萊德雷著，何兆武、張麗艷譯：《批判歷史學的前提假設》，北京：北京大學出版社，2007年，第 17 頁。

了。」[1] 這意味着批判歷史學是限定在知識和歷史書寫範圍內來討論歷史學，包括「事實」的，正因為書寫不能窮盡一切已然之事，所以歷史學家要對自己的工作進行批判。這裏當然依然涉及更複雜的問題，但不當在這裏過度展開，只是強調，布萊德雷的思想並非前引格言字面顯示的那樣不可思議。

卡爾·貝克爾（Car L. Becker）1931 年 12 月就任美國歷史學會主席時的演說以「人人都是他自己的歷史學家」為題，後來也成為他的一部論文集的總標題。這篇演說在與其同時代的亞洲歷史學家中並沒有產生什麼反響，但是卻在距其 80 年上下之後的亞洲與後現代主義史學的言說一起流行起來。他的「歷史就是我們所知道的那樣」，「歷史就是關於所說的話和所做的事的記憶」等說法被以多種方式翻譯引用，通常被用來佐證歷史只存在於觀念或書寫之中的「新」見解，卻很少有人把他的說法放在其語境中詳細分析。這篇演說同時具有批判和建構兩種指向。批判的對象是 19 世紀的客觀主義史學，建構的如演說標題所顯示的，是一種從日常生活體驗來理解歷史和歷史學的主張。此篇演說的許多可以商榷之處需在其他地方討論，這裏僅談其與本節主題有關的關於歷史和歷史學定義的說法。演說開篇後要說的第一件事情正是解釋他的特定角度：「當我使用『歷史』一詞時，我指的是歷史知識。無疑，在漫長的過去，出現過各種各樣的事件，不論我們是否了解它們，它們都構成了某種終極意義上的歷史 …… 我們能夠觀察或者檢驗的唯一的客觀現實就是時間所留下的某些物質線索 —— 通常是書面文獻。對於過往事件的這些線索、這些文獻，我們應該感到滿足，因為它們是我們所能擁有的全部 …… 那麼，讓我們承認，有兩種歷史：曾經一次性發生過的真實的事件系列，以及我們推斷並記住的觀念系列。第一種歷史是絕對的、不可改變的 —— 不管我們怎麼說、怎麼做，它就是它；第二種歷史是相對

---

[1] 布萊德雷著，何兆武、張麗艷譯：《批判歷史學的前提假設》序言，第 1 頁。

的，總是隨着知識的增長或精煉而改變……真實的事件序列只能憑藉我們所推斷和記憶的觀念系列而存在。這就是為什麼我不得不將歷史等同於歷史知識的原因。出於各種現實的目的，就我們而言，就當前而言，歷史就是我們所知道的那樣。」[1] 顯然，貝克爾確切地承認人類以往經歷的實在和客觀性 —— 所以貝克爾並不為否認歷史客觀性提供支持；他認為實在客觀的歷史事件一旦發生就已消失，後人只能憑藉書面文獻為主的遺留線索來了解過去，人所能把握的只是「第二種歷史」，即作為知識的歷史，後者具有前面所說的作為記憶等等的觀念性質。也是在「第二種歷史」的意義上，他說到「在有人確認事實之前，事實是不存在的。」[2] 這句話被單獨引述出來，就成了否定歷史客觀性的斷然判語，而回到貝克爾的語境中，則是可以理解的 —— 雖然依然有可商榷之處。在他的言說中，真實的過去當然存在，構成「第一種」「絕對」的歷史，而他討論的則是第二種即作為知識的歷史。如果存在兩種歷史，為什麼不能用兩個不同的概念來指稱這兩種非常容易且事實上的確引起了複雜爭議的「歷史」呢？現實的人們以及歷史學家與「第一種歷史」的關係果真就如貝克爾所說的那樣嗎？我們至此已經澄清了對貝克爾的誤解，其他問題以後討論。

到海登·懷特那裏，作為過去真實的歷史是否還是「事實」就不在討論範圍了，即便歷史學家研究的過程也無需探討，他將思考完全聚焦在歷史學家文本的形態上。在這種語境中，歷史就是歷史學家和歷史哲學家的著作本身，這些著作與「事實」的關係不在衡量範圍，要考慮的就是這些著作作為文本的整體形態，就是作為整體的文本被構思的情節

---

[1] 卡爾·貝克爾著，馬萬利譯：《人人都是他自己的歷史學家》，北京：北京大學出版社，2013 年，第 195-196 頁。

[2] 卡爾·貝克爾著，馬萬利譯：《人人都是他自己的歷史學家》，第 208 頁。此句完整地引出對理解原意是有幫助的：「歷史事實就在那裏，隱含在史料之中；歷史學家如果是重述它，而不是再造它，如果沉下心來，梳理各種凌亂的思想，就能完成剝離人類經驗的全部意義這樣一件臃腫累贅的工作。事實隱藏在後面，自身不會說話；事實隱藏在後面，自身並不存在 —— 確實不存在，因為從所有現實的目的來講，在有人確認事實之前，事實是並不存在的。」見同前。

模式和話語策略。文本成為歷史本身，話語策略就一定會成為文本創造者工作的中心和本質。然而，文本不是歷史本身，《新唐書》、《舊唐書》並存並不意味着有兩個唐朝。

美國歷史學家彼得·諾維克（Peter Novick）在 1988 年出版了以美國歷史學界為對象來討論歷史學家客觀性觀念的著作，他把歷史學家對歷史研究客觀性的追求稱為「那高尚的夢想」，相當於是「把果凍釘在墙上」（nailing jelly to the wall）的事情。他說，這種夢想「它所依據的基本原理是忠於過去的事實，忠於與過去的事實相吻合的真理；把認知者和被認知的對象、把事實與價值觀，特別是把歷史與虛構截然區別開來。根據這個觀念，歷史事實不僅高於解釋，而且獨立於解釋：要判斷某個歷史解釋是否有價值，取決於它在多大程度上說明了事實。如果它與事實相違背，必須將它拋棄。客觀性的觀念堅持真理只有一個，而且不受觀察角度的支配。歷史模式，無論是否存在，都是『被發現的』，而不是被『製作』的。雖然一代又一代歷史學家隨着各自觀點的變化有可能賦予過去的事件以不同的重要性，但這些事件的意義是不可改變的。」[1]諾維克以史學史的方式而不是哲學論證的方式寫作，迴避用「正確或錯誤」來判定歷史學客觀性觀念的性質。但是，除了把果凍釘在墙上的比喻和高貴夢想的題意所顯示的傾向以外，在他的書中還是可以找到類似如下的評論：「歷史客觀性的各種思想從本質而言是相互衝突的，也是混亂的。它的許多哲學前提在我看來值得商榷。在客觀主義的合題中，如果從心理學和社會學的角度來考慮，我覺得它的一些關鍵成分似乎有些天真。」[2]諾維克所討論的歷史客觀性觀念基本是蘭克學派式的客觀主義史學觀念，這種觀念既曾流行於西方學術界，也影響了 20 世紀的亞洲史學家。其思維傾向是主觀與客觀的斷然兩分和真理的絕對性和唯

---

❶ 彼得·諾維克著，楊豫譯：《那高尚的夢想 ——「客觀性問題」與美國歷史學界》導論，北京：生活·讀書·新知三聯書店，2009 年，第 2 頁。
❷ 彼得·諾維克著，楊豫譯：《那高尚的夢想 ——「客觀性問題」與美國歷史學界》導論，第 8 頁。

一性，從這種觀念出發，就會忽視甚至無視歷史學家工作的主觀作用，也會走向真理的絕對主義。在 20 世紀 80 年代討論這個問題，主要的已經不是在提出關於客觀主義歷史觀的新穎看法 —— 因為其局限已經受到多方批評，而是用相關的批評性思考來梳理美國歷史學家的工作觀念。諾維克沒有否定我們所說的作為過去發生的事情的歷史之客觀性，甚至也沒有表示歷史家探尋那種歷史真相的合理性，他的基本主張是說，客觀主義歷史學的那種絕對客觀是不可能在歷史學家的工作中真正實現的。這種看法是成立的。同時，被他自己歸納起來的「歷史客觀性」主張過於含糊 —— 他自己說是「高度濃縮」但「完整的」。[1] 比如，忠於（原文是 commitment to）過去的事實與忠於與過去事實相吻合的真理為什麼必然要連接為一體？過去的事實是已然的，所謂「忠於」不過是不違背、盡力發現的意思而不是為之服務的意思，這是可能的，也是歷史學家應該做的事情。但是真理（truth）是觀念性的，是需要用語言表述出來的，因而一定是由人而出的，從而必然帶着表述者 —— 無論是個人還是群體的主觀意識和時代、文化性徵，特定的事實綁定特定的真理嗎？一個事實綁定一個真理嗎？1941 年底發生珍珠港事件是個事實，綁定了哪個真理？事實和真理從來不是這樣的綁定關係。歷史家心中的真理，如果有的話，並非全部來源於他們的職業工作。這個看去有些吹毛求疵的分析其實是重要的，因為真理屬於觀念世界，能夠界定歷史學家工作特殊性的是追求真相，至於所追求的真相是否關聯真理，關聯哪種真理是另外的事情，歷史學家可以去探尋真理 —— 他們常常如此，但即使在他們的某項研究中不去探尋真理而只是真相，仍然可以是合格歷史學家。「把認知者和被認知的對象、把事實與價值觀，特別是把歷史與虛構截然區別開來」在絕對的意義上是有問題的，但把這三個對子各自混合起來也是有問題的，歷史學家的水準常常就在於對這些對子既關聯又區別的把握

---

❶ 彼得·諾維克著，楊豫譯：《那高尚的夢想 ——「客觀性問題」與美國歷史學界》導論，第 3 頁。

之中。其中關於歷史與虛構，在涉及海登・懷特時已經討論，這裏不再分析。「真理只有一個」無疑是一種誤解，人們要不斷探索真理，而真理永遠受觀察和表述角度的影響。正如諾維克自己所說，他所評論的那個歷史客觀性觀念是混亂的，如果以為可以完美實現也是「天真」的。其實，就亞洲歷史學的歷程而言，如諾維克概括的那種觀念即使在科學主義和實證主義歷史學流行的時代就已經被撼動。比如顧頡剛所主張的古史辯，他所提出的歷史為層累地造成的認識表明，他早已不在那個高貴的夢境中。最後，諾維克不是一個確定的後現代主義者，他保持着對體現啟蒙理性的某些「不言自明」「真理」的敬畏。[1]

彭剛曾經提到通常被認為最激進的荷蘭後現代史學理論家安克斯密特的一個說法：歷史學要「力圖消解那些看似已知的和不成問題的東西。它的目標不是將未知之物還原為已知之物，而是將看似熟悉的東西陌生化。」[2] 就字面而言，這種說法把將歷史學導入無知狀態作為目標，除非然後在新的方式下將之重新導入有序，否則，這只能是他自己「高尚的夢想」，而不是歷史學存在的價值所在。其實，連這位激進的後現代史學理論家也並非斷然否定歷史家文本以外歷史真實的存在，他的「歷史表現」說本身就提供證明。安克斯密特說：「歷史著述的本質，其相應奧秘只有在我們把歷史文本理解成對過去的一種表現時才能弄明白。這種做法與藝術作品正是它描繪之內容的表現一樣，或者和國會或議會是全體選民的代表有着同樣的道理。」[3] 在這裏，「歷史表現」指的是歷史家產出的文本，那個「過去」——這應與安克斯密特常說的「歷史實在」、「過去的實在」所指相同，並不完整地包含在任何文本中，而是文本所要「表現」的，正如全體選民並不完整地包含在國會或議會中。他將歷史家的「表現」比作畫師所作的肖像，提香所繪查理五世的著名肖像依賴畫

---

❶ 彼得・諾維克著，楊豫譯：《那高尚的夢想 ——「客觀性問題」與美國歷史學界》導論，第 9 頁。
❷ 見彭剛：《歷史理性與歷史感》，《學術研究》，2012 年第 12 期。
❸ 弗蘭克・安克斯密特著，陳新譯：《為歷史主觀性而辯（上）》，《學術研究》，2003 年第 3 期。

師的主觀性才具有巨大的震撼力，而那是一張照片所無法實現的。在他看來，客觀主義歷史學理論所期待於歷史學的正是照片式的真實。繪畫包含屬於畫師主觀世界的符碼，照片看來不包含那種符碼，「因為它是一種純粹機械過程的產物，是一種光線穿過透鏡系統，並且造成膠片上某種物質發生化學反應等等過程產生的結果。這也是為什麼我們傾向於把繪畫看成世界的『主觀』表現，而把相片看成世界的『客觀』表現。或者更進一步，這也是我們為什麼更傾向於相信相片比起繪畫來，把我們和真實的世界拉得更近的原因。因此，相片顯示給我們的難道不是實在本身嗎？相反，繪畫顯示給我們的難道不只是或至少主要是藝術家如何體驗實在嗎？」[1] 在這種意義上，安克斯密特主張，主觀性不僅不是歷史學需要恐懼的東西，而且是歷史學家所必須的，他引用英國歷史學家邁克爾·霍華德的話說：「沒有偏見就沒有著述」。[2] 安克斯密特非常明確地承認歷史實在，也承認歷史家的著作是關於過去真實的——類似於繪畫的模特。他對於歷史家的書寫必然包含主觀性的看法也完全合理。他的缺陷，一是把他以前的歷史學簡單化了——即使客觀主義的歷史學也沒有徹底否定歷史研究和書寫過程需要歷史學家主觀性的參與，沒有到把自己的工作理解為拍照那樣機械「精準」的事情；二是他在合理地指出歷史學家不可能迴避主觀性甚至應該調動其主觀性來實現其歷史「表現」的時候，沒有及時地指出這種主觀性的限度以及歷史學家「表現」中符合過去真實的必要性、尺度和方法。看來，安克斯密特的顛覆性在推介文本的再「表現」中，被誇大了。

回到「歷史」的定義問題。歐洲語言中相當於英語中 history 的名詞既指過去發生的事情，也指歷史學家寫作出來的作品，這帶來 history 所指比漢語更大的模糊性。在兩解的語境中，討論者關於過去發生的事情本身與歷史家的工作之相互關係的說法極易混淆。但是，實踐歷

---

❶ 弗蘭克·安克斯密特著，陳新譯：《為歷史主觀性而辯（上）》，《學術研究》，2003 年第 3 期。
❷ 弗蘭克·安克斯密特著，陳新譯：《為歷史主觀性而辯（下）》，《學術研究》，2003 年第 4 期。

史學家和大多數史學理論家都承認過去的真實存在，也承認歷史學家書寫的文本與那些真實的存在並不是一回事情。因而，如果用兩個不同的名詞來各指其所指，問題就會變得清楚許多。世界上本不存在為更清晰表達思想而創造概念的禁忌。德國歷史哲學家呂森在回答歷史是不是科學這樣的問題的時候，就提出德語中與英語 science 對應的那個詞（Wissenschaft）含義與 science 並不完全相同，所以他要用學科（academic discipline）替換 science 這個詞之後再來討論問題。在討論歷史的客觀性問題時，他又因使用「客觀性」這個詞無法準確表達他的思想和邏輯，提出用「主體間性」來替換之。[1] 同樣的方法，當然也有助於分剖歷史概念兩解而混用的問題。在漢語中，「歷史」雖然也可以兩指，但是在大多語境中其所指可以自明。如果不能自明，人們就會用「史書」、「史冊」、「史籍」、「史著」、「青史」等等來表示歷史家書寫的東西，從而使之明確。中國數千年歷史傳統留下文獻無數，卻並不包含對「歷史」所指的複雜分辨。這個問題並不難廓清，卻成了許多學者花費巨大心力去辨析而且愈辨愈艱深的問題，癥結不在語言本身，而在於使用語言的人把語言固化，也在於關於歷史客觀性的認識需要重新考量。啟蒙理性帶來的歷史學宏大敍事一度把歷史的客觀性推到了極致，到了把歷史理解為冥冥中無尚而自為的由一系列法則規定的東西，把運用啟蒙理性來書寫的東西推崇為真理化身的地步。到了變動不居的社會現實映襯出現代性諸多缺失的時候，這種歷史觀就成了必須要加以解構的對象了。這時，通過相對主義思維來質疑絕對化啟蒙理性的歷史觀，成為嘗試超越絕對化理性主義的一條路徑。然而目標的正當性並不直接決定其結果具有真理性。對歷史概念的相對化闡釋總體而言是不成功的，這不僅因為它把相對簡單的問題過度複雜化了，更因為它從一極轉到另一極，在解構絕對化的歷史客觀性觀念同時，也否定了作為過去真實的歷

---

❶ 參看陳新：《對歷史與歷史研究的思考——約恩·呂森教授訪談錄》，《史學理論研究》，2004 年第 3 期。

史本身的任何客觀性。

　　無論在歐洲知識傳統還是亞洲知識傳統中，早就有人知道歷史是已然的人類經驗。「人不能兩次踏入同一條河流」，因為水流不息，今非昔比。已然之事，隨時間成為過去，人力既然無法逆轉時間，就無法改變已然之事實，因而歷史並不依賴於歷史家。人類在歷史成為學問、歷史家出現之前，就在從過去發生的事情中汲取經驗和教訓，在結繩記事的時代，人類記取經驗的要求就已經非常強烈。歷史對於人類的進化和人類社會的演變，早就在發生功用。為什麼到出現一些人用文字來記錄歷史的時候，歷史就變成這類人所書寫的東西而不是過去發生的事情本身，歷史要依賴這些記述者才會存在了呢？用最近大規模爆發的冠狀病毒疫情來說，全世界的人，包括科學家、醫生、歷史學家等等，在相當長一段時間中不知道那個零號病人是誰，不知道疫情最初從哪裏開始，就在大家都不知道的那段時間內，零號病人依然存在，並且把疫病傳播開了。這時出現零號病人的各種說法（文本），未經證實之前，都是猜測即關於事實如何的推斷，甲信此乙信彼，都不改變誰是零號病人這個事實，即使永遠無法確證誰是零號病人，此人依然存在過。證實之後，那個說法（文本）也不是歷史本身，而是關於那段歷史的符合基本事實的判斷陳述。

　　在把歷史做知識化的定義之後，關於歷史的知識就成了歷史的本質，發現、證明過去的事實不再構成歷史研究中一切的基礎，更具有知識屬性的「闡釋」則成為中心。這種傾向在分析的歷史哲學家克羅齊、柯林伍德那裏就已經非常顯明。他們主張最有意義的歷史研究是作為「當代史」、「思想史」來做的研究。這種取向強烈地突出了歷史研究的當下性，已經為歷史學家在自己的研究中加入更多的當下價值、問題考量、目的開放了巨大空間。這種空間肯定要擠壓歷史事實客觀性的空間，也肯定會拉近歷史家所研究的歷史──無論如何久遠，與其自己所處時代和文化社會環境的距離。到西方史學理論界在 20 世紀 70 年代出現所謂語言學的轉向或者敘事的轉向、修辭的轉向之際，史學理論的關

注點就進一步轉移到歷史學的文本性上。這樣，歷史學就從對於過去本身的研究轉向了對於自身的研究。然而人們對於歷史學家如何形成文本這樣的事情真的需要賦予比了解過去更大的精力嗎？主張這種語言學轉向的史學理論家似乎覺得如此，然而對於實踐歷史家說來，這種把對於過去的研究改變為對自己思想、觀念、心態、技巧的研究的建議取消了歷史研究最根本的意義。這種主張所包含的歷史家對於自己所使用的語言的支配力的警覺的意義，相對於消解歷史學對於過去進行研究的目標說來，已經顯得微不足道。最少，「轉向」論者超過了論說合理性的限度。歷史在歷史學家強烈的現實關懷中，會經歷更大程度的選擇和針對現實問題的排比書寫，而過去的真實在這樣的過程中會衰減。需知，所有歷史學家心目中的當下，都是暫時的，歷史學最大的價值未必是提供解決當下問題的方案，而是為思考當下問題提供一種以往經驗的景深，當把以往的經驗大幅度拉近的時候，中間的許多場景因素、當時的複雜性就大量被過濾出去。所以，儘量把歷史研究的內容置於發生的時代環境中，是理解歷史經驗自身豐富性的一個重要途徑。克羅齊、柯林伍德兩位聲望素著的哲學家的主張是富有啟發性的，但也是時或用詩性語言來表述的，歷史學家要盡一切可能對所研究的歷史做全景深的思考，詩性啟發當與嚴謹的論證並存。比如，羅伯特·達恩頓（Robert Darton）曾提出：「最令人激動、最有創意的歷史研究應該挖掘出事件背後我們的前人所經歷和體驗的人類生存的狀況。這類研究有過不同的名字：心態史、社會思想史、歷史人類學，或文化史（這是我的偏好）。不管什麼標籤兒，目的是一個，即理解生活的意義：不是去徒勞地尋找對這一偉大哲學之謎的終極答案，而是從前人的日常生活和思想觀念中去探求和了解對此問題的回答。」[1] 這種主張沒有錯誤，但是它提示的方向只是思想的意義，可能會使人忽略那些令人激動且有創意的歷史研究，那些意

---

❶ 羅伯特·達恩頓著，蕭知緯譯：《拉莫萊特之吻：有關文化史的思考》，上海：華東師範大學出版社，2010 年，第 6-7 頁。

義的探尋必須要以研究者了解「事件」本身為條件，看不到事件本身，也就找不到事件背後的那些意義，看錯了事件本身，找到的意義可能會張冠李戴。歷史學容納也需要各種各樣的工作理念和途徑，需要思想和解釋，但思想和解釋的對象都是事實，解釋是否成立，是否有缺陷，是否帶來誤解，極大程度上取決於其思考的事實是否真實完備。怎樣重視或提倡歷史學家的思想、解釋、話語技巧等等都不是問題，問題是，歷史學家永遠不能無視那個最簡單的問題：這是真的嗎？

呂森對後現代主義史學理論有深刻的認識，他說：「我認為後現代主義是對歷史思維的傳統模型的一個十分有效的批判，它是對西方傳統的歷史認同概念的一個必要批判，是對客觀主義錯誤道路的批判，是對歷史研究實證主義理解的一個有說服力的批判。在它的批判功能方面，我認為後現代主義是有用的，甚至可以說是必要的。但在批判之外 —— 作為理解和研究歷史的一種模式 —— 它是很成問題的。我已經說過，後現代主義是把一種新視角帶入敍事結構中，帶入歷史思維的政治和修辭成分中。但它做到這一點是以我所說的方法論上的理性和理性要素為代價的。這種要素被忽略了，從而使它付出了巨大的代價。所以有必要強調歷史思維的認知過程和原則以反對後現代主義，同時也不能再把其他因素（藝術方面的、道德方面的、政治方面的）排除在考慮之外。」[1] 歐洲史學傳統中有機械客觀主義的問題，後現代主義史學的批判使超越這種客觀主義成為更加現實的事情，也指出了超越的一些富有啟發性的方案，但是正如呂森所說，後現代主義的方案放棄了歷史學方法論中的理性要素，否定了歷史思維不能迴避的認知過程及其原則，將之過度文本化、語言學化、藝術化和形式化。超越歷史學客觀主義是一個沒有完成的事情。

---

[1] 陳新：《對歷史與歷史研究的思考 —— 約恩·呂森教授訪談錄》，《史學理論研究》，2004 年第 3 期。

結語

　　亞洲史學與歐洲史學的基本問題指向有共同性也有差異。亞洲國家、民族必須回答如何在對他們而言很陌生的這個現代世界重新界定自己的位置的問題，而歐洲國家並不面對同樣的問題，他們在數百年的現代性優先發達的經歷中，更多思考普世問題、全球問題，或者是現代性的改善、超越問題。這並不意味着亞洲歷史學家無需或者無資格思考歐洲史學家的問題，而是說，如果他們同樣把歷史學看作具有現實社會參與意義的知識，他們就不應該滿足於僅僅從歐洲歷史哲學家那裏獲得課題和解決問題的方法，他們還要從內裏思考對於西方來說是遙遠他者所面對的問題。亞洲歷史學在現代化追求的中途遭遇後現代主義思潮，極易陷入更為複雜的處境，非僅仰望西方就可以妥善安置。他們要思考後現代性與亞洲現代性追求的疊壓效應，也應該追問後現代主義到底是怎樣產生的，在西方思想史上到底是引領了一場全面超越現代思想觀念的革命，還是在現代思想觀念自身演變中衍生出來的一個支流。如果後現代主義是主要沿着現代自由主義的理路發展起來的以質疑現代絕對性為基本特徵的思想潮流，那麼當那種絕對性被顛覆的時候，後現代主義思想也就會匯流到更大且更新但本質上依然是現代的思想洪流中。實際上，後現代思潮的思想工具，基本上都是現代性所提供的，連同那種激切求新、高自標榜的姿態也是現代科學理性極度追求創新性的機制所培育的。後現代史學顛覆和解構的偏好，也帶着理性主義質疑一切的固有特徵。這實際上意味着，後現代史學並不是一株獨立生長的樹木，它需要其批評的對象存在才能充分彰顯自身的價值。如果有一天後現代史學真的顛覆了現代歷史學，它能夠獨立支撐起歷史學嗎？這個問題需要歷史學未來的實踐自己來回答。有許多時候，人們圍繞一個問題爭論，似乎永無休止，但時間很快就呈現出了結論。無論如何，歷史學應該慶幸有後現代批判思潮，否則難以像實際上看到的那樣看到現代主義歷史學的諸多缺陷。但是歷史學在獲得後現代批判思潮——包括後現代史學理

論的反思提示之後，也無法把後現代史學理論的主張作為基本方向。任何學科都不可能以「後 XX 主義」得到穩健的發展，因為需要以批判的對象來界定自身的理論永遠是不健全的。歷史學需要在充分吸納後現代批判理論的情況下實現新的平衡。與後現代批判思潮有很密切關係的新文化史開拓了廣泛的前景，但新文化史有比後現代主義寬闊得多的思想資源，它能够帶來的東西是更值得期待的。

第七章

在亞洲思考歷史學

作為本書的最後一章，未以「結論」作為標題，原因是還有一些需要細緻討論才能做出判斷的話題。但無論如何，本章的討論更多地關照關於歷史學實踐的觀察和建議 —— 我們梳理和評論晚近時期亞洲歷史學的狀況，歸根結底是為了從中獲得可能有益於從事將來歷史學研究的思考或者建議。因此，把本章看作全書比較冗長的結論，並無不可。

一、亞洲現代史學理論的軌跡

亞洲現代歷史學走過了一個多世紀的行程，其間迴環往復、波譎雲詭，不一而足。前面的梳理和評論掛一而漏萬，肯定不足以呈現其全面。不過，因為迄今為止還沒有看到另外一部將亞洲史學理論納入同一視野下的梳理和分析，亞洲歷史學家中只有少數人對理論問題感興趣，直接研究的人更少，大多數人是順應着潮流而在自己的專業領域工作的，其間可能對那些潮流的由來、邏輯和暫時性渾然不覺。所以行文至此，還是應該再加歸納。前文的梳理是在浩如烟海的文獻和史學理論現象中擷取了最粗略的線索，基本上是在達到「主義」的層面着眼的，大量更複雜的情況沒有納入考察範圍，但是國族主義、馬克思主義、科學主義、歐洲中心主義、實證主義、現代發展主義、殖民主義、後殖民主義、後現代主義等這些在 20 世紀流行全球的理論和思潮的確以交叉頡頏的方式支配了亞洲現代歷史學，因而實際上影響了每一位歷史研究者，乃至公眾對歷史的思考。

首先我們看到，在現代歷史學發生和演變的歷程中，現代化和現代性問題貫通始終。這當然是由亞洲在 19 世紀末快速轉入現代化變革的總體歷史背景和趨勢所決定的。歷史學是社會的一部分，史學理論是社會思潮的一部分，顯而易見。這種結構性關係格局的力量是如此強大，以

至於自身歷史學傳統無比深厚的中國也會斷然採取了高調批判自身傳統而擁抱甚至一定程度上服膺西方歷史學的舉措。前述各種「主義」相互之間關係極其複雜，但是當其在亞洲學術界展開的時候，都經過亞洲現實狀況和問題意識的篩濾，從而全部籠罩在了現代化和現代性認知的氛圍中，這些主義都透過現代化實踐和現代性認知的網絡發生作用。亞洲的現代化至今不能說已經完成，前現代的社會要素以及落後地區與窮困人口仍然所在多有，所以，現代化訴求和現代性意識在未來相當長時期還會是亞洲歷史思考的厚重背景。也正是因為這個原因，類似現代化論這樣在西方歷史學中早已被質疑的歷史觀才會在亞洲作為一種新穎觀念流行，而且帶來可觀的歷史學改造作用。亞洲歷史學在考慮未來亞洲歷史學發展的時候，還是繞不過對於現代性認識的深化。其實，歐美歷史學界的晚近動向，也是在關於現代性問題思考的節點發力的，只是在第一層面，現代性問題在亞洲有與其在歐美不同的考量要點，到更深層面或者全球層面，則又匯流。亞洲各國的歷史學要在理論層面有所突破，必須在關於現代性的歷史學思考方向形成顯著推進。

第二，歷史學是社會改造的巨大力量。亞洲各國一個多世紀以來的轉變，尤其是各國的國族重塑、自我認同、戰略抉擇、社會發展道路辨識與選擇、社會動員的方式、公民意識的構造等等，無不深度藉助了歷史學提供的認識及其社會塑造力。亞洲各國各個時期的政府都曾經調動歷史學作為社會重塑的資源，歷史學家也主動參與其中。即使自視超脫的學者，實際上也捲入了這種社會變革之中。這印證了王國維關於無用之用的道理，歷史學家以高度的當下社會參與意識所提供的知識固然可以影響社會，並無當下意識而做的純學術研究也會影響社會。亞洲各國的進步和曲折，都與其歷史學家的作為有不小的關聯。其中特別需要汲取的教訓是，20 世紀前半葉日本的侵略擴張得到了當時日本史學界主流運用學術方式的支持和推動，構成亞洲現代史學史上史家為惡的突出範例。中國的「文化大革命」時期，史學家中的一部分人也曾推波助瀾，他們以學術面貌發表的作品被扭曲的政治意圖左右。這段歷程，迫使其

後很長一段時間內的中國歷史學進行「撥亂反正」的工作。歷史學家為時代左右，也影響各自的時代，其學術主張、理性程度與良知有無關乎人民命運，不可不慎。實際上，這並不是現代亞洲所獨有的現象，歷史學從來是一種與社會息息相關的學問。正因如此，我們才不得不在所有關乎歷史學動向的觀念與理論問題上斤斤計較，不得不堅持歷史學求真的訴求，也不得不對將歷史學高度相對主義化和純粹藝術化的傾向表示難以苟同。

第三，所有在百餘年來的現代歷史學發展中曾經高度凸顯的歷史觀，都沒有消失，而是層累地疊壓、交融成為歷史學的新傳統。亞洲歷史學最典型的中國傳統歷史學，在現代歷史學的發展中，用進化發展的歷史觀替換了循環的歷史觀，用經濟和社會發展史觀替換了統治決定論的歷史觀，高度精英化的歷史觀也被民眾主體的、社會史的歷史觀所中和，同時文獻考據的意識和方法基本完好無損，與各種形態的科學、實證歷史觀和方法論匯流一處。在韓國和印度，殖民主義歷史學受到國族主義的強力衝擊，又在後殖民主義歷史學中委曲延伸，或與關於殖民現代性的各種論說糾結變異。國族主義歷史學最初獲得了籠罩性的影響力，到 20 世紀後期經歷來自多方向的新觀念衝擊，理論層面千瘡百孔，卻在工作意識和實踐中強韌不休。馬克思主義曾在中國、日本、印度居顯學地位，在中國尤其產生思想、文化、社會全面影響，為其現代化曲折探索提供理論框架，至 20 世紀後期則僅在中國地位崇高，在理論多元化的演變中逐漸成為歷史研究者選擇運用的思想資源。歐洲中心主義從多種論說的公開旗幟，翻轉為眾矢之的，但倫理化的譴責、反向論證和繞道而行多於正面的深度理論批判。科學主義與國族主義同樣曾經風靡一時，影響力逐漸縮小，到後現代主義興起時代支離破碎，但堅持者仍不乏其人。後現代主義對前述各種觀念，除後殖民主義之外，皆行解構，所向披靡，其啟示在觀念層面而非具體的歷史研究與書寫實踐中，且其拆解統一性和啟蒙理性話語霸權的鋪展，因含內在矛盾並侵蝕歷史學根基而局限在部分新銳史家之中。這樣的歷程，顯示出 20 世紀歷史學

從同一到多元，從過度確定化到認可不確定性的趨勢。這種趨勢將繼續影響未來亞洲的歷史學。

第四，在所有這些層累交織的歷史學理論觀念中，亞洲本土性的要素只有中國的傳統實證史學，印度底層研究起源於印度與西方歷史學的交融之地，其他皆來自西方，從帶動亞洲現代歷史學興起的進化論、科學主義、馬克思主義到亞洲各國史學思想最新潮流都是如此。故亞洲現代歷史學造成了凝望西方的另一個新傳統。這種傳統帶來亞洲各國歷史學更多的共性和關聯性，帶來了亞洲歷史學與全球歷史學的共振趨同，促成亞洲歷史學和社會觀念與西方歷史學和社會觀念獲得更有效的溝通融合途徑，也很可能造成了某種路徑依賴和對於西方歷史學的過度信從。試想，亞洲現代歷史學受西方影響既深且巨，其成就如此，其走過的彎路又是從何而來？西方歷史學本身在過去的一個多世紀間，進展輝煌，卻也一再做自身的反省批評，所有可反省者都是不可避免的嗎？比如那種近年來儼然成了絕對錯誤的「宏大敍事」，把歷史學視為與自然科學同屬性的觀念，殖民主義史學，國族主義史學，歷史線性發展進步的觀念等等，都是源自西方而稍後認識到其局限的 —— 當然最早對這些觀念展開批評和反撥的，也率先出現於在西方。至於後現代主義史學，因為在歷史學根本意識層面發力，雖於揭示客觀主義史學缺陷有獨到之處，但把歷史學過度文本化、藝術化，對歷史本身客觀性和歷史認知可能性的質疑不盡不實。總之，西方歷史哲學和史學理論不斷自我顛覆，亞洲是否亦步亦趨？如欲有所改變，就要對當下正在流行的歷史學觀念，無論來自亞洲還是西方，皆保持批判性的警覺，要思考和論證史學理論的元問題。

二、被低估的中國傳統歷史學

如果打算從基本層面思考歷史學，就要充分注意這樣一個情況，自現代歷史學興起以來，關於歷史學根本問題的思考幾乎全部是在西方歷

史學語境中展開的。亞洲史學家對歷史學亞洲傳統的研究，比如中國史學史研究，用力亦勤，但以史家、史著評價及史學歷程與形態的梳理為主，很少進入純方法論和哲學層面。近年中國把中國史與「世界史」分為兩個學科，帶動史學理論也成為中、外兩門學問，中西史學理論分道揚鑣，更不可言。西方歷史哲學家基本沒有認真思考亞洲史學歷程；中國史學史家基本不思考哲學問題，中國思考哲學層面問題的史學理論家基本進入西方歷史哲學語境。這帶來的可能性是，現代歷史學在對於歷史學根本問題的思考中低估了中國傳統歷史學實踐的理論含義。比如弗蘭克就注意到年鑑學派代表人物布羅代爾曾經說到「歐洲最先創造了歷史學家」，弗蘭克指出，「撰寫歷史著作不是歐洲人發明的，甚至也不是希羅多德和修昔底德發明的。中國人、波斯人和其他一些民族的人早就撰寫歷史了。」[1] 陳新曾經說到：「人們對過去的關注和利用並不是從來都像現在這樣不可或缺。18 至 19 世紀以來近代歐洲歷史意識的興起，不僅使得歷史學成為相對獨立的人文學科成為可能，也使得哲學、文學、社會學、藝術等各類學科能夠獲得相對獨立的地位，因為這些學科都奠基在以歷史意識貫穿的各學科史之上。」[2] 這當然是對於歷史學在歐洲知識體系中地位變動的描述，這樣的描述是有依據可尋的。海登·懷特也說：「在 19 世紀初期之前大學裏面並不教授歷史。歷史並不是大學的一個學科，也沒有歷史教員。有專以古代為業、研究遠古的、《聖經》所記述的世界的教員，但是沒有歷史學家。歷史是什麼人都可以寫的東西。」[3] 這個說法部分解釋了懷特理論的問題意識。但是這不是中國的情況。歷史在中國是最早確立地位的學問，很早就有高度專業化的歷史學家，國家機關中早就設立了史官，司馬遷是專業史官，後來的「起居注」是專司歷史記錄的官員，翰林院被視為「史職」。中國古代的大學與西

● 弗蘭克著，劉北成譯：《白銀資本 —— 重視經濟全球化中的東方》，第 22-23 頁。
● 陳新：《論歷史意識 —— 關於呂森〈何謂歷史意識〉的札記》，《學術研究》，2018 年第 10 期。
● 埃娃·多曼斯卡編，彭剛譯：《邂逅：後現代主義之後的歷史哲學》，第 17 頁。

方後來成為現代的大學有很大差別，但就培養知識人才的專門機構意義而言，也是大學，故英語界普遍將中國的「太學」、「國子監」翻譯為university。總之歷史在中國傳統中早已成學，人們對歷史的關注早就已經不可或缺，甚至超過現在的程度。這意味着，從西方史學史看歷史的觀念和歷史學作為一個學科的演變和性質，少了接近一半的實踐參照。中國傳統歷史學有諸多局限，但不能假定中國歷史學傳統中根本不含具有歷史哲學意味的要素，而中國的傳統歷史學其實是經過理論化的，在史學理論層面考慮問題，本應充分考慮中國歷史學傳統。至於把中國傳統歷史學納入考量後會產生什麼原來忽略的認識，或者提煉出怎樣的足以參與權衡當下歷史學觀念的要素來，是個「宏大」的問題，需要逐漸爭鳴和探索。在這方面，劉家和先生的研究提供重要啟發。

他研究亞斯貝斯的「軸心期」理論，和柯林伍德的歷史哲學，比較「軸心期」時代歐洲古典文明與中華文明文化精神凝聚的方式與二者歷史學起源時代的形態，提出中國先秦時代的文化精神具有「歷史理性」的性質，與同時期地中海文化的「邏輯理性」構成對比。他所說的「理性」包含兩重含義，「一是人對於事物的性質與功能的思考與論證，二是事物自身存在的理由與理路（或條理）。」[1] 希臘文中表示理性的是 logos，現代英文中的 reason 指經過邏輯論證而得出結論的能力。中文中與理性對應的詞就是「道」，道衍生出理，理從屬於道。[2] 中國古人亦曾以理、道互訓。歷史理性既體現在歷史客觀過程中，也體現在相關的探究過程中，「簡而言之，就是探究歷史過程的所以然或道理和探究歷史研究過程的所以然或道理。」[3] 司馬遷作《史記》，以「紹明世，正《易傳》，繼《春秋》，本《詩》、《書》、《禮》、《樂》之際」自任，並稱孔子語云：

---

[1] 劉家和：《史苑學步：史學與理論探研》，北京：北京大學出版社，2019 年，第 277 頁。按這樣界定的歷史理性與康德所說的那種先驗的歷史理性內涵不同，是一種經驗理性，相關問題需另外討論。

[2] 劉家和：《史苑學步：史學與理論探研》，第 400 頁。

[3] 劉家和：《史苑學步：史學與理論探研》，第 278 頁。

「我欲載之空言，不如見之於行事之深切著明也。」[1]可知其編輯史書，志在以事明理。王守仁稱：「以事言謂之史，以道言謂之經。事即道，道即事。《春秋》亦經，五經亦史。《易》是庖犧之史，《書》是堯、舜以下史，《禮》、《樂》是三代史。其事同，其道同，安有所謂異？」[2]可見對他而言，史學可以明道。章學誠推展王守仁之說：「六經皆史也。古人不著書，古人未嘗離事而言理，六經皆先王之政典也。」[3]可見史學的目標是探究歷史過程及歷史研究過程中的所以然與道理。故中國史學傳統的內在理念是從往事中求證道理，此一傳統源遠流長。與中華傳統不同，古希臘人的理性道路是邏輯理性。[4]柯林武德《歷史的觀念》第一編第三節標題為「希臘思想的反歷史傾向」，指出：古希臘思想整個說來「是基於一種強烈的反歷史的形而上學的」。依據這種形而上學，「能夠成為真正的知識的對象的任何事物都必須是永恒的；因為它必須具有它自己某些確切的特徵⋯⋯如果他是可以認識的，它就必須是確定的；而如果它是確定的，它就必須是如此之完全而截然地是它自己，以至於沒有任何內部的變化或外部的勢力能夠使得它變成另外的某種東西。」——因為歷史學家研究人類過去所做的事情，而這屬於一個變化着的世界，對於這類事情人能夠達成經驗性的「意見」，卻不能達成可證明的「真知」。[5]柯林武德認為古希臘羅馬歷史編纂學的突出特點一是人文主義，二是實質主義（substantialism）。人文主義體現於古希臘史學人本而非神本的意味——這一點其實與中國古代史學一致，柯林武德將之視為一種優點。本質主義即前面所說「反歷史傾向」的哲學性質，柯林武德將之視為缺點。實質即本質，即事物之不變的屬性。歐洲古典時代的知識論傾向於認為，「只有不變的東西才是可知的。但凡屬不變的東西都不

❶ 司馬遷：《史記》卷 130，《太史公自序》，北京：中華書局，1959 年，第 3296、3297 頁。
❷ 王守仁：《王陽明全集》卷 1，《語錄一・傳習錄上》，上海：上海古籍出版社，1992 年，第 10 頁。
❸ 章學誠：《文史通義》卷 1，《內篇一・易教上》，上海：上海書店，1988 年，第 1 頁。
❹ 劉家和：《史苑學步：史學與理論探研》，第 397 頁。
❺ 柯林武德著，何兆武等譯：《歷史的觀念》，北京：北京大學出版社，2010 年，第 21-22 頁。

是歷史的。」[1] 歷史學既然考察變化的東西，就不是在考察實質，因而歷史學不構成真的知識。按照這種邏輯，哲學和科學才能獲取真知，詩歌也可能比歷史更觸及真知。這種思維經修昔底德的強化而在李維和塔西佗那裏充分表現出來。李維書寫的羅馬史把羅馬視為一種永恒不變的實質，從敍述開始就是現成、完整的，直到敍述結束，沒有經歷任何精神上的變化。羅馬的起源是一個一躍而完成的奇跡，羅馬是一個「永恒之城」。塔西佗筆下的人物性格也是一種實質，無論這些人經歷了什麼、做出什麼，該實質並不改變。接下來柯林武德講了一段意味深長的話：「因此，希臘羅馬歷史編纂學從來沒有能表明任何一件事情是如何產生的；歷史舞台上所出現的一切行動因素都必須假定在歷史開始以前就是現成的，它們與歷史事件的關係就好像是機器與它自己的運動的關係那樣。歷史學的範圍被限制在描述人們和事物都在做什麼，而這些人和事物的性質則始終停留在它的視野之外。對這種實質主義的態度的報復就是歷史的懷疑主義：即各種事件，作為純粹瞬息萬變的偶然事件，被認為是不可知的；而行動者作為一個實體，則確實是可知的，——但不是對於歷史學家來說。」[2] 此語概括了希臘羅馬歷史學因實質主義而發生的局限，歷史學在這裏是描述和感覺性的，歷史內容本身中的變化被預設為缺乏意義，因而，對人類經驗本身的考察即歷史學的考察只是一種局限而非自足（self-efficient）的努力，所有根本性的東西都不是歷史學所能看到的。如此定位的歷史學，雖然仍有其存在的價值，但是卻注定是非根本性的學問。這與歷史學在中國文化傳統中的地位迥然不同。柯林武德在這裏提到實質主義遭致了歷史懷疑主義的報復，如果這種報復背後存在某種邏輯，就不會僅僅發生在古典時代。柯林武德其實在不經意間提示了思考現代歷史懷疑主義、相對主義緣由的一個思路。

劉家和先生所見的歷史理性，即從變化運動中把握真理的取徑，本

---

❶ 柯林武德著，何兆武等譯：《歷史的觀念》，第 44 頁。

❷ 柯林武德著，何兆武等譯：《歷史的觀念》，第 46 頁。

身即是變化的，既可以見諸中國歷史推演之跡，也體現在中國傳統歷史學的實踐中。周代人知道「天命」可以移易，進而參得由「民視」、「民聽」認識「天視」、「天聽」的路徑，形成德政思想，這體現歷史理性與民本的道德理性共同覺醒。春秋戰國時期的儒家堅持歷史理性與道德理性統一，發展了民本主義的價值觀，同時也推進了變遷損益意識與褒貶功能交融的歷史編纂學的理論化，也將史學提高到現實經驗與文化價值裁斷之學的地位。秦漢大一統，漢人整理古今興衰之道，將民本的道德理性與五行相勝相生以及春秋三世變異之說交融混合，為司馬遷以著史求「通古今之變」，提出「承敝易變，使民不倦」的思想奠定基礎。[1] 進而司馬遷的《史記》以史立言，提出自黃帝以迄當時「古今之變」的理解與敍述體系，通過書寫具體的人、事來展現各時代精神的承繼與變遷。[2]

古希臘人用當代史的意識書寫歷史。柯林武德指出：「他們的方法把他們束縛在一截繩子上，它那長度也就是活的記憶的長度；他們可能加以批評的唯一來源，就是他們與之面對面進行交談的那個目擊者。的確，他們敍述了遙遠過去的事件，但是一旦希臘的歷史著作企圖超越那截繩子，它就變成一種非常軟弱的東西。」[3] 這種特點之主要根由，在於歷史學對於古希臘人來說並非求得關於實質的真正知識的途徑。通貫古今的歷史，在這樣的思維語境中是缺乏意義的。中國古人則不同，他們在變動中理解常道，認為非通無以見變，非變無以成通，故中國重以歷史通古今之變。「正是由於從古今之變中看到了常，中國古代史學超越了古代希臘史學局限於當代史的局面，而開創出通史的傳統。」[4] 中國傳統重通達，西方傳統重普遍。「西方所重是普世史的特色，而中國所重的是通史的特色。普世史古人必須以時間為經，但其重點卻在共時性的普世的空間之緯；通史固然必須以空間為緯，但其重點卻在歷時性的時間

---

❶ 參看劉家和：《史苑學步：史學與理論探研》，第 311、316 頁。
❷ 參看劉家和：《史苑學步：史學與理論探研》，第 318-341 頁。
❸ 柯林武德著，何兆武等譯：《歷史的觀念》，第 27 頁。
❹ 劉家和：《史苑學步：史學與理論探研》，序言，第 3 頁。

之經。」[1] 古希臘的歷史是希臘世界的當代史，固然不是通史，也不是普世史。李維的《羅馬史》貫通古今，但以李維時代精神概括歷史，未通古今之變。黑格爾的《歷史哲學》有整個世界的即普遍的通觀，各個國家、地區的歷史卻被裁割得首尾不相尋，故畢竟還是普世史。中國《尚書》已含變中有常，常中有變思想，《春秋》、《左傳》、《國語》中此意更為明顯，至《史記》則「中國史學的通史傳統，已經不僅在時歷古今的體例層面而且在通古今之變的思想層面上基本確立了」。[2] 在這種意義上，《史記》既是中國第一部完備的通史，也是世界上第一部完備的國別通史。《史記》言變，記述了政治制度方面從君位禪讓制到世襲制、從封建制到郡縣制的變化，也記述了決定政權得失直接因素由禪讓時期的德，到三代兼含德與暴力的「征誅」，再到戰國至秦統一時期更完全的戰爭暴力的變化。常為法則、恒態。《史記》中，「人類求富之常情與人類禮儀之常理是維持社會平衡的兩根支柱，也是保證歷史運行的兩個車輪。」[3] 在司馬遷的思想中，體現常規訴求的禮儀也是變通的，故曰：「夏之政忠。忠之敝，小人以野，故殷人承之以敬。敬之敝，小人以鬼，故周人承之以文。文之敝，小人以僿，故救僿莫若以忠。三王之道若循環，終而復始。周秦之間，可謂文敝矣。秦政不改，反酷刑法，豈不繆乎？故漢興，承敝易變，使人不倦，得天統矣。」[4] 在司馬遷的歷史敍述中，所有制度、規範都不能適用於一切時代、一切社會環境，某些成分會在行用的過程中日久生弊，後人需根據實際情況做出調整，而調整亦需參酌常理。這個常理就是人心。《史記》書寫歷代興亡，都以人心向背作為決定性的恒常因素。這種恒常又通過變化的形式發生作用。[5] 如此可

---

[1] 劉家和：《史學、經學與思想 —— 在世界史背景下對於中國古代歷史文化的思考》，第 95 頁。
[2] 劉家和：《史學、經學與思想 —— 在世界史背景下對於中國古代歷史文化的思考》，第 98 頁。
[3] 劉家和：《史學、經學與思想 —— 在世界史背景下對於中國古代歷史文化的思考》，第 45 頁。
[4] 司馬遷：《史記》卷 8，《高祖本紀》，第 393-394 頁。
[5] 參看劉家和：《史學、經學與思想 —— 在世界史背景下對於中國古代歷史文化的思考》，第 46-48 頁。

見，司馬遷「通古今之變」的旨趣，蘊含深遠，為同一時代世界史壇獨一無二見識。《史記》為通史，從體裁角度即可判定，然而在體裁之外透視其通史意蘊，至劉家和先生申論方得了然。這種意蘊不僅見於通史體裁的著作本書，也可見於斷代史著作中。劉家和先生專門考察了《漢書》中的通史精神，而在這一點上，班固與司馬遷是一致的。[1]

　　沿着家和先生思路思考，王充有言：「夫知古不知今，謂之陸沉……夫知今不知古，謂之盲瞽。」[2] 歷史著作是否覆蓋從古到今範圍，取決於著述者的具體目標，並不直接決定其書境界。無論覆蓋時間長短，能將所述人類經驗，置於天人之際、古今之變中加以思考，條理原委，透視變遷，即可彰顯歷史學根本意義。從這一角度看，通史之通體現於體例者，尚為其表，含蘊於其精神者，更為根本。以通史精神為基本線索審視馬班以後之史學，可見前後一貫氣息。唐杜佑《通典》，起上古以迄唐中葉，將歷代典章制度分類敍述，成一古今制度通史。宋鄭樵力主會通，所撰《通志》融合紀傳、譜、略，綜括千古政治、文化乃至科學知識，視野達於馬班未及見處。元馬端臨《文獻通考》，體例大抵沿襲《通典》，簡嚴略遜而詳贍過之，且於同一事項兼存各家之說，其案語「多能貫穿古今，折衷至當」。[3] 此三書合稱「三通」，其後歷代續編，竟有「九通」、「十通」之數。其實歷代賡續編纂成為系列的其他許多史書，如以王朝政治經歷為主之「二十四史」，又如歷代「會要」，也是通史精神的重要實踐。中國古人必有一種極深沉的關於古今事務需得通貫才能真正理解的意識，才能深知當下經驗作為知識的局限，又需有以未來人之命運為己任的關懷，才會有如前所述那種為通貫古今經驗而前赴後繼的堅韌。中西史學皆有巨大成就，而若言通史精神之悠遠流長，則首在中國史學傳統中無疑。中華文明延續性之思維方式與知識體系層面之端倪，

---

[1] 參看劉家和：《史苑學步：史學與理論探研》，90-114 頁。

[2] 黃暉：《論衡校釋》卷 12，《謝短篇》，北京：中華書局，1990 年，第 555 頁。

[3] 永瑢等撰：《欽定四庫全書總目》卷 81，《史部三十七·政書類一》，北京：中華書局，1965 年，第 697 頁。

由此也可見一斑。在此基點上重新來考慮克羅齊「一切歷史都是當代史」的說法，也可以知道那並不是對歷史的唯一理解方式，也不是注定高超於所有其他定義的說法。這種說法從歷史家主觀意識參與入手，將一切歷史界定為史書撰寫者時代的歷史，在提示書寫行為的當下性意義上是成立和深刻的，從書寫內容角度看是模糊的，從歷史學旨趣和功能意義上看是表面化或者偏激的。這在稍後還要討論。

參酌前義，亞洲現代史家「揚棄」傳統時，有未臻止於至善者。現代化過程伴隨高度強化的種群、國家、社會競爭，適應者存，在實現種種偉大進步之際，將一切與現代性缺乏直接關聯的事物反襯為陳舊之物，其中包括傳統史學的大量內容。傳統史學重王朝政治，局限顯然，現代史學適應現代，自然要克服傳統史學局限。但「現代」亦如以往一切時代一樣，也是歷史一個片段，將來後人書寫「現代」經歷，也是一部斷代史——當然並非朝代史。他們如肯以批判的精神思考這個「現代」的局限，也可以沿着「歷史理性」梳理原委、會通今古。其間可能會發現，「現代」雖在諸多方面遠勝其先前時代，卻也有些地方未及古人。僅以史學著作體例為例，現代史學以章節體為主，簡明扼要，不無優長。然而其縱橫交錯、精宏並得，不及紀傳體；遷移轉合、包羅萬有，不及典制體；屬詞比事，語無重出，並時要事備載無餘，不及編年體。且今人著史，多以某一問題、視角、理論為軸心，書法隨意，文獻疏稀，雅好論說，雖然對於史家主體作用有比古人更深認識，其所書寫歷史之主觀橫強則未始不過於前人。況且，就亞洲現代史學而言，所作史著有價值者多，足以傳世者少。此間緣由即與歷史理性轉於淡漠有關。史學於中國古代是承載整個文化的主體知識，除自然科學、技術、藝術外，所有思考，都集中於經史之學中。著史之際，常心懷萬世而非僅為目前。現代社會之史學雖仍重要，地位卻已在諸多學問中退居次要。觀亞洲現代史學的歷程，每每有人以將歷史學轉變成為其他學為論，或欲自然科學化，或欲社會科學化，或欲人類學化，或向語言學轉向，或向文化之學轉向，不一而足。此皆知歷史學有局限而不知歷史學有不可替

代之特質的主張，而要了解歷史學之特質，不僅可向西方歷史哲學詢問，也當向中國史學傳統詢問。中國史學傳統所承載的歷史理性、通史精神，也可給與今日編纂通史者重要啟發。如今歷史專業日分日細，學者平時專精一隅，一旦編纂通史，必聚集多人，見解殊異，文氣駁雜，陳百千萬言而無一貫氣息，無論中外，再無通達神韻接近《史記》者。新史學光芒萬丈而通史之編纂不追前代，通史精神消沉為其一大緣由，其間流變，大可深思。總之，中國史學與西歐史學內在精神、思維路徑頗有差異，而歐洲歷史哲學與史學理論家於此並未深究。

任何人在認真對待中國史學傳統之後，就會對放棄歷史學求真意旨的主張持更謹慎的態度。前文已見，中國文化特重史學，史學承載以民本價值為根基的歷史理性，其知識求取指向在以往經驗中明變求通的路徑。對於以往經驗即歷史的態度如是之專注鄭重，則此種史學必然重視求真，若非求真，則等於將此一文化傳統中一切思想化為玄虛。非僅如此，中國傳統史學不僅擔當應對現實事務知識儲備的使命，而且是現世存續與改進的主要機制之一，故具有一種強烈的超越當下的意識，為後世垂訓，在缺乏統一宗教信仰的情況下，是通往獲得永恒感的主要途徑。其意義不僅超過一般的記取往事，也超過通過書寫往事表達書寫者的思想。史學價值的此般高崇並不直接證明史學果真有此功能，也不證明求真因其被視為重要就會自然實現，但史學求真在中國史學傳統中，顯然不像在西方傳統中那樣可以輕言放棄。在漫長的傳統中，求真、實錄是歷史學的基本尺度。司馬遷著《史記》，劉向、揚雄等人「皆稱遷有良史之材，服其善序事理，辨而不華，質而不俚，其文直，其事核，不虛美，不隱惡，故謂之實錄」。[1] 劉知幾作《史通》，設專節討論「直書」、「曲筆」、「疑古」、「惑經」，主張「清濁必聞」，「愛而知其醜，

---

❶ 班固：《漢書》卷 62，《司馬遷傳》，北京：中華書局，1962 年，第 2737–2738 頁。

憎而知其善，善惡必書，斯必實錄。」[1] 司馬光《資治通鑒》明言資治作用，先有長編，再做考異，以求真為致用途徑。中國古人珍重史學，以其能使人多識前言往行而蓄其德，疏通知遠，鑒往知來。求真之難，不一而足。權勢握有者常欲青史隱其惡而揚其善，董狐、齊太史兄弟以直書冒犯當世權威，後人有「直如弦，死道邊」之嘆，此其難一。魏收以一己好惡，任意褒貶，人稱其書為「穢史」，人皆有私而史筆惟公，此其難二。史事推移，漸行漸遠，燭影斧聲，載籍缺失，考辨難衷一是，此其難三。故人皆推崇直書、實錄，而存世史書無不有曲。史家求真，需儘量客觀公允，然而史學既為有價值、有立場、有知識短長之人對往事的研究與論述，不能完全濾除主觀。標榜純粹客觀立場，將史家之主觀與客觀做完全對立觀，近於天真。因史家不能無主觀而以為歷史內容並無客觀、真實可言，因噎廢食。劉家和先生指出，主觀既可使人們背離真實，又是史家逼近真實所不可或缺，「正是由於人們的主觀能力總是處於一定的歷史限度以內，所以我們把握歷史之真的能力也總是有限度的。」[2] 這種限度既因為證據方面的原因，也因為認識能力方面的原因。古人已知盡信《書》不如無《書》。《禮記》稱：「《書》之失誣。」[3]「失」，意為不能節制，疏通知遠而保持節制，方不至於誣。「治史之大患在誣，其致用之大患亦在誣」，不陷於誣，要在求真。[4] 史家求真，雖然只能在一定方面和一定層次上實現，但不能以為這種相對的真便與假為等價。歷史既為前人經驗，今人為前人後裔，今世為古世延續，古雖逝而猶存於傳統、後果之中，有關前人往事之知識於後人有用，此理易明。然而以往經驗知識需不為假，方能發揮合理作用。一切謊言，只是言說者當

---

❶ 劉知幾：《史通》卷 13，《惑經第四》，台北：台灣商務印書館，1986 年，景印文淵閣四庫全書，第 685 冊，第 104 頁。
❷ 劉家和：《史學、經學與思想 —— 在世界史背景下對於中國古代歷史文化的思考》，第 15 頁。
❸ 鄭玄注、陸德明音義、孔穎達疏：《禮記注疏》卷 50，《經解》，台北：台灣商務印書館，1986 年，景印文淵閣四庫全書，第 116 冊，第 309 頁。
❹ 劉家和：《史學、經學與思想 —— 在世界史背景下對於中國古代歷史文化的思考》，第 30 頁。

下意圖之表現，雖可能借用歷史為殼，卻與所談歷史無關，僅與演說者自己行為的新歷史有關。所以無論主觀故意與否，曲解歷史，必然誤導今人。演說愈顯圓融雄辯，誤導愈為嚴重。過度強調所有史著皆為人所建構，進而聲言史學之為事，不過建構而已，與文學家、詩人之事無異，並無客觀尺度可以衡量，其說雖辯，卻是誣史。歷史學的根本意義託於求真，史家若無實事求是之心，求真無從談起，其所著述，名雖為史，已是假託。史家求真之心，並不一定完全來自史書，故有飽學而以歷史學為職業者曲筆誣世。因而章學誠在劉知幾所說史家「才學識」三長之外，增一德字，至關重要。史家求真絕非易事，尤其是在帶有闡釋性的行文中，無法排除主觀，然而主觀不等於非真，其符合以往事實的程度有高下之別；在確定事實的層面，則史家必須具有辨識的能力，所求不一定是絕對真實，但一定是以真實為目標的。中國古人對於歷史書寫中必然滲入主觀因素並未忽略。畢竟，他們沒有趕上受西方歷史哲學所批評的那種科學主義、客觀主義的感染。

當代歷史學家在談論「敘述」成為新的歷史學取向的時候，心目中的超越對象也只是歐洲 19 世紀以來的客觀主義的、宏大敘事的，以及受科學主義影響的「問題史學」的樣貌，並不顧及中國傳統史學。[1] 中國古人早就秉持「以事言謂之史」的立場，把紀事作為歷史書寫的基本手段。即便新起的「敘事史」與中國傳統的紀事史學肯定有諸多差別，但就「敘事」而言，卻是一致的，因而「敘事」本身不是敘事史學的創新，其創新性必須在相對於 19 世紀以來的前述那類史學的語境中才能成立。而且，中國傳統史學的沿着敘事的路徑發展起了非常複雜的歷史編纂學體系，其精密程度遠遠超過當下的敘述史學，敘述者自己的觀念是另外一回事情。除此之外，中國傳統史學還有另一個龐大的分支系統——地方志。講述歷史學多元化、目光向下、注意微觀、社會史的理論性論說

---

[1] 陳新：《二十世紀西方歷史哲學演進的兩個階段 —— 從對 narrative 的解釋看當代西方歷史哲學的演進》，《江海學刊》，1999 年第 1 期。

中，皆把目光集中於西方史學和新史學的表現，並不注意中國傳統史學中的地方志編纂究竟是否包含那些正在被提倡的新穎意識的要素。這個問題也要在另外的「文本」裏再做討論。

少數西方歷史哲學家如伏爾泰、呂森對中國歷史學略有了解，但並未詳細論證，絕大多數西方歷史哲學家幾乎沒有考慮中國歷史學的實踐經驗，亞洲歷史學則長期凝視西方來思考和改造自身，迄今為止，只在少數前輩學者的研究中能看到兩大傳統在史學理論層面的深度對話、交融。這種情況在陳新的梳理中可以大體得到印證，他把 20 世紀中國史學家思考中西史學關係的歷程概括為三個階段：「第一階段以西律中，反古制、求革新，重目的方法之比較；第二階段則借西釋中，鑒它者、塑自我，重概念史觀之比較；第三階段求異志同，辨同異、明一多，重思維類型之比較。」[1] 亞洲史學界的青年俊秀，在這種努力中不及前輩學者用心，討論史學理論時往往局限於現代史學範圍之內，若有藩籬。現代史學只是人類漫長歷史學演變中最近的一小部分，歷史學思維其實要求把任何當下現象置於儘量闊遠的景深中去觀察。從歷史學的傳統而言，思考歷史學的元問題也不僅一種邏輯，一條路線。

三、新實證主義歷史學的可能性

這裏要用簡捷的方式，談論在令人頭暈目眩的歷史學多樣化中的一種選擇，即新實證主義歷史學的可能性。

現代歷史學作為一個整體對象，是現代的產物。現代不同於以往時代的一個顯著特徵是發展和變動的速率遠過於以前任何時代，從而發展、變動成為價值。投射到歷史學，求新就成為一種持續的追求。求新獲得創造力，是社會發展的動力。但是與所有人類行為一樣，過猶不

---

❶ 陳新：《二十世紀以來中西史學理論比較史研究》，《清華大學學報》，2010 年第 6 期。

及，求新只應作為發展進步的手段，不是目的本身，目的是獲得可靠可取的歷史知識，否則就會過於急促地拋棄尚有價值的東西，也可能會把表面新穎而實際陳舊或並不可靠的東西當作新東西，從而使歷史學與衣着時尚相仿佛──道理並不深究，新穎則是王道。因為如此，需要史學史和史學理論，以使歷史學能夠不斷對自身歷程進行反思。亞洲現代歷史學歷程迴環反覆，盤旋飛舞，意興正酣，其間既不乏帝制時代的意識形態，也不乏將歷史學泛化消散的動向，各種思潮盡情飛舞，卻很少相互辯駁，似乎提出新說法就是歷史學的目標。這時可以將求新熱情稍微冷卻一下，考慮一下「歷史學究竟是什麼」這樣的問題。這樣可以把握在不斷求新的變動中，歷史學不至於從原本使其成立為一門學問的根基上被拔出。哪些東西是歷史學之所以成立為歷史學的根本，放棄了它們就解構了歷史學呢？如果根本不存在這種底線，那便讓我們放開手腳，推動歷史學任情變異吧。

這種底線如果存在，就是其作為一種知識門類的不得替代性。歷史學的第一功能是保持對於往事的記憶。在歷史學以外，並沒有任何其他知識或者學科把保持人類對於往事的記憶作為第一要義者。雖然幾乎所有知識、學科都具有某種記憶功能，但皆非其第一要義。人類需要保持記憶，因而需要有一門專門的學問，最大限度地保持記憶的能力──無論對記憶本身以及保持記憶能夠達到怎樣的真確性或做何種定義與說明，人類需要一種知識能力和手段保持記憶，因而發展起了歷史學並需要保持歷史學。如果否認這種必要性，那麼也就用不着去討論歷史學如何求新，直接將之取消就可以了。如此，則評價任何陳舊或者新穎的歷史學思潮或者來自歷史學之外的批評與倡議，都要追問其是否有利於歷史學實現其保持人類記憶的功能。準此，我們知道剛硬的客觀主義歷史學觀念忽視了歷史家主觀性在歷史思考和書寫中的角色；知道國族主義的歷史觀把自我所屬國族的利益置於優先地位因而可能帶來偏見和排他傾向；知道科學主義的歷史學誇大了歷史學與自然科學的共性和對規律的信念；知道後現代主義誇大了歷史的主觀性並引導歷史學放棄對以往

事實的認知而去追求歷史書寫者自己思想的藝術表現。總之，所有史學理論探索、評價與爭鳴，都為了改進歷史學這種功能。

人類能夠保持記憶嗎？這首先涉及的是，歷史是可知的嗎？如果只有兩個選擇，即可知和不可知，答案當然是可知的。否則我們怎麼知道自己姓甚名誰、鄉關何處？為什麼要有那麼多考古學家去工地挖掘，為什麼還要看古籍，為什麼要保留檔案？求職時為什麼要提供簡歷？誠如彭剛所說：「任何一個學科存在的前提，都應該是它的研究對象總是可知的；如果研究對象終歸是不可知的，研究活動就失去了它存在的理由。」[1]歷史學既是必要的，又是可能的，那麼接下來就是如何更好或者最好地保持記憶的問題了。

歷史學家能夠在何種意義上保持記憶？這就觸及了當代史學理論界反覆爭論的許多問題，其實也是歷史學與生俱來的問題。往事已遠而載籍缺失、存世記載相互矛盾或自相矛盾、史家立場造成記錄有取捨有褒貶、前代史家可能嚴謹不足甚或歪曲事實，等等許多，都造成歷史保持往事記憶的困難。應對的方案，邏輯上說分為兩個方向。其一是面對所有這些問題甚至更多問題，盡一切可能研究考證，梳理出相對於可能獲得的信息而言最可能接近實際情況的敘述。如果缺乏證據或者證據模糊可疑，則將相關信息梳理存錄，不做定論，以待將來。所謂「文疑則闕，貴信史也」。[2]這種努力，一定也會受到努力者主觀意識、知識水平的影響，隨處可能裹挾進來敘述失真的因素，但所有相關工作的目標和尺度仍為接近真相。歷史學就是盡一切證據斟酌之可能而達到相對而言最可能接近真相的陳述。另一個方向是把歷史真實當作一個絕對完整的整體，認為如果不能實現完美真實的記述，如果歷史家工作的依據和過程中滲透有任何主觀，真實記述即為不可能，從而追求真實也就是徒勞

---

❶ 彭剛：《事實與解釋：歷史知識的限度》，《中國社會科學評價》，2017 年第 3 期。
❷ 劉勰：《文心雕龍》卷 4，《史傳》，見《四部備要》第 100 冊，北京：中華書局，1989 年，第 44 頁。

而無意義的，於是歷史學家工作的核心就不是認識過去的事實進而保持記憶，而是把關於往事的資訊拿來依照自己的問題意識和自己選擇的式樣書寫出主要用來表達自己觀念與思想的文本。在這個意義上，所有由人講述、書寫的歷史事實和文本都是發明和建構的，歷史學與往事沒有本質性的關聯，只在當下歷史學家的思想裏被藝術化地關聯到一起。這兩種取向比較，以前者更為合理。因為歷史固然可以在某些視角下做抽象的整體來思考，也可以做片段觀；既應該儘量真確，也不以帶有缺失而否定認知本身。如果有一些過去的事情是可以被認知的，就不能判定歷史絕不可能被認知——需知眼睛視物尚且可能失真、遺漏。主觀性存在於人類所有認知活動中，所有被人所認知的東西都要通過人的主觀才能被認知，人所書寫的往事本質上就是主觀折射出來的認知內容，記憶本就是主觀的。問題不在主觀還是客觀，問題在於是否追求真實。不溢美，不隱惡，據實直書，這種「高尚的夢想」即使作為夢想，也需保持，因為那構成尺度。雖不能及，心嚮往之，儘量貼近。一人不及，他人可以更正；今人有違，後人可以糾謬。如果放棄了這個夢想，歷史學就瓦解了。只要承認歷史家所書寫的歷史文本在接近真實程度方面是差異的就可理解其中意味——既然是差異的，為什麼不能靠近更好的一方？這個問題關涉複雜，還需另述。[1] 簡而言之，歷史學能夠保持相對可取的記憶，不能實現絕對真實的記憶，保持相對可取的記憶恰是歷史學的本等之事。

除了保持記憶，歷史學還有其他意義。其中最重要的是超越當下性。分析的歷史哲學就在強調歷史研究的當下性，但無論克羅齊還是柯林伍德，都不是在否認歷史研究對象客觀性的意義上強調當下性，而是在指出歷史家工作過程中需調動其種種主觀來讀取有關往事的信息並理析出自己的述說。這種認識深化了關於歷史學家工作的理解，同時也更

---

❶ 參看趙軼峰：《歷史研究的新實證主義訴求》，《史學月刊》，2018 年第 2 期。

大幅度地失卻了歷史學尊重過去、超越當下的意義。到了後現代主義史學，歷史學家工作的當下性就成了論證歷史學的語言學性、藝術性、文本性、相對性——如果不是不可知性的話——的佐助。在這種語境中，歷史學所能承載的內容都是當下的，歷史學書寫的讀者是當下，歷史學的目標也是當下。歷史學一向主張的將往事儘量置於其發生時代的情境中理解的歷史主義被擱置，歷史學一向警覺的「以今度古」成了堂皇的主張。所有知識、學科都首先為了當下，需要基於當下的條件、針對當下的問題，歷史學並不例外，但是歷史學卻又具有一種其他學科都不具備的超越當下的取向，而且為其所獨有。歷史學追溯往事，往事不斷增益景深，歷史學家永遠站在歷史最近處而將視野投送到能視的最遠處，從而其所見的人類經驗總是有縱深、有歷程、有演變、有具體時空關係、有次第的，因而每一個細節都是獨一無二的卻又是存在於某種結構性關係網絡之中的。歷史感的要義，就在於過去依然在場的意識，在於對過去與當下關聯的感知力。海登‧懷特認為「過去是個神奇之地，它已經不復存在」，[1] 但這是表面和片面的，海登懷特某年出版了《元史學》，下一年他仍然是出版了《元史學》的那個人，他永遠是出版了《元史學》的那個人，出版了《元史學》自發生以後就成了他的 identity 中無法剝離的一部分。他不需要重新出版那本書才能確定自己是出版了那本書的人，他和其他人都可以感知他出版了那本書，因為那本書就在那裏。這種感覺和思維方式不是所有人文社會學科同樣具備的，所以歷史學對當下事務與往事的相似度和變動以及對未來變動的可能性也更為敏感。歷史學提供關涉經驗的遠見和透視力，雖然不是任何一個歷史學家的任何著作都會如此。這種遠見可能通過歷史書寫者的解釋、論說呈現出來，但那常常並不可靠——歷史學家與其他所有「家」一樣流品有天壤之別——主要是依賴他們所考核、梳理、敍述出來的往事本身。

---

❶ 埃娃‧多曼斯卡編，彭剛譯：《邂逅：後現代主義之後的歷史哲學》，第 20 頁。

歷史學家不能不用自己的思想來選擇、判斷、組織和呈現那些事實，但必須有所克制，不去隨意歪曲和曲解事實，不做過度詮釋，不刻意用自己的思考來設計讀者的心靈，從而為當下和以後的讀者都留出最大的空間做自己的判斷，而不是吞噬他們自己的判斷力。歷史學家的著述提供歷史學家自己的解釋，也提供歷史學家自覺或者並未自覺他不能解釋的東西。一個事件被書寫下來，不等於歷史家已經自認為理解了其全部含義，他可以存而不論，使其文本的可解釋性保持開放。後現代的歷史觀是當下主義的，書寫者不再承擔自己作為歷史所書寫的是過去的事實的責任，宣稱那是書寫者自己因為書寫藝術效應而選擇、發明、建構的東西，又要借歷史之名求得鄭重感；既不認為過去的事情是可知的，自己又要去書寫過去的事情。它把歷史的價值局限在當下，把歷史的思考固定在當下，從而把讀者也固定在當下，或者他所指引的其他方向。就缺乏歷史感 —— 歷史的長時段透視意識和當下暫時性意識而言，後現代主義尚不如思辨歷史哲學宏遠，也不及中國傳統歷史學的悠長 —— 中國傳統歷史學是為後世的，要「徵信千載」，[1] 為後世重新思考往事留出較大空間。將歷史思考過分固着於當下是一種功利主義的主張，為當下人的需要和興趣而組織和解釋歷史，帶來歷史學成為當下把握話語權者工具的風險。關照後世的歷史學書寫需要書寫者具有一種古今後世通貫的遠見和倫理意識，仰望着某種永恒的東西。此外，歷史家的觀念，半由所處時代塑造，半由個人學養見識良知所決定，必然影響歷史家的書寫，就其必然帶有局限而言，本人無法超越，只有在書寫中儘量追求信實，才可留下由後人改進的機緣。

歷史學保存記憶的最根本形式是敍事。這似乎與後現代主義倡導的「敍事史復興」很貼近，差別是後者已經揚棄了徵信的訴求，故而其所敍的事已經容納了過多合法的非真實要素。中國傳統史學「以事言，謂之

● 徐元文：《含經堂集》卷 18，《恭陳明史事宜疏》，《清代詩文集彙編》第 132 冊，上海：上海古籍出版社，2010 年，第 352 頁。

史」，是以盡一切可能徵信為觀念上的前提的。而且新敍事史的形態，按海登・懷特所說，共有四種，又是極其狹隘的。他自己已經發覺諸如納粹大屠殺這樣的往事無法合理地用他所說的四種任何一種方式來書寫，這還只在當下的語境裏說，諸如中國的《史記》能算是其中哪一種？《資治通鑒》算哪一種？《往年紀事》算哪一種？古今史書敍事形態的多樣性早就遠遠超出了海登・懷特的想像。他只在歐洲現代史學和歷史哲學範圍內考察了幾個對象加以比較，卻貿然做出了對歷史書寫形態乃至歷史學本質的判定，孟浪已甚。敍事以外的歷史學書寫也有許多，其中最突出的是史評、史考、史論。這些在現代史學中都廣為流行，史論甚至成為史學研究的主要成果形態。在中國傳統史學中，這些都是附着於或服務於歷史敍事的。現代史學主要受科學化影響，研究專門問題被提到第一位，引入科學和社會科學，史論遂獨領風騷，並歷史敍事亦呈萎縮狀態。然而經史評、史考、史論所澄清的東西，還是要投射到歷史敍事中去。傳統史學敍事以編年為主，紀傳為中國獨有，且分紀、傳、志、表觀之，仍然各為編年，紀事本末之各個單項，也為編年。這是因為歷史學的思維比其他學科都更注重過往事件、事實發生的時間關係，現代史學既然視野、方法都已極大擴展，敍事方式自然可以更為靈活多樣，但能保持往事記憶，皆為合理。

實證的另一重含義是樸素篤實。歷史是人類共同經歷，所有的人都是歷史的一部分，歷史記憶也因而是關於過去生活的各個側面的記憶，這種記憶固常由專業化的人士來考究，其最主要的價值卻是供普通人了解、查詢以往怎樣發生了什麼，然後與各自的現實問題、處境參酌、思考、判斷。所以，歷史學就應該是一種樸素的學問。研究歷史不憚其精細玄微，敍述歷史則應儘量樸素率直，也就是應該使用後現代主義史學視為局限的「日常語言」。日常語言有利於表述常知常識（comon sense），無需吹毛求疵、顛三倒四的解釋，歷史的敍述在這樣的語言層面呈現是最符合其樸素本質的。在這個意義上，歷史學家在自己的研究中盡可與各種其他學科結合，在具體專門的問題研究中使用只有極少數

專門人士才能懂的話語，但在歷史的敍述性呈現中，要儘量回到「日常語言」。歷史學家的品質之一，是在了解各種艱深難懂的專門知識同時，依然保持常知常識，保持從民生日用角度體查歷史記憶的心情。歷史學既然不應過度科學化，也無需過度哲學化，無需追求通過與任何其他學科結合而實現自我異化。這一點確認歷史學的人文和關涉智慧的屬性。

歷史學記述和考察歷史記憶的範圍，無論中外，在史學史的漫長歷程中，都偏重國家政治、統治興衰、偉人業績。現代史學視野擴展，人民本位觀念普及，觀照的範圍逐步擴展，經濟、社會、文化、思想、民生、風俗、個人、心態、身體、結構、趨勢、數據、知識、信仰、情感等等，都開始進入或者以更大規模進入了歷史研究與書寫的類目中。隨着時代推移，觀念變遷，方法工具升級，這種擴展一定會繼續推進。人類往事既然是豐富的，人類的記憶也應該是豐富的。這種擴展並不是關涉歷史學本質的理論問題，無需特別討論。歷史敍述的對象是上層還是下層，方式是宏大還是微細，其實主要也不是歷史學理論問題，而是研究者的社會觀念和偏好問題。在歷史學本質的角度去看，這些取向之間根本不是排他關係，歷史學包容也需要所有這些視角。研究的方法也就會擴展，所以歷史學與其他學科的結合是自然之事，就此而言，現代史學相對於傳統史學體現巨大的進展，只是無論如何結合、進展，歷史學還是有使之成其為歷史學的一些基本要素。這不是說一種跨學科結合的研究方式一旦離開歷史學的根本要素較遠就會失去價值，它的價值別有着落，歷史學從來不是唯一有價值的學科，但它有理由繼續。

歷史記憶中當然有結構、因果、規律的位置。現代歷史學興起早期過度誇大了歷史學的科學性，把發現規律，研究結構，尋找和解釋因果當作歷史學最突出的意義，同時也把結構、因果、規律用自然科學的概念意識絕對法則化，這是一段曲折。晚近的歷史學則既然連歷史的客觀性都做反覆解構，結構、因果、規律不在話下，紛紛被推到邊緣，成為各種新派歷史學諱言的東西。但是歷史學是樸素的學問，不要陷落在過度繁瑣的語詞糾紛之中。樸素的思維與所有自然而然之物有一種直接

的通路。試想，日常生活中有沒有因果？想像一下把自己無遮掩的頭顱用力撞到南墙、北墙、東墙、西墙任何一處後會是什麼體驗就知道了。日常生活中既然有因果，歷史記憶裏就有因果的位置。因果作用到處可見，則因果關係也就理所當然地是歷史記憶中重要的內容。歷史學家不能誇大自己關於因果關係解釋的普遍效能，但是歷史學家既應該也能夠探索歷史中的因果關係。在經過一定程度抽象的大量因果關係中可以看到帶有規則性的、反覆出現的作用關係，這類關係被稱為規律。受誇大的科學觀影響，歷史中的規律有時被視為普遍法則（universal law），並與自然界的規律類比。誇大規律的普遍有效性是現代歷史學的一個曲折，但在規則性、反覆出現的因果關係意義上來考慮規律，即將歷史規律理解為帶有概然性的因果關係傾向，則規律在歷史經驗中是有表現的，如經濟持續破敗會導致政治穩定性削弱等等，因而歷史學應該研究歷史規律性現象，也可以在歷史敍述中呈現這類現象。只是歷史學家絕不可以因為過去如此，斷言未來也是如此，因為歷史的情境總在改變。因為人類生活在自然界，在自然與人類關係的視角下，因果關係和規律性會更加顯然，如氣候巨大變化或者重大疫情必定引發人類應對行為，必定改變生活狀態等等。結構是人類經驗中普遍發生作用但又可能超出日常觀察表象範圍的比較穩定的相互關係。家庭是一種結構、國家是一種結構、經濟制度是結構、國際關係也是一種結構、人口構成是一種結構、語言譜系是一種結構、符號系統包含多種結構。多種結構交叉縱橫，而生活於其中者，對其中某些可能淡然無所感知卻受其影響，同一結構中人體驗全然不同。故歷史中的結構性關係，不能用對待事件的方式來了解和認識，這裏一定需要透視的、綜合的、宏大的觀察，需要更多的理論和方法工具來理析，因而也需要借鑒社會科學甚至自然科學的知識與方法。問題取向的史學在這個方面具有更大的合理性。在這方面，片面強調語言轉向帶動的新敍述史的意義，會帶來新的忽略。

上述理解是以前述各章對亞洲現代歷史學經歷的檢討為基礎的，它要求保持實證史學的合理內核，揚棄現代客觀主義史學、科學主義史學

的絕對性傾向，與意識形態化的社會觀念拉開距離，批評性地回應後現代主義史學理論的新提議，自名之為「新實證主義史學」。此為要點，詳說另具。

結語

歷史學在回應社會和時代發展變化中演變，也是社會與時代變遷的重要力量，這在前面所述亞洲現代歷史學的歷程中可以看得很清楚。那麼思考歷史學本身的問題，就不能不同時思考當下世界究竟是怎樣的世界，當下的時代又是怎樣的時代。這類問題當然無法簡單回答，甚至不能由歷史學單獨回答，但是思考還是必要的。

最少有一點很清楚，如果說 20 世紀的亞洲社會和亞洲歷史學都是在 19 世紀中後期全球性巨大變動帶來的現代化趨勢中順勢走來的，從 20 世紀末到當下，先前那種接近於全球同一的方向性正在變得模糊。阿里夫‧德里克在大約 20 年前說過，「我們的時代似乎又是一個充滿反論的時代：地方化與全球化結伴同行，文化的同一化受到文化多樣化頑強的挑戰，民族獨立資格的喪失與種族集團的聚集彼此抗衡，這些都不是勢均力敵一詞即可說明的。資本主義在其內部發覺自己被彼此各執己見的不同文化搞得稀裏糊塗。當歷史顯得與理解當前世界越來越毫無關聯時，對歷史的關注卻與日俱增。歷史在用後現代主義重構之後似乎成了待價而沽的東西，我們要它說什麼，它就願意說什麼。」[1]20 年過去，這個時代的悖論和不確定性沒有減弱，而是在急劇增強，歷史學在產出空前數量規模的文本，卻又難說為理解這個世界提供了什麼重要的東西。如果歷史學的根本意義是提供對於人類長久經驗的透視，它應該在確定性籠罩一切的時候提示不確定性意識，在不確定性彌漫的時候提示一些

---

❶ 阿瑞夫‧德里克著，徐曉雯譯：《歐洲中心主義之後還有歷史嗎？全球主義、後殖民主義和對歷史的否認》，《東方叢刊》，1999 年第 1 期。

確定性理解的可能。未來的人們肯定會發現，21世紀前期那個時人覺得充滿不確定性的年代其實與以往時代一樣有紋理可尋。問題只是，歷史學是不是及時擔當起了自己應該擔當的角色。

亞洲在過去一百多年間努力想要成為的那種社會狀況，及其理念，正在成為不斷被解構的對象，亞洲自己也在不斷接近那種狀況的過程中，再次成為多種力量、趨勢糾結牽絆的競爭場。美國把戰略重心安置在亞洲，「脫亞入歐」的日本也要重返亞洲，中國通過加入全球化經濟體系而實現經濟起飛，從而提升了整個亞洲在世界乃至人類未來圖景中位置。亞洲不再是20世紀的那個國際資本主義或者全球化的邊緣區域，是展現人類作為的主要舞台。在這樣的時代，亞洲的歷史學的意識肯定會改變，肯定不能像在20世紀那樣主要借諸西方思想來思考國族和區域選擇性問題，思考如何納入現代化世界這樣的問題。它會更多地思考全球性的現實問題和歷史學的元問題。然而這只是問題的一個側面。當亞洲空前自信地融入世界的時候，世界發生了巨大的變化。原來所謂的「第一世界」亂象叢生，從來也沒有真正趕上「第一世界」的「第三世界」也沒有好到哪裏去。中東、北非、南亞、中美洲，以及東亞本身，到處埋藏着隨時可能爆發的危機，國際重大勢力之間全面抗衡重啟的可能性在增加，而且亞洲為其焦點。總體而言，世界範圍的歷史學家們都還沒有因應後冷戰時期以來變化了的世界格局調適自己的心態。他們中的大多數人，是在冷戰結束以後那段相對寧靜繁榮帶來的普遍樂觀主義心情中思考自己的工作，把全球繁榮與和平作為一個給定的事實，聚焦於如何用多元化來平衡過度同化，用相對性去中和被意識形態化的啟蒙理性各種版本的說教，用解構確定性來展現自由價值在歷史學領域的伸張。但是全球繁榮與和平正在重新成為「高尚的夢想」，成為需要某種新的理念、制度、文化和智慧來護持的可能的前景。它逐步向人們走近，卻在21世紀初的時候還不是一個全面的事實，因為世界經濟、社會發展不僅存在極大的不平衡，而且這種不平衡是世界體系的結構性後果。現代社會理論與制度中都沒有確定地保證那種巨大的不平衡會在未來幾十年

內消除的機制。不平衡帶來衝突，改變平衡的運動也會造成衝突。

全球化已經長期被當作一種普遍價值來談論，但它是特異的，它更應該被作為「這個全球化」來談論。「這個全球化」是一場主要由資本主義市場經濟推動的全球化，其早期是殖民主義和自由貿易，後來是工業金融資本主義的競爭，晚近加上信息技術的高速聯通。如果資本主義的內在矛盾，包括馬克思所揭示的生產關係性質的內在矛盾和依附論者所指出的資本主義國際體系中心 ── 邊緣結構帶來的矛盾並沒有解決 ── 最少馬克思主義者會這樣認為，那麼「這個全球化」既不會帶來康德所說的永久和平，也不會帶來世界大同。中國發展的模式，在國內稱為「中國特色社會主義制度」，但在國際市場經濟中是以資本主義方式加入進去的，所以中國崛起也不改變「這個全球化」的前述性質。「這個全球化」會長久保持區域間和社會階層間的巨大貧富差別與話語權差別，正在急速地剝蝕現代社會所賴以立足的個人權利、尊嚴與公共權力、資本權力之間的平衡，到某個臨界點的時候，它會引發比全球化本身更深刻的社會變革運動。如果全球化的速率因為衝突而低落下來，這個世界就會出現新的時代性問題，會出現又一輪有關人類社會基本價值觀念的論爭。這時候會有無數新的方案提出，各種方案一定會投射到對某種統一確定性的探尋中，而能夠在統一確定性確定的時候提供有益均衡的多元主義這時卻不會成為主導的趨勢，因為失去統一確定性的多元性就是混沌。

全球化、多元化如同現代主義、後現代主義，都是啟蒙理性的延伸，而啟蒙理性在還沒有溥被全球的時候就被其衍生物解構得百孔千瘡，人類卻沒有準備好如何去把握一個殘破的啟蒙理性所籠罩的世界。這個時代，歷史學不能把整個世界擔在自己的肩上，它能夠做的，只是盡一切可能提示已然的真實。

後　記

　　這是一本因為項目工作不期然寫作的書。提到這一點不是因為我寧願不去寫這樣一本書，而是說寫作這本書給我帶來了巨大的壓力。我的大多數時間需要花費在關於明清帝制農商社會的研究中，那項工作還要繼續許多年，而我雖然研究史學理論多年，但對亞洲其他國家的歷史學了解甚少。所以本書研究和寫作的許多環節還是粗疏的，到完稿的時候還有大量相關的文獻沒有仔細閱讀，有一些重要且相關的話題沒有深入討論，也有一些沒有深思熟慮的說法寫入書中。如果將來有機緣修訂再版，我會補充很多內容。與此同時，我也曾在寫作過程中為觸及的一些文獻和思考所感動。歷史學的歷史竟是這樣五彩紛呈，而這麼多年間，竟然就沒有什麼人把亞洲現代歷史學的歷程納入同一個文本中加以敍述。所以，無論帶着多少瑕疵，這本書還是帶給我一些欣慰。

　　書中評論了許多人的工作和主張，在這樣做的時候，我努力使自己忘記他們所享有的巨大聲譽，以便可以比較無拘束地伸展思考，這樣才使得這本書不至於完全言之無物。但我畢竟不安，唯恐冒犯了一些一向敬佩且受益良多的作者。為此我要借用這本書中被批評最多的海登·懷特教授的話來開解：「人們花很多時間來讀某個人的書，在我看來是對他的敬意，即便是批評他的書。我覺得我們都是在致力於重新思考歷史，而且我們是在不同的角度來做這件事。」（《邂逅》第 40 頁）我要向這本書中提到的所有歷史學家表示感激，他們的思考啟發了我自己的思考。

　　東北師範大學世界文明史研究中心提供的項目為本書寫作提供了必要條件。中心主任王晉新教授不僅支持了我的研究計劃，而且給了就我所知他所能容忍的最寬鬆的時限。我一直享受和他的各種交流。東北師範大學劉益春校長對我的研究關照有加，在我辦理退休手續之後另做安

排，延續聘期，讓我可以如常利用學校的各種資源，無此，這本書難以完成。張強教授、王彥輝教授與我在《古代文明》期刊事務中長期合作，隨時交換對學術與非學術的各種問題的看法，其間種種照拂體貼，感激不盡。周鞏固教授作為東北師範大學史學理論方向的學術帶頭人，這些年一直把我看作他的團隊成員，在參加他組織的學位論文審查、會議以及與他指導的學生的交流中，我得以不斷汲取有資於本書寫作的清泉活水。周頌倫教授與我相識數十年，不僅參與課題組，而且發表了完成此項課題所需的階段性成果之一。黃艷、李小慶也為階段性成果的累積做出了貢獻。東北師範大學亞洲文明研究院的幾位青年教師，李媛、謝進東、劉波，這些年來一直為我提供各種輔助工作，找尋文獻、閱讀文稿，有求必應，我必須坦承這些年的所有發表物中都有他們的貢獻。本書中有關印度馬克思主義史學和底層研究部分，尤其吸收了謝進東的相關研究成果。東北師範大學歷史文化學院孫志鵬副教授為我查找核對了許多日文文獻，也在此表示謝意。

這本書中所提到的新實證主義歷史學，我會盡一切可能完成研究，作為一本小冊子呈現給讀者。

書中舛誤，概由本人負責。

趙軼峰

2020 年 6 月 11 日

在亞洲思考歷史學

趙軼峰　著

責任編輯　熊玉霜
裝幀設計　鍾文君
排　　版　黎　浪
印　　務　林佳年

出版　　中華書局（香港）有限公司
　　　　香港北角英皇道 499 號北角工業大廈一樓 B
　　　　電話：（852）2137 2338　傳真：（852）2713 8202
　　　　電子郵件：info@chunghwabook.com.hk
　　　　網址：http://www.chunghwabook.com.hk

發行　　香港聯合書刊物流有限公司
　　　　香港新界荃灣德士古道 220-248 號
　　　　荃灣工業中心 16 樓
　　　　電話：（852）2150 2100　傳真：（852）2407 3062
　　　　電子郵件：info@suplogistics.com.hk

印刷　　美雅印刷製本有限公司
　　　　香港觀塘榮業街 6 號海濱工業大廈 4 樓 A 室

版次　　2021 年 6 月初版
　　　　© 2021 中華書局（香港）有限公司

規格　　16 開（230mm×160mm）

ISBN　　978-988-8759-32-3